大数据驱动的管理与决策研究丛书

知识图谱
与金融大数据分析

洪 亮／著

本书获国家自然科学基金面上项目(72474163)、
湖北省社科基金后期资助项目(HBSKJJ20243275)
与武汉大学社会科学数智创新研究团队项目资助

科学出版社
北京

内 容 简 介

本书探讨了知识图谱技术及其在金融大数据分析中的创新应用。针对金融大数据的多维关联、时序多频、尖峰厚尾等特点对数据分析带来的挑战，本书在知识图谱基础上提出了知识大图，对时序多元语义关系进行统一组织与表示，构建亿级金融知识大图。针对系统性金融风险防控、中小企业信用风控等重要问题，本书提出了基于知识大图的体系化金融大数据分析技术方案，介绍了具有多元查询、股权穿透、舆情监测、控制计算、欺诈识别等功能的金融风控大脑，实现对金融风险的精准、实时、动态识别、评估与防控。

本书旨在为金融科技、知识图谱、数据分析等领域的研究者和从业者提供实用参考，帮助他们走进这个日益重要的交叉领域，挖掘数据背后的无限可能。

图书在版编目（CIP）数据

知识图谱与金融大数据分析 / 洪亮著. -- 北京：科学出版社，2025.3. (大数据驱动的管理与决策研究丛书). -- ISBN 978-7-03-081426-5

Ⅰ．F830.49

中国国家版本馆 CIP 数据核字第 2025LW7293 号

责任编辑：陈会迎 / 责任校对：贾娜娜
责任印制：张　伟 / 封面设计：有道设计

科 学 出 版 社 出版
北京东黄城根北街 16 号
邮政编码：100717
http://www.sciencep.com

北京中科印刷有限公司印刷
科学出版社发行　各地新华书店经销

*

2025 年 3 月第 一 版　开本：720×1000　1/16
2025 年 3 月第一次印刷　印张：16 3/4
字数：334 000

定价：192.00 元
（如有印装质量问题，我社负责调换）

丛书编委会

主　编

　　陈国青　教　授　清华大学
　　张　维　教　授　天津大学

编　委（按姓氏拼音排序）

　　陈　峰　教　授　南京医科大学
　　陈晓红　教　授　中南大学/湖南工商大学
　　程学旗　研究员　中国科学院计算技术研究所
　　郭建华　教　授　东北师范大学
　　黄　伟　教　授　南方科技大学
　　黄丽华　教　授　复旦大学
　　金　力　教　授　复旦大学
　　李立明　教　授　北京大学
　　李一军　教　授　哈尔滨工业大学
　　毛基业　教　授　中国人民大学
　　卫　强　教　授　清华大学
　　吴俊杰　教　授　北京航空航天大学
　　印　鉴　教　授　中山大学
　　曾大军　研究员　中国科学院自动化研究所

总　　序

互联网、物联网、移动通信等技术与现代经济社会的深度融合让我们积累了海量的大数据资源，而云计算、人工智能等技术的突飞猛进则使我们运用掌控大数据的能力显著提升。现如今，大数据已然成为与资本、劳动和自然资源并列的全新生产要素，在公共服务、智慧医疗健康、新零售、智能制造、金融等众多领域得到了广泛的应用，从国家的战略决策，到企业的经营决策，再到个人的生活决策，无不因此而发生着深刻的改变。

世界各国已然认识到大数据所蕴含的巨大社会价值和产业发展空间。比如，联合国发布了《大数据促发展：挑战与机遇》白皮书；美国启动了"大数据研究和发展计划"并与英国、德国、芬兰及澳大利亚联合推出了"世界大数据周"活动；日本发布了新信息与通信技术研究计划，重点关注"大数据应用"。我国也对大数据尤为重视，提出了"国家大数据战略"，先后出台了《"十四五"大数据产业发展规划》《"十四五"数字经济发展规划》《中共中央 国务院关于构建数据基础制度更好发挥数据要素作用的意见》《企业数据资源相关会计处理暂行规定（征求意见稿）》《中华人民共和国数据安全法》《中华人民共和国个人信息保护法》等相关政策法规，并于2023年组建了国家数据局，以推动大数据在各项社会经济事业中发挥基础性的作用。

在当今这个前所未有的大数据时代，人类创造和利用信息，进而产生和管理知识的方式与范围均获得了拓展延伸，各种社会经济管理活动大多呈现高频实时、深度定制化、全周期沉浸式交互、跨界整合、多主体决策分散等特性，并可以得到多种颗粒度观测的数据；由此，我们可以通过粒度缩放的方式，观测到现实世界在不同层级上涌现出来的现象和特征。这些都呼唤着新的与之相匹配的管理决策范式、理论、模型与方法，需有机结合信息科学和管理科学的研究思路，以厘清不同能动微观主体（包括自然人和智能体）之间交互的复杂性、应对由数据冗余与缺失并存所带来的决策风险；需要根据真实管理需求和场景，从不断生成的大数据中挖掘信息、提炼观点、形成新知识，最终充分实现大数据要素资源的经济和社会价值。

在此背景下，各个科学领域对大数据的学术研究已经成为全球学术发展的热点。比如，早在 2008 年和 2011 年，*Nature*（《自然》）与 *Science*（《科学》）杂志分别出版了大数据专刊 *Big Data: Science in the Petabyte Era*（《大数据：PB（级）时代的科学》）和 *Dealing with Data*（《数据处理》），探讨了大数据技术应用及其前景。由于在人口规模、经济体量、互联网/物联网/移动通信技术及实践模式等方面的鲜明特色，我国在大数据理论和技术、大数据相关管理理论方法等领域研究方面形成了独特的全球优势。

鉴于大数据研究和应用的重要国家战略地位及其跨学科多领域的交叉特点，国家自然科学基金委员会组织国内外管理和经济科学、信息科学、数学、医学等多个学科的专家，历经两年的反复论证，于 2015 年启动了"大数据驱动的管理与决策研究"重大研究计划（简称大数据重大研究计划）。这一研究计划由管理科学部牵头，联合信息科学部、数学物理科学部和医学科学部合作进行研究。大数据重大研究计划主要包括四部分研究内容，分别是：①大数据驱动的管理决策理论范式，即针对大数据环境下的行为主体与复杂系统建模、管理决策范式转变机理与规律、"全景"式管理决策范式与理论开展研究；②管理决策大数据分析方法与支撑技术，即针对大数据数理分析方法与统计技术、大数据分析与挖掘算法、非结构化数据处理与异构数据的融合分析开展研究；③大数据资源治理机制与管理，即针对大数据的标准化与质量评估、大数据资源的共享机制、大数据权属与隐私开展研究；④管理决策大数据价值分析与发现，即针对个性化价值挖掘、社会化价值创造和领域导向的大数据赋能与价值开发开展研究。大数据重大研究计划重点瞄准管理决策范式转型机理与理论、大数据资源协同管理与治理机制设计以及领域导向的大数据价值发现理论与方法三大关键科学问题。在强调管理决策问题导向、强调大数据特征以及强调动态凝练迭代思路的指引下，大数据重大研究计划在 2015~2023 年部署了培育、重点支持、集成等各类项目共 145 项，以具有统一目标的项目集群形式进行科研攻关，成为我国大数据管理决策研究的重要力量。

从顶层设计和方向性指导的角度出发，大数据重大研究计划凝练形成了一个大数据管理决策研究的框架体系——全景式 PAGE 框架。这一框架体系由大数据问题特征（即粒度缩放、跨界关联、全局视图三个特征）、PAGE 内核［即理论范式（paradigm）、分析技术（analytics）、资源治理（governance）及使能创新（enabling）四个研究方向］以及典型领域情境（即针对具体领域场景进行集成升华）构成。

依托此框架的指引，参与大数据重大研究计划的科学家不断攻坚克难，在 PAGE 方向上进行了卓有成效的学术创新活动，产生了一系列重要成果。这些成果包括一大批领域顶尖学术成果［如 *Nature*、PNAS（*Proceedings of the National Academy of Sciences of the United States of America*，《美国国家科学院院刊》）、

Nature/Science/Cell（《细胞》）子刊，经管/统计/医学/信息等领域顶刊论文，等等]和一大批国家级行业与政策影响成果（如大型企业应用与示范、国家级政策批示和采纳、国际/国家标准与专利等）。这些成果不但取得了重要的理论方法创新，也构建了商务、金融、医疗、公共管理等领域集成平台和应用示范系统，彰显出重要的学术和实践影响力。比如，在管理理论研究范式创新（P）方向，会计和财务管理学科的管理学者利用大数据（及其分析技术）提供的条件，发展了被埋没百余年的会计理论思想，进而提出"第四张报表"的形式化方法和系统工具来作为对于企业价值与状态的更全面的、准确的描述（测度），并将成果运用于典型企业，形成了相关标准；在物流管理学科的相关研究中，放宽了统一配送速度和固定需求分布的假设；在组织管理学科的典型工作中，将经典的问题拓展到人机共生及协同决策的情境；等等。又比如，在大数据分析技术突破（A）方向，相关管理科学家提出或改进了缺失数据完备化、分布式统计推断等新的理论和方法；融合管理领域知识，形成了大数据降维、稀疏或微弱信号识别、多模态数据融合、可解释性人工智能算法等一系列创新的方法和算法。再比如，在大数据资源治理（G）方向，创新性地构建了综合的数据治理、共享和评估新体系，推动了大数据相关国际/国家标准和规范的建立，提出了大数据流通交易及其市场建设的相关基本概念和理论，等等。还比如，在大数据使能的管理创新（E）方向，形成了大数据驱动的传染病高危行为新型预警模型，并用于形成公共政策干预最优策略的设计；充分利用中国电子商务大数据的优势，设计开发出综合性商品全景知识图谱，并在国内大型头部电子商务平台得到有效应用；利用监管监测平台和真实金融市场的实时信息发展出新的金融风险理论，并由此建立起新型金融风险动态管理技术系统。在大数据时代背景下，大数据重大研究计划凭借这些科学知识的创新及其实践应用过程，显著地促进了中国管理科学学科的跃迁式发展，推动了中国"大数据管理与应用"新本科专业的诞生和发展，培养了一大批跨学科交叉型高端学术领军人才和团队，并形成了国家在大数据领域重大管理决策方面的若干高端智库。

展望未来，新一代人工智能技术正在加速渗透于各行各业，催生出一批新业态、新模式，展现出一个全新的世界。大数据重大研究计划迄今为止所进行的相关研究，其意义不仅在于揭示了大数据驱动下已经形成的管理决策新机制、开发了针对管理决策问题的大数据处理技术与分析方法，更重要的是，这些工作和成果也将可以为在数智化新跃迁背景下探索人工智能驱动的管理活动和决策制定之规律提供有益的科学借鉴。

为了进一步呈现大数据重大研究计划的社会和学术影响力，进一步将在项目研究过程中涌现出的卓越学术成果分享给更多的科研工作者、大数据行业专家以及对大数据管理决策感兴趣的公众，在国家自然科学基金委员会管理科学部的领导下，在众多相关领域学者的鼎力支持和辛勤付出下，在科学出版社的大力支持下，大数据重大研究计划指导专家组决定以系列丛书的形式将部分研究成果出版，其中包括在大数据重大研究计划整体设计框架以及项目管理计划内开展的重点项目群的部分成果。希望此举不仅能为未来大数据管理决策的更深入研究与探讨奠定学术基础，还能促进这些研究成果在管理实践中得到更广泛的应用、发挥更深远的学术和社会影响力。

未来已来。在大数据和人工智能快速演进所催生的人类经济与社会发展奇点上，中国的管理科学家必将与全球同仁一道，用卓越的智慧和贡献洞悉新的管理规律和决策模式，造福人类。

是为序。

国家自然科学基金"大数据驱动的管理与决策研究"

重大研究计划指导专家组

2023 年 11 月

目　　录

第一章　引言 ··· 1
　　第一节　智能时代的金融大数据分析 ··· 1
　　第二节　概念定义与问题描述 ·· 4
　　第三节　相关研究工作 ··· 8
　　第四节　主要内容与贡献 ··· 19
第二章　知识关联与知识大图 ·· 21
　　第一节　知识关联分析 ··· 21
　　第二节　知识大图构建 ··· 38
　　第三节　人在环路知识大图构建平台 ··· 41
第三章　金融知识大图构建 ··· 48
　　第一节　跨域金融数据汇聚 ··· 48
　　第二节　概念层金融知识关联分析 ·· 57
　　第三节　实例层金融知识关联分析 ·· 66
　　第四节　金融知识大图迭代构建 ··· 84
第四章　金融舆情风险预测 ··· 91
　　第一节　金融舆情风险 ··· 91
　　第二节　动态舆情风险预测 ··· 94
　　第三节　风险传导路径分析 ··· 105
第五章　股权穿透与控制权计算 ··· 116
　　第一节　金融知识大图股权穿透分析 ··· 117
　　第二节　金融知识大图控制权计算 ·· 128
　　第三节　股权穿透与控制权计算应用案例 ····································· 144
第六章　金融知识大图查询与分析平台 ·· 157
　　第一节　金融知识大图联邦分布式管理 ·· 157
　　第二节　金融知识大图查询 ··· 162
　　第三节　金融股权结构可视化分析 ·· 167
　　第四节　金融风控大脑 ··· 185
第七章　金融风控应用验证 ··· 202
　　第一节　证券交易所发债企业风险评估 ·· 202

第二节　银行票据中介识别 …………………………………………… 208
　　第三节　银行信贷风险评估 …………………………………………… 215
附录 ……………………………………………………………………………… 223
　　附录 A　自举式标注规则发现实验 …………………………………… 223
　　附录 B　模板集成的大模型提示学习实验 …………………………… 228
　　附录 C　金融舆情分析模型实验 ……………………………………… 231
　　附录 D　股权穿透子图挖掘实验 ……………………………………… 237
参考文献 ……………………………………………………………………… 241

第一章 引　　言

第一节　智能时代的金融大数据分析

金融是国民经济的血脉。健康、高效的金融体系，是国民经济茁壮成长、国家核心竞争力不断提高的重要基石。2023年中央金融工作会议指出，"要加快建设金融强国，全面加强金融监管，完善金融体制，优化金融服务，防范化解风险，坚定不移走中国特色金融发展之路，推动我国金融高质量发展"。这一中国金融体系建设重大路线方针的确立，体现了中央对金融工作的高度重视与科学判断。在金融领域中，风险被定义为一定量金融资产组合在未来时期内预期收入遭受损失的可能性。现代金融发展呈现出机构种类多、综合经营规模大、产品结构复杂、交易频率高、跨境流动快、风险传递快、影响范围广等特点，因此，防范化解金融风险显得尤为重要。

在宏观层面，金融主体之间以及金融主体与非金融主体间的相互关联形成了系统性金融风险，金融主体之间以及金融主体与非金融主体之间存在风险传染与扩散，致使风险叠加，从而危及金融系统安全。从图1-1中可以看出2008年金融危机爆发前后，有大量的系统性金融风险事件，这些事件形成连锁反应。这种风险体现在金融市场、金融机构和工具的复杂交互中，一旦某一关键环节出现问题，风险可能会在整个金融体系中快速传播，对金融稳定性造成威胁。此外，金融机构的股东来源复杂且层层嵌套，这种复杂的股权网络也可能导致系统性金融风险。2018年2月安邦保险集团股份有限公司（以下简称安邦保险集团）因为隐瞒股权实控关系、循环注资等严重违规违法行为被中国保险监督管理委员会（以下简称保监会）接管。智能时代下金融市场的复杂性和互联性进一步增加，系统性金融风险防控面临前所未有的挑战。首先，金融业务场景复杂繁多，金融风控跨领域数据间的多维知识关联尚未建立，风险难以发现；其次，金融数据存在时序关联的同时包含了高频与低频数据，加大了时序分析的难度；最后，金融数据既包含价值密度高的关键小数据也包含价值密度低的金融大数据，风险评估过度依赖人工，厚尾数据难以把握，造成风险难以精准识别和防控。

在微观层面，金融主体风险类型繁多，金融机构或市场参与者面临着特定风险，包括市场风险、信用风险、操作风险等多重风险。其中，信用风险涉及金融个体的债务方违约或资产质量下降。以中小企业为例，长期面临"融资难，融资

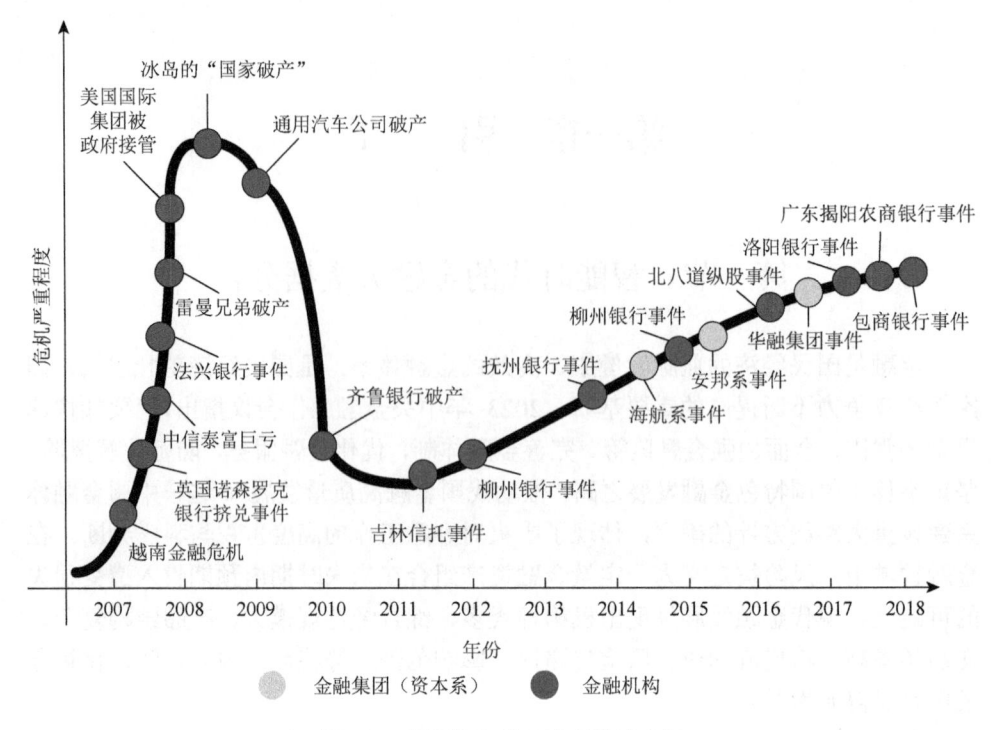

图 1-1 系统性金融风险事件时序图

贵"的问题,与其在国民经济中的作用不匹配,根本原因在于中小企业的信用风险难以评估。如图 1-2 所示,在银行融资风险评估中,银行仅将内部财务数据与外部数据进行打通,忽略了数据之间的多维知识关联,难以实现有效的融资风险评估。在智能时代,中小企业融资风险识别具有如下挑战。首先,不同领域的金融机构不断产生海量数据,数据的种类多样、格式复杂,随时间不断演化;其次,金融大数据由数据分散、数据割据等因素造成的隐藏关系难以被发现,这种隐藏的关系信息容易在分析风险传导时被遗漏,从而形成了风险防控的漏洞;最后,传统的风险评估过程依赖于人工,且其潜在的风险难以识别。大数据的规模和复杂性,使传统算法难以执行,难以有效利用多源异构大数据融合带来的优势。例如,传统金融欺诈检测模型主要依赖规则对公司进行评判,无法利用多源数据之间的关联进行更准确的评估。随着人工智能的不断发展,已有部分研究者采用深度学习的方式来关联不同源数据,融入规则进行欺诈检测。但仍然存在可解释性低、模型优化困难以及训练代价大等问题。其中,可解释性低的问题进而导致了风险预测结果无法解释、风险因素难以辨别、风险防控难以落实等业务痛点。

事实上,金融大数据的核心价值在于其蕴含广泛存在的知识关联。为精准防

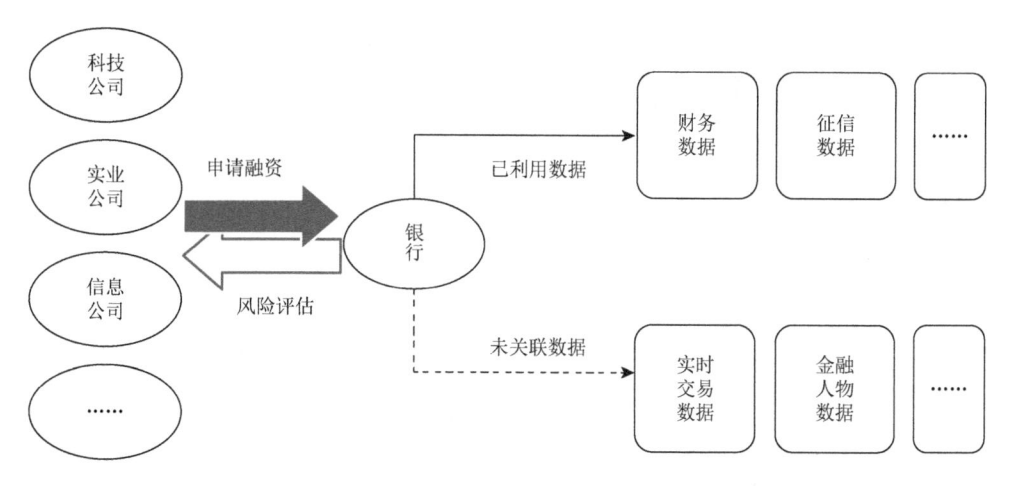

图 1-2 银行融资风险评估

范化解金融风险,须综合宏观以及微观因素进行风险评估,本质上就是利用金融大数据进行风险管理与决策。知识图谱能关联融合跨领域数据,以图数据模型存储实体、属性和关系,使复杂的风险网络结构清晰可见。这种图的直观性有助于决策者迅速把握风险全貌,为其进行有效决策提供支持。

然而,金融业务场景复杂繁多,金融大数据日益呈现出多维关联、时序多频、尖峰厚尾的特点,其蕴含的知识关联位于不同角度、不同层次,且有着明显的时序特征。知识图谱使用的简单图只能表示知识单元之间存在的单一知识关联,语义表达能力弱,难以显式表达实体之间时序、多角度、多层次的知识关联;且目前基于知识图谱的分析算法大都针对静态图,实时响应能力差,无法准确进行风险建模。

针对以上问题,本书提出了使用知识大图对金融大数据中的时序多元语义关系进行统一建模和表示的方法,在此基础上研究金融时序知识大图查询与分析平台关键技术。针对知识大图的时序超图特点,研究金融跨领域数据汇聚技术、联邦型分布式知识图谱管理方法,以支持对金融知识大图进行准确和高效的查询与分析,提高了系统在亿级规模节点知识大图上的实时响应能力和决策支持能力。

本书利用工商注册企业数据、全国金融机构股权数据和互联网数据,基于人在环路知识关联分析方法,构建金融知识大图。提出基于知识大图的舆情分析和穿透分析技术,建立金融风控大脑,支持多元查询、股权穿透、舆情监测、控制计算、欺诈识别等功能。实现资本市场金融舆情监测、金融股权网络穿透式监管、银行信贷风险管控等金融风险防控应用验证,实现精准、实时、动态地识别、评估与防控金融风险。

第二节 概念定义与问题描述

一、概念定义

（一）知识图谱

知识图谱是一种以图结构为基础的知识表示和组织方式，用于捕捉实体之间的关系和语义信息。它构建了一个包括实体和关系的网络，实体代表现实世界中的各种事物，而关系则表示这些实体之间的联系。每个实体和关系都被赋予明确的语义定义，使知识图谱不仅仅是一个数据结构，更是一种语义化的知识表示。

定义 1-1（知识图谱） 知识图谱由 $G = \{(h, r, t) \subseteq E \times R \times E\}$ 表示，其中 E 表示实体集合，R 表示关系集合。

每个三元组 (h, r, t) 表示一个图谱中的关系，其中 $h, t \in E$ 是图谱中的实体，$r \in R$ 是关系，这反映了实体之间的关联。对于每个关系 r，存在从实体类型 h 到 t 的映射函数 $f(r): h \to t$，表示 r 的作用方向。知识图谱中的每个实体和关系都可以关联到一个语义定义，即提供关于它们含义的描述信息。

（二）知识关联

定义 1-2（知识关联） 设实体和关系的有限集合分别为 V 和 E，知识关联框架 A 可定义为一个五元组 $\langle s, E, o, \text{entail}, S \rangle$。其中：

（1）s, o 表示知识单元，即节点，$s, o \in V \cup A$。由于传统的建模方式只考虑在两个实体之间建立联系，难以同时建模多个实体之间的关联，如股权关系中的一致行动人，往往包含两个以上的控股人。为表示这种集合信息，本书将 A 本身视为一个节点，来添加知识关联，由此来建模多个实体之间的高阶关联。

（2）E 表示节点之间的边，允许 $|E| \geq 1$。$|E| \geq 1$ 表达了知识单元之间可能存在不同角度的多个关联。

（3）entail 为语义蕴含函数，可以表示节点之间、边之间的语义蕴含关系。由于知识单元及其关联在语义上是不同层次的，知识大图利用语义蕴含来表达知识单元的上下位关系：如果知识单元 v_i 语义蕴含 v_j，即 $v_i \to v_j$，则 v_i 为下位知识单元，v_j 为上位知识单元。当使用 v_i 时，v_j 可以没有歧义地使用。

（4）S 表示知识关联的时空声明。为了增强知识关联的动态表达能力，本书参考 YAGO2（Hoffart et al., 2013）框架对每条边添加时空信息的声明，来表示特定三元组的动态的时空约束，提高知识推理的准确性。空间声明遵循 W3C 地理空间词汇（Brickley et al., 2006）的空间信息表现形式，表示为地图上经纬度所确定的点，如图 1-3 所示。

图 1-3　时空声明

已知，"银行 A"与"公司 1"和"公司 2"同时具有持股关系，但是持股的时间不同。为了体现这种时间约束，本书将持股关系进行编码，来区分不同实体之间的持股关系，并为编码后的持股关系添加时空声明。

同时，边关联所具有的语义蕴含关联不随时空变化而变化。例如，虽然"持股#1"和"持股#2"具有不同属性，但是其均包含"持股关系"具有的语义蕴含知识，如"持股关系"语义蕴含"股东关系"。

（三）知识大图

知识大图是一个有向多重语义蕴含图，即关联知识的集合。知识大图利用多重语义蕴含图对多层次、多角度的知识关联进行准确的组织和表示。相比知识图谱，知识大图拓展了对知识关联的角度与层次的表示，实现了知识的全局关联，在表达能力和规模上大幅度提升，有助于辅助知识推理，集成跨领域数据。

定义 1-3（知识大图）　知识大图是一个具有时空信息约束的有向多重语义蕴含图 $G = \{(V, E, S)\}$，其中 V 表示知识关联框架 A 的集合，E 表示知识关联框架之间的关联，S 表示关于边和知识单元的时空声明。

知识大图允许知识单元之间存在多重异质的边（图 1-4），表达了多角度的知识关联。知识单元可以分为概念和实例，概念描述领域内的实际概念，既可以是实际存在的事物，也可以是抽象的概念，如金融机构、工商企业等；实例则表示某个类的实际存在，如银行 e_4 是金融机构 e_5 的一个实例。知识关联也处于不同语义层次，实例与最下位概念相关联，概念和实例之间的知识关联提供了实例的分类信息，并通过概念以及概念之间的关系对实例进行了约束，提高了知识推理的准确性。同时，通过为知识关联添加时空声明，增加了其动态表达能力。

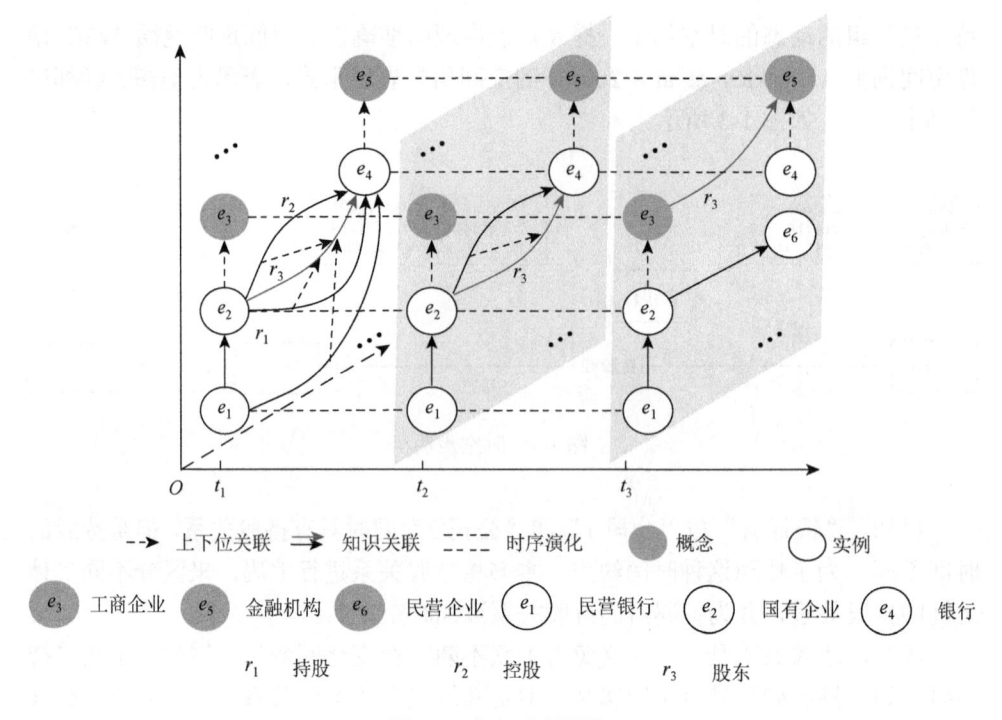

图 1-4 知识大图框架

如图 1-5（a）所示，"金融机构"为"银行"的上位知识单元，"金融机构"和"工商企业"之间同时存在"质押"和"股东"的关系；"质押"语义蕴含"股权质押"，即"质押"为"股权质押"的上位关系。知识关联利用多重语义蕴含对客观世界的事物及其之间被认知的联系进行了多角度、多层次的表达。"多角度"体现在知识单元节点之间可以存在多种关联，是横向的关联；"多层次"体现在知识关联之间存在上下位层次关系，是纵向的关联。

(a) 多角度、多层次知识关联

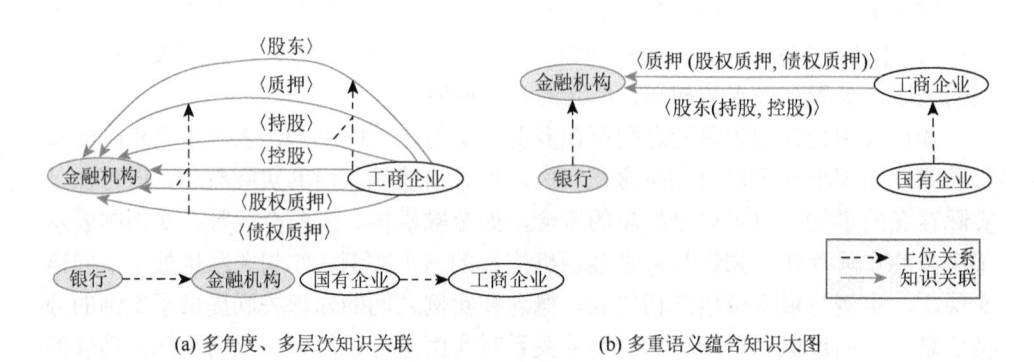

(b) 多重语义蕴含知识大图

图 1-5 知识关联与知识大图示例

如图 1-5（b）所示，知识及其关联可以自然地表示为一个以知识单元为节点、以关联为边的多重语义蕴含图，即知识大图。知识单元之间存在多重异质的边，表达了多角度的知识关联；边上的语义标签表达了多层次的语义蕴含，比如〈股东(持股,控股)〉表示"股东"语义蕴含"持股"和"控股"。知识单元可以分为类和实例，类描述领域内的实际概念，既可以是实际存在的事物，也可以是抽象的概念，如金融机构、医院等；实例则表示某个类的实际存在，如招商银行是金融机构的一个实例。类、子类和实例处于不同的语义层次。知识关联也处于不同语义层次，包括类之间、实例之间、类和实例之间的关联。比如，类之间存在部分和整体的关联、父类和子类的关联等。类之间存在的多层次的知识关联构成了知识大图的本体；类和实例之间的知识关联提供了实例的分类信息，并通过类的属性对实例进行了约束，提高了知识表示的准确性。

二、问题描述

（一）知识大图构建

知识大图构建是对于给定知识关联集合，输出知识大图，使知识关联具有可描述、可计算、可演化的特征，其中计算知识的语义关联为知识之间的相似度计算，当知识之间的相似度高于某个阈值时，则认定这些知识之间存在语义关联。

将管理决策数据集、关系抽取规则集合、机器学习模型集合、外部语料库、知识关联分析目标函数、关联知识相似度阈值、知识关联分析质量阈值、关联知识观察个数和参与协同标注的主体个数输入算法中，输出知识大图。调用知识关联分析算法，返回关联知识集合；在进行知识大图构建时，对于关联知识集合中的质量低于阈值的关联知识，进行多主体协同标注，通过投票确定关联知识的标签；对于关联知识集合中的关联知识，进行融合和基于推理的关联知识发现；最后通过相同知识单元的链接，将关联知识集合转化为知识大图并输出。

（二）金融风险管理与决策应用

金融大数据的核心价值在于其蕴含广泛存在的知识关联。然而，其数据中存在的关联缺失等问题严重阻碍了其价值的分析与发现。

基于知识大图的金融风险管理与决策应用能够支撑从众多舆情知识关联中发现风险，穿透式监管风险传染以防范金融系统性风险，并能够应用于多场景的银行融资风控场景。

本书从知识关联理论出发，基于多维关联、时序多频、尖峰厚尾的金融数据构建金融知识大图。从风险角度研发了金融舆情风险预测以及股权穿透与控制权计算等关键技术，预测风险并监管风险传染路径与方式。在此基础上，针对金融数据特点，研发了金融数据汇聚、联邦管理架构、图谱可视化分析等关键技术，面向金融跨领域应用的共性和个性化需求，开发金融知识大图查询与分析平台——金融风控大脑；在构建的金融知识大图上实现风险发现、风险推演和实时风险防控，支持金融风险的可视化分析，为解决实体经济痛点提供了基于金融风控大脑的技术解决方案。

在应用上，针对中小企业融资难、融资贵等问题，金融风控大脑给出了解决方案并在银行、证券、担保等领域进行了资本市场金融舆情监测、金融股权网络穿透式监管、银行信贷风险管控等典型应用验证。中小企业是我国实体经济的主力军，但其经营活动透明度差、信息不对称性高、抵押质押不足、担保关系缺乏等，造成其投资高风险性、评估高难度性、评估高成本性，面临着融资难、融资贵的问题。本书研究建立的联邦分布式管理能够打通机构间数据权限，解决数据孤岛问题，建立跨领域知识关联；同时引入舆情数据、社区数据、股权关系等数据，利用金融风控大脑中风险分析与预测技术对中小企业信用风险进行评估，从而解决评估片面、不准确的问题。分别在证券市场、监管机构以及银行等单位应用舆情分析、穿透分析、欺诈检测等方法实现风险辨识，从而解决中小企业融资约束难题，并辅助管理决策。

第三节 相关研究工作

一、知识图谱与知识大图

本节综述了知识图谱与知识大图构建的关键技术，包括知识建模、知识抽取、知识融合及推理、知识大图等核心技术的研究进展，以及在金融领域的具体应用。

（一）知识建模

知识建模是指通过对知识进行归纳、整理、抽象等，将知识转化为一种结构化的形式，以便更好地理解和应用知识的操作。知识模型包括概念、事实、规则和关系等元素，通常用于知识管理、人工智能、语义网和其他相关领域。

Studer 等（1998）曾提出知识表示中本体的定义：本体是一种共享概念模型的形式化规范说明。本体实质上是对领域概念集合的抽象化表达，它强调概念实体间的关联性，并通过规范化的知识表示元素表达出来。这种特性决定了基于本体的知识表示是一种模式层的知识表示，可以为数据层的知识网络构建提供框架。本体提供了构建知识模型的框架和语言，而知识建模则是使用这些框架和语言来构建具体的知识表示。通过本体可以对领域中的概念进行明确的建模，并可以清楚地定义这些概念之间的关系。知识建模使用本体来创建有关领域知识的明确和结构化的表示，有助于知识的共享、重用和集成。

在金融领域的本体建模中，Kastrati 等（2019）提出了一种语义丰富的文档表示模型，利用深度学习将金融文档自动分类到预定义的概念类别中。Jabbari 等（2020）提出根据金融新闻文本，构建专业合规的相关金融概念和关系本体，使用注释语料库进行了命名实体识别和关系抽取，构建了金融关系知识库。刘政昊（2022）提出了构建多层领域本体立方体的模型，为金融概念知识提供了多层次、细粒度的知识组织方式。Yang（2020）提出了物流金融风险本体论，并构建了物流金融风险本体论模型；基于知识关联分析，将获取的关联规则引入本体库以实现本体数据库的自校正和自学习。Bunnell 等（2020）建立了一个基于本体的多代理推荐系统框架，基于预定义的本体，根据用户的财务状况进行理财计划推荐。Zangeneh 和 McCabe（2020）提出了统一项目本体，通过利用链接数据与语义网进行逻辑推理和推论，以及灵活拓展和分割数据，为项目分析提供了数据基础设施。

（二）知识抽取

知识抽取指的是从现有的文本数据中自动抽取出实体、实体属性和关系、事件等信息并形成知识输出（Shahid et al.，2020）。其中文本数据的种类按数据的结构性具体可以分为结构化数据、非结构化数据和半结构化数据。结构化数据和半结构化数据的抽取方法较为成熟。然而，实际任务中的数据通常是非结构化数据，这些数据规模大、表达形式复杂多样，是知识抽取的难点（Ferrara et al.，2014）。

1. 结构化数据的抽取

结构化数据通常是指关系数据库中的表数据，即可以用规范的表结构来表达实现的数据。表中各项数据之间存在明确的对应关系和关系名称，同时严格地遵循数据格式与长度规范，能够作为高质量知识的来源。在构建知识图谱的过程中，为了将这些结构化的历史数据融入知识图谱中，可以采用 RDF（resource description framework，资源描述框架）作为数据模型。Udrea 等（2010）提出了注释 RDF 的形式化声明语义，为提取 RDF 三元组提供了来源、时间有效性和正确性保证。

针对金融类公告中的结构化数据难以被高效提取的问题，黄胜等（2020）提出一种基于文档结构与双向长短期记忆-条件随机场（bidirectional long short-term memory-conditional random field，Bi-LSTM-CRF）网络模型的信息抽取方法。通过文档结构数和触发词规则，将字段的结构化信息抽取看作序列标注问题，分词时加入领域知识词典，构建神经网络模型进行字段信息识别，满足多种类型公告的结构化信息抽取。Zhai 和 Liu（2006）提出了一种从 Web（网页）中自动执行网络数据提取的技术，通过使用树形匹配和对部分确定数据项进行对齐的方法，有效提高了对网络结构化数据的提取质量。Seng 和 Lai（2010）以国内企业财务报表、财务报表附注和财经新闻为数据源，开发了一个企业估值中文财务数据信息提取系统。刘荣辉等（2010）提出了一个结构化数据抽取方法，通过分析动态数据在 Web 页面中的展示特点，基于 DOM（document object model，文档对象模型）快速定位数据区并且引入最小 DFS（deep first search，深度优先搜索）编码表示 DOM 子树。Padmanaban（2024）探讨了利用金融参考数据分析相关的数据质量、数据集成复杂性和合规性的问题。

2. 半结构化数据的抽取

半结构化数据不按照关系数据库模型的形式，但是仍然具有分离语义元素和体现数据层次结构的字段。

从半结构化数据中提取主题面临的主要挑战是缺乏语料库或描述。Web 数据是典型的半结构化数据，鲁明羽和陆玉昌（2004）提出了一种基于对象交换模型的半结构化数据抽取算法，采用自顶向下的剪枝策略，可快速发现频繁简单路径集，应用于半结构化数据的集成及查询回答与优化。Binh 和 Turini（2010）提出了一个解决半结构化商业数据背景下的歧视问题的框架，通过查找歧视性关联规则来发现数据之间可能存在的歧视关系。Rusu 等（2013）提供了从非结构化和半结构化的数据中提取知识的可能性，并提出了一些可行的解决方案。Abolhassani 和 Ramaswamy（2019）研究了单词和文档自我补充对半结构化数据的概率主题建模的影响，提取的主题是有关数据集的潜在摘要和概念。此外，它们可以映射其来源，并扩展企业知识图谱。在业务流程操作中，Guggilla 等（2018）结合结构与句法和领域知识特征能更准确地从半结构化数据中抽取出实体。Türegün（2019）认为企业财务报表信息既可以是文本信息，也可以是数字信息，对其中半结构化的文本信息进行挖掘能够为决策提供宝贵意见，提高对金融领域数据分析应用的认识。

3. 非结构化数据的抽取

1）实体抽取

实体是文本中承载信息的词语或者短语，也是知识图谱的基本单元。为了提高抽取的有效性，Al-Moslmi 等（2020）将命名实体提取方法从分步和孤立的方法转变为两个方面的综合流程：以前的连续步骤现在被整合为端到端的流程；以前孤立分析的实体现在在其上下文中得到了强化。Heist 和 Paulheim（2020）提出了一种分两阶段从维基百科的列表页中抽取实体的方法，阶段一根据类别和列表页建立一个大型分类法，之后在远程监督下，在阶段二使用这些数据训练分类模型。Wang J 等（2020）提出了端到端基于词典的同义词近似实体提取框架。该框架提出了一种新的相似性度量方法——基于非对称规则的 Jaccard（杰卡德）相似性系数，将同义词规则与句法相似性度量结合起来，捕捉同义词表达的语义相似性；设计并实施了一种基于过滤和验证的策略，以提高整体效率。Jiao（2020）整合了神经网络和自然语言理解方法，实现了基于意图识别后实体抽取系统。王思丽等（2021）提出了一种结合自然语言处理和机器学习优势的方法，通过词性标注和句法分析等自然语言处理方法，将非结构化文本数据转化为机器学习模型可以接受的输入格式。Li 等（2021）提出了一个基于图的卷积神经网络模型，能够从非结构化的数字文件中提取出结构化的表格数据，并能对提取效果进行评估。另外，文本中可能存在多个关系元组，它们之间共享一个或多个实体。以往的工作忽略了句子中关系元组之间的交互，Nayak 和 Ng（2020）提出了一种关系元组的表示方案，它能让解码器像机器翻译模型一样一次生成一个词，并且能找到句子中存在不同长度实体全名和重叠实体的元组。基于实体分布不平衡的问题，Guo 等（2022）提出了一种融合焦点损失的实体抽取模型，通过引入平衡因子和调制系数改进交叉熵损失函数，平衡样本分布。Pozzi 等（2023）提出了一种基于命名实体链接的增量实体抽取评估方法，不仅能够评估静态的数据集，还能够对增量的数据集进行评估并调优。

姚贤明等（2019）提出了一种中文领域多元实体抽取的方法。该方法以句法分析结果的根节点作为入口，通过迭代的方式获取所有谓语的主语、宾语及其定语成分，并利用句法分析结果对这些成分进行进一步的完善，最终确定句子中多个实体之间的语义关系。刘焕勇等（2021）构建了一套面向金融领域的，基于逻辑推理知识库的可解释路径推理方法和金融实体影响生成系统，对支持实体或事件驱动的决策任务具有积极作用。

2）关系抽取

实体关系抽取的主要目标是从自然语言文本中识别并判定实体对之间存在的特定关系，这为智能检索、语义分析等提供了基础支持，有助于提高搜索效率，促进知识库的自动构建（李冬梅等，2020）。

基于规则的关系抽取方法是由语言专家根据语言特征设计手工规则，然后在文本中寻找和这些规则相匹配的语句，从而得到实体之间的语义关系，一般包括触发词和句法分析两种方法。Krause 等（2012）提出了一种大规模关系提取系统，该系统利用大量关系实例作为种子，从网络中学习基于语法的关系抽取规则。Song 等（2015）介绍了一个综合文本挖掘系统，在一个高度灵活和可扩展的框架中集成了基于字典的实体抽取与基于规则的关系抽取。Rana 和 Cheah（2017）提出了一种基于规则的双层模型，其使用规则是从客户评论中挖掘出的顺序模式定义的。Zhou 等（2020）提出了一种用于关系抽取的基础规则的神经方法，可以联合学习关系提取模型和软匹配模块。在特定的领域中，基于规则的方法能够得到很好的准确率，但是这些规则需要语言专家和领域专家来进行构建，所以这种方法的代价很大，规则库也难以维护，在可移植性上存在着明显的不足。

实体及其关系的联合提取能够从命名实体及其关系信息之间的紧密交互中受益。Zhao 等（2021）提出了一种用于联合实体和关系提取的动态跨模态注意网络（cross-modal attention network）。该网络是通过深度堆叠多个注意力单元构建的，以动态模型来标记标签空间上的密集交互。此外，Zhao 等（2021）还提出了两个基本注意单元和两阶段预测，以明确捕获不同模态之间的细粒度相关性。唐晓波和刘志源（2021）提出一种新的序列标注模式和实体关系匹配规则，在预训练语言模型 BERT（bidirectional encoder representations from transformers，双向编码器表示的 Transformers）的基础上结合双向门控循环单元与条件随机场构建了端到端的序列标注模型，实现了实体关系的联合抽取。上述监督学习方法的准确率和标注数据的质量、数量成正比，且不能拓展新的关系。实际任务往往缺乏大量的标注数据，因此学术界开始关注半监督和无监督的学习方法。

Yan 等（2019）提出了一种企业关联关系挖掘模型，从非结构化文本数据中自动提取企业间的关联关系，从而有效识别企业之间的信贷管理风险。Oral 等（2020）利用视觉与文本信息对文本密集、视觉丰富的扫描文档进行基于深度学习的信息提取，并提出了一种基于图因式分解的新关系提取算法，以解决复杂的关系提取问题。陈雨婷等（2020）提出了一种基于因子图模型的远程监督实体关系抽取方法，并结合领域特征，采用知识融合技术提高实体抽取质量，同时针对远程监督的缺陷，提出了一种基于负例数据学习的降噪方法，提高关系抽取性能。张纯鹏等（2022）提出一种金融领域人物关系构建方法，此方法可将非结构化人员简历抽取为结构化人员信息模板。通过对 BERT 进行训练，抽取出非结构化人员简历文本中的人员属性实体，在分类和属性关联后构造人员信息模板，提取人物关系，构建人物关系图谱。刘政昊等（2022）以股票数据为核心，借助预训练语言模型，实现了从非结构化文本中提取实体和关系，构建了金融证券知识图谱。随后，使用图数据挖掘算法，发现相关股票及其隐含特征，并使用统计学方法进行初步验证。

针对开放关系提取，Angeli 等（2015）用一些典型结构句子的模式来取代大型模式集，将重点转移到一个分类器上，该分类器可学习从较长的句子中提取自足的句子，进而抽取出有关联性的实体关系对。Wu 等（2019）提出了关系连体网络,从预定义关系的标签数据中学习关系的相似度度量,然后将关系知识转移到非标签数据中识别关系。Liu 等(2021)提出了用于开放关系提取的实体感知关系表示学习框架,利用实体感知注意机制来学习实体表示。他们进一步提出了一种成对对比损失,以在对齐和均匀性方面有效地学习关系表示。Wang 等(2021)提出了一种基于度量学习的开放领域关系抽取框架,既可以直接学习语义表示,也可以从高质量的标注语料中获取准确的关系。周映彤等(2022)提出了一种基于依存分析树和频繁子图挖掘的垂直领域多元关系抽取方法,该方法可显著减少对数据集的依赖。谢斌红等(2022)提出了一种无监督集成聚类框架,该框架将无监督集成学习与基于信息度量的多步聚类算法相结合,自主创建高质量伪标签,并以此作为监督信息改进关系特征的学习,从而引导聚类过程,获得更好的标签质量,最后通过多次迭代聚类发现文本中的关系类型。

3)事件抽取

事件抽取是从非结构化的自然语言文本中自动抽取用户感兴趣的事件信息,并以结构化的形式表现出来的操作。在事件抽取的过程中,一个事件往往被更形式化地定义为事件触发器、事件类型、事件元素和事件元素角色,因此事件抽取就是识别出上述事件要素并进行结构化组织(杭婷婷等,2021)。

事件抽取旨在确定文本中的实体提及、事件触发词和论点角色,如新闻文章。在这项任务中,依赖句法结构被认为是一种有价值的信息来源。以往的方法通常使用解析器的最佳结果来集成依赖树,但这种方法可能会引入潜在的、不正确的依赖关系,从而影响事件抽取性能。Valenzuela-Escárcega 等(2015)提出了一个独立于领域、基于规则的事件抽取框架,用于快速开发事件语法和可视化匹配。Guo 等(2020)结合特征工程,提出了一个事件提取框架,通过图神经网络嵌入知识图谱,并将嵌入与常规特征整合在一起。Zhang J C 等(2021)采用了一个两阶段的图神经网络来表示这些依赖树,自动从可能存在噪声的解析器中提取出显著的句法信息。为了提高事件抽取的效果,识别并分类触发词和论元的关联性,李旭晖等(2021)提出了一种融合预训练语言模型与多层卷积神经网络的金融事件联合抽取方法,该方法首先使用预训练语言模型 BERT 捕捉句子序列的综合语义信息,然后接入多层卷积架构,分层提取局部窗口和高维空间语义信息。同时,研究实现了事件识别和要素抽取这两个任务,并通过引入对比损失进一步强化了两个任务之间的关联。

(三)知识融合及推理

知识融合,就是把不同来源的知识融合在一起构成不同知识间的关联,消除来自不同知识之间的冗余概念和歧义，使知识形成一个整体且上下文表达一致。然而融合不同来源和层面的知识存在问题与挑战。Mendes等（2012）提出了开放数据集成框架，包括获取知识、概念匹配、实体匹配、知识评估四个步骤。为了评估数据质量，Mendes等（2012）提出了一个用于灵活表达质量评估方法和融合方法的框架，以简化使用高质量数据的任务，提高了数据集的简洁性和一致性。Jang等（2015）提出了一种新的关联数据质量评估方法，在不涉及本体的情况下对关联数据的质量进行评估，在分析数据模式后，选择出现频率最高的模式作为生成的测试模式来评价知识图谱的质量。高扬（2017）提出基于卷积神经网络的中文实体消歧的方法。

知识推理是知识图谱构建的重要环节和关键手段，其目的是推理隐含的知识，检查知识库的不一致，挖掘出隐含信息，自动补全逻辑关系，从而使现有的知识图谱更加丰富。Du等（2021）通过遍历知识图谱来进行多条推理，以子图的形式而不是单个路径的形式应对复杂的推理场景。Kurokawa（2021）提出了一个推理框架，它结合了多种知识图谱嵌入技术和相应的可解释人工智能技术。为了有效地为超关系数据建模并提高知识推理的能力，Tian等（2022）分析了知识超图的表示方法，提出了一种三层知识超图模型，经过验证发现该模型的知识推理能力得到显著的提升。

（四）知识大图

知识图谱无法应对领域大数据多角度、多层次、跨应用的特点（陈国青等，2020），难以表示知识单元之间普遍存在的知识关联。知识大图则利用多重语义蕴含图对多层次、多角度的知识关联进行准确的组织和表示。相比于知识图谱，知识大图拓展了对于知识关联的角度与层次的表示，实现了知识的全局关联，表达能力和规模大幅度提升（洪亮和马费成，2022）。知识大图中知识关联的思维模式可以促进信息管理领域学科与计算机、人工智能技术的交叉融合，从而实现跨学科的共同开发与协同建设（马费成和李志元，2020）。知识关联，即知识与知识之间的联系，是知识活动与知识管理中的重要理论问题。人们利用知识关联对知识及其载体进行分类、组织与管理。在文化遗产交叉领域，洪亮等（2022）从知识关联的角度出发，推进文化遗产大知识图谱的研究，构建了研究的理论框架和方法体系。加强跨学科技术和数据协同的关键是要以知识关联为基础，以文化基因为核心。

在金融科技领域，金融大数据中存在多角度、多层次的知识关联，促进了知识的发现、组织和利用。而基于图结构数据模型构建语义数据模型来表达知识关联，在此基础上实现金融数据的可视化和协同应用则是目前信息管理等研究共同关注的重要问题（吕华揆等，2020）。通过将主题模型、关联规则、共词分析等相结合，研究检索结果文献中的知识关联问题，有效揭示文献中知识之间的知识关联（阮光册和夏磊，2017）。唐旭丽等（2019）总结分析了金融领域的典型知识关联——分类、时空、统计、事件关联，并将各类关联用静态、动态和社会本体囊括，且复用现有的金融产业商务本体（financial industry business ontology，FIBO），实现金融知识关联的表示。Ouyang等（2018）聚焦于金融股权知识大图（equity knowledge graph，EKG）的关联查询问题，为解决多源异构的挑战，提出了两个及多个节点之间的关联路径查询算法，为金融领域价值分析提供了关联路径知识计算服务。Liang等（2020）通过知识关联推理进一步挖掘企业关联的隐式知识，支持多视角和跨领域决策信息的智能融合。刘政昊等（2022）基于知识关联的研究视角，构建领域知识图谱，发现行业特征和相关股票，为投资者的组合交易决策提供新的依据。知识关联不仅包含知识信息的静态关联状态，也包含从价值稀疏的数据中逐步凝练出密度递增的知识信息的关联化过程（李旭晖和凡美慧，2019）。基于知识关联理论，洪亮和欧阳晓凤（2022）运用大规模股权网络构建金融股权知识大图，提出了关键股权路径发现算法。

二、金融知识图谱构建及应用

（一）金融领域知识图谱构建

在金融知识图谱构建方面，唐旭丽等（2019）总结分析了金融大数据的典型关联模式，并将各类关联用静态、动态和社会本体囊括其中，且复用现有的金融本体，实现金融知识关联的表示。Miao等（2019）利用与A股相关的结构化和半结构化数据构建动态金融知识图谱，训练基于BERT、Bi-LSTM和CRF的金融实体识别模型，并根据相似性特征和先验知识训练金融实体连接模型，为构建动态图提供了实践方案。Ren等（2019）构建了一个由用户、新闻、公司、概念和行业类别组成的异构图谱，基于节点嵌入的推荐和增量方法，可以动态衡量用户的兴趣，更加精准地进行金融新闻推荐，可以向证券公司推荐目标用户，并允许用户获得个性化的实时新闻推荐。Wang Y Y等（2020）提出规则知识图谱构建方案，将自然语言描述的金融法律法规文本信息转换为结构化数据，并构建金融法规知识图谱，在金融企业的系统化、智能化管理中不断拓展金融法规知识图谱的应用场景。Elhammadi（2020）开发了针对金融领域高精度的知识提取框架，将多种信息提取技术与金融词典相结合，从近30万篇新闻中提取实体-关系-实体三元组信息存储在知识图谱中，为金融下游应用提供支持。

（二）金融风控技术及其应用

不仅金融知识图谱构建技术有了长足的发展，而且金融知识图谱的上层应用场景日益丰富，越来越多的金融知识服务在金融行业落地，给业务和商业模式带来巨大变化。

1. 金融风控技术

1）舆情分析

早期研究主要集中在金融领域情感词表构建以及公告文本中情感词的特征工程。Loughran 和 McDonald（2011）利用金融领域情感词表对公司首次公开发行（initial public offering，IPO）流程文档中的情感词进行统计，发现文本不确定性词频与 IPO 首日回报、报价修正等指标具有高度相关性。Wang 等（2013）基于词袋模型构建金融公告的情感词特征，利用回归和排序技术对上市公司股票收益的波动性进行预测。在此基础上，Tsai 和 Wang（2014）将句法信息融入连续词袋模型对关键词进行扩充，提升了对金融风险指标的预测效果。Long 等（2020）提出了一种利用交易记录和公开市场信息的深度神经网络模型来预测股价走势。这一模型充分考虑了股票之间的相关性，为用户金融决策提供支持。

相较于金融公告，金融新闻具有更新高频、影响广泛的特点。Chang 等（2016）针对目标公司将新闻首段的依存句法树二元化，基于预先训练的词向量和二叉树 LSTM 学习新闻表示，解决了事件表示的特征稀疏问题。Duan 等（2018）利用 Bi-LSTM 和注意力机制学习目标公司新闻全文进行表示，有效地从新闻文本中提取公司相关的风险特征。由于金融新闻对市场的影响具有一定持续性，上市公司股票的市场表现通常会受到此前一系列金融新闻的影响。Hu 等（2018）设计了混合注意力网络，对公司相关的时序新闻进行建模并通过注意力机制对序列的隐状态向量进行聚合，从而预测公司股票趋势，解决了金融新闻的序列内容依赖性和影响多样性。Fu 等（2018）介绍了一种集成的随机优化技术，结合金融知识图谱对未来的股票价格进行短期预测，以使投资者获得更高的投资回报率，也有助于投资者发现股价异常波动。Xue 和 Huang（2018）基于知识图谱构建互联网金融欺诈检测模型，并对互联网金融诈骗类型进行深入分析，利用知识图谱可以有效降低互联网金融欺诈事件发生的频率。金磐石等（2019）立足小微企业信贷方面的反欺诈风险，为小微企业信贷反欺诈提供了结合企业画像与关系知识图谱的监督学习方法，实现从孤立点的欺诈风险出发到系统性风险的全局掌握。Cheng 等（2020）利用信息抽取技术从金融新闻中抽取事件要素并构建图谱，进而学习新闻事件的表示向量构建量化投资模型。金融新闻作为投资者接触最广泛的信息渠道，对市场存在着显著影响（姜富伟等，2021），但同时新闻中会涉及更多的实体，它们包含更多的噪声，投资者仅通过文本情感词的统计特征难以对个股指标进行分析预测，如何有效地表示金融新闻文本成为研究的要点。Ding 等（2021）提出了一种多核霍克斯过程（multikernel Hawkes process）框架对金融新闻序列中新闻影响的长期效应进行量化，同时对公司相关的新闻序列进行表示，进而预测公司的累积异常收益（cumulative abnormal return，CAR）。Xu 等（2021）认为上市公司相关历史事件信息对其他关联股票也会产生影响，利用 LSTM 对事件序列和市场数据进行编码作为股票状态表示，并应用多关系型图卷积网络学习股票间影响。So 等（2022）通过潜在狄利克雷分配（latent Dirichlet allocation，LDA）方法提取文章话题作为新闻表示，构建话题相似度网络进而分析金融市场风险。上述工作研究了金融舆情文本特征提取和新闻文本表示方法，虽然对新闻影响的长期性和关联性进行了分析，但忽略了新闻相关公司业务背景知识与新闻内容之间的关联性以及新闻影响传导过程中时序与关联因素的交互特征。另外，这些研究大多针对英文语料，使用的 Word2Vec、GloVe 等静态词嵌入方法在中文金融领域文本上的应用具有一定局限性。

2）股权穿透

一些学者关注股权网络本身的结构特征及其对相关领域产生的影响。Dastkhan 和 Shams Gharneh（2016）将股权网络中度中心性、特征向量中心性等指标纳入系统性风险指数，指出该综合网络指数会更加可靠。Li 等（2018）研究股权网络对银行风险承担行为产生的收益和风险，发现银行不良贷款率与网络的结构维度特征之间的相关性。Yao 等（2019）指出股权网络的属性有中介中心性、接近中心性以及社区，研究了在不同国家或投资者类型的股权网络中这些属性的不同。Yan 等（2019）提出了一种利用企业所有权结构信息来衡量企业声誉的新方法。宋灿和侯欣裕（2021）指出股权网络中心度提升了企业创新水平。Khalife 等（2021）从影响最大化的角度分析了股权网络的度分布、连通分量、中心性、K-cores 等特征，还指出了强大的资本社区的存在。

以上股权网络的分析主要是基于结构特征的分析，仍停留在简单的持股关系层面。但在实际情况中，股权意味着投票权，投票权进一步产生控制权，控制权与股权的分离使股权网络呈现出不同于普通图的控制特征。学者对股权网络独具的控制特征也做了大量研究。Glattfelder 和 Battiston（2009）识别出了股权网络中的主干结构和控制路径，发现股权网络的结构非常复杂，但是可以通过控制路径进行分析和理解。Vitali 等（2011）将控制权等同于所有权与公司资本的乘积，完成了每个参与者持有的控制权计算，通过分析跨国公司的股权网络，发现跨国公司形成了一个巨大的蝴蝶结结构，大部分控制权流向了紧密结合的小型金融机构核心。此外，研究还表明，股权网络中的控制权集中在少数几个公司手中，它们对整个经济系统具有重要的影响力。Mercik 和 Stach（2018）基于博弈论模型考虑了持股网络中的相互联系，并主张通过特定边缘存在或不存在变化来衡量相互联系的控制力。张大勇（2018）指出金字塔股权结构的控制链条数与公司经营业绩呈显著的负相关关系。Mizuno 等（2020）提出新的模型网络权力指数衡量控制权并在全球应用。洪亮等（2022）构建了一个股权知识大图，并提出了一种基于优先级的关键股权路径发现算法，该算法通过向持股边缘分配不同的语义并区分持股和持股关系的不同优先级来输出前 k 个关键持股路径，指出了基于股权知识大图的关键股权路径发现算法在金融风险领域中的应用。

股权网络中蕴含丰富的信息，对股权网络的深入分析很有意义。一方面，从控制角度开展的股权网络分析，揭示了其在节点、边、路径、社区具有的独特特征，给公司治理提供了新的视角；但另一方面也暴露出当前控制关联分析方法的不足，不同研究对节点、边、路径、社区在控制方面的重要性的分析所采取的方法都不同，缺少统一的分析思路。

2. 金融风控技术应用

现有的金融风控服务平台主要分为两类，一类是以风险画像为核心功能的产品，如网易易盾等；另一类是以企业信息查询为核心功能，风险画像为子功能的产品，如天眼查、博雅云图等。

第一类产品的主要应用场景是金融行业以及网络社交、网络交易、网络营销等活动，主要功能是对金融行业的债券风险、网络交易的欺诈风险进行预警，对涉及的用户账号和信息内容进行识别、判断、筛选。

第二类产品中的风险监控和预警功能，则是通过直接展示企业的司法风险、工商风险、监管风险、经营风险等方面的数据来实现，实质上是将企业股权信息和舆情信息进行浅层结合、分类集中和系统整理，并根据用户当前的实际需求分配其所需的风险信息。

1）网易易盾

网易易盾[①]团队从海量的数据集中挖掘发债企业相关信息，包括股东信息、对外投资信息以及舆情信息等，从中提取有效的特征，并进行风险预测。网易易盾通过多源跨模态大数据融合，对企业属性、财务指标、网络舆情、对外投资信息、股权上下游关联关系等多维度进行特征挖掘，提取通用风险标签，以降低数据理解成本，并利用机器学习算法识别过检主体的风险，使客户及时管控和处置各类风险。最大程度利用多维度大数据协同趋优的建模思维，将属性、时序、内容、关系等特征通过统一的机器学习框架进行融合，提出两阶段的企业风险识别模型，将识别任务拆解为"高置信风险企业识别"和"关联风险企业召回"两个子任务。

---

① https://dun.163.com/。

2）天眼查

天眼查[①]为用户提供查询企业风险功能。该功能主要是通过分类展示企业的各种风险信息，为用户进行决策和判断提供信息依据及支持。天眼查把企业风险分为自身风险、周边风险、历史风险三个维度。其中，自身风险分为司法风险、经营风险；周边风险分为关联企业风险、关联人风险。天眼查能够较为清晰、全面地向用户展现特定企业的风险信息，并根据一定的判断标准进行风险预警，帮助用户进行决策和管理。

3）博雅云图

博雅数据[②]和博雅智库专注为中央部门和省部级机构提供新型智库服务，并为各级政府部门、企事业和社会机构以及公众人物等提供媒体宣发、媒体形象塑造、新媒体传播效能评价、网络口碑和形象修复、日常网络舆情风险监测预警、危机处置应对和风险公关、网络口碑和声誉管理、声誉风险监测预警、数据决策、企业竞争情报分析、App（application，应用）安全合规测评、数据安全保护合规测评、信息安全等保测评、网络内容安全合规审查等综合服务。

现有的金融风控平台虽然在数据分析和风险识别方面取得了一定成就，但仍然存在一些不足之处。①数据隐私和安全性问题。由于这些平台需要处理大量用户数据和企业信息，存在数据隐私泄露和安全性问题，用户和企业对数据安全性的担忧可能影响平台的应用和信任度。②模型的透明度和解释性。部分平台使用复杂的机器学习模型进行风险预测，但这些模型通常缺乏透明度和解释性，用户难以理解模型的工作原理和预测依据，影响用户对预警结果的信任度。③预测准确性和误报率。尽管这些平台使用了大数据和机器学习算法进行风险预测，但难以真正实现多维关联、时序多频、尖峰厚尾等金融大数据的建模和分析，仍然存在预测准确性和误报率的问题，影响用户对平台的信任和使用体验。

第四节 主要内容与贡献

本书以知识大图与金融大数据为主线，在介绍知识大图基本概念、构建方法和分析方法的基础上，详细叙述了知识大图在金融大数据领域的应用，包括金融知识大图舆情分析和金融知识大图穿透分析；同时，本书介绍了集成以上应用算法的金融知识大图查询与分析平台，展示了金融风险防控典型应用验证。

本书的主要贡献如下。

---

① https://www.tianyancha.com/。
② http://www.boyadata.com/。

在知识关联理论和知识图谱概念的基础上，提出了知识大图建模与表示框架，设计知识关联分析与知识大图构建方法，建立人在环路知识大图构建平台。构建了具有亿级节点的金融知识大图。

对金融知识大图的落地场景进行探索，提出了金融知识大图的动态舆情挖掘分析方法、面向系统性金融风险的金融知识大图穿透算法，并介绍了金融知识大图查询与分析平台——金融风控大脑。以亿级金融知识大图为基础知识，以舆情分析模型、穿透分析算法、欺诈检测模型等方法为上层应用，介绍了在典型企业的金融风险防控业务上的验证过程及结果。

本书的后续章节安排如下。第二章介绍了领域知识大图的构建方法。第三章介绍了金融知识大图的构建方法。第四章从舆情的角度对金融风险进行分析。第五章从股权视角对金融风险传导进行分析。第六章介绍了金融知识大图查询与分析平台。第七章介绍了本书提出的方法在典型企业的金融风险防控业务上的验证过程及结果。

第二章　知识关联与知识大图

本章旨在从价值密度稀疏且缺乏关联的大数据中分析多角度、多层次知识关联，构建领域知识大图。知识关联分析和知识大图构建缺乏统一框架和体系化方法，且领域知识专业性强，人力标注成本高昂，导致领域知识关联分析效果较差。因此，本章提出了知识关联分析方法，利用自举式规则发现进行数据标注，基于大模型提示学习进行知识关联自动提取。接着，本章提出了领域知识大图构建方法，通过关联知识融合和关联知识发现，实现人在环路的迭代式构建。基于以上研究成果，本章介绍并展示了人在环路知识大图构建平台——知意，该平台能够在有限人力成本下，融入高质量领域知识，实现领域知识大图自动构建。

第一节　知识关联分析

知识关联分析是大数据价值发现的第一步，关键问题是如何从大数据中发现候选知识单元及其之间的关联。知识关联分析既要能够准确地发现数据中的知识关联，同时也要尽可能地找全知识关联，以尽可能准确地反映数据的全部事实。以下指标，可以对知识关联分析进行定量化描述。

目前准确率 Precision 的函数定义见式（2-1）(Chinchor and Sundheim, 1993)，表示被正确发现的关联知识占总体被评估的关联知识的比率，即

$$\text{Precision} = \text{TP}/(\text{TP}+\text{FP}) \tag{2-1}$$

召回率 Recall 表示被正确分析出的关联知识占总体关联知识的比率，即

$$\text{Recall} = \text{TP}/(\text{TP}+\text{FN}) \tag{2-2}$$

其中，TP 表示知识关联分析发现的正确的关联知识的数量；FP 表示发现的错误的关联知识的数量；FN 表示没有发现的正确的关联知识的数量。

在管理决策场景中，单纯以准确率作为度量标准会带来应用上的偏差。比如，在流行病筛查中，如果以准确率作为唯一度量标准，那么将只对密切接触者进行检验，以提高查出阳性的准确率，但这样做的最大问题是遗漏了次密接者（密接的密接）、一般接触者等，加大了流行病传播的风险，导致统计结果有偏差。

为了兼顾准确率和召回率，目前常用的度量标准为 $F1$ 值，即

$$F1 = \frac{2 \times \text{Precision} \times \text{Recall}}{\text{Precision} + \text{Recall}} \tag{2-3}$$

受试者操作特征（receiver operating characteristic，ROC）和曲线下面积（area under curve，AUC）是另一类同时考虑准确率和召回率的度量标准（Davis and Goadrich，2006）。在正负样本分布极不均匀的情况下，即负样本比正样本多很多（或者相反），ROC/AUC 可能会忽略少数类别的真实性能，$F1$ 能够更好地度量分析结果的优劣；反之，在正负样本分布均衡的情况下，多采用 ROC/AUC。

为了计算 $F1$，需要将分析出的关联知识与黄金标准验证数据集中的关联知识进行比对，从而进行正确性判断。黄金标准验证数据集包含通过人工验证正确性的关联知识（Brank et al.，2005）。本章中也采用了人在环路的机制对置信度较低的关联知识进行迭代式人工协同标注，同时对这些关联知识进行验证和修正。

基于以上评分函数，知识关联分析在知识大图概念层和实例层的分析方法有所不同。由于概念之间的语义粒度不同，概念层知识关联分析方法需要准确发现概念的语义关系并完整覆盖领域概念体系；实例层知识关联分析方法则侧重于如何准确并完整地揭示管理决策大数据中的知识及其之间的隐性关联。

一、概念层知识关联分析

概念及其之间的关联是领域内不同主体之间进行交流的语义基础。概念层知识关联分析发现的关联知识 (s,r,o) 中，s 和 o 均为概念，即经过经验或者规则提炼的形式化知识。

目前概念层知识关联分析主要有三种方法。第一种是领域专家人工分析，这种方法中，$F1$ 由人工分析的准确率和覆盖率决定，优点是准确率较高，缺点是对大数据的覆盖率偏低，且人工标注代价较大；第二种是数据驱动的分析，利用规则和统计特征发现概念层的关联知识，包括发现频繁模式、约束和路径，计算概念之间的相似度等。数据驱动的分析可扩展性较强，可以支持大规模的本体构建，然而因为缺乏领域知识的引导，分析得到的关联知识集合 A 的 $F1$ 值一般较低；第三种是人机协同的分析，这种方法兼顾了可扩展性和分析的质量，根据领域专家少量的人工分析结果发现规则和统计特征，从而自动分析出概念层的关联知识，并在分析过程中基于专家的反馈不断优化迭代，直至 $F1$ 大于预设阈值。

在决策场景中，概念层知识关联分析的一般步骤如下。

（1）概念发现，即从大数据中找出概念层的知识单元。首先，对文本数据进行预处理，从中过滤出概念相关词组，并借助领域专家或者外部词典对概念进行匹配和识别。其次，合并表述不同但语义相同的概念，过滤不准确的概念表述，进一步对概念进行语义增强与优化。

（2）概念关系抽取，即分析出概念之间的关联知识。概念层知识关联分析主要抽取概念之间直接的语义蕴含，即上下位关系。目前上下位关系抽取的方法分为三类：基于模板的方法（Wu et al.，2012）、基于语料库的方法（Suchanek et al.，2007）和基于嵌入的方法（Wang C Y et al.，2019）。基于模板的方法使用句法模板从文本中抽取上下位关系；基于语料库的方法从相对结构化的语料库如WordNet和HowNet中抽取上下位关系；基于嵌入的方法将单词或短语映射到一个隐式的向量空间，然后基于这些向量发现上下位关系。使用者可以根据具体的知识关联分析目标对以上方法进行选择。比如，在对抽取精度要求较高、专业性较强的垂直领域，可以采用基于模板的方法以提高抽取的准确率；在需要兼顾准确率和召回率的开放领域，可以采用基于嵌入的方法以提高$F1$值。

（3）概念关系层级建立，即发现概念关系的语义蕴含，建立概念关系的层级。这一步是知识关联分析的重要步骤。例如，在抽取出的概念关系(企业,股东,金融机构)、(企业,控股,金融机构)中，发现语义蕴含：股东⊨控股，从而分析出(企业,股东⊨控股,金融机构)的多层次关联知识。语义蕴含可以通过训练表示学习模型发现（Hosseini et al.，2018），主要方法是利用语料库中已有的语义蕴含关系，考虑概念的类型，建立表示学习模型，并通过计算向量相似度发现更多的语义蕴含关系。在管理决策应用中，语料库包含的显式的语义蕴含关系较为稀疏，需要根据语义和结构的相似性扩展语义蕴含关系的数据集。比如，从"股东是股份制公司的出资人"语料中可知"股东"和"出资人"语义相似，因此可以扩展语义蕴含：出资人⊨控股。

二、实例层知识关联分析

实例层的知识关联分析，需要根据数据的结构采用不同的分析方法。对于结构化数据，则在概念层定义的本体约束下，建立结构化数据和知识关联的映射关系，根据映射关系进行转化。对于半结构化和非结构化的数据，首先需要抽取知识单元s和o，即命名实体识别。其次抽取实体之间的关系r。例如，在"病患2于1月22日到中心医院就诊，后到市立医院进一步检查，目前病情稳定。"语料中进行实体识别，得到"病患2,中心医院,市立医院"3个实体。实体抽取得到一系列离散的知识单元，进一步抽取关系"就诊,检查"，得到关联知识(病患2,就诊,中心医院)、(病患2,检查,市立医院)。最后，抽取出实体的属性信息，即知识单元与属性的关联，如可以从上述语料中得到时间属性为"1月22日"。

将概念层的关联知识表示为(s_1,r_1,o_1)，实例层的关联知识表示为(s_2,r_2,o_2)。知识关联分析还需要发现概念层与实例层的知识关联，即发现s_2与s_1、o_2与o_1之间的上下位关系。目前主要使用分类算法（Rafiei and Adeli，2017）对实例层的知识单元进行分类，建立实例层知识单元与概念层知识单元的分类关联。

抽取实体之间的关系是实例层知识关联分析的难点。大数据环境下，通常使用基于学习的方法，根据实体的属性和上下文等知识信息，学习出实体的低维向量表示，然后将实体关系抽取转化为表示学习模型的简单向量操作。然而，在决策场景中，人们通常需要从大数据集合的概括性语义和小数据集合的实例语义中来形成对于数据内容及其含义的认识（陈国青等，2018）。

具体到实例层知识关联分析的场景，基于学习的方法虽然给出分析的结果，但是缺乏对结果的具象解释，使结果的有效性难以得到感知和证明。而规则在提高关系抽取质量的同时，能够揭示大数据中隐性关联的概括性语义。此外，考虑到决策场景通常具有样本稀疏或者样本不平衡的问题，基于规则对关系进行抽取可以有效解决以上问题，提升大数据环境下基于学习的方法的有效性。

具体而言，本章将关系抽取规则定义为

$$r.\text{body} \to \text{rule.tag}$$

其中，body 表示一个文本模式。

$$p = [w, @s\text{-type}, w, @o\text{-type}, w]$$

其中，s-type 和 o-type 分别表示实体 s 和 o 的类型；词序列 $w \in \{W\} \cup \{\text{None}\}$ 是 s 和 o 出现的上下文；tag 表示关系的标签；@表示实体类型的特殊标识符。

如果语料与规则 r 匹配，则 s 和 o 的关系 r 会被标注 r.tag 标签。

关系抽取规则基于实体类型和上下文的语义特征对关系进行抽取。因为知识大图中知识及其关联均具有层次化的上下位关系，所以关系抽取规则有以下性质。

定理 2-1（关系的向下兼容性） 给定关联知识 (s, r, o)，如果 $s \vDash s'$ 且 $o \vDash o'$，则存在关联知识 (s', r, o')。

证明：根据上下位关系的定义，如果 $s \vDash s'$ 且 $o \vDash o'$，则相对于 s 和 o，s' 和 o' 是特定性较强的下位词。因此，可以推出存在 (s', r, o')。

定理 2-2（规则的向上兼容性） 给定 $r.\text{body} \to r.\text{tag}$，$r.\text{body} = [w, @s\text{-type}, w, @o\text{-type}, w]$，如果 $r.\text{tag}' \vDash r.\text{tag}$，则 $r.\text{body} \to r.\text{tag}'$。

证明：根据上下位关系的定义，如果 $r.\text{tag}' \vDash r.\text{tag}$，则当使用 $r.\text{tag}$ 时，$r.\text{tag}'$ 可以没有歧义地被使用。因此，可以推出 $r.\text{body} \to r.\text{tag}'$。

定理 2-3（规则的向下兼容性） 给定 $r_1.\text{body} \to r_1.\text{tag}$；$r_1.\text{body} = [w, @s\text{-type}_1, w, @o\text{-type}_1, w]$，$r_2.\text{body} = [w, @s\text{-type}_2, w, @o\text{-type}_2, w]$，如果 $s\text{-type}_1 \vDash s\text{-type}_2$ 且 $o\text{-type}_1 \vDash o\text{-type}_2$，则 $r_2.\text{body} \to r_1.\text{tag}$。

证明：根据定理 2-1，如果 $s\text{-type}_1 \vDash s\text{-type}_2$ 且 $o\text{-type}_1 \vDash o\text{-type}_2$，则当 $s\text{-type}_1$ 和 $o\text{-type}_1$ 存在关系 $r_1.\text{tag}$ 时，$s\text{-type}_2$ 和 $o\text{-type}_2$ 也存在关系 $r_1.\text{tag}$。因此，可以推出 $r_2.\text{body} \to r_1.\text{tag}$。同时，语义蕴含具备自反性，当 $s\text{-type}_1 = s\text{-type}_2$ 或 $o\text{-type}_1 = o\text{-type}_2$ 时，定理 2-3 仍然成立。

本章从已经标注好的小数据集合中使用频繁模式挖掘等方法挖掘出初始规

则，对于零样本的场景，可以由领域专家制定初始规则。结合定理 2-2 和定理 2-3 从大数据中迭代挖掘规则，并对产生的规则集合进行优化。初始规则可以认为是小数据集合的实例语义，而通过迭代产生的更大的规则集合则已经转化为大数据集合的概括性语义。关系抽取规则在这里扮演了桥梁的角色，支撑了决策场景中对知识关联的具象感知与解释，同时也进一步揭示了大数据中的隐性关联，使之成为显性的知识关联。

算法 2-1 总结了知识关联分析的详细过程。输入管理决策数据集 D、关系抽取规则集 R、机器学习模型集 M 和外部语料库 C，算法 2-1 将输出关联知识集合 A。如果 D 为结构化数据，将根据映射关系将 D 转化为 A（1～2 行）。对于非结构化和半结构化数据集，概念层使用外部语料库识别概念，实例层使用命名实体识别模型识别实体，分别形成概念集 Concepts 和实体集 Entities（3～5 行）。对于所有概念和实例，首先使用规则来进行数据标注，解决先验知识缺乏的问题。然后使用模型对语料进行全面分析，实现关系抽取，并将分析出的关联知识 (s,r,o) 加入 A（6～14 行）。最后，对于概念，基于语义蕴含建立知识及其关联的层次关系；对于实例，则分析出实例的分类关联（15～21 行）。

算法 2-1　知识关联分析

输入：数据集 D，抽取规则集 R，机器学习模型集 M，外部语料库 C

输出：知识关联集 A

1. **If** D is structured data
2. 　　Convert D to A with mapping relations;
3. **Else For** each　$d \in D$
4. 　　Concepts ← Match d with the corpus C;
5. 　　Entities ← Extract d with NER models from M;
6. **For** each　$s,o \in$ Concepts + Entities
7. 　　**For** each model　md $\in M$
8. 　　　**If** (s,r,o) can be extracted with md
9. 　　　　$A \leftarrow A+(s,r,o)$;
10. **For** each $s,o \in$ Entities
11. 　　**For** each $r \in R$
12. 　　　**If**　$r.body$ can be applied to　d
13. 　　　　$r \leftarrow r.tag$;
14. 　　　　$A \leftarrow A+(s,r,o)$;
15. **For** each $(s,r,o),(s',r',o') \in A$
16. 　　**If**　$r \vDash r'$ //建立层级
17. 　　　r' is sub-relation of　r ;
18. 　　**If**　$s \vDash s', o \vDash o'$ and s', o' are concepts
19. 　　　$A \leftarrow A+(s',\text{subclassof},s)$;　$A \leftarrow A+(o',\text{subclassof},o)$;

20.	If $s \vDash s', o \vDash o'$ and s', o' are entities
21.	$A \leftarrow A + (s', \text{instanceof}, s)$; $A \leftarrow A + (o', \text{instanceof}, o)$;
22.	Return A;

（一）自举式标注规则发现

实体关系抽取任务是对文本中的实体对之间的关系进行语义识别，根据其在文本和语句中的含义及位置等，判断关系是否成立以及属于什么关系类型。在关系抽取任务中，由于规则具有较强的可解释性、可维护性且需要的标注数据较少，基于规则的方法被普遍采用。在某些专业领域中，规则在一定程度上可以视为领域知识的代表，规则发现可以通过寻找词汇、句法和语义模式等自动地提取相关知识的三元组。深度学习模型在关系抽取任务中取得了较好的效果（Nasar et al.，2021）。然而，大多数深度学习方法需要大量的训练数据，这通常会导致注释成本的增加（Sambasivan et al.，2021）。现有的弱监督方法利用标注规则来生成标注数据用于训练关系抽取模型，特别是一些专业领域，如金融、数字人文等。

面向实体关系抽取的数据标注指的是为待标注句子分配关系标签。现有的基于规则的关系抽取方法通常分为两种。一种是通过专家手动定义规则，进行语料标注，如 Ratner 等（2017）提出的数据编程范式。由于专家掌握的领域知识有限，手动定义的规则容易出现重复和覆盖不全面的问题。另一种是专家标注语料，自动挖掘规则。然而，自然语言的模糊性和多义性，可能会导致错误匹配的产生，影响规则标注质量。例如，Li 等（2018）提出利用正负规则分别来匹配正例和负例，并通过迭代机制来扩充规则集，但是该方法缺乏正负规则冲突的解决机制，导致规则匹配的精确率下降。Zhou 等（2020）提出利用词嵌入方法计算规则和句子的相似度，实现规则软匹配，提高规则匹配的召回率。然而它忽略了规则、词语和句子之间的语义关联，进而导致引入额外的错误匹配句子。综上所述，现有的工作很少能够通过同时提高规则匹配的精确度和召回率来优化标注规则的质量，在优化关系抽取规则的质量方面，当前基本没有研究工作能够做到同时提高规则匹配的精确度和召回率。本章旨在以质量为导向，从语料库中发现标注规则。然而，目前也存在以下挑战。

（1）负规则可用来匹配负例，但当正负规则匹配相同句子时，会发生冲突。

（2）与模式匹配相比，语义匹配有助于匹配相似的句子，但是语义匹配可能会引入额外的错误句子。

（3）基于有限的先验知识很难细化匹配句子的标签（基于有限的人工标记语料库很难纠正规则无法检测到的错误），这反而会影响新发现规则的质量。

基于上述挑战，本章提出了一种面向稳健关系抽取的自举式标注规则发现方法（bootstrapping rule discovery method for robust relation extraction，RoRED）。规则发现的引导从少量带标签的句子开始。种子规则可以从这些句子中挖掘出来。然后，将应用种子规则来匹配语料库中的更多句子（Liang et al.，2021）。随着规则发现的迭代进行，标注规则的质量逐步提高。具体来说，本节首先定义 PN 规则（positive and negative，PN），以表示具有重要性分数的正规则和负规则。PN 规则可以联合用于过滤错误匹配的句子。其次，本节设计了一种基于规则、单词和句子之间的语义关联的语义匹配机制来匹配缺失的句子。PN 规则的匹配冲突将通过规则冲突解决策略来解决。最后，为了细化匹配句子的标签，本节提出了一种基于协同训练的规则验证方法。实验评估结果请见附录 A。

1. 概念定义

定义 2-1（PN 规则） PN 规则为由 body、tag 和 $I_t(r_i)$ 构成的映射：$r_i.\text{body} \to (r_i.\text{tag}, I_t(r_i))$。在前文的规则定义基础上，添加了重要性分数 $I_t(r_i)$ 用以确定规则的正负性。规则标签根据重要性分数来确定。

$$r_i.\text{tag} = \begin{cases} 1, & I_t(r_i) > 0 \\ -1, & I_t(r_i) < 0 \\ 0, & I_t(r_i) = 0 \end{cases} \qquad (2\text{-}4)$$

其中，当 $r_i.\text{tag} = 1$ 时，该规则被视为正规则，记作 $r_i^+ \in \text{PN}^+$，此时该规则匹配正例；当 $r.\text{tag} = -1$ 时，该规则被视为负规则，记作 $r_i^- \in \text{PN}^-$，此时该规则匹配负例；当 $r_i.\text{tag} = 0$ 时，该规则被视为无效规则。

定义 2-2（模式匹配） 给定一个规则 r_i，一个句子 s_j。当且仅当 $s_j.s\text{-type} = r_i.s\text{-type}$ & $s_j.o\text{-type} = r_i.o\text{-type}$ & $r_i.w \sqsubseteq s_j.w$，s_j 被 r_i 模式匹配成功。

定义 2-3（语义匹配） 给定一个规则 r_i，一个句子 s_j。当且仅当 $s_j.s\text{-type} = r_i.s\text{-type}$ & $s_j.o\text{-type} = r_i.o\text{-type}$ & $\text{Sem}(r_i, s_j) \geq \theta$，$s_j$ 被 r_i 语义匹配成功。

问题定义（规则发现）：给定一个语料库 $C = \{s_1, s_2, \cdots, s_j\}$，一组种子句子集 D，一个特定的关系集合 REL（relation），生成一个高质量的规则集 $\text{PN} = \text{PN}^+ \cup \text{PN}^-$。PN 将 tag 赋给每个句子 $s_j \in C$，其中 $\text{tag} \in \{-1, 1\}$。

本章首先从少量标注的种子句子集 D 中挖掘初始 PN 规则，这些规则将作为自举规则发现中的"种子规则"。其次，将进行模式匹配和语义匹配机制。语义匹配机制可以找到缺失的句子，以扩展规则匹配的召回。正规则和负规则之间的冲突将根据规则重要性得分解决，以便过滤错误匹配句子。再次，将使用基于协同训练的规则验证方法来进一步验证匹配语句的标签。最后，基于这些经过验证的句子，可以挖掘新的规则。迭代将继续，直到无法挖掘新规则并且 PN 规则集稳定为止。

具体步骤如算法 2-2 所示。

算法 2-2　质量导向的关系抽取规则发现

输入：外部语料库 C，数据集 D，人力资源 H，迭代阈值 e

输出：高质量规则集 PN_t，关系抽取结果 S_t

1. $t = 0$；
2. $S'_t, T \leftarrow$ Sample(D)；//将种子句子集 D 分为训练集 S'_t 和测试集 T
3. $PN_0 \leftarrow$ Mine(S'_t)；//基于训练集挖掘种子规则 PN_0
4. **While** $PN_t - PN_{t-1} > 0$ and $t < e$ **do**
5. 　　$S_t^{pm} \leftarrow$ Pattern Match(PN_t, C)；//模式匹配
6. 　　$S_t^{sm} \leftarrow$ Semantic Match(PN_t, C)；//语义匹配
7. 　　$S_t \leftarrow$ Conflict Reslove(PN_t, S_t)；//冲突解决机制
8. 　　$S'_t \leftarrow$ Verify($S_t \setminus S_{t-1}, S'_t, H$)；//模型验证
9. 　　$PN_{t+1} \leftarrow$ Mine(S'_t)；//挖掘新规则
10. 　　$t = t + 1$；
11. **Return** PN_t, S_t；

S1：选取语料库的少量数据进行标注，将标注数据分为训练集 S'_t 和测试集 T；具体做法是，利用随机抽样的方法从语料库中抽取少量数据，并将抽取的数据按照 7:3 的比例分为训练集 S'_t 和测试集 T，即

$$\frac{|S'_t|}{|T|} = \frac{7}{3}$$

S2：基于定义的 PN 规则（定义 2-1），对训练集采用频繁模式挖掘算法进行规则挖掘，构建规则；具体做法见"2. PN 规则挖掘"内容；

S3：将规则集中包含的规则转换为正则表达式，利用转换后的规则对预设语料库的中句子进行模式匹配（定义 2-2）；

S4：基于规则集，构建基于词-句子语义关联图 $G(V, E)$，并基于语义相似概率导向的随机游走算法对规则与预设语料库中的句子进行语义匹配；

S5：在得到的与规则模式匹配成功的句子、与规则语义匹配成功的句子的基础上，利用冲突解决机制进行冲突消解，构建目标匹配句子集；S4 和 S5 具体做法见"3. 规则语义匹配"；

S6：采用协同训练方法对匹配句子集中的句子进行预测，从而对匹配句子集中的错误进行进一步过滤，具体见"4. 协同规则验证"；

S7：重复执行 S2~S6，当采用频繁模式挖掘算法无法挖掘出新规则或迭代达

到规定的最大轮次 e，停止迭代，输出规则集和目标匹配句子集，其中，数据标注结果能够作为实体关系抽取模型的训练集。

2. PN 规则挖掘

在训练集中利用实体遮盖方法，将主语实体 e_{sub} 和宾语实体 e_{obj} 替换为各自所对应的实体类型，利用频繁序列挖掘算法生成规则集 PN_t，基于训练集计算规则集中包含的规则的重要性分数。

PN 规则的重要性分数的计算方法为

$$I_t(r_i) = \frac{I_t^c(r_i) \times I_t^f(r_i)}{I_t^e(r_i) + \sigma} \quad (2\text{-}5)$$

其中，σ 表示归一化参数；$I_t^c(r_i)$ 表示规则的可靠度；$I_t^f(r_i)$ 表示规则频率；$I_t^e(r_i)$ 表示规则冗余度。

规则的可靠度的计算方式为

$$I_t^c(r_i) = \frac{\left|s_t^p(r_i)\right| - \left|s_t^n(r_i)\right|}{\left|s_t^{pm}(r_i)\right| + \left|s_t^{sm}(r_i)\right|} \quad (2\text{-}6)$$

其中，$s_t^p(r_i)$ 表示规则 r_i 在第 t 轮迭代中匹配到的真实标签为正的句子；$s_t^n(r_i)$ 表示规则 r_i 在第 t 轮迭代中匹配到的真实标签为负的句子；$s_t^{pm}(r_i)$ 和 $s_t^{sm}(r_i)$ 表示规则 r_i 通过模式匹配和语义匹配得到的句子集。当 $I_t^c(r_i) > 0$ 时，该规则为正规则；当 $I_t^c(r_i) < 0$ 时，该规则为负规则；当 $I_t^c(r_i) = 0$，说明该规则在第 t 轮无效。

规则频率计算方式为

$$I_t^f(r_i) = \frac{\left|\hat{s}_t^{pm}(r_i)\right| + \left|\hat{s}_t^{sm}(r_i)\right|}{\left|\hat{s}_t\right|} \quad (2\text{-}7)$$

其中，$\hat{s}_t^{pm}(r_i)$ 和 $\hat{s}_t^{sm}(r_i)$ 表示第 t 轮迭代中 r_i 模式匹配和语义匹配到的且真实标签与 r_i.tag 一致的句子集；$\hat{s}_t$ 表示在第 t 轮迭代中 PN_t 匹配到的且真实标签与 r_i.tag 一致的句子集。

规则冗余度计算方式为

$$I_t^e(r_i) = \frac{\left|s_t^{overlap}(r_i)\right|}{\left|s_t^{pm}(r_i)\right| + \left|s_t^{sm}(r_i)\right|} \quad (2\text{-}8)$$

其中，$s_t^{overlap}(r_i)$ 表示在第 t 轮迭代中被规则 r_i 和相同 tag 的规则重复匹配到的句子集合，规则冗余度越高，该规则所含的有用信息越少。

3. 规则语义匹配

基于规则集，构建基于词-句子语义关联图 $G(V,E)$ 和转移概率矩阵 M，并基于语义相似概率导向的随机游走算法对规则与预设语料库中的句子进行语义匹配，得到与规则语义匹配成功的句子，如图 2-1 所示。其中词-句子语义关联图 $G(V,E)$ 为一个无向简单图，V 表示节点的集合，E 表示边的集合，E 是 $V \times V$ 的子集，节点集合 $V = W^* \cup S^*$，W^* 表示从规则和候选句子中生成的词集，S^* 表示主语和宾语实体类型一致的句子所构成的候选句子集，转移概率矩阵中的元素为从一个节点随机游走到另一个节点的概率。

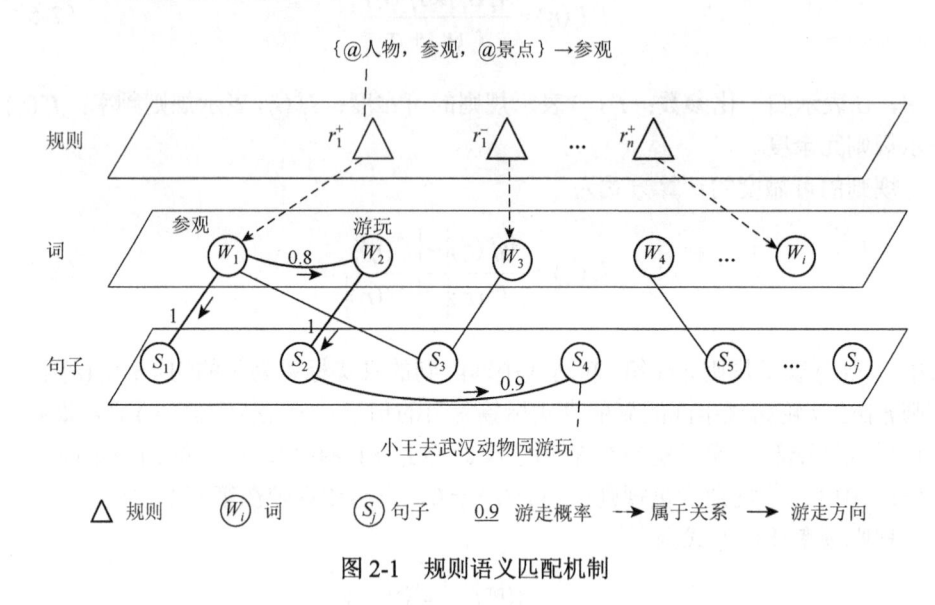

图 2-1 规则语义匹配机制

词-句子语义关联图 $G(V,E)$ 由语义关联矩阵 A 构成，表示为 $A \in R^{|V| \times |V|}$，a_{mn} 表示节点 v_m 和节点 v_n 之间的语义关联，其中 $v_m, v_n \in V$，a_{ij} 数值为两个节点间的包含关系或语义相似度，具体计算方式如下

$$a_{ij} = \begin{cases} \text{sim}(m,n), & v_m, v_n \in W^* \text{ 或 } v_m, v_n \in S^* \\ \text{contain}(m,n), & v_m \in W^* \text{ 且 } v_n \in S^* \end{cases} \quad (2\text{-}9)$$

其中，若 $v_m, v_n \in W^*$ 或 $v_m, v_n \in S^*$，使用 $\text{sim}(m,n)$ 函数计算二者间的语义相似度；若 $v_m \in W^*$ 且 $v_n \in S^*$，使用 $\text{contain}(m,n)$ 表示二者的包含关系，当 v_n 包含 v_m 时，$\text{contain}(m,n) = 1$；反之，$\text{contain}(m,n) = 0$。

转移概率矩阵为 $M = (P_{mn})_{m,n \in V}$，其中 P_{mn} 表示在下一步中，从节点 v_m 随机游走到节点 v_n 的概率：

$$P_{mn} = \frac{a_{mn}}{\sum_{m=1}^{v} a_{mn}} \tag{2-10}$$

给定一个从节点 v_m 开始的随机游走器,随机游走规则为

$$P_m(\mu) = M^T P_m(\mu-1) \tag{2-11}$$

其中,$P_m(\mu)$ 表示从起始节点经过 μ 步后到达 v_m 节点的概率;M^T 表示矩阵 M 的转置。

利用语义相似概率导向的随机游走算法计算节点 v_m 和节点 v_n 之间的语义匹配分数为

$$\text{Sem}_{mn}(\mu) = \frac{k_m}{2|E|} \times P_{mn}(\mu) + \frac{k_n}{2|E|} \times P_{nm}(\mu) \tag{2-12}$$

其中,$P_{mn}(\mu)$ 表示随机游走器经过 μ 步后从节点 v_m 走到节点 v_n 的概率;k_m 表示用来配置节点 v_m 的初始资源;$|E|$ 表示图中的边数量;v_m 表示词;v_n 表示句子;$\text{Sem}_{mn}(\mu)$ 表示从词节点开始,经过 μ 步以后到达句子节点的游走概率。

如算法 2-3 所示,语义匹配机制的基本步骤主要包括:计算句子和规则的语义相似度(第 1~2 行),返回语义相似度超过阈值的匹配结果(第 3~5 行)。

算法 2-3 语义匹配

输入:语料集 C,规则集 PN_t,语义匹配阈值 θ

输出:语义匹配结果 S_t^*

1. **For** w_x in r_m
2.   **If** $\prod_{x=0}^{l}\left(\text{Sem}_{w_x s_n} - \theta\right) > 0$
3. $S_t^* \leftarrow S_t^* \cup s_n$; //得到语义匹配成功的句子
4. $\text{Sem}(r_m, s_n) \leftarrow \text{Average}\left(\text{Sem}_{w_x s_n}\right)$; //计算语义匹配分数
5. **Return** $S_t^*, \text{Sem}(r_m, s_n)$ for each s_n in S_t^* ;

正负规则同时匹配上同一个句子时会产生冲突,导致无法判断句子的标签。因此,在得到的与规则模式匹配成功的句子,与规则语义匹配成功的句子的基础上,利用冲突解决机制进行冲突消解:

$$L_{s_j} = \frac{\sum_{j=0}^{|PN(s_j)|} I_t(r_i) \times \text{Sem}(r_i, s_j)}{|PN(s_j)|} \quad (2\text{-}13)$$

其中，$PN(s_j)$ 表示与句子模式匹配和语义匹配成功的规则集合，包括正规则和负规则；$|PN(s_j)|$ 表示匹配成功 s_j 的规则集合的数量；$I_t(r_i)$ 表示规则 r_i 在第 t 轮迭代中的重要性分数；$\text{Sem}(r_i, s_j)$ 表示规则 r_i 和句子 s_j 的匹配分数。当 $L_{s_j} > 0$ 时，表明句子 s_j 为正例；当 $L_{s_j} < 0$ 时，表明句子 s_j 为负例；当 $L_{s_j} = 0$ 时，表明句子 s_j 在本轮迭代的标签无效。通过冲突解决机制，确定已匹配成功的句子的标签，构建目标匹配句子集 S_t。

4. 协同规则验证

基于训练集采用协同训练方法对两个机器学习模型（PC、SC）进行协同训练。利用训练好的机器学习模型 PC、SC 以及人力资源即人工标注任务量 H，同时对匹配句子集 S_t 的每一个句子标签进行预测验证，输出预测结果和置信度。包括两种情形。情形一，当训练好的模型 PC 和训练好的 SC 的预测结果一致，且两个模型的置信度高于置信度阈值，则将句子标签直接输出到训练集 S_t'。情形二，当训练好的模型 PC 和训练好的 SC 的预测结果不一致，且两个模型的置信度高于置信度阈值，若 $H > 0$，则将该类句子分配给人工标注，将标注结果输出到训练集 S_t'；若 $H = 0$，则将该类句子返回至 S_t，等待下一轮的模型预测。

具体地，本章构建两个支持向量机模型 PC、SC。利用这两个模型分别学习训练集 S_t' 的模式特征（F^{pc}）和语义特征（F^{sc}）。其中，模式特征（F^{pc}）包含：①词频（F_u^{pc}），利用 TF-IDF（term frequency-inverse document frequency，词频-逆文档频率）公式对句子中的每一个词进行建模；②句法结构（F_e^{pc}），通过句法分析，找到句子的主谓宾结构，并对三者的顺序进行建模；③实体距离（F_d^{pc}），记录主语实体和宾语实体之间的距离。

语义特征（F^{sc}）包含词向量（$F_{w_j}^{pc}$）。利用词嵌入模型，对句子中的每一个词语进行向量建模，然后利用平均词向量表示句子向量。

如算法 2-4 所示，协同规则验证的步骤包括：基于已验证句子集 S_t' 进行分类模型 PC、SC 的训练（第 3～5 行），利用模型对匹配句子集 S_t 进行预测（第 6～8 行），根据模型预测结果、句子标签进行推理，将置信结果和人标注结果加入到已验证句子集 S_t' 中（第 9～17 行），利用 S_t' 对模型 PC 和 SC 进行重新训练，对 S_t 中未输出的句子进行重新预测，直到匹配句子集 S_t 为空，训练好的模型 PC 和 SC 的预测结果置信度均低于置信度阈值（第 18 行）。

算法 2-4 基于协同训练的规则验证

输入：已匹配句子集 S_t，已验证句子集 S'_t，人力资源 H，规则验证阈值 α

输出：已验证句子集 S'_t

1. **do**
2.   **Function** Train(S'_t, PC, SC)//基于训练集进行分类模型的训练
3.   PC ← PC.Learning(F^{pc}, S'_t);
4.   SC ← SC.Learning(F^{sc}, S'_t);
5.   **Function** Predict(S_t, PC, SC)//利用模型对句子集 S_t 进行预测
6.   (s_i, l_i^{pc}, Con_i^{pc}) ← Apply PC to each $s_i \in S_t$；
7.   (s_i, l_i^{sc}, Con_i^{sc}) ← Apply SC to each $s_i \in S_t$；
8.   **Function** Infer(S_t, PC, SC)//对模型预测结果进行推理
9.   **If** $Con_i^{pc} \geqslant \alpha$ and $Con_i^{sc} \geqslant \alpha$ //当置信度同时高于阈值
10.   **If** $l_i^{pc} == l_i^{sc}$ //当模型预测的句子标签一致
11. $S'_t \leftarrow S'_t \cup s_i$；//将句子及标签输入训练集
12.   **Else**//当模型预测的句子标签不一致
13.   **If** $H > 0$ //当存在人力资源
14. $s_i \leftarrow \text{Label}(s_i, H)$；//将句子分给人工
15. $S'_t \leftarrow S'_t \cup s_i$；
16. $S_t \leftarrow S_t / s_i$；
17. **Until** $|S_t| == 0$ or Con_i^{pc} and Con_i^{sc} of each $s_i \in S_t < \alpha$；
18. **Return** S'_t；

（二）模板集成的人模型提示学习

随着 BERT、GPT（generative pre-trained transformer，生成式预训练转换器）等预训练语言模型在众多自然语言理解任务上均达到了新的水准，并且在少样本场景下也显示出了强大的学习能力，在无监督文本上进行预训练、在下游任务上进行微调的方法也成为自然语言处理任务的新范式。

过去的预训练语言模型微调主要依赖在模型之上增加分类器的方法来实现。近年来，一种新的利用预训练语言模型的提示微调方法开始兴起，该方法通过提示模板（prompt template）和词语映射器（verbalizer）让预训练语言模型理解下游任务。由于不需要为模型增加额外的分类器，相比传统微调方法，提示微调方法拥有更强的泛化性能，在全监督场景下和少样本场景下超越传统微调方法。

本章提出了一种模板集成的提示学习方法（template-integrated prompt learning

method，TIPL）。该方法利用关系语义来增强原型的表示，通过提示集成对构建原型所需的数据进行数据增强，利用注意力机制让模型关注实例之间的重要信息，从而提高模型在少样本关系抽取上的效果。实验评估结果请见附录 B。具体贡献有如下几点。

（1）提出了一种关系语义注入的提示模板，通过预训练语言模型对关系标签名和关系描述文本的语义进行编码，将其融入提示模板中，以期在构建的原型中包含关系语义信息。

（2）提出了一种提示集成数据增强的方法，通过对单个关系上下文实例进行多个模板提示集成的方式产生数据增强的效果，解决少样本场景下原型构建信息有限的问题。

（3）引入了一种实例级注意力机制，让原型构建的过程更关注样本中和任务相关的特征维度，降低噪声样本对原型表示的影响，增强原型构建的鲁棒性。

1. 方法概述

为解决基于原型的标签映射方法中的问题，以更好地应对基于提示学习的少样本关系抽取中标签映射难以构建的挑战，本章提出了面向关系抽取的模板集成的大模型提示学习方法。该方法主要包含两个部分：①融入关系语义的提示集成；②基于实例级注意力机制的原型标签映射，如图 2-2 所示。方法的基本思路是：将关系语义融入提示模板，对单个关系上下文实例应用多个提示模板进行提示集

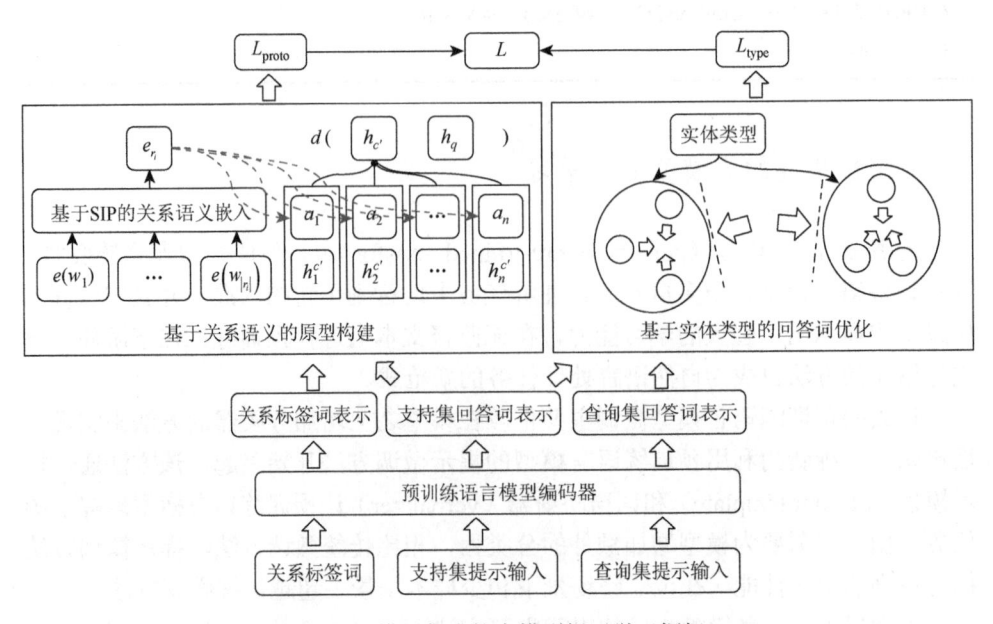

图 2-2 模板集成的大模型提示学习框架

成，在实例的回答词表示之间建立注意力机制以捕捉原型标签映射构建所需的支持集的重要特征，最终通过计算原型和实例回答词在语义空间内的欧氏距离来执行分类。

2. 融入关系语义的提示集成

1）融入关系语义的提示模板

提示微调方法有效与否的关键之一就是提示模板的设计。提示微调方法通过手工、自动化或可学习的形式向提示模板中注入与任务相关的信息，以此来激活预训练语言模型中相应的权重参数，让模型对模板中包含的[MASK]产生与任务相关的预测。

如表 2-1 所示，在关系抽取任务中，关系标签及其描述文本蕴含了丰富的关系语义。这些关系语义是一种高质量的先验数据，可以引导预训练语言模型生成和关系语义相关的回答词表示。因此，本章将关系标签和关系描述文本融入提示模板中，从而在原型构建过程中，能够在原型中融合关系语义信息，增强其表示。

表 2-1 关系标签和关系描述文本示例

关系标签名	关系描述文本
educated at （就读于）	educational institution attended by the subject （主体就读的教育机构）
mother （母亲）	female parent of the subject （主语的母亲）
publisher （出版社）	organization or person responsible for publishing books （负责出版书籍的个人或组织）…

本章的基础提示模板选取的是提示学习关系抽取方法中常用的模板形式。

$$T(x) = [CLS]\, x\, [SEP]\, w_{subj} [relation][MASK][relation]\, w_{obj} \quad (2\text{-}14)$$

其中，w_{subj} 和 w_{obj} 分别表示关系实例的主语和宾语；[relation] 表示关系语义词；[CLS] 和 [SEP] 表示特殊标记符；x 表示关系抽取任务。本章通过将关系标签名和关系描述文本以"关系标签名：关系描述文本"的形式拼接起来，并利用预训练语言模型 M 编码来获取 [relation] 的表示。

$$e_{r_i} = \frac{\text{sum}(M(r_i))}{|r_i|} \quad (2\text{-}15)$$

$$r_i = [[CLS], w_1, w_2, \cdots, w_{|r_i|}, [SEP]] \quad (2\text{-}16)$$

其中，r_i 表示每个关系的"关系标签名：关系描述文本"所包含的词序列。

2）多模板提示集成数据增强

数据增强是一种在数据不足的情况下常见的提升模型性能的策略。该策略起源于计算机视觉领域。数据增强策略通过对数据集中已有的图片进行几何变换，如翻转、旋转、裁剪，使数据集产生微小的改变，从而获得更多的数据，以提升模型的泛化能力和鲁棒性。

在提示微调方法中，通过向提示模板中注入任务提示信息，预训练语言模型会产生与任务相关的回答词预测。不同的提示模板所包含的不同的任务提示信息，会激活预训练语言模型不同的权重参数，从而产生不同的回答词预测。基于这一观察，本章提出了一种用于少样本关系抽取的多模板提示集成的数据增强方法，旨在对单个关系上下文实例应用多种提示模板来对回答词表示进行数据增强。本章通过对基础提示模板 [relation] 和 [MASK] 的位置进行变换来达到这一目的：

$$T_1(x) = [\text{CLS}]\, x\, [\text{SEP}]\, w_{\text{subj}}\, [\text{relation}][\text{MASK}][\text{relation}]\, w_{\text{obj}} \qquad (2\text{-}17)$$

$$T_2(x) = [\text{CLS}]\, x\, [\text{SEP}][\text{relation}][\text{MASK}][\text{relation}]\, w_{\text{subj}} w_{\text{obj}} \qquad (2\text{-}18)$$

$$T_3(x) = [\text{CLS}]\, x\, [\text{SEP}]\, w_{\text{subj}}\, w_{\text{obj}}\, [\text{relation}][\text{MASK}][\text{relation}] \qquad (2\text{-}19)$$

预训练语言模型中的 Transformer（转换器）在运行自注意力机制时会根据提示模板中词语位置变化而将不同的序列语义信息融入 [MASK] 中，从而达到通过变换来进行数据增强的效果。

3. 基于实例级注意力机制的原型标签映射构建

1）基于原型网络的标签映射

原型网络是一种基于度量学习和元学习的少样本学习方法，其主要思想是在表示模型的度量空间内计算样本表示到每个类别原型的距离来执行分类。原型网络之所以简单、有效，是因其基于样本表示和类别原型之间的距离产生分类概率的效果等价于一个线性模型，而那些样本中所包含的非线性特征已经在表示模型中被学习，因此在样本稀缺的场景下泛化能力更强。

本章将原型网络引入到提示学习中，提出了一种原型标签映射方法。由于原型网络是一种基于元学习的方法，其训练过程不同于传统深度学习的小批量方式，而是遵循"回合"的方式，即在训练过程中，给定训练集 $D=(X,Y)$，其中每一个 $y_i \in Y$ 的取值都在一个类别集合 $C = \{c_1, c_2, \cdots, c_n\}$ 中；在每一个回合里，需要从 C 中不放回地随机抽取 k 个类别组成抽样集合 C'，其中 $k \leqslant n$；对于每一个 $c_i \in C'$，从 D 中抽取一定数量的样本作为支持集 $S = \{X_s, Y_s\}$，并从 D 中除去 S 后，在剩余样本中抽取一定数量的样本作为查询集 $Q = \{X_q, Y_q\}$。

本章将提出的融入关系语义的提示模板 $T(x)$ 应用在支持集 S 的所有样本中，并利用预训练语言模型 M 对[MASK]进行预测：

$$h_{[\text{MASK}]} = M(T(x)) \tag{2-20}$$

本章计算每个类别样本 $h_{[\text{MASK}]}$ 的平均值作为类别原型：

$$c_i = \frac{1}{n_i}\sum_{j=1}^{n_i} h_j^i \tag{2-21}$$

其中，n_i 表示每一类别下样本的总数；h_j^i 表示预训练语言模型的预测；i 表示类别索引；j 表示每一类别下的样本索引。对于查询集，本章用同样方式得到预训练语言模型对[MASK]的预测，并通过计算查询集样本[MASK]表示到原型表示的距离来产生查询集样本的分类概率：

$$p\left(y = r_i | h_{[\text{MASK}]}\right) = \frac{\exp\left(-d(h_{[\text{MASK}]}, c_i)\right)}{\sum \exp\left(-d(h_{[\text{MASK}]}, c_j)\right)} \tag{2-22}$$

最终本章利用交叉熵来计算损失并优化模型：

$$pL = -\frac{1}{|Q|}\sum_{h_{[\text{MASK}]} \in Q} y \log p\left(y = k | h_{[\text{MASK}]}\right) \tag{2-23}$$

2）实例级注意力机制

原型网络执行分类的准确度依赖于原型表示的准确性。已有的基于原型的提示微调方法在构建原型时采取的是对支持集样本表示进行简单求和再平均的策略。这种方法忽视了支持集中样本之间对于构建原型的重要性的差异，导致原型对噪声或异常样本非常敏感。在少样本场景下，标注数据稀缺，如果一个实例的回答词表示和其他实例的回答词表示差别过大，则会严重影响原型标签映射的准确性。

注意力机制是一种生物启发式的模型，已经在深度学习中被广泛应用于图像处理、自然语言处理和语音识别等领域。注意力机制模拟了人类的感知过程，允许模型聚焦输入数据中的特定部分。其核心思想是根据输入数据的不同部分的重要性分配不同的权重。

本章利用模板集成的方法来进行数据增强，不可避免地引入了噪声和一些无效信息。因此可以引入一种实例级注意力机制，使模型更加关注支持集样本回答词表示与查询集相关的分类特征，即在构建原型的过程中，每个样本对原型的权重是不同的。

$$c_i = \sum_{j=1}^{n_i} \alpha_j h_j^i \tag{2-24}$$

其中，α_j 表示相同类别下的支持集的每个样本各自的权重。该权重通过支持集样本和查询集样本回答词表示之间的加性注意力得到

$$\alpha_j = \frac{\exp(e_j)}{\sum_{k=1}^{n_i}\exp(e_k)} \quad (2\text{-}25)$$

$$e_j = \text{sum}\left\{\sigma\left(\left(Wh_j^i\right)\odot(Wh)\right)\right\} \quad (2\text{-}26)$$

其中，W 表示一个可学习的权重矩阵；$\odot$ 表示向量各分量间的乘积；$\sigma()$ 表示激活函数；sum{ } 表示对向量的所有分量进行求和。

通过实例级注意力机制，在构建原型的过程中，和查询集回答词更相似的支持集样本回答词会被分到更高的权重，相比于简单平均的方法，会产生相对于查询集回答词表示方法更具代表性的原型。

第二节　知识大图构建

知识大图构建是一个动态演化的过程，如图 2-3 所示，知识关联分析从多源异构数据中发现关联知识，然后再经过关联知识的融合来构建知识大图。基于已有的知识关联可以对潜在知识关联进行推理发现，进而校正和扩充知识大图，迭代式提高知识大图的构建质量。

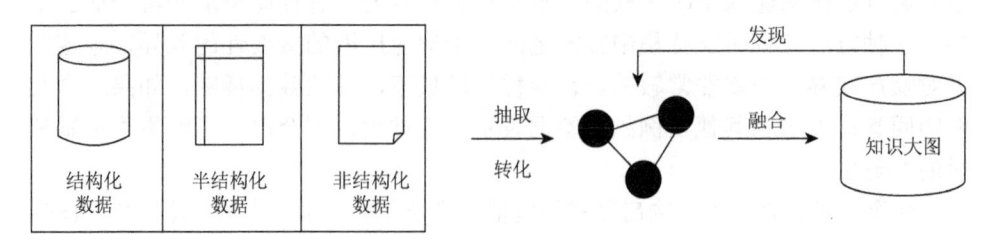

图 2-3　知识大图构建框架

一、关联知识融合

关联知识融合可以减少知识大图中的知识冗余，确保关联知识指向的准确性与一致性，并将关联知识集合转化为知识大图。给定关联知识 (s,r,o) 和 (s',r',o')，首先需要解决的问题是计算语义相似度 $\text{sim}((s,r,o),(s',r',o'))$，以确定关联知识是否可以融合。

由于表达的多样性，知识单元（实体）s、o、s'、o' 可能会存在指称项（即词或

词组）不同，而指向同一实体；或者指称项相同，而并不指向同一实体的问题。由于受到本体的约束，关系 r 和 r' 一般不存在以上问题。因此，计算 $\text{sim}((s,r,o), (s',r',o'))$ 转化为计算实体对的语义相似度 $\text{sim}(s,s')$、$\text{sim}(s,o')$、$\text{sim}(o,s')$ 和 $\text{sim}(o,o')$。

如果以上相似度大于或等于阈值 φ，则可以将两个关联知识进行融合。比如，$\text{sim}(s,s') \geqslant \varphi$，则认为 s 和 s' 指向同一实体，可以进行链接，融合为知识子图 $\{(s,r,o),(s,r',o')\}$，其中每条关联知识是知识子图中的一条边，拥有共同的知识单元 s。反之，如果 $\text{sim}(s,s') < \varphi$，则 s 和 s' 并不指向同一实体。在 $\text{sim}(s,s') \geqslant \varphi$ 且 $\text{sim}(o,o') \geqslant \varphi$ 的情况下，即两个关联知识相对应的实体语义上是相同的，如果 $r = r'$，则 (s',r',o') 为冗余的关联知识；如果 $r \neq r'$，则 s 和 o 之间存在多种知识关联。

二、关联知识发现

给定知识大图 G，关联知识发现是利用已有的关联知识集合 $G = \{(s,r,o)\}$，发现关联知识 $(s',r',o'),(s',r',o') \notin G$。目前关联知识发现常用的方法是知识大图推理，主要是建模多个已有关联知识的间接关联，即多步关系的传递性约束。以两步推理为例：s 和 o 存在关系 r_1，o 和 p 存在关系 r_2，该两步路径对应的直接关系是 s 和 p 存在 r_3。

知识大图的推理方法分为基于规则的推理、基于分布式表示的推理、基于神经网络的推理以及混合推理（官赛萍等，2018）。目前管理决策较多采用简单经验知识或统计特征，或者更复杂的以传递性约束为主的规则进行推理。规则的产生一般由领域专家进行定义或者从知识大图中挖掘得到。专家制订规则的代价较高，很难达到足够广的覆盖率，而挖掘的规则会引入噪声和冲突，降低了推理的准确度。更为重要的是，规则挖掘的算法难以实现复杂规则的挖掘，难以保证规则的可靠性和可解释性。

根据定理 2-1，可以通过已有的关联知识，以及知识单元的上下位关系发现更多的概念关系。根据语义蕴含的传递性（Berant et al., 2011）：给定 $r,r',r'' \in E$，语义蕴含 $r \vDash r'$，$r' \vDash r''$，则 $r \vDash r''$，可以推理出关联知识之间的层次关系，发现潜在的知识关联，进一步补全知识大图。比如，已知(商业银行, 父类, 银行)、(银行, 类型, 金融机构)，推理出(商业银行, 类型, 金融机构)。

在决策场景中，知识单元之间可能会发现多种关联，通常需要对每一个候选关联知识 (s,r,o) 计算其评分函数 $\psi(s,r,o)$，并确定阈值 τ，当且仅当 $\psi(s,r,o) \geqslant \tau$，$(s,r,o)$ 为真。在特定领域中，如果仅允许知识单元存在一种关联，则 $(s,r,o) = \text{argmax}_{r \in \text{rels}} \psi(s,r,o)$，其中 rels 是候选关联的集合。

三、人机协同迭代式构建

知识关联可演化的特征决定了知识大图需要进行迭代式构建。这需要领域专家、知识和数据等多个价值创造主体进行决策协同和知识协同,对关联知识迭代式的融合与发现。决策协同指的是协调各主体决策并获得群体决策;知识协同指的是协调各个主体之间的知识交换。与传统主体协同不同的是,在知识关联的支持下,主体在协同过程中通过知识协同迅速获得范围更广、效用更高的新知识从而影响自身决策,形成多主体迭代式构建的计算过程。

从知识大图角度来看,多主体的价值创造将体现为知识子图在预定义知识目标框架下的聚集和融合过程。设计适合知识目标框架的任务分解方法和知识融合方法,以此为基础建立基于众包激励机制的迭代式构建模型。具体来说,在迭代式构建的群体决策过程中,各主体根据观察对关联知识进行标注,需要对各主体的标注进行聚合,以得到最终的标注结果。目前,标注的聚合通常使用多数投票机制(Tao et al.,2018)。给定 n 个观察和 m 个主体,每个主体对于每个观察将会从标签集合 L 中选择一个标签,并对相应的关联知识进行标注。主体具备的不同的能力水平决定了该主体的标注在最终结果中的权重。因此,对于第 i 个观察,协同决策后的关联知识的标注 a_i 可以计算为

$$a_i = \mathrm{argmax}_{l \in L} \sum_{j=1}^{m} w_j I(a_i = l) \qquad (2\text{-}27)$$

其中,w_j 表示赋给第 j 个主体的权重,代表该主体的能力水平;$I()$ 表示指示函数,仅当 $a_i = l$ 为真时,$I(a_i = l)$ 为 1,否则为 0。

针对知识关联分析、融合、发现等环节可能出现的错误、冲突等问题,本章通过以上人在环路的众包协同过程,对知识大图中关联知识的融合与更新进行外部知识增强,从而不断优化构建质量。

算法 2-5 总结了知识大图迭代式构建过程:输入管理决策数据集 D、关系抽取规则集 R(多个单关系的 PN 规则集合构成总的关系抽取规则集 R)、机器学习模型集 M、外部语料库 C、知识关联分析目标函数 ψ、关联知识相似度阈值 φ、知识关联分析质量阈值 τ、关联知识观察个数 n 和参与协同标注的主体个数 m;输出知识大图 $G(V, E)$。首先调用算法 2-1 进行知识关联分析,返回关联知识集合 A(第 1 行);在知识大图构建目标 $\psi(A) < \tau$ 时(第 2 行),对于关联知识集合 A 中 n 个质量低于阈值的关联知识,进行多主体协同标注,通过投票确定关联知识的标签(第 3~5 行);对于 A 中的关联知识,进行融合和基于推理的关联知识发现(第 6~11 行);最后通过相同知识单元的链接,将 A 转化为知识大图 $G(V, E)$ 并输出(第 12~13 行)。

算法 2-5　知识大图迭代构建

输入：数据集 D，抽取规则集 R，机器学习模型集 M，外部语料库 C，目标函数 ψ，相似度阈值 φ，质量阈值 τ，观察个数 n，主体个数 m

输出：知识大图 $G(V,E)$

1. $A \leftarrow \text{KnowAnalyze}(D,R,M,C)$；//知识关联分析
2. While　$\psi(A) < \tau$
3. 　　For each $a_i \in A$
4. 　　　　If($\psi(a_i) < \tau$ and $i < n$)//协同标注
5. 　　　　　　$a_i = \text{argmax}_{l \in L} \sum_{j=1}^{m} w_j I(a_i = l)$；$i++$；
6. 　　For each $(s,r,o),(s',r',o') \in A$
7. 　　　　If　$\text{sim}((s,r,o),(s',r',o')) \geqslant \varphi$ //知识融合
8. 　　　　　　Fuse (s,r,o) and (s',r',o')；
9. 　　　　Else If　$\text{infer}((s,r,o),(s',r',o')) \rightarrow (s'',r'',o'')$ //知识发现
10. 　　　　　　If　$\psi(s'',r'',o'') \geqslant \tau$
11. 　　　　　　　　$A \leftarrow A + (s'',r'',o'')$；**Continue**；
12. Convert A to $G(V,E)$；
13. **Return** $G(V,E)$；

第三节　人在环路知识大图构建平台

为了实现知识大图的自动化构建，本节结合前文提出的知识大图构建方法，构建人在环路知识大图构建平台。

一、平台构建思路

知识图谱在各领域实现了深入应用。在本章的调研中发现，基于规则的知识图谱构建，如 Snorkel 等平台工具，存在着规则维护繁重、过度依赖领域专家等问题；基于机器学习的知识图谱构建，也存在需要大量监督数据的问题。而大模型以其更高的性能和准确性，成为当前各大领域的研究热点。现有的知识图谱构建平台，缺乏大模型与领域知识的有效融合，使知识抽取准确率低、构建过程交互性差。此外，当前已有的知识图谱构建方法，难以对领域数据中存在的多角度、多层次知识关联进行抽取、分析和融合，难以构建领域知识大图。

基于以上问题，本节提出了人在环路知识大图构建平台，构建流程如图 2-4

所示。基于规则和大模型进行的知识大图构建，既支持从原始文本、本体构建到抽取三元组，导入图数据库进行查询分析的端到端知识大图全流程构建；又通过结合原型网络的大模型提示学习和自举式标注规则发现来降低数据标注的噪声，提高信息抽取的鲁棒性；还通过主动学习来迭代调整模型，处理模型难以判断的数据，提高人机交互的效率。

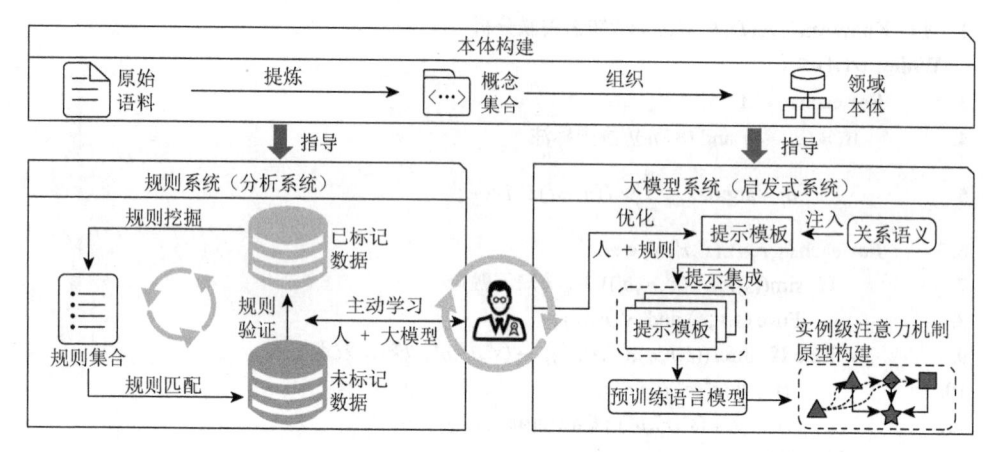

图 2-4　人在环路知识大图构建流程

人在环路知识大图构建平台的特色可归纳为以下几点。

（1）基于图数据模型的知识大图描述性框架。本平台针对领域知识大图构建的需求，研究统一的图数据模型。设计和抽象基于图数据模型的知识大图构建描述性框架。基于知识关联理论，设计具有多重语义蕴含的知识关联模式，基于该模式构建领域本体，通过节点和边的实时编辑和绘制，实现可视化本体建模功能，从而使本体建模过程更加直观和高效。

（2）融合大模型和规则的人在环路知识大图构建算法。针对领域数据标注成本高/非结构化的特征，利用大模型中大量的外部知识来缓解样本不平衡造成的文本表示不准确的问题；利用提示学习技术，高效微调预训练语言模型的参数；设计了一种基于原型网络的关系分类机制，有效缓解了样本不平衡造成的少数样本过拟合的问题；同时，基于自举式规则发现方法，采用规则挖掘—规则匹配—规则验证的迭代式过程，生成高质量标注规则，降低数据标注中的噪声。通过融合大模型的可扩展性和标注规则的可解释性，实现高质量的知识大图构建。

（3）端到端的迭代式知识大图构建平台。本平台将新发现的实体和实体关系递增地加入抽取过程，实现人在环路的迭代式知识大图构建。基于知识关联分析结果，实现图数据自动转换，并存储于图数据库中，支持领域数据的查询和可视化分析，使用户能够直观地理解复杂的数据关系和模式，促进知识的发现和应用。

二、平台功能

本部分将对可视化本体构建、人机协同数据标注、一体化数据处理和知识大图关联分析等平台核心功能进行介绍。

（一）可视化本体构建

在可编辑的可视化知识大图本体构建模块，用户可通过简单地点击、拖拽、编辑等方式来构建知识大图本体，如图 2-5 所示。与现有工具（Protégé）[1]相比，本平台具有较强的可操作性，可自定义配置节点和边的内容、类型及范围等属性；同时，也具有较强的可拓展性，解决了 Protégé 只能基于上下位关系进行拓展的问题。

（二）人机协同数据标注

将人机交互数据标注界面集成于本平台中，用户的标注结果可直接存储于相对应的数据库中，如图 2-6 所示。解决了用户需要借助其他工具来进行数据标注的问题，在此过程中，用户无须进行数据的导出和导入等烦琐操作，可通过自举式规则发现和结合原型网络的大模型提示学习来降低数据标注的噪声，提高信息抽取的鲁棒性，用户只需要标注少量数据，就可以实现高质量信息抽取。

（三）一体化数据处理

本平台集成了非结构化数据的处理流程，实现了知识大图构建流程一体化。平台将本体构建、实体识别、数据标注、规则定义、规则生成、规则权重、关系抽取等模块集成于一体，如图 2-7 所示。用户既可以通过简单式的操作来构建知识大图，也可自定义实体抽取、关系抽取模型，还可自行选择是否需要主动学习模型。同时，平台也支持中间结果的查看和编辑。

（四）知识大图关联分析

本平台通过嵌入图数据库，以三元组的形式来存储用户所构建的知识大图，如图 2-8 所示。并且，用户可通过图数据库查询语言来查询多元关系，查看可视化查询结果，支持数据关联分析。

---

[1] https://protege.stanford.edu/。

图2-5 可视化本体构建

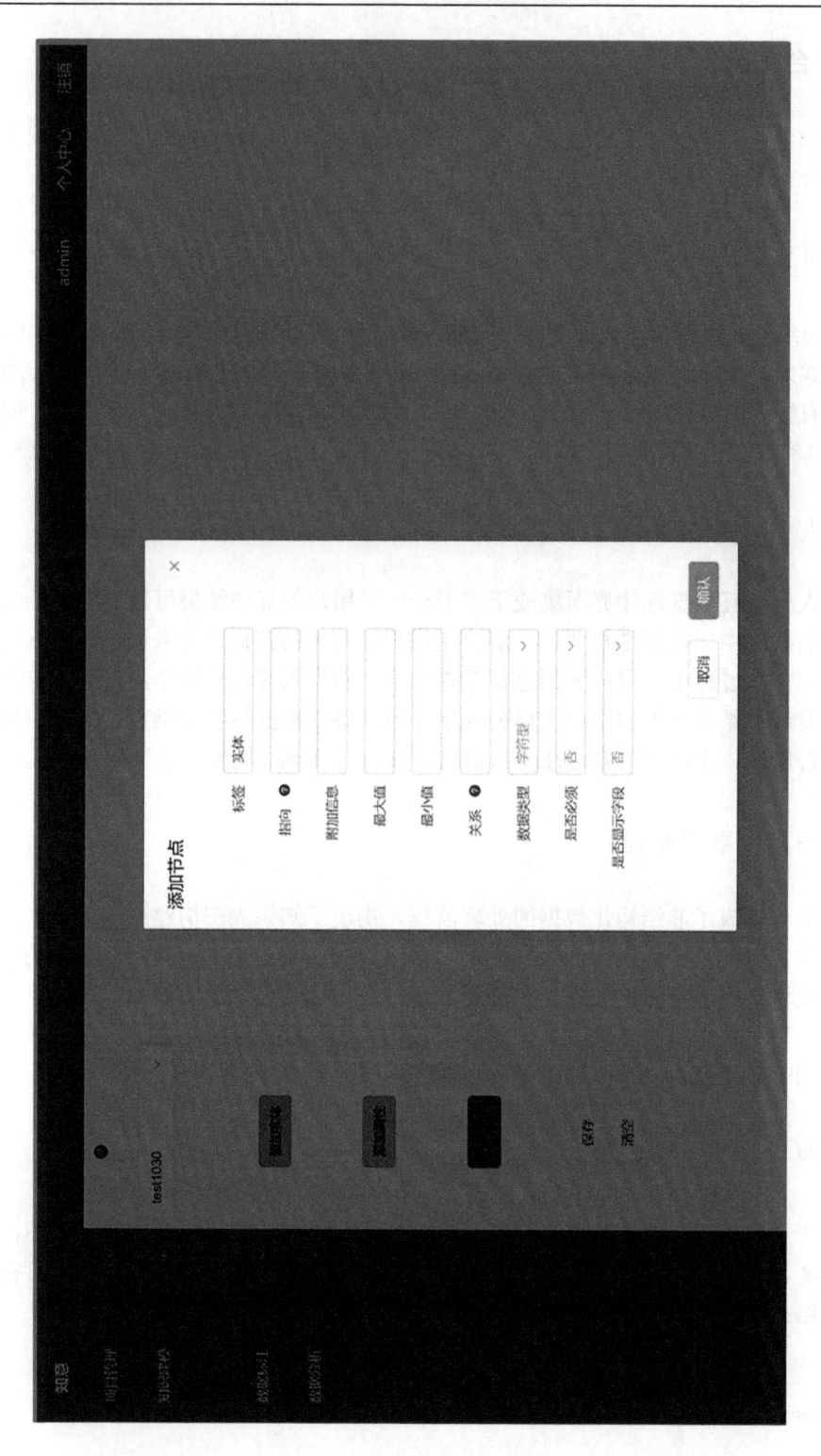

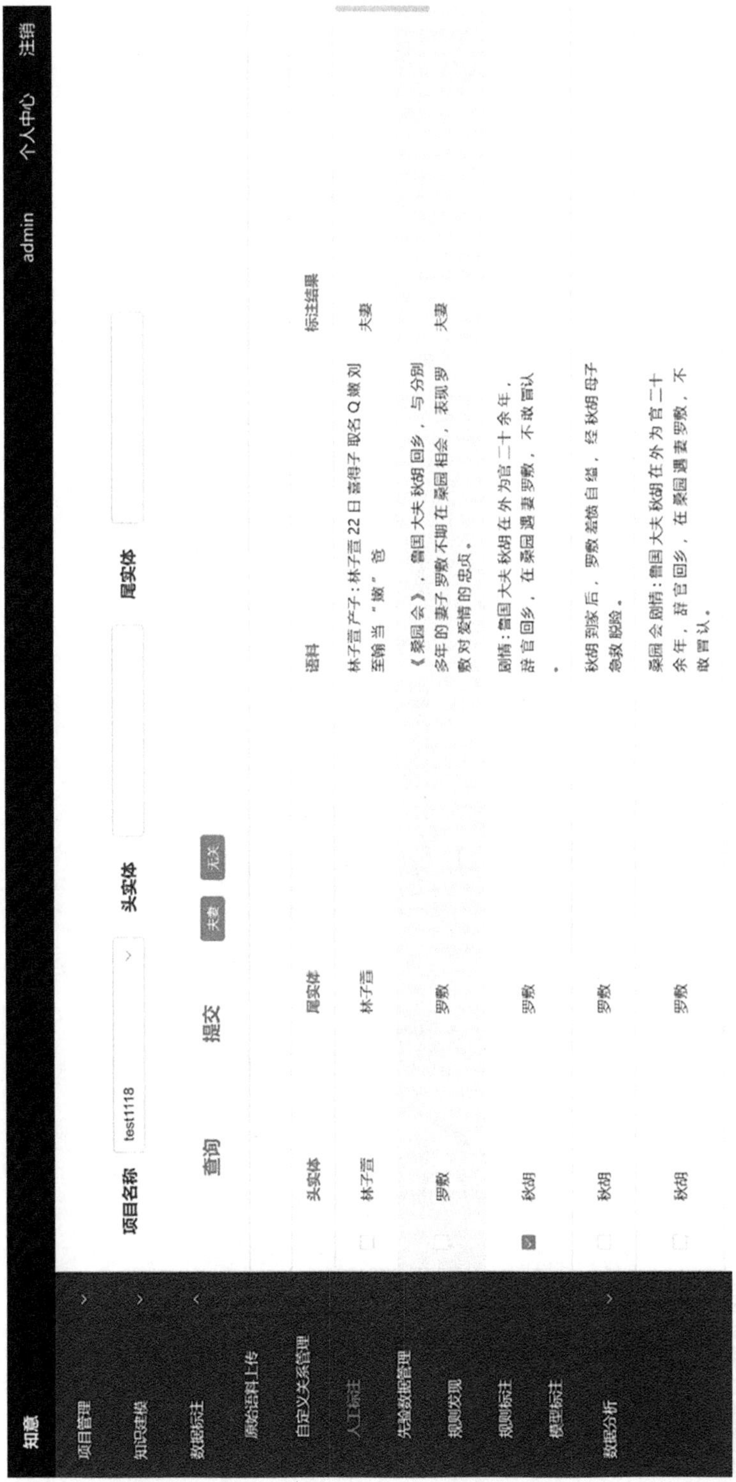

第二章 知识关联与知识大图

图2-6 人机协同数据标注

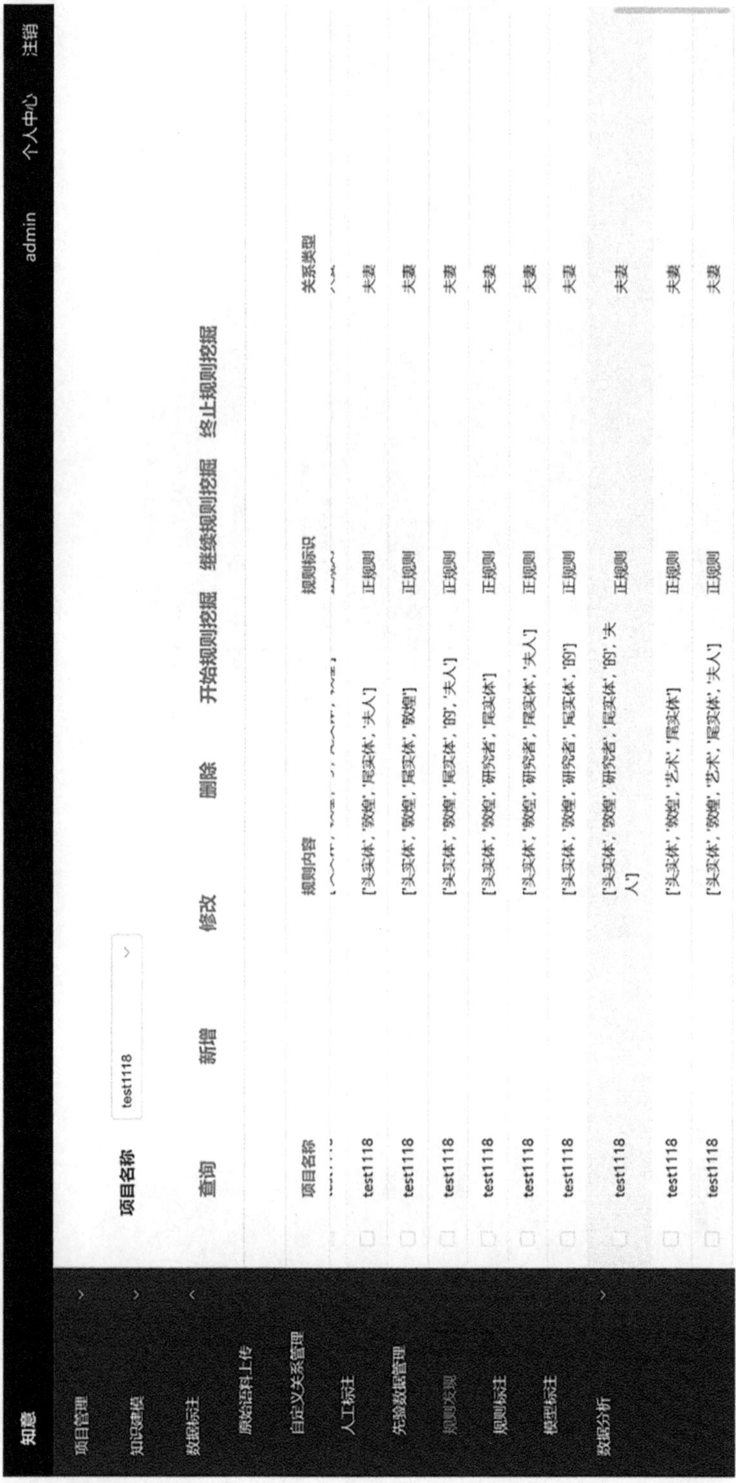
知意
项目管理
知识建模
数据标注
原始语料上传
自定义关系管理
人工标注
先验数据管理
规则发现
规则标注
模型标注
数据分析
admin
个人中心
注销
项目名称
test1118
查询
新增
修改
删除
开始规则挖掘
继续规则挖掘
终止规则挖掘
项目名称
规则内容
规则标识
关系类型
test1118
['头实体','敦煌','尾实体','夫人']
正规则
夫妻
test1118
['头实体','敦煌','尾实体','敦煌']
正规则
夫妻
test1118
['头实体','敦煌','尾实体','的','夫人']
正规则
夫妻
test1118
['头实体','敦煌','研究者','尾实体']
正规则
夫妻
test1118
['头实体','敦煌','研究者','尾实体','夫人']
正规则
夫妻
test1118
['头实体','敦煌','研究者','尾实体','的']
正规则
夫妻
test1118
['头实体','敦煌','研究者','尾实体','的','夫人']
正规则
夫妻
test1118
['头实体','敦煌','艺术','尾实体']
正规则
夫妻
test1118
['头实体','敦煌','艺术','尾实体','夫人']
正规则
夫妻

图2-7 一体化数据处理

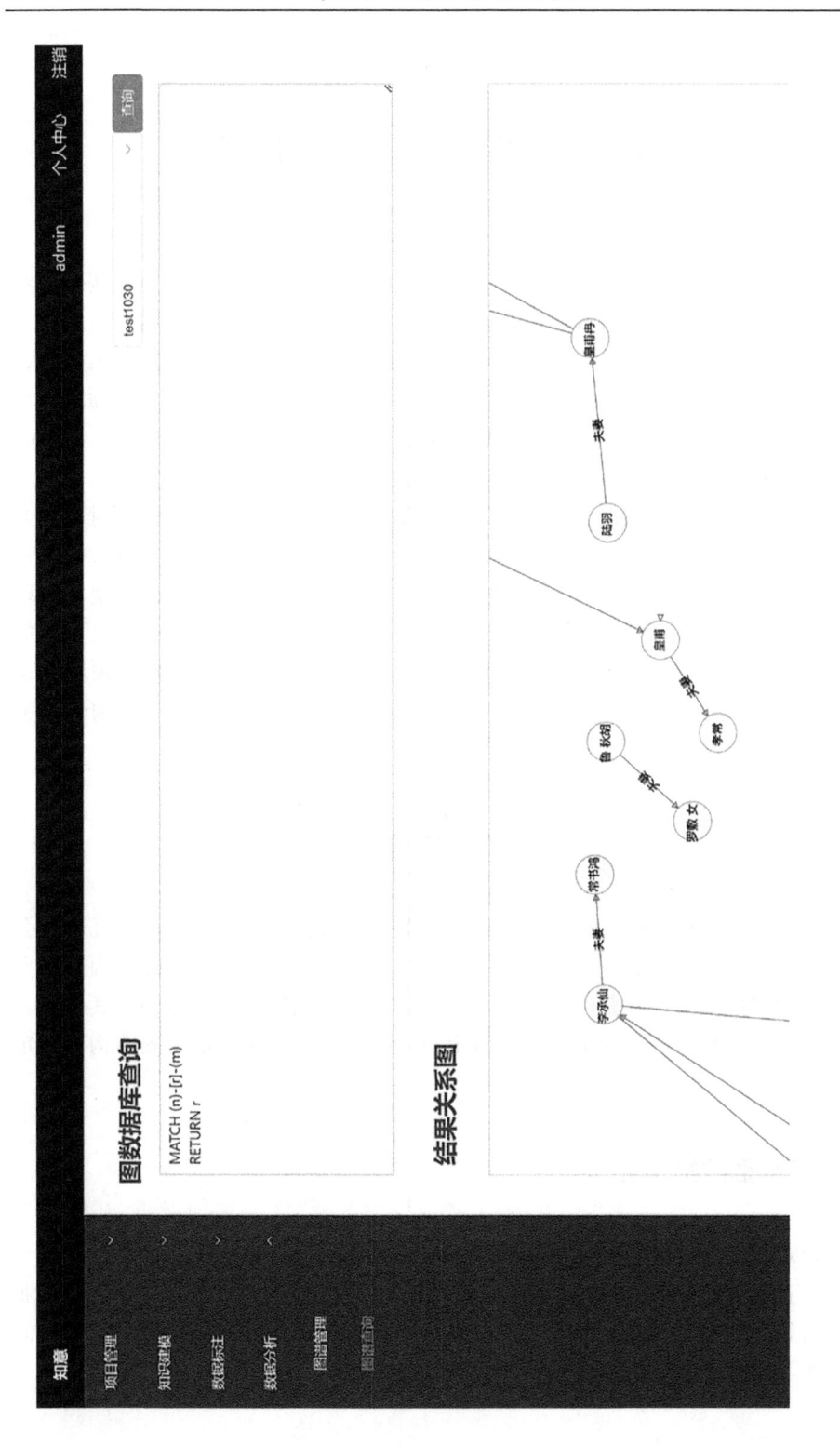

图2-8 知识大图关联分析

第三章　金融知识大图构建

本章旨在从金融大数据中构建金融知识大图，为金融知识服务提供基础。然而，金融多源异构领域数据和时序多元知识关联给金融知识大图的构建与应用带来了以下挑战。首先，如何对多源异构的金融数据资源进行汇聚和预处理；其次，在金融领域概念层知识关联分析中，如何基于有限人力成本，提升金融领域知识建模的质量和效率；最后，在金融领域实例层知识关联分析中，如何抽取出金融领域时序多元知识关联并进行融合，完成金融知识大图的构建。

针对以上挑战，本章提出了金融知识大图构建的解决方案。首先，对多源金融数据进行清洗和预处理，并提出多标签文本分类方法对多源异构金融大数据进行汇聚分类；其次，设计面向金融领域的数据知识混合驱动本体构建框架，实现金融领域知识统一组织与表示，通过多主体协同机制提高领域专家知识贡献的质量，同时充分利用智能计算技术提高构建的效率；最后，面向金融领域的现实应用需求，运用金融知识大图的知识抽取和知识融合方法，迭代式构建金融知识大图。

第一节　跨域金融数据汇聚

原始的多源异构数据包括工商注册企业数据、金融机构股权数据和互联网公开数据。在工商注册企业数据中，有关股权的数据是缺失及不准确的，因此需要金融机构股权数据进行补充，而互联网公开数据可以提供更多的金融语义信息。因此本章将基于共同的金融机构汇聚以上三类数据，为金融知识大图的构建奠定数据基础。

一、多源金融数据预处理

金融知识大图的数据来源主要包括三种。

（1）工商注册企业数据，包括 4200 万条以上的工商注册企业数据，包含企业的注册信息，即注册地、法人代表、股东、管理人员等详细信息，在本章后续的介绍中展示的是 2018 年获取的工商注册企业数据。

第三章　金融知识大图构建

(2) 金融机构股权数据。由于工商注册企业中的股权数据缺失了大量银行的股权信息，同时已经包含的银行股权信息由于收集不完备、更新不及时等原因，也不够准确，因此，本章将中国银行业数据库中的金融机构股权数据作为结构化数据使用。中国银行业数据库中包括七大系统（银行、保险、证券、期货、租赁、信托、基金）总共 1432 家金融机构（总资产占全国所有金融机构资产的 99%）的精确股权数据，在本章后续的介绍中展示的是 2018 年获取的金融机构股权数据。

(3) 互联网公开数据，包括企业基本面信息数据、百科数据、新闻舆情数据等，通过多源异构数据的交叉验证，辅助股权网络的融合，提高共指消解的准确率，在本章后续的介绍中展示的是 2018 年获取的互联网公开数据。

在工商注册企业数据中，企业基本面信息表的部分字段如表 3-1 所示，包括企业识别码、企业名称、企业状态等，可以用来查询企业实体的基本信息。

表 3-1　企业基本面信息表

字段	描述
id	企业识别码
name	企业名称
status	企业状态
oper_name	法人代表
start_date	注册日期
reg_no	注册编码
reg_capi_desc	注册资本
org_no	所属组织编码
credit_no	社会统一信用代码
category	行业类别
parent_domains	经营范围
belong_org	所属机构
reg_address	注册地址

因为金融机构股权数据是单独获取的数据，可以关注原始的金融机构表格字段，以便于后续针对金融机构表与股东企业基本面信息表进行融合。金融机构表

如表3-2所示，包括银行ID（identity document，唯一识别码）、银行全名、股东姓名、股东类型等多种属性。

表3-2 金融机构表

字段	描述
id	银行ID
name	银行全名
short_name	银行简称
gd_id	股东ID
gd_name	股东姓名
gd_type	股东类型
zb	持股占比
xi	自增列

原始数据存储在关系型数据库中，数据存在着重名、歧义、单位不统一、标点符号不规范等问题，所以首先需要对数据进行预处理，随后可以使用第三方工具进行数据清洗，最终得到完整准确的企业股权信息数据。

目前上述数据预处理的问题及挑战是需要解决网络结构数据缺失的问题。即使在全量数据的科研条件下，在股权网络的构建过程中仍存在数据缺失的情况。根据我国现行法律法规，企业有权选择在工商登记时不披露股东的持股比例。针对这个难点，一方面可以采用数据爬取的方式从互联网公开的信息中补充完善这些信息；另一方面，对于部分缺失的股权数据可以通过计算的方式得到其股权比例，而对于完全缺失的股权数据，可以将缺失部分的结构视为随机分布的网络（即一个随机网络），并使用随机模拟方法对数据缺失的部分网络进行随机填充。数据预处理具体规则如下。

（1）命名规则：表名和字段名使用小写英文单词加下划线"_"命名规则；单词语义可以更改为开发者易于识别的语义；表名以 t_tblname 命名。

（2）数据类型规则：对每张没有包含 id 的表增加一个自增 id 主键；char 类型统一更换为 varchar 类型；若字段表示某种类别的常量汉字描述，将其转义为英文单词或数字，如某个字段值为"国企，私有，海外……"；纯数字的考虑转为 int 或 decimal；text 等长文本字段类型，考虑 varchar 类型是否可以容纳，或者分表单独存放。

（3）索引规则：按照 MySQL（一种关系型数据库管理系统）表索引规范做调

整,尽量不要使用"uuid"做索引字段。如果有"uuid"建议首先将记录中的"-"删除;如果源数据有"text"字段的索引,则将其删除;尽量有一个主键并且是整型值;遵循最左前缀原则,不要建冗余索引。

一般步骤:第一步是备份,将需要清洗的原数据进行备份;第二步是清洗字段类型和字段值,没必要的字段直接删除,只留下需要的信息字段;第三步是重建,根据实际情况考虑是否需要表重建。

在上述过程中,索引删除和索引重建这种在大数据量下更新的操作需要先进行实验,不能盲目执行 insert(插入)、update(更新)、drop index(删除索引)、add index(新增索引)等命令,原因如下:①执行效率未知,大量数据的处理无法准确估算时间;②取消命令需要等待很长时间,并且可能会损坏数据。

二、多标签文本分类

在完成多源跨域金融数据预处理后,如何实现不同领域数据跨越语义鸿沟仍然存在着巨大挑战,而通过对不同数据的相同标签进行分类汇聚,则可以很好地缓解这一问题。首先,多标签文本分类方法允许一个文本同时属于多个类别,这使模型处理更加灵活,能够捕捉文本中的多重语义,缓解模型对于文本数据的语义偏见问题,实现多重语义在同一个文本数据中的融合;其次,多标签文本分类方法能够捕捉标签之间的语义相关性,不同领域或主题之间可能存在潜在的语义关联,而多标签文本分类方法有助于模型学习和利用这些关联信息,对特定类型的数据采取合理有效的处理方式和分析方法,提升处理效率。例如,一个文本可以同时属于"人工智能"和"自然语言处理"两个标签,这反映了这两个领域之间的潜在关联,从而各自进行分类并通过这一文本数据进行关联,使处于不同领域中的同一个文本数据跨越语义上的鸿沟。

在传统的层级多标签分类任务中,性能评估指标在模型选择和评估中发挥着关键性作用。然而已有的评估指标没有同时考虑语义相似性和层级结构。因此,本节回顾了已有的层级多标签分类评价指标,并提出了新的指标来综合考虑层级结构特征和种类语义特征,最终通过实验证明了该指标体系的有效性。

现实场景应用中通常将文档以层次结构组织起来,而文档的类别则是通过类别树或者有向无环图进行存储。近年来,层级多标签分类任务引起了广泛关注。为进一步优化层级多标签分类模型,性能指标发挥着重要作用。已有的性能指标如 Precision(准确率)、Recall(召回率)、$F1$ 值等,可能会对层级多标签分类模型产生不利影响,因为它难以考虑在类别树中,文档的预测标签与真实标签的亲疏关系，所以难以更加精确地评估模型。在实际应用场景中，Wu 等（2017）认为即使两个分类模型均做出了错误的预测，但是仍然希望可以找出哪个模型是更加正确的。

在评估层级多标签分类任务中，层次结构和类别语义相似性有助于区分模型之间的差异。如图 3-1 所示，真实标签为 c_8，而模型 a 预测结果是 c_9，模型 b 预测的结果为 c_{11}。为了评估模型 a 和模型 b 的误差程度，可以考虑传统的层级分类树方法。在层级类别树上，模型 a 的错误分类层级比模型 b 更深，表明模型 a 的误分类程度不太严重。因此基于层次结构，模型 a 应该被给予更多的置信度分数。另一个案例说明了类之间的语义相似度的重要性。如图 3-1 所示，假设真正的标签是 c_5，模型 c 预测的结果是 c_6，模型 d 的预测结果是 c_7。因为 c_6 和 c_7 到 c_5 距离相同，基于结构的指标无法区分模型 c 和模型 d 的质量。但 c_6 和 c_5 的语义相似度高于 c_7 和 c_5 的语义相似度，因此，应该基于语义相似度给模型 c 较高的置信度。

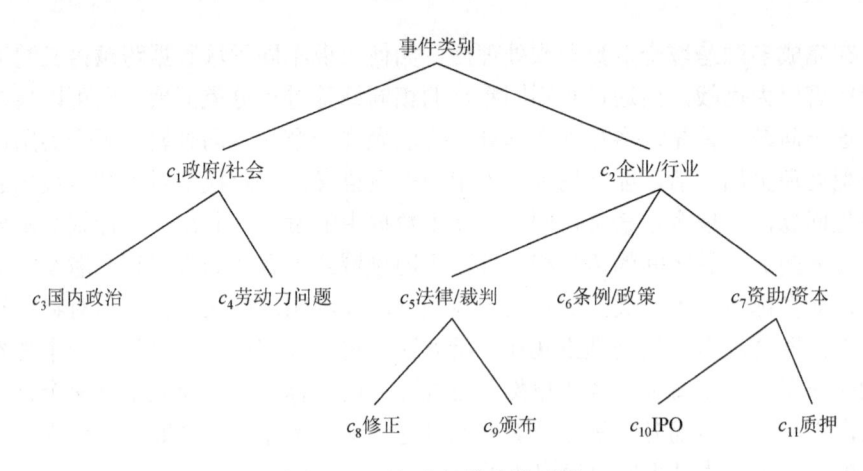

图 3-1　层级多标签分类示例

然而，已有的指标没有同时考虑结构和语义特征，因此，模型之间的细微差别不能准确测量。为解决这一问题，本节将从结构和语义层面考虑类别的相似性。受到基于混合嵌入文本分类方法的启发，可以为层级多标签分类模型引入新的评估指标，综合考虑类别的结构和语义特征。实验表明，此方法的评估指标优于已有的层级 F-measure（F 度量）指标。实验评估结果请见附录 C。

（一）已有层级分类评估指标

对于平面分类，标准的 F-measure 是文本分类任务中最常用的性能度量（Powers，

2019)。准确率和召回率由列联表计算得到，列联表收集了真阳性、假阳性、真阴性和假阴性的数量。然而，这些指标对所有错误分类没有明显的区分度，无法考查错误类别与正确类别的差异。

为了解决这个问题，不同的 F-measure 被提出来，侧重于层次结构的不同方面。在早期的研究中，Sun 和 Lim（2001）利用贡献度的概念对标准 F-measure 进行了修改，贡献度可以通过两种方式进行估计：①预测类别与真实类别的相似度；②层次距离。然而，这种修改方式却忽略了一个显而易见的事实，即在更深的类别层次上进行分类会比在更浅的层次上进行分类困难得多。

F-measure 的其他扩展是基于预测和真实类别的整个集合，包括它们的上下位概念，可以归纳为基于层次的度量。有学者提出（Ipeirotis et al., 2001），对于真实类别和预测类别可以使用其下位概念进行扩充，在此基础上计算准确率和召回率。类似地，也有学者将上位概念添加到真实类别和预测类别中，使用上位概念的层次型 F-measure 被证明比使用下位概念更好。最低公共上位 F-measure（Kosmopoulos et al., 2015）和保留计数的层次评价度量（Falis et al., 2021）是针对特定结构的基于层次度量的扩展。

如表 3-3 所示，上述指标分别只关注类别的层次结构，或者只关注类别的语义特征，却没有相关工作将两者结合在一个层次分类模型的评估中。对于层次多标签文本分类任务，由层次中类别的图嵌入和类别标签的词嵌入组成的混合嵌入已被证明具有竞争力（Ma et al., 2022）。结合实际情况，本节提出了一种新的结合结构和语义特征的分层 F-measure，并将其应用于评估过程中。即使两个分类模型都做出了错误的预测，提出的指标仍然可以判断哪个模型表现更优秀，这在从许多性能相似的模型中选择最佳模型时非常重要。

表 3-3 相关 F-measure

评估指标	结构信息	语义信息
平面 F-measure		
基于相似性的指标		类别相似性
基于距离的指标	类别最短距离	
下位概念增强的指标	通过下位概念增强真实标签	
上位概念增强的指标	通过上位概念增强真实标签	
F_{LC}	通过最低公共上位概念增强真实标签	

（二）类别向量表示

类别的语义表示是指利用某种映射函数得到文本的低维向量表示，是类别间相似度计算的核心。对于自然语言处理问题，类别向量承载着文本的语义准确性和信息内容。类别的表征越好，计算出的类别之间的相似度越符合人类的认知。一般来说，表示模型可以分为显式表示和隐式表示（Wang Z Y and Wang H X，2016）。

显式表示模型计算类别内所有文档的平均词向量。文档的表示通过传统方法如潜在狄利克雷分配（Blei et al.，2003）和最佳匹配（Robertson and Zaragoza，2009）等方法生成，它们利用了文档的词频和其他统计特征。许多工作已经证明了显式表示模型的稳定性能（Jun et al.，2018）。然而，显式表示方法存在数据稀疏性问题，因为每个类别包含不同数量的文档。此外，TF-IDF 等统计信息在语义层面存在关键词发现困难的问题（Ramos，2003）。同时，TF-IDF 计算的样本量显著影响分类的效率。

一些研究者提出了词的嵌入式表示方法来突破显式表示的限制，称为隐式表示模型（Luong et al.，2013）。词嵌入方法可以将每个层次类别的语义编码为分布式表示。虽然类别标签的隐式表示大大提高了计算效率，但该模型表示的是类别词本身的语义，而不是局部层次结构中类别的语义。

为了准确地表示类别的语义信息，可以引入一种新颖的考虑类别中文章语义的类别表示方法。层次多标签文本分类任务所期望的评价测度应该具有两个性质：①在类别树中，真实值和预测值的最小共同祖先距离根节点越远，正确程度越高；②预测类别与真实类别的相似度越高，分类的正确性越高。基于以上两个原则，层次多标签文本分类模型的性能将同时从两个方面来衡量：预测集和真实集中类之间的结构和语义相似性。

（三）多标签文本分类正确度

即使两种分类模型都做出了错误的预测，仍然需要对它们进行比较，即判断哪种模型更正确。所以在本节中引入了 DC（degree of correctness，正确度）的概念，即预测的相对正确性。

当分类出现错误时，预测类别与真实类别的相似度越高，分类模型的 DC 应该越高。因此可以使用类别之间的相似性来度量 DC。

假设类别 c_i 被分类为 c_j，则 $DC(c_i, c_j)$ 被定义为

$$DC(c_i,c_j)=\begin{cases}CS(c_i,c_j), & CS(c_i,c_j)\geqslant 0\\ 0, & CS(c_i,c_j)<0\end{cases} \quad (3\text{-}1)$$

其中，$CS(c_i,c_j)$ 表示 c_i 类别与 c_j 类别之间的相似性。负 DC 不符合人类认知，本章在测试数据集上的预实验表明类别之间的相似度几乎不小于 0。因而需要定义 DC 的最小值为 0，即预测值与真实值越远，相似度越低，DC 越接近于 0。相反，当预测值与真实值相同时，DC 为 1。例如，在图 3-1 中，$Y=\{c_3,c_8\}$，$\hat{Y}=\{c_3,c_9\}$，$DC(Y,\hat{Y})=DC(c_3,c_8)+DC(c_3,c_9)$。因此可以显然得知，$c_3$ 与 c_3 的相似度为 1，此时如果 c_8 与 c_9 两个类别之间的相似度为 0.6，那么可以根据上述公式得出 $DC(Y,\hat{Y})=DC(c_3,c_8)+DC(c_3,c_9)=CS(c_3,c_8)+CS(c_3,c_9)=1.6$。通过这种方式可以更准确地计算预测的正确程度，而不是粗略地判断是 0 还是 1。

对于多标签文本分类任务，需要计算集合间的 DC，但存在预测集中的预测值与真实集中的真实值之间的对应问题。例如，有一个文档 d，其 $Y=\{c_3,c_8,c_{10}\}$，$\hat{Y}=\{c_3,c_9,c_{11}\}$。在计算 $\hat{Y}$ 和 Y 的 DC 时，显然 $c_3(c_3\in Y)$ 应该对应于 $c_3(c_3\in\hat{Y})$ 且 $DC(c_3,c_3)=1$。问题是 $c_8(c_8\in Y)$ 应该对应 $\hat{Y}$ 中哪个元素，一般认为相似度较高的对应该优先考虑一一对应。因此，$c_8(c_8\in Y)$ 对应 $c_9(c_9\in\hat{Y})$，$c_{10}(c_{10}\in Y)$ 对应 $c_{11}(c_{11}\in\hat{Y})$。

可以将计算集合间 DC 时的元素对应问题建模为二部图中元素之间的对应问题。依次从集合 $\hat{Y}$ 中选择元素对应集合 Y 中相似度最大的元素，直到 $\hat{Y}$ 或 Y 中的元素用完。然后计算每对 DC 的和，最终得到 $DC(Y,\hat{Y})$。

（四）多标签文本分类评估指标

结合层次相似度和类别间语义相似度，本节提出了新的评价指标，即扩展的 $Precision_c$ 和 $Recall_c$，定义如下：

$$P_c^k=\frac{DC(\widehat{Y^k},Y^k)}{|Y^k|}, \quad P_c^k\in[0,1] \quad (3\text{-}2)$$

$$R_c^k=\frac{DC(\widehat{Y^k},Y^k)}{|\widehat{Y^k}|}, \quad R_c^k\in[0,1] \quad (3\text{-}3)$$

基于扩展的 $Precision_c$ 和 $Recall_c$，$F\text{-}measure_c$ 可以被定义为

$$F\text{-}measure_c=\frac{2P_cR_c}{P_c+R_c} \quad (3\text{-}4)$$

其中，对于文档数据集 D 中第 k 个具有真值集合 $Y^k = \{y_1^k, y_2^k, \cdots, y_m^k \in C\}$ 的文档 d^k，将模型预测值集合记为 $\widehat{Y^k} = \{\widehat{y_1^k}, \widehat{y_2^k}, \cdots, \widehat{y_n^k} \in C\}$，$C$ 表示所有类别的集合，$\mathrm{DC}(\widehat{Y^k}, Y^k)$ 表示预测集相对于真值集的正确度。

（五）多标签文本类别相似性

为了正确度量层次多标签文本分类中不同层次不同类别之间的相似度，需要对类别进行准确的向量化。本节将从两个方面考虑类别的表征。首先，考虑给定类别在整个层次结构中的结构特征，使其在结构上具有可判别性；其次，类别中的文章标题非常有助于在语义上区分不同类别。

因此，在层级类别树中可以结合类别的结构特征和语义特征。通过分别使用 BERT 预训练语言模型和 Struc2Vec 模型进行词嵌入和图嵌入（Ribeiro et al., 2017），可以分别捕获类别层次结构的结构特征和每个类别的语义特征；然后将级联层级类别树的图嵌入和类别标签的语义嵌入；最后，利用余弦相似度公式计算类别之间的相似度。

1. 类别结构图嵌入

Struc2Vec 框架常用于学习节点结构身份的潜在表示。Struc2Vec 使用层次结构来度量不同尺度下的节点相似性，并构建多层图来编码结构相似性，为节点生成结构上下文。因此，本节使用基于 Struc2Vec 的图嵌入来同时编码给定类别在整个层次结构中的全局和局部结构特征，以使类别具有结构可区分性。对于类别节点 v，其图嵌入为 e。

2. 类别语义嵌入

BERT 预训练词嵌入技术作为类别嵌入的有益补充，可以进一步区分兄弟节点中的一个节点和另一个节点，这是 Struc2Vec 难以做到的。例如，层次结构中的兄弟节点由于父节点相同，往往具有相似的位置和结构信息。因此，Struc2Vec 方法很难区分这些同胞类别。为了更好地表示类别的语义信息，本节使用 BERT 表示类别中文章的标题，然后计算每个标题向量的平均向量作为类别的语义表示。文本标题是对文本的概括。因此，类别的语义嵌入由标题向量的平均值计算得到，充分融合了类别下文本的信息。该方法更接近人类认知，能更准确地表示类别。

对于包含 k 个文档的类别 $c : \{d_1, d_2, \cdots, d_k\}$，假设这 k 个文档对应的文档嵌入向量为$(w_1, w_2, \cdots, w_k)$，则可以计算类别 c 的语义特征向量：

$$h = \frac{\sum_{i=1}^{k} w_i}{k} \tag{3-5}$$

3. 类别信息混合嵌入

一旦得到层次中给定节点 v 的图嵌入向量 e 和词嵌入向量 h，本节就可以通过将向量 e 与向量 h 级联得到节点 v 的混合嵌入 s：

$$s = e \oplus h \tag{3-6}$$

其中，符号 $\oplus$ 表示两个向量的级联操作。对于类别之间的相似性，本节使用余弦相似度来计算 c_i 和 c_j 之间的相似度：

$$\text{CS}(c_i, c_j) = \frac{s_i \cdot s_j}{|s_i| \times |s_j|} \tag{3-7}$$

在层次多标签文本分类任务中，类别之间并不是独立的。因此，本节引入 DC 的概念来比较当两个模型都预测错误时哪个模型更好。为了更准确地度量预测的 DC，本节考虑了类别之间的语义相似性和层次结构中类别节点的结构相似性。一方面使用 Struc2Vec 结构嵌入来捕获类别节点的隐含结构特征；另一方面则使用类别语义嵌入来捕获类别的语义特征。本节最终结合类别的结构和语义特征，为层次多标签文本分类任务提出了新的评价指标。实验表明，上述所提的指标远远优于现有的层次多标签文本分类任务的任何 F-measure 指标。

第二节 概念层金融知识关联分析

金融领域知识体系庞大，现有数据类型复杂、种类繁多、来源广泛，数据割据分散，存在数据来源单一性、数据类型简单化和研究角度片面性等问题。传统的金融大数据的扁平化组织忽略了数据中丰富的知识关联。

在金融本体构建领域，国外已经有了比较成熟的案例——FIBO (Petrova et al., 2017)，它是定义和描述金融服务行业和商务概念的一个工业参考标准。FIBO 并不是一个单一的本体，而是一组划分为模块和子模块的大量本体。构成 FIBO 的本体之间相互关联，一个本体可以使用、扩展和阐述另一个本体（或几个其他本体）中描述的概念。所有 FIBO 都基于顶层本体延伸出来，顶层本体使用 FIBO 基础 (FIBO foundations)，这是一个包含大量子模块的核心模块。这种模块化的形式化模型允许对包含在单独模块中的概念组进行单独的描述、应用和扩展，具有较好的应用前景。

在国内，也有学者在尝试构建金融领域本体。Ren 等（2015）基于金融新闻库构建了特定金融领域本体，但由于本体涉及的范围边界模糊、收集的概念颗粒度不适当，难以大规模运用；Yang（2020）提出物流金融风险本体论，适应风险在预警和事前控制中的特性，但缺少本体规范化的描述标准，难以与相关领域集成；强韶华等（2019）提出基于本体的主题事件案例库设计案例推理，但其在金融领域属性设计上存在一定的缺陷，整体设计规模较小，与实际应用脱节；刘政昊（2022）提出多层领域本体立方体模型，复用 FIBO 进行知识建模并利用主题建模与层次聚类完成概念提取。

在本体构建领域中，目前具有代表性的本体构建方法主要有以下几种：骨架法、七步法、五步循环法和循环获取法。目前的本体构建方法可以大致划分为两类：①由领域专家构建本体的方法，这类方法过于依赖领域专家的经验，存在费时、费力、一致性差的问题；②自动化构建本体的方法，这类方法节省构建成本，但存在精准度低、实用性差的问题。领域本体的复杂性决定了这一构建过程既不能单纯依靠学科专家人工构建，也不能完全依靠机器学习自动完成。同时，其他领域的相关研究也为本体构建提供借鉴，如专家系统的实践应用。因此，人机协同、多专家协同、知识数据驱动等本体构建方法也相继出现。

Song 等（2017）支持以数据驱动决策，提出基于本体的情境建模方法，包括用户情境、活动情境和环境情境；邵聪颖（2017）研究并构建了知识驱动和数据驱动相结合的土地覆盖分类地理本体模型，利用知识工程方法及 OWL（ontology web language，语义网络语言）构建了土地覆盖类型等本体模型；董津等（2022）提出一种基于本体的人机物三元数据融合方法，是一种基于实体-关系联合抽取的模型；李振等（2019）从人机协同视角出发，提出了自适应学习系统中知识图谱的构建方法；李亚子等（2011）分析大规模分布式环境下协同构建本体的用户类型，总结必要的操作及功能，通过反复迭代执行，直到生成用户需要的本体。

在上述研究基础上，本章针对中国金融领域构建多层次、多场景、多角度的本体，建立计算机能够理解的结构化语义信息，打破数据孤岛现象。金融本体可以满足金融行业对数据质量和方案严谨性的需求，反映金融资本市场的结构和各种实体间的关联，为中国金融行业提供与中国金融体系现实一致的概念体系和反映中国金融体系关联特征的关系体系。

一、数据知识混合驱动本体构建

数据知识混合驱动下构建领域本体的方法核心是"生成知识—数据扩充—质量监控"的循环。生成知识指利用领域内已成型的知识结构（如领域综述、专著、教材等）和领域专家的知识体系，生成领域知识初始架构，作为本体的初始模型框架；数据扩充指充分利用各种类型的数据资源，经过清洗、识别、抽取、学习等操作对已经搭建的知识架构进行补充；质量监控指对构建的本体进行质量监控，达到质量要求的本体可以输出，否则继续循环。其特点在于知识定向和数据驱动同时进行，在专家和机器的协同下完成领域本体的构建。数据知识混合驱动构建领域本体整体框架如图 3-2 所示。

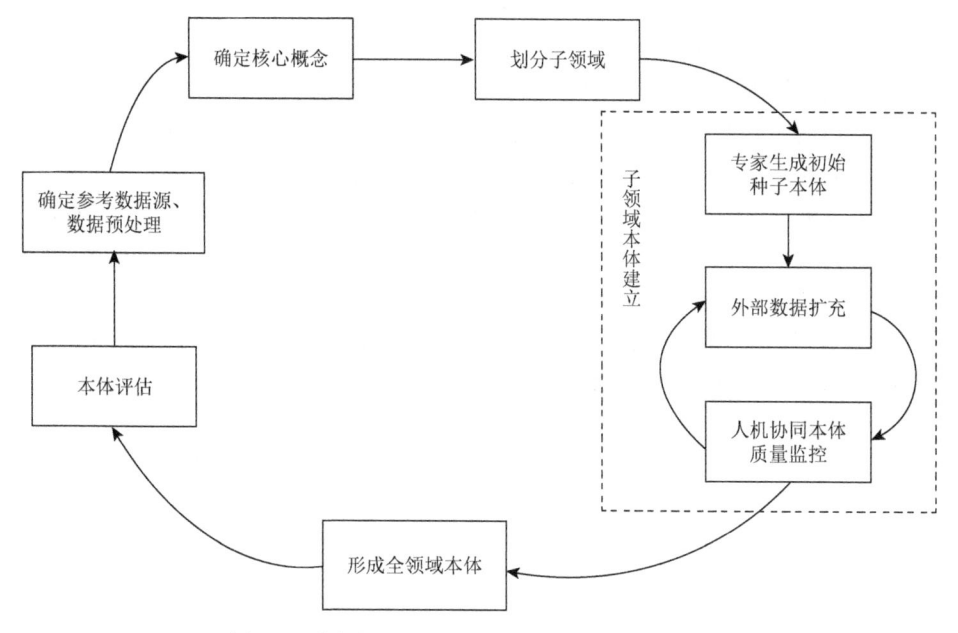

图 3-2 数据知识混合驱动构建领域本体整体框架

整体框架为大小循环嵌套，并且两个循环本质上都体现了"生成知识—数据扩充—质量监控"这个核心，体现了人、知识和数据三者之间的协作与转换。在大循环中，确定核心概念、划分子领域是为了生成知识框架；子领域本体建立、全领域本体形成是进一步的数据扩充；本体评估则体现了最后的质量监控。在小循环中，首先由专家生成初始种子本体，搭建知识框架，接着外部数据对本体进行扩充，最后对生成的本体进行质量监控。

具体到每一步骤中，首先数据源的选择分为三个部分：①专业文献，如学术论文、会议论文等，这类数据通常遵从一定的组织格式，但较为零散，领域体系不明显；②领域专著、领域教材等，这类数据通常自带一定的领域逻辑体系；③网页数据，如网上各种学科论坛、前沿讨论、学术探讨等，这类数据数量最多，数据平均质量最波动，数据格式最杂乱。

在确定好数据源后，通过分词、去除停用词等操作对文本进行预处理，构建词袋空间，计算每个词的 TF-IDF 权值，用 K-means（K-均值）聚类方法进行聚类，参照领域已有知识体系，提取里面出现的金融领域术语和概念，并参考领域专家对该领域的建议术语列表，综合考虑以上三种信息形成非正式概念集，对非正式概念集中的术语和概念进行评估和处理。

（一）子领域本体建立

考虑到单一专家建立的往往是单视点本体，这样的本体可能会受到专家研究方向、研究观念等限制，导致本体的概念不全面、结构不完整。因此选择多位专家进行种子本体建立，专家之间彼此协作、互相补充，使建立的知识框架更加全面，也能增强建立的本体的共识。具体方法是：①邀请2～3位领域专家，每人分别构建领域小规模本体；②每人为其他人构建的本体进行打标并评分；③为领域本体提出建议；④综合以上信息生成初始种子本体。在这一步，考虑到人工成本的问题，本章使用检索到的专业文献的观点代替专家观点，同时极大限度保证扩充的三元组的质量。如图3-3所示，具体做法是，在经过预处理的数据中抽取实体-关系三元组，对抽取的三元组进行投票，由机器检索专业文献对该三元组的支持率与反对率，支持率＞反对率并且支持率＋反对率＞70%的三元组可保留。

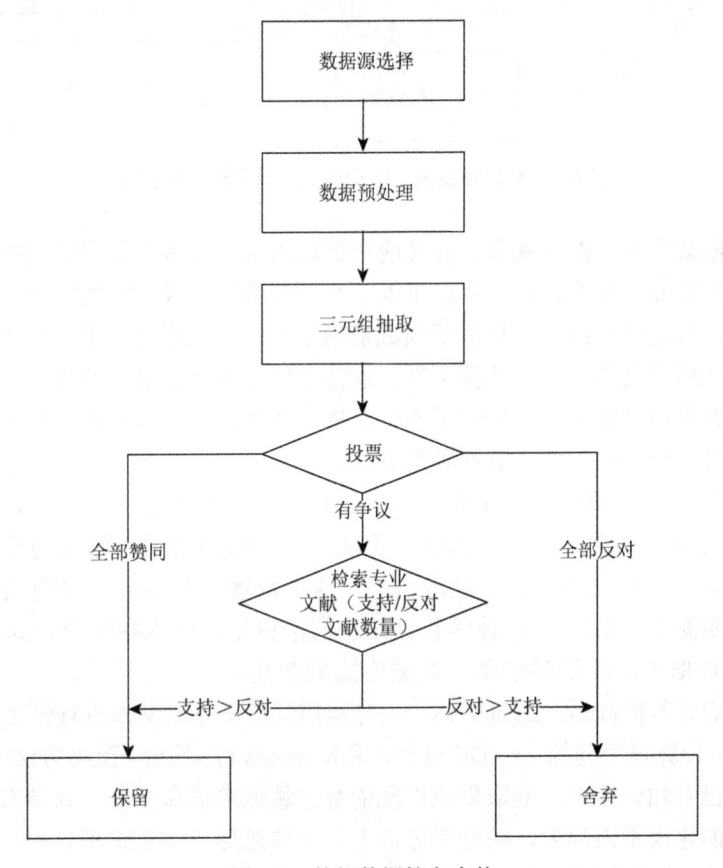

图3-3 外部数据扩充本体

本章使用质量监控函数来对本体质量进行监控：
$$F_n = F_{n-1} \times \lg(n+1) + T + \beta \tag{3-8}$$
其中，F_n 表示第 n 次迭代的本体得分，$F_0 = \text{Finitial} \times \theta$，Finitial 表示初始种子本体得分，为种子本体生成环节中的最高分，θ 表示系数，为了调节初始种子得分在整体得分中的比重；F_{n-1} 表示第 $n-1$ 次迭代的本体得分；T 表示此轮迭代中扩充的三元组的投票率 V_i 的加权平均，权重为该三元组实体层级 L_i 的倒数，即
$$T = \sum_i^m \frac{\left(\frac{1}{L_i} \times V_i\right)}{m} \tag{3-9}$$
其中，m 表示此次扩充三元组的总数。

当小循环中质量监控模块下本体的质量得分达到阈值，构建的本体结束小循环，进入大循环的下一步；或者当迭代次数达到上限时，选取迭代过程中得分最高的本体作为小循环结果，进入大循环的下一步。

（二）全领域本体的形成

全领域本体形成过程的主要任务是将不同子领域下的本体进行融合，具体过程如下：①对本体进行语法正规化、数据正规化等方面的预处理，采用 TransE 算法，将本体中的知识元及其语义关系都映射成低维空间向量；②采用欧式距离或余弦距离公式，计算各个知识元之间的相似度；③将相似度大于指定阈值的知识元进行合并。相似度较小的保留在各自的子领域本体中，依据大循环搭好的框架将各子领域本体进行横向合并。

在本体评估阶段，邀请信息领域的专家和金融领域的专家对构建的本体进行整体的打分，根据打分结果形成对本体的评价。

二、金融知识大图本体构建

（一）数据源选择和子领域的确立

通过与万得、国泰安、中国科学数据平台三个金融、经济信息供应商合作，再充分挖掘金融市场数据和网页数据，对金融数据进行信息处理，包括概念抽取、术语识别、关系抽取、属性标注等，然后对搜集到的金融领域的数据进行关键词提取和聚类，同时对金融领域专著进行体系分析，可以提取二级类目。为了保障本体的构建质量和领域专业性，在本体构建过程中也邀请了金融领域研究专家组全程指导参与，保证了金融概念语料库的类别正确性、层级结构严谨性和基准关系准确性。在分析万得、国泰安、中国科学数据平台三个金融、经济信息供应商

的市场数据后,依据中国金融系统各行业之间的关联性,本章为金融本体(Thing)设置了 9 个一级核心类别——经济研究、债券相关、宏观相关、股票相关、货币市场、绿色经济、商品市场研究、科技金融研究、银行研究,如图 3-4 所示。

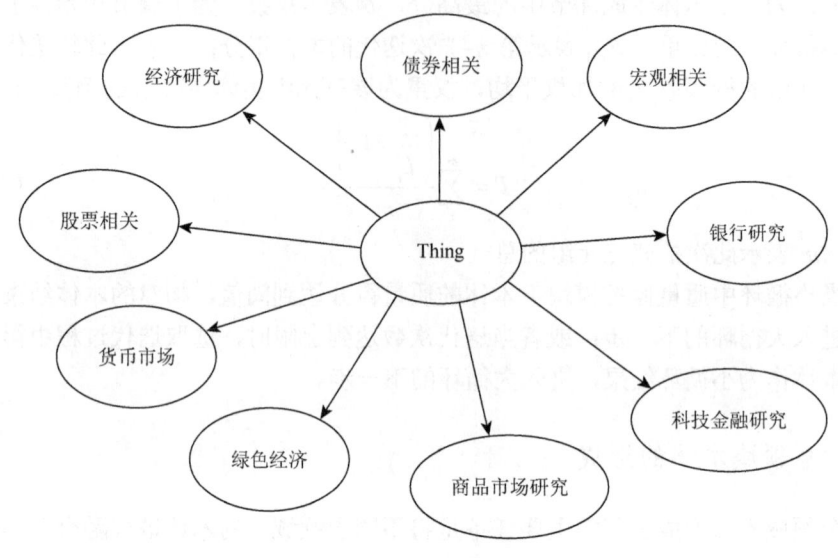

图 3-4 子领域的确立

(二)子领域本体的建立——以股票领域为例

1. 股票领域初始本体模型建立

由于金融体系具有多个子领域,且各领域均已发展得比较成熟,有自己的运行逻辑,因此需要针对每个不同的子领域设计不同的初始本体模型。邀请三位领域专家,首先,每人分别构建小规模本体;其次,为其他人构建的本体进行打标并评分;再次,为本体提出建议;最后,综合以上信息生成股票领域初始本体模型,如图 3-5 所示。

2. 外部数据扩充

接着对股票领域初始种子本体进行数据扩充,从股票领域论文、股票论坛等选择 5~6 篇文章,使用基于 BERT 的方法提取实体-关系三元组。并用机器检索 10 篇专业文献为其投票:①文献中明确提及该三元组的视为支持;②文献中未涉及该三元组的视为持中/无关;③文献中提及该三元组但为否定的视为反对。支持文章数量/10 = 支持率;持中文章数量/10 = 持中率;反对文章数量/10 = 反对率。支持率>反对率并且支持率 + 反对率>70%的三元组保留。部分数据扩充投票结果示例如表 3-4 所示。

第三章　金融知识大图构建

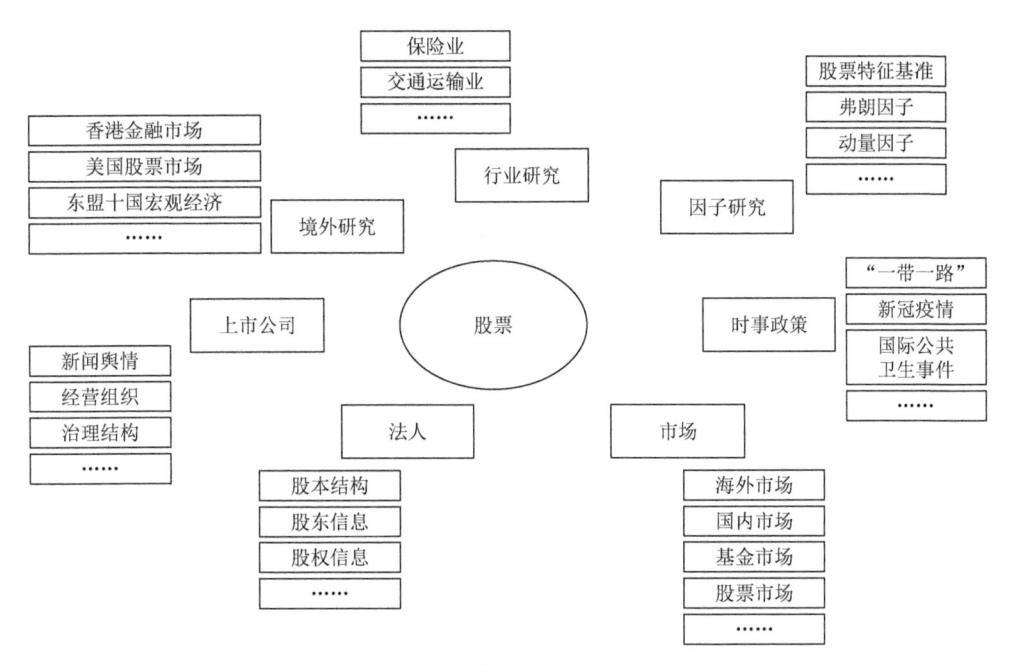

图 3-5　股票领域初始本体模型

表 3-4　部分数据扩充投票结果示例

三元组	支持率	持中率	反对率	结果
〈影子银行，下位概念，银行研究〉	0.8	0.1	0.1	支持率＞反对率；保留
〈网络舆论，下位概念，全球暖化〉	0.1	0.2	0.7	支持率＜反对率；舍弃
〈河流资源，下位概念，资源〉	0.5	0.4	0.1	支持率＋反对率＜70%；舍弃

3. 本体监控

使用设计好的本体质量函数 F_n 对本体进行监控，当本体得分达到设定阈值后输出，部分本体得分示例如表 3-5 所示。

表 3-5　部分本体得分示例

迭代次数 n	上次迭代后得分 F_{n-1}	此轮迭代中扩充的三元组的投票率的加权平均 T	本体其他信息 β	最终得分 F_n	结果
1	4.50	0.54	0.73	2.62	进入下一轮迭代
2	2.62	0.65	0.65	2.55	进入下一轮迭代

续表

迭代次数 n	上次迭代后得分 F_{n-1}	此轮迭代中扩充的三元组的投票率的加权平均 T	本体其他信息 β	最终得分 F_n	结果
3	2.55	0.78	0.83	3.15	进入下一轮迭代
4	3.15	0.75	0.73	3.68	进入下一轮迭代
5	3.68	0.70	0.69	4.25	进入下一轮迭代
6	4.25	0.86	0.84	5.29	进入下一轮迭代
7	5.29	0.93	0.88	6.59	进入下一轮迭代
8	6.59	0.89	0.91	8.09	输出

（三）全领域本体形成和本体表示

本部分构建金融本体使用 N-Triples 格式进行描述，N-Triples 是 RDF [RDF11-CONCEPTS]（资源描述框架概念）的具体语法，N-Triples 是一个易于解析的基于行的文本格式，每一行表示一个三元组。例如，(〈http://www.whu.edu.cn/bdi/finonto#国民账户〉, 〈http://www.w3.org/1999/02/22-rdf-syntax-ns#type〉, 〈http://www.w3.org/2002/07/owl#class〉.)是一个简单的三元组，它是一个包含(主体，断言，客体)的句子，这个句子在不同词性之间用空格隔开，用"."表示结尾。

构建的金融本体使用 Protégé 软件进行导入、展示及检索。构建出的金融本体的 OntoGraf 如图 3-6 所示。

（四）本体评估和讨论

邀请检索能力强的信息领域专家以及对领域知识有一定了解的金融领域研究生对构建的本体进行打分，从构建好的本体中抽取出来若干三元组交给实验者进行判断，是否赞同该三元组对概念关系的判定，分值设定五个区间：完全赞同（1）、部分赞同（0.5）、有争议（0）、不太赞同（-0.5）、非常不赞同（-1）。对比打分结果后发现，与 FIBO 相比，本节构建的中国金融领域本体具有适用性、专业化和体系化方面的优势。

在适用性上，一方面，由于东西方语言在语义和语词上存在的巨大差异，FIBO 的很多概念和描述无法直接使用；另一方面，由于社会制度和金融制度的不同，FIBO 在金融领域的描述也难以直接应用于中国金融体系。因此，在对中国金融体系的适用性上，FIBO 远远不如本节构建的中国金融领域本体。

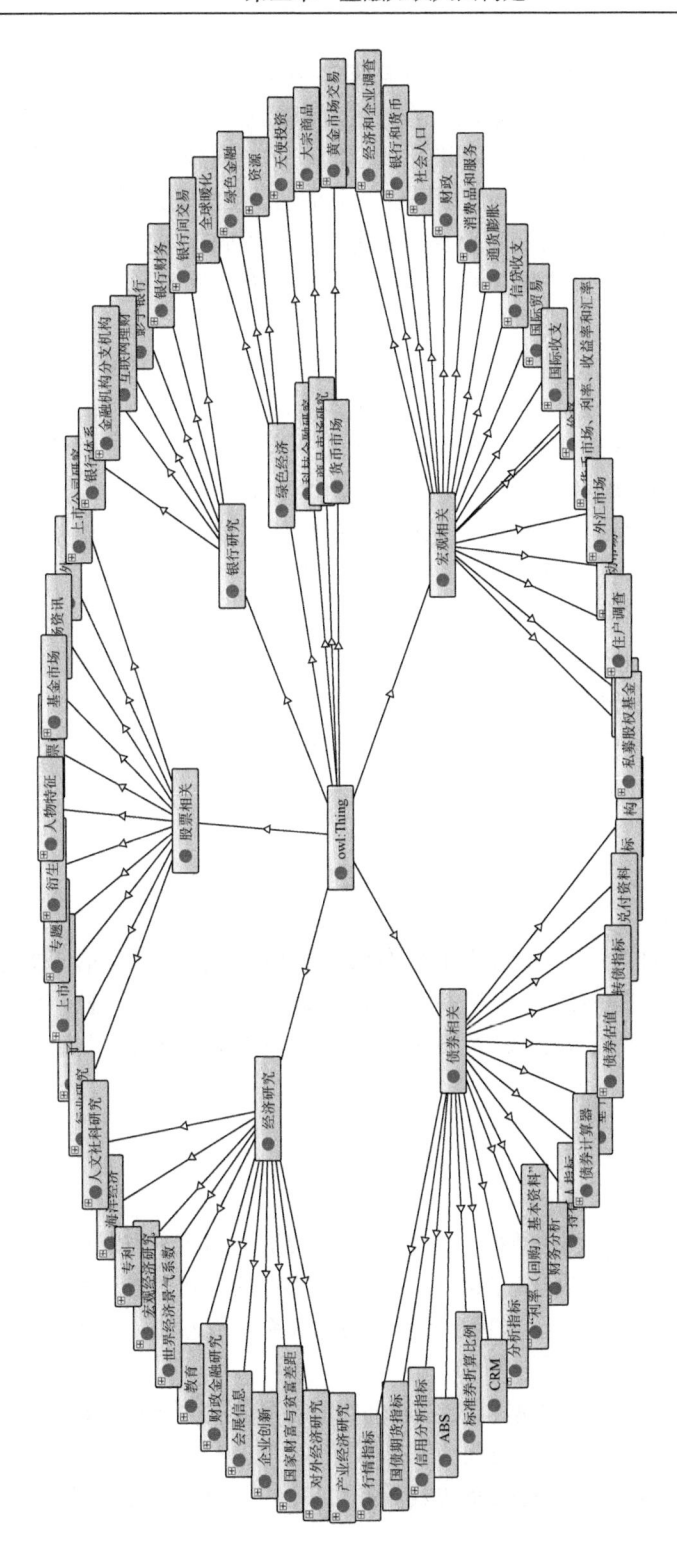

图3-6 金融本体的OntoGraf展示

在专业化程度上，FIBO本体中对金融基本概念的描述是通用型知识，尽管这些概念在一般情况下多用于金融领域的描述，但对于庞大而复杂的金融专业来说，这些概念仍旧有进一步专业化和精准化的空间。而中国金融领域本体的概念和描述来自万得、国泰安、中国科学数据平台三个金融、经济信息供应商的市场数据，并经由多名金融专业领域的专家反复校对考查，可以确保本体在词汇选择和语义描述上的专业化程度，为中国金融体系提供一组具有正确类别、层级结构和基准关系的金融概念语料库。

在体系化方面，FIBO主要关注金融基本概念以及概念间的层级关联，对金融知识的其他关联表现一般。金融知识除了层级关联，还具有典型的概率关联、时序关联和事件关联特性。中国金融领域本体除了关注金融基本概念的层级关联之外，还着眼于中国金融的整个体系，考虑金融各行业间的关联性，涵盖金融、经济、股票、货币、银行、债券六大领域，从而构建了国内首个适用于中国金融体系的金融全场景本体。

借助本节构建的中国金融领域本体，有关专家学者可以从整个经济和金融系统的角度来把握中国金融创新与发展的脉络，为金融行业的未来探索指引方向。同时，通过自然语言分析技术、机器学习技术等，在中国金融体系领域本体的指导下，未来可以构建中国金融领域更全面的知识大图，进一步推动中国金融领域的信息资源建设。

第三节　实例层金融知识关联分析

本节以现有的大量金融领域非结构化、结构化数据为基础，通过运用第二章提出的知识大图构建方法和参考现有的金融领域本体，进一步关联金融领域中的实体，实现金融知识大图实例层的实体关联，并进行实例层知识关联的分析。

一、金融数据转化

互联网中获取的金融相关数据，如新闻、公告等，包含了东方财经网约237万条A股公告数据、其他新闻数据来源约68万条新闻数据等，可以通过前文所述的基于自举式规则发现方法以及基于大模型提示学习的关系抽取方法，将上述数据转化为结构化数据进行处理。

全量的工商注册企业数据以及金融机构股权数据是结构化数据，包含了全国4200万家以上的工商注册企业的基本面信息和1432家金融机构股权信息，节点个数超过8430万个，其关系边数量超过9345万条，节点和边的总数达到了亿级，形成的知识大图庞大而复杂。原始数据库示例如表 3-6 所示，三元组数据示例如表 3-7 所示。对于关系数据库中的结构化数据，本章使用 D2RQ 工具进行转换就可以生成 RDF 三元组。采用 gStore 管理知识大图，gStore 是由北京大学王选所数据管理实验室研发的面向 RDF 知识图谱的开源图数据库系统（Zou et al., 2014）。不同于传统基于关系数据库的知识图谱数据管理方法，gStore 基于原生图模型（native graph model），维持了原始 RDF 知识图谱的图结构，其数据模型是有标签、有向的多边图，每个顶点对应着一个主体或客体。把存储在关系数据库中的数据转换成 RDF 三元组存到 gStore 中，具体步骤如下：①安装 D2RQ；②生成 mapping 文件；③dump 生成.nt 文件；④build 生成.db 文件；⑤load 数据库。

表 3-6　原始数据库示例

name（名称）	year（年份）	holder_name（股东名称）	proportion（持股比例）
中国工商银行股份有限公司	2016	中国人寿保险股份有限公司	0.0009
中国工商银行股份有限公司	2016	国泰君安证券股份有限公司	0.0007
中国工商银行股份有限公司	2016	中央汇金投资有限责任公司	0.3471
中国工商银行股份有限公司	2016	香港中央结算（代理人）有限公司	0.2427
⋮	⋮	⋮	⋮

表 3-7　三元组数据示例

subject（主体）	predicate（谓词）	object（客体）
中国工商银行股份有限公司	股东	中国人寿保险股份有限公司
中国工商银行股份有限公司	股东	国泰君安证券股份有限公司
中国工商银行股份有限公司	股东	中央汇金投资有限责任公司
中国工商银行股份有限公司	股东	香港中央结算（代理人）有限公司
⋮	⋮	⋮

具体的存储示例过程如下。

（1）在本地 holder 表，打开命令行，切入到 D2RQ 安装路径下，在命令行中执行命令：generate -Mapping -u username -p password -d com.mysql.jdbc.Driver -o holder.n3 jdbc:mysql://localhost/holder，生成 holder.n3 文件，.n3 文件可以根据需要手动调整。

（2）在 D2RQ 安装路径下执行 dump 命令，将上一步得到的.n3 文件生成.nt 文件。执行命令 dump -rdf-o holder.nt -m E:\d2r-server-0.7\holder.n3，生成 holder.nt 文件。

（3）将生成的.nt 文件放在/gStore/data/holder/文件夹下，在 data/bin 下执行 gconsole，

进入 gStore 控制台。执行 build data/holder/holder.nt，生成 holder.db 数据库。

（4）进入 gStore 控制台，执行 load holder，如果.db 文件很大可能需要等待一段时间，收到 successful（成功）的提示后即可进行 SPARQL 查询。

针对工商注册企业数据进行特征分析，从整体上来看，工商注册企业股权网络结构信息如表 3-8 所示。其中，边的总数达到了亿级，平均度为 3.300。接下来分析一下工商注册企业数据的度分布。

表 3-8　工商注册企业股权网络结构信息

统计项	数量
节点数	60 599 124
边数	103 330 303
容量	39.19 GB
平均度	3.300
度最大值	72 173

采用 Achlioptas 等（2009）提出的 powerlaw（幂律）拟合重尾分布，以减少误差，可以看到图中出度和入度的拟合分布，如图 3-7 所示，可以看到度的分布并不均匀，平均度为 3.300，但是出度最大的节点已经到达 10^5 量级，度的最大值为 72 173。出入度的概率分布则具有较强的幂律特性，其中，出度密度函数的拟合方程为 $p(x)=1.52x^{-2.520}$，拟合效果 $R^2=0.967$，入度密度函数拟合方程为 $p(x)=1.785x^{-2.785}$，$R^2=0.873$，服从幂律分布；对比图 3-7（a）出度与图 3-7（b）入度概率密度的幂律拟合分布图，可以看到拟合误差较小。

(a) 出度概率密度

(b) 入度概率密度

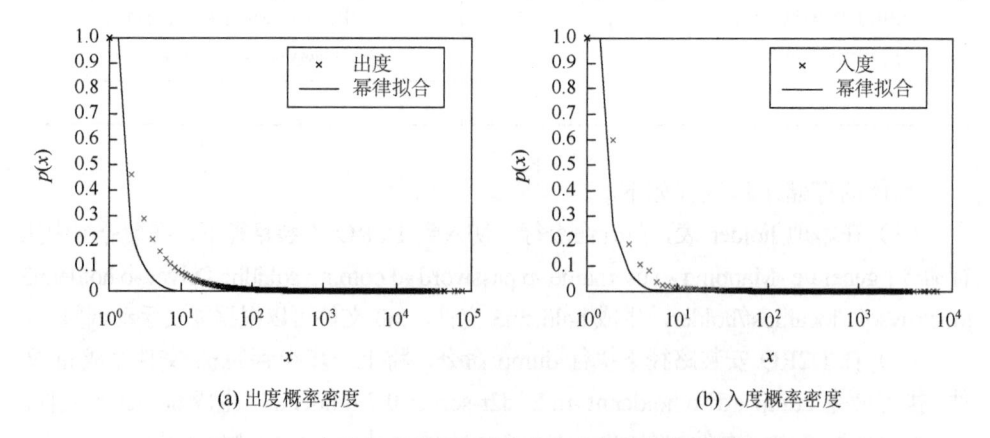

图 3-7　工商注册企业股权网络节点出度和入度概率密度

此外，由于存在交叉持股现象，即两个或者两个以上的企业相互持有彼此的股份而形成的企业之间的相互持股的现象，在图结构上表现为环路，因此本章对金融知识大图中的股权网络环路进行了统计分析，统计结果如图 3-8 所示，环路数量达到了 300 个左右，其中环路节点数为 2 个的环路数量最多，也是最常见的，最长的环路中包含了 15 个节点。

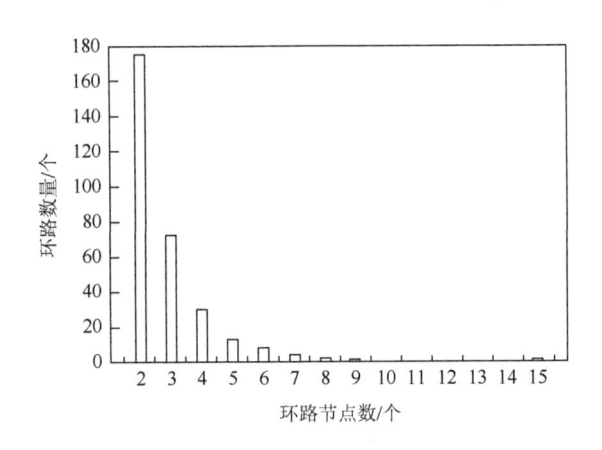

图 3-8 环路节点与数量统计

股权网络中的环路需要特别注意，其可能直接对应资本出资不实问题。股权网络中环路的查询有标准算法（深度优先算法、拓扑排序法），如逐步去除叶子节点，直到剩下节点均有出度、入度，则构成一个连通环。

二、金融实例关联分析

基于上述处理后的数据，通过人在环路知识大图构建平台——知意平台关联金融知识实例，具体操作如下。

（一）项目管理

登录知意平台后，即可对用户个人的项目进行管理操作，知意平台项目管理界面如图 3-9 所示。

知意平台新建项目如图 3-10 所示，点击"新增"即可创建项目，填写项目名称后选择项目类型，补充项目描述后即可完成新建操作，后续内容将在"金融知识大图"项目中完成。

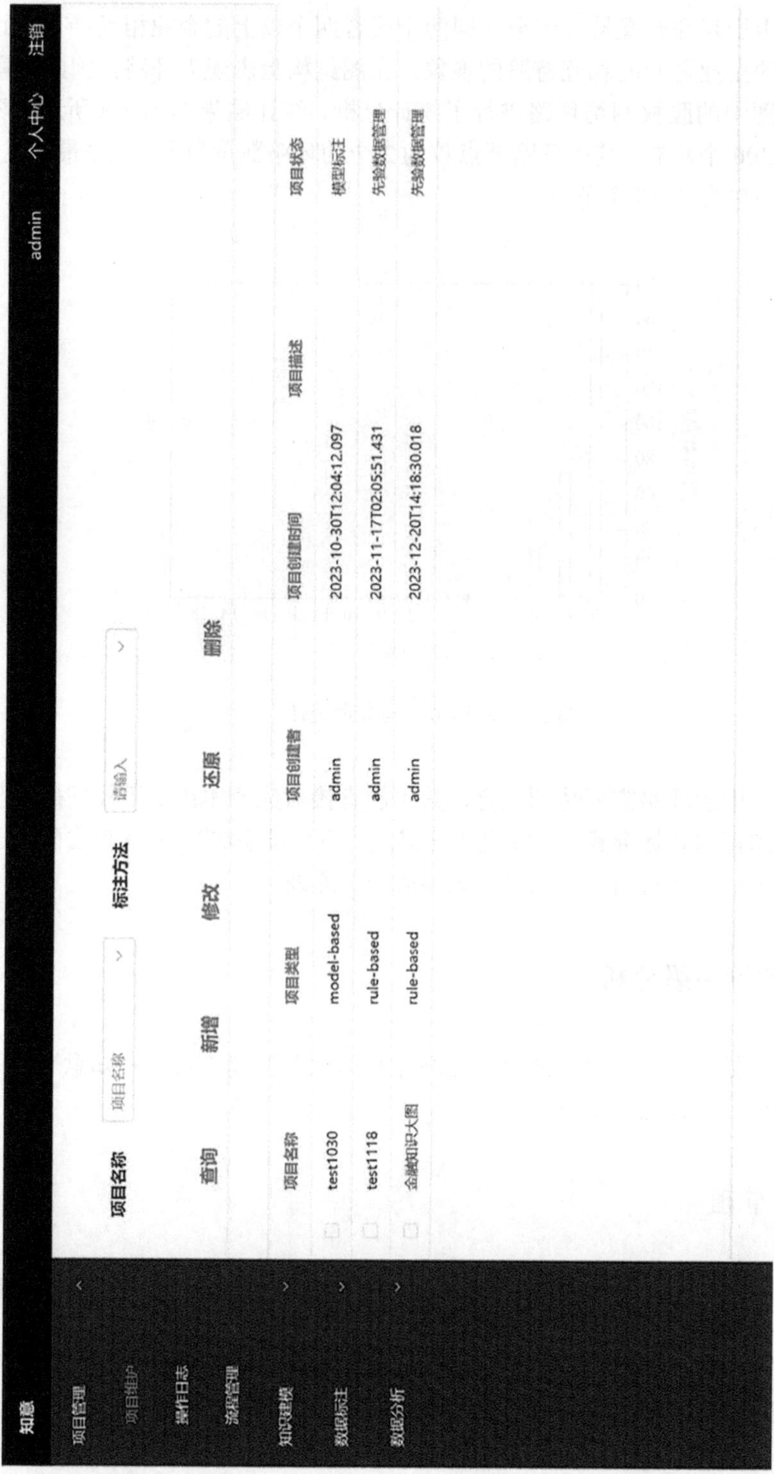

图3-9 知意平台项目管理界面

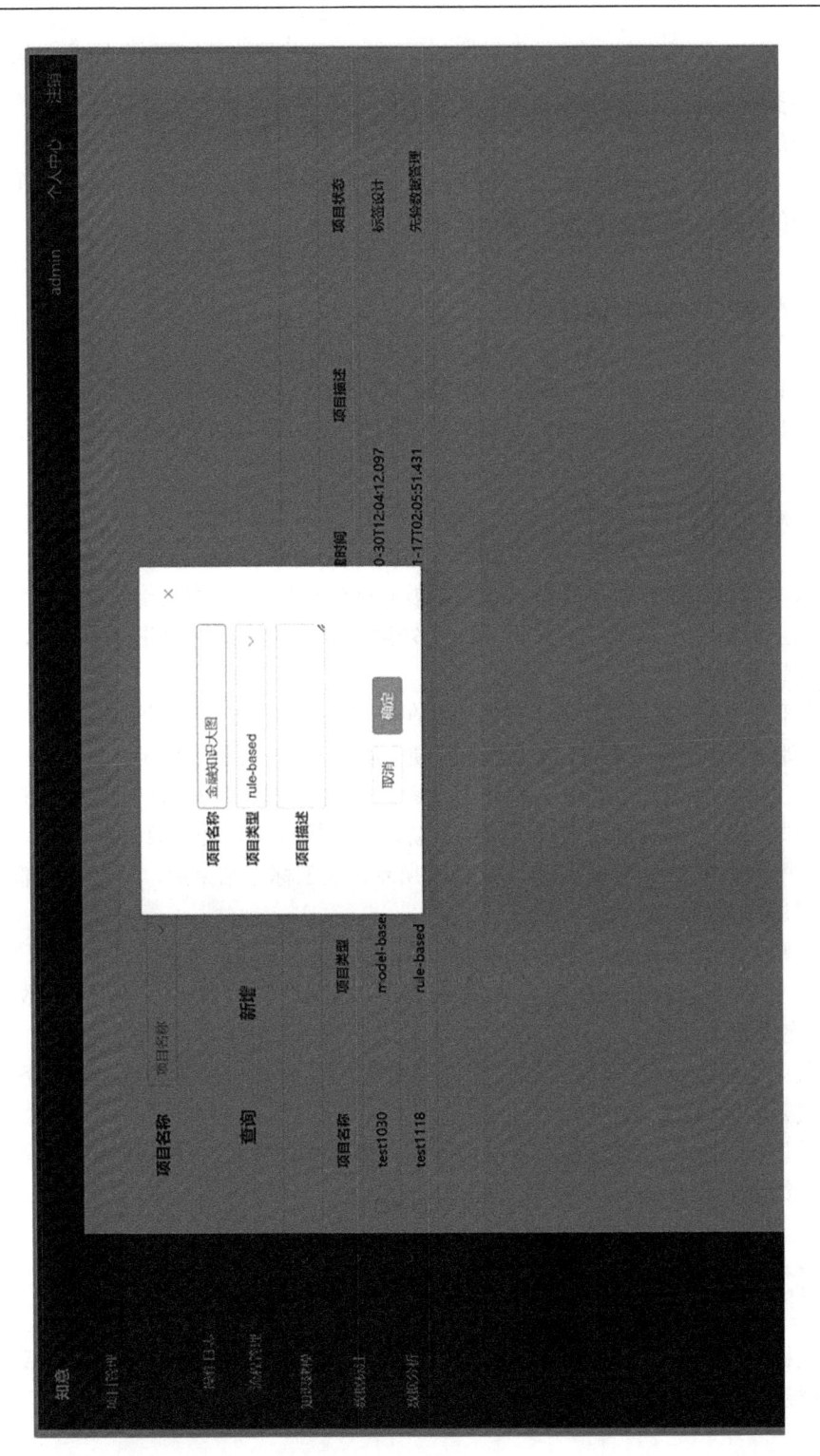

图3-10 知意平台新建项目

知意平台项目操作日志如图 3-11 所示,新建项目后,可以在操作日志中查询该项目的操作日志,以记录项目操作便于后续回滚事务,同时也可以为项目检查以及更正反馈提供依据。

知意平台项目流程管理如图 3-12 所示,可以在流程管理中查询目标项目在整体流程中的步骤,便于整体流程规划设计。

(二)金融知识大图本体建模

在知识建模板块中对"金融知识大图"项目进行本体构建,通过添加实体、属性、边等操作,构建金融知识大图本体(图 3-13),指导后续实体、关系抽取。

(三)金融数据标注

完成本体构建后,即可针对文本数据展开标注任务,在"原始语料上传"界面中可以上传原始文本语料(图 3-14),由知意平台自动挖掘规则并进行标注,发现隐藏知识关联。

知意平台关系管理界面如图 3-15 所示,在自定义关系界面,需要根据已构建的本体定义原始文本数据中的关系,如持股等,便于后续规则挖掘和模型标注。

在人工标注界面(图 3-16),则是由专家针对数据进行部分标注以产生种子规则,使规则挖掘与模型标注能够更快地启动,同时提升平台处理效果。

知意平台先验数据管理界面如图 3-17 所示,人工标注结束后,即可对这部分先验数据进行管理,便于整体筛选。

在规则发现设置界面(图 3-18),需要首先对规则发现条件进行设置。例如,选定项目名称"金融知识大图"和关系类型"持股",明确主动学习个数为"5",完成基本设置。

设置完毕后,点击"开始规则挖掘"按钮,即可针对前置先验数据与任务设置目标展开规则挖掘,结果如图 3-19 所示。

在模型标注板块,通过第二章中描述的大模型关系抽取方法完成知识关联分析任务,结果如图 3-20 所示。

(四)实体关联查询与分析

完成标注工作后,知意平台会自动构建实体关联关系,并通过数据分析板块可视化展示(图 3-21),便于专家进行查询与分析。

图3-11 知意平台项目操作日志

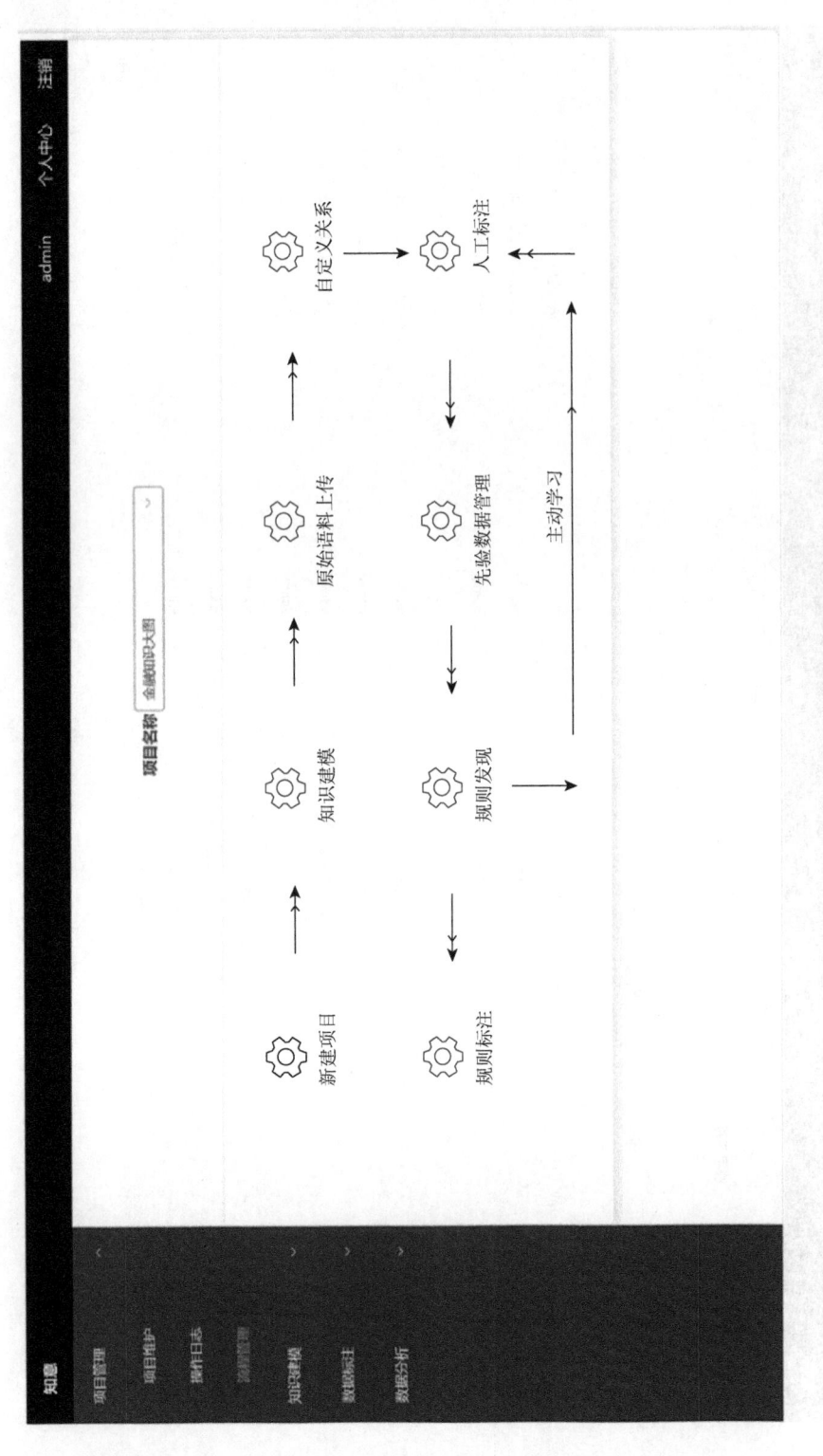

图3-12 知意平台项目流程管理

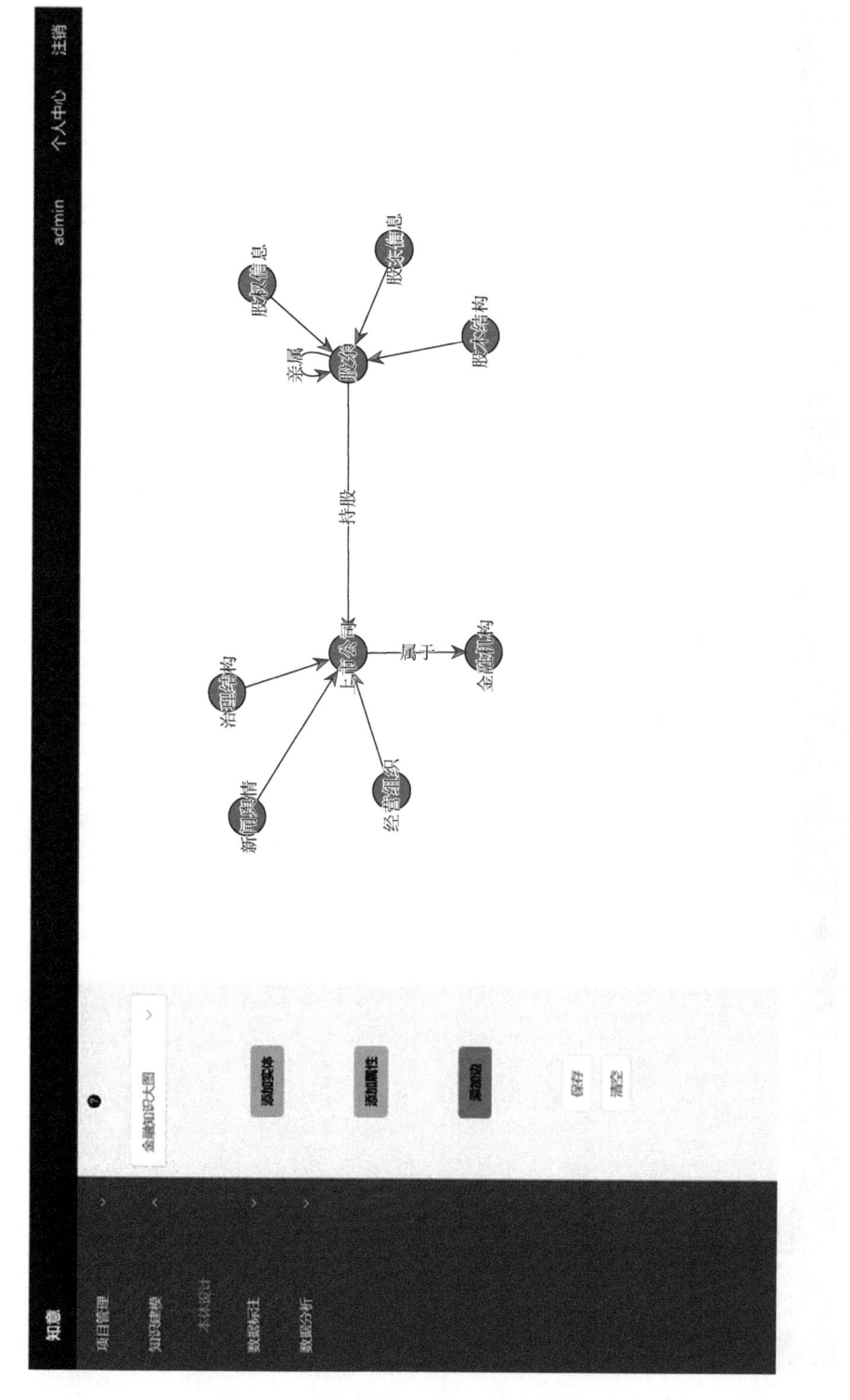

图3-13 知意平台本体设计界面

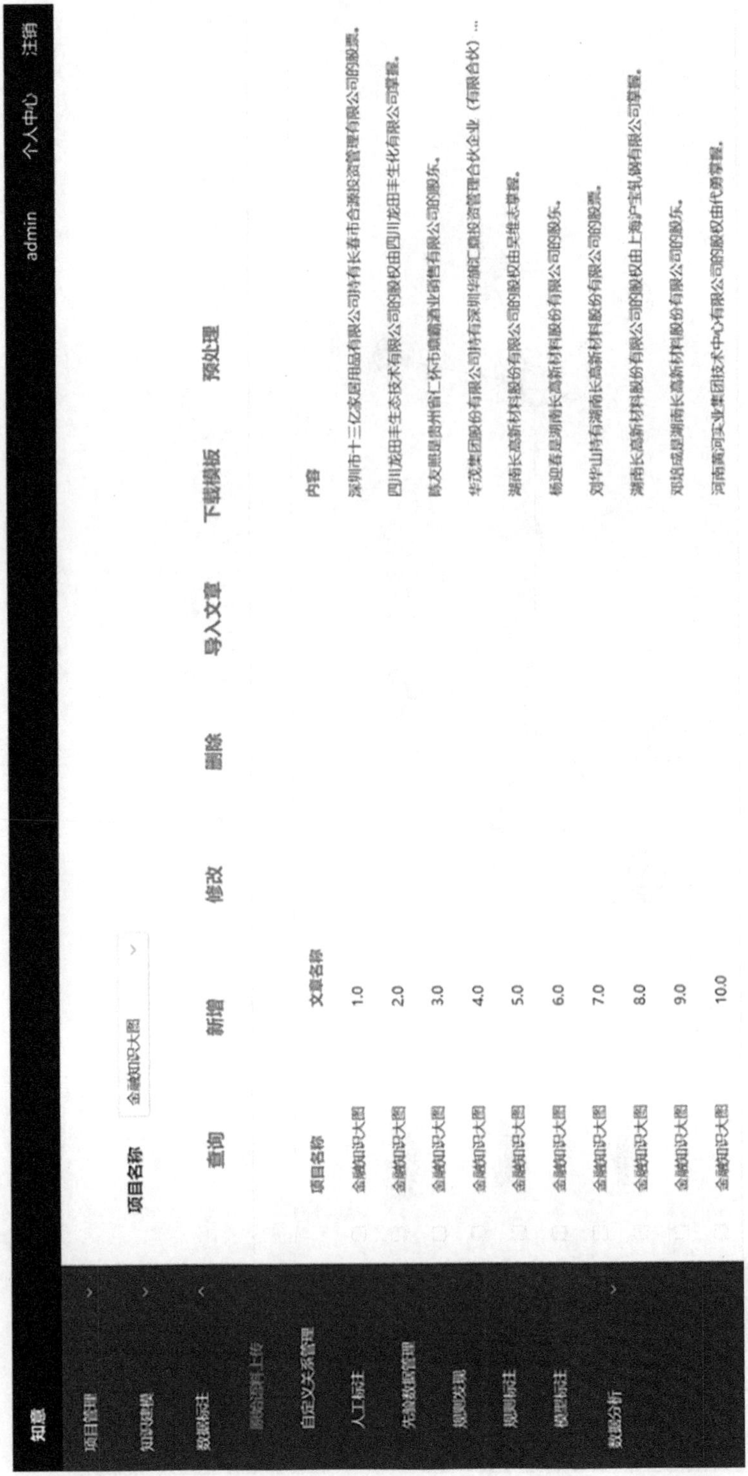

图3-14 知意平台语料上传界面

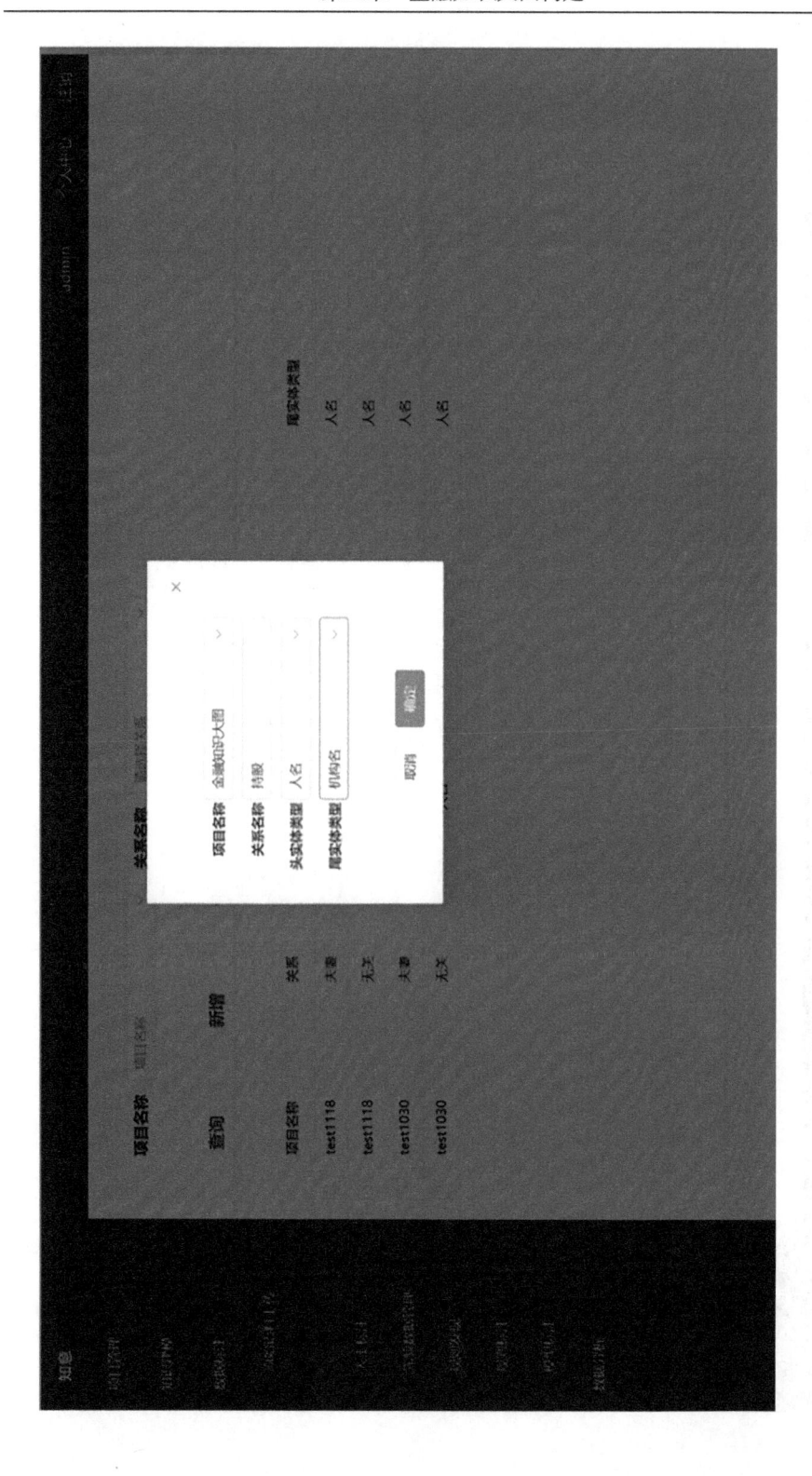

图3-15 知意平台关系管理界面

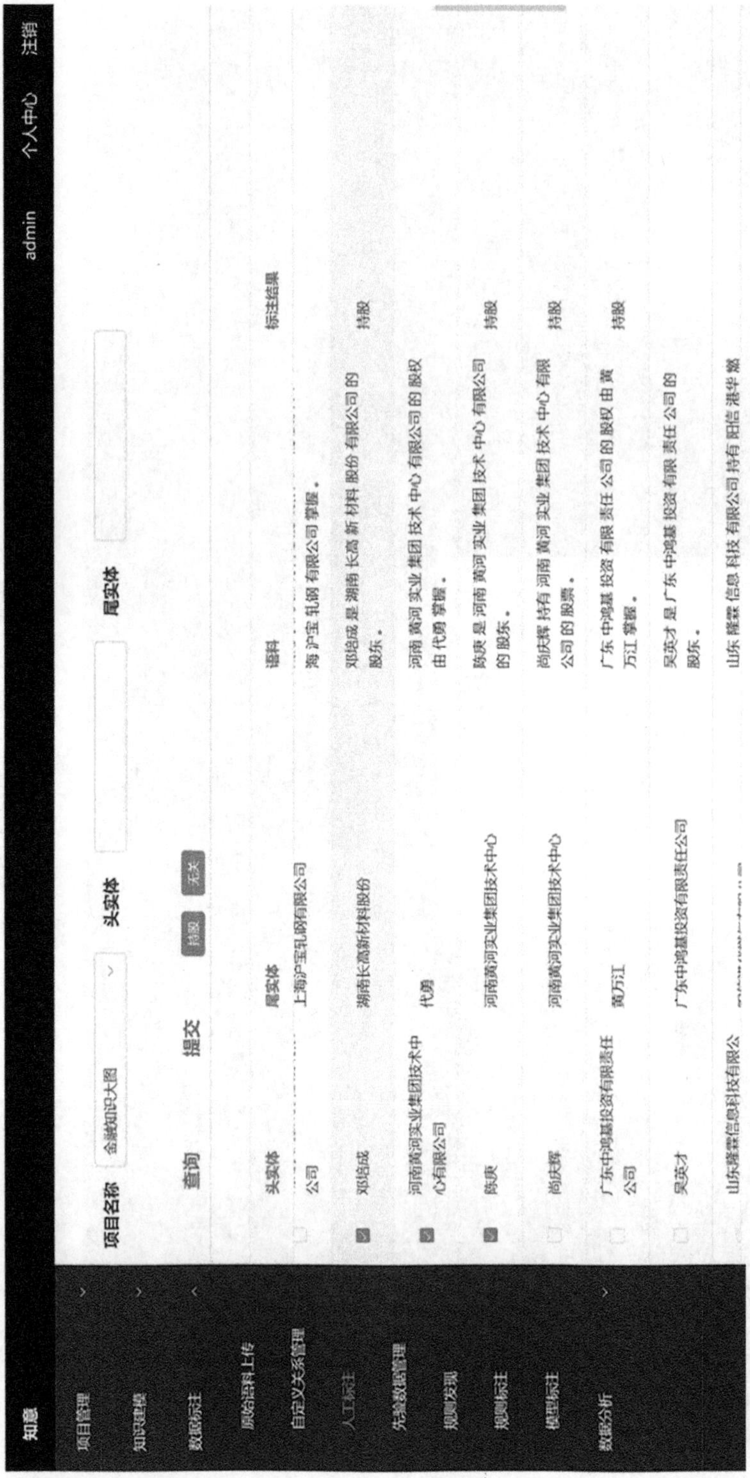

图3-16 知意平台人工标注界面

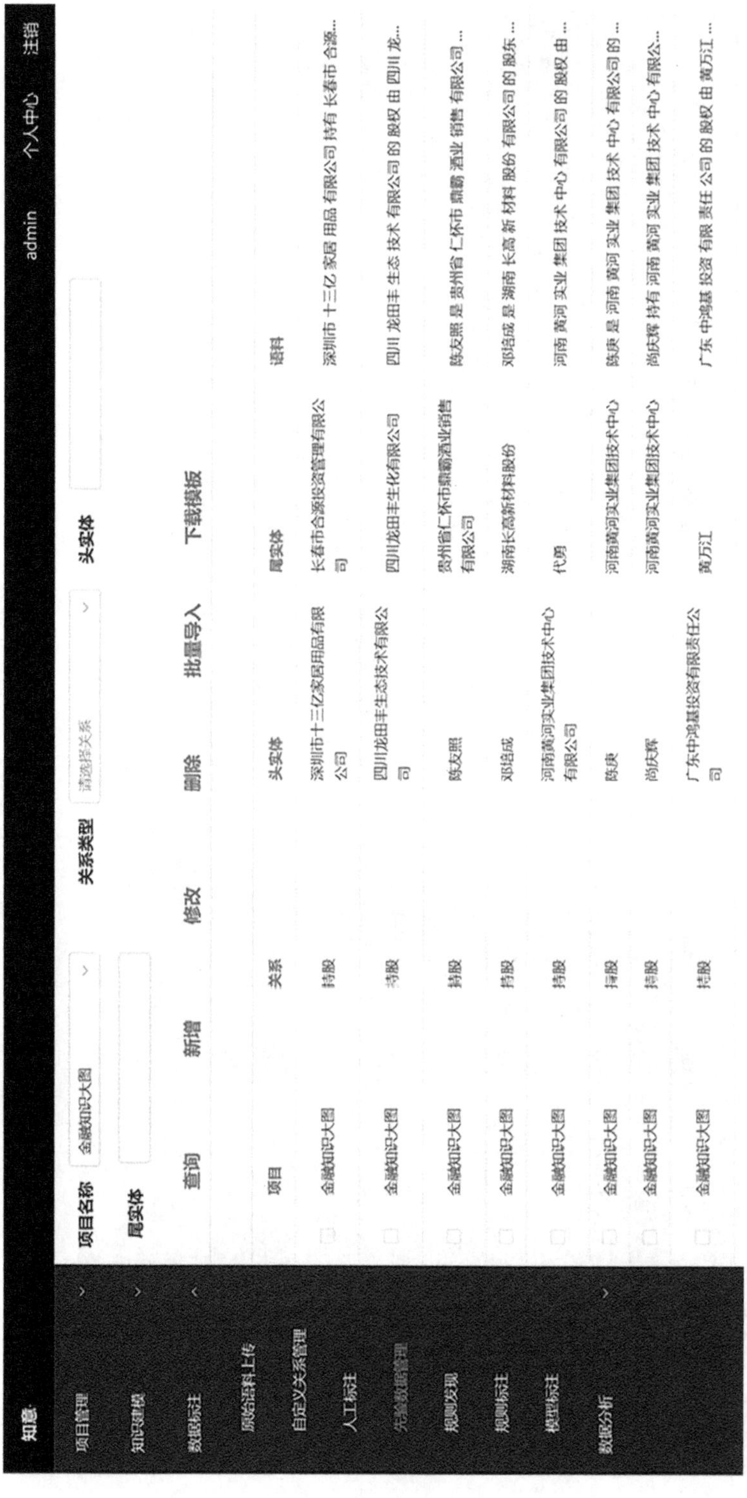

第三章 金融知识大图构建

图3-17 知意平台先验数据管理界面

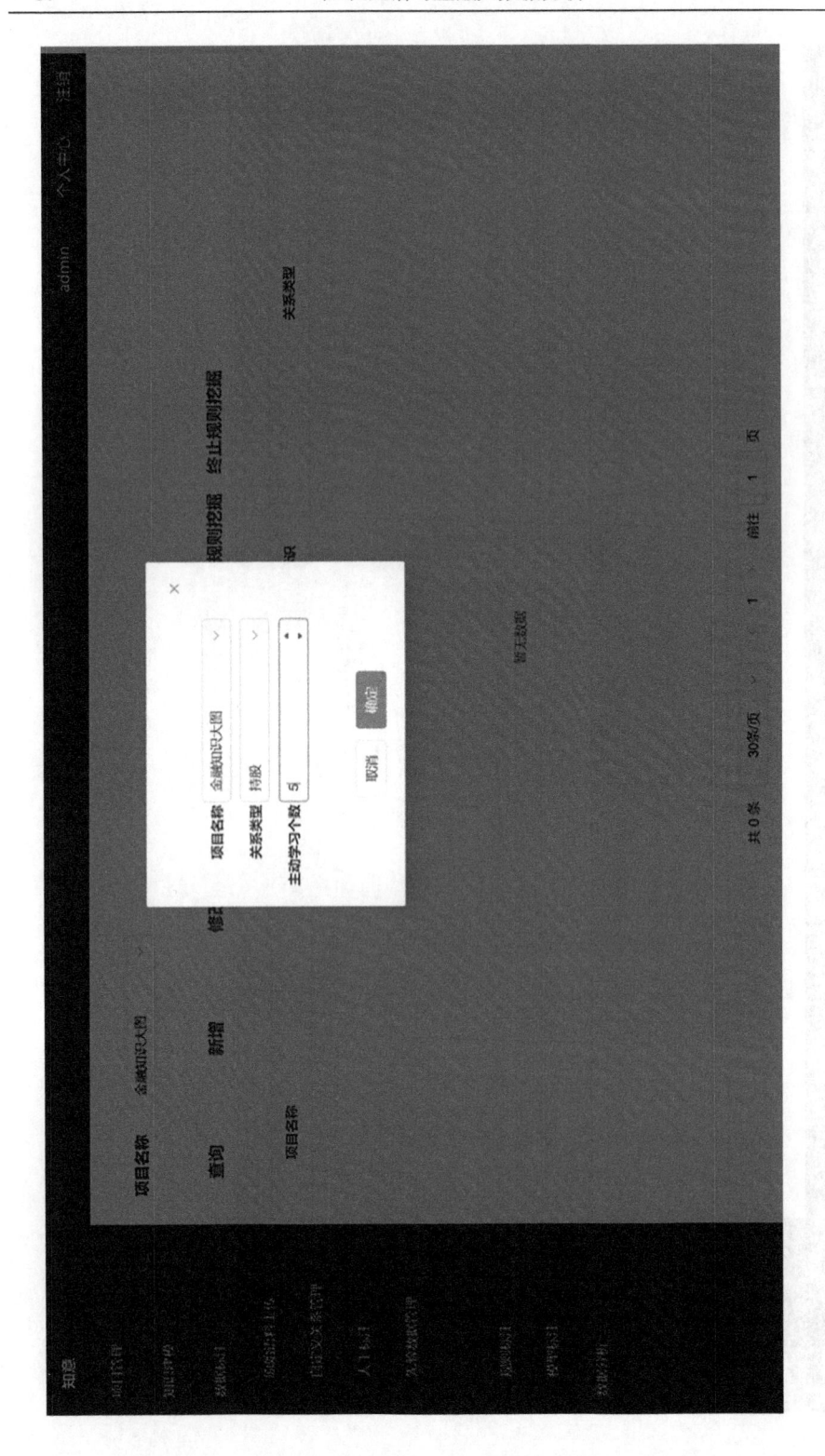

图3-18 知意平台规则发现设置界面

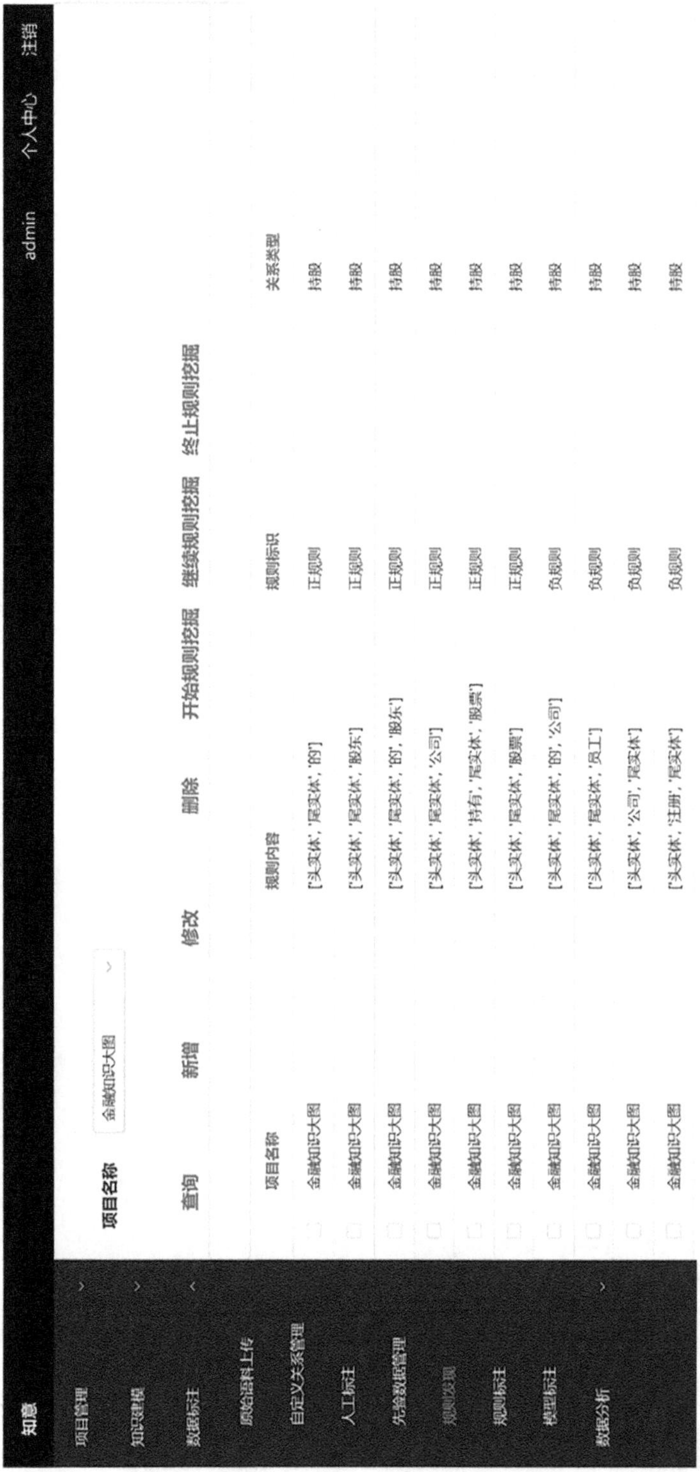

图3-19 知意平台规则发现结果展示

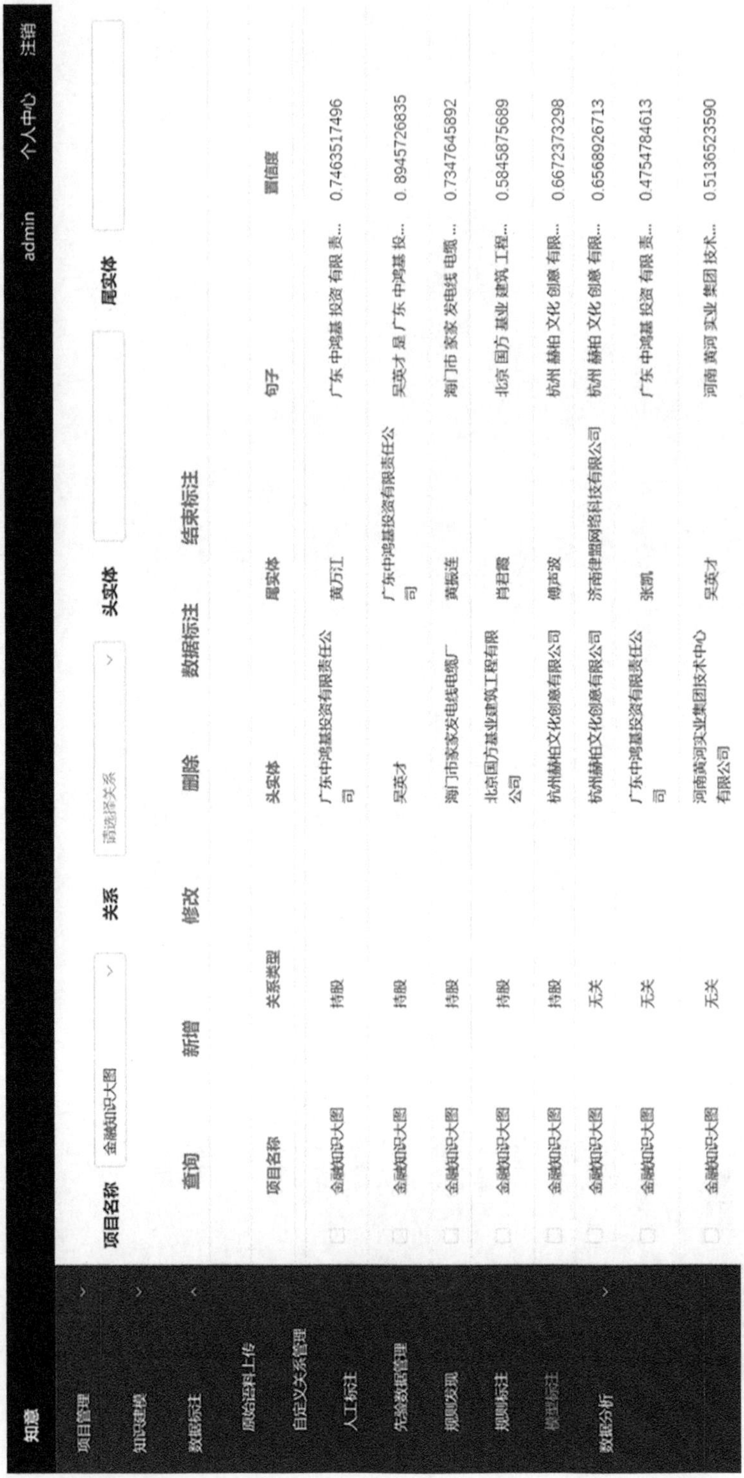

知意
admin
个人中心
注销
项目管理
知识建模
数据标注
原始语料上传
自定义关系管理
人工标注
先验数据管理
规则发现
规则标注
模型标注
数据分析
项目名称
金融知识大图
关系
请选择关系
头实体
尾实体
查询
新增
修改
删除
数据标注
结束标注
项目名称
关系类型
头实体
尾实体
句子
置信度
金融知识大图 持股 广东中鸿基投资有限责任公司 黄万江 广东 中鸿基 投资 有限 责... 0.7463517496
金融知识大图 持股 吴英才 广东中鸿基投资有限责任公司 吴英才 是 广东 中鸿基 投... 0. 8945726835
金融知识大图 持股 海门市家家发电线电缆厂 黄振连 海门市 家家 发电线 电缆 ... 0.7347645892
金融知识大图 持股 北京国方基业建筑工程有限公司 肖君霞 北京 国方 基业 建筑 工程... 0.5845875689
金融知识大图 持股 杭州赫柏文化创意有限公司 傅声波 杭州 赫柏 文化 创意 有限... 0.6672373298
金融知识大图 无关 杭州赫柏文化创意有限公司 济南律盟网络科技有限公司 杭州 赫柏 文化 创意 有限... 0.6568926713
金融知识大图 无关 广东中鸿基投资有限责任公司 张凯 广东 中鸿基 投资 有限 责... 0.4754784613
金融知识大图 无关 河南黄河实业集团技术中心有限公司 吴英才 河南 黄河 实业 集团 技术... 0.5136523590

图3-20　知意平台模型标注结果展示

第三章　金融知识大图构建

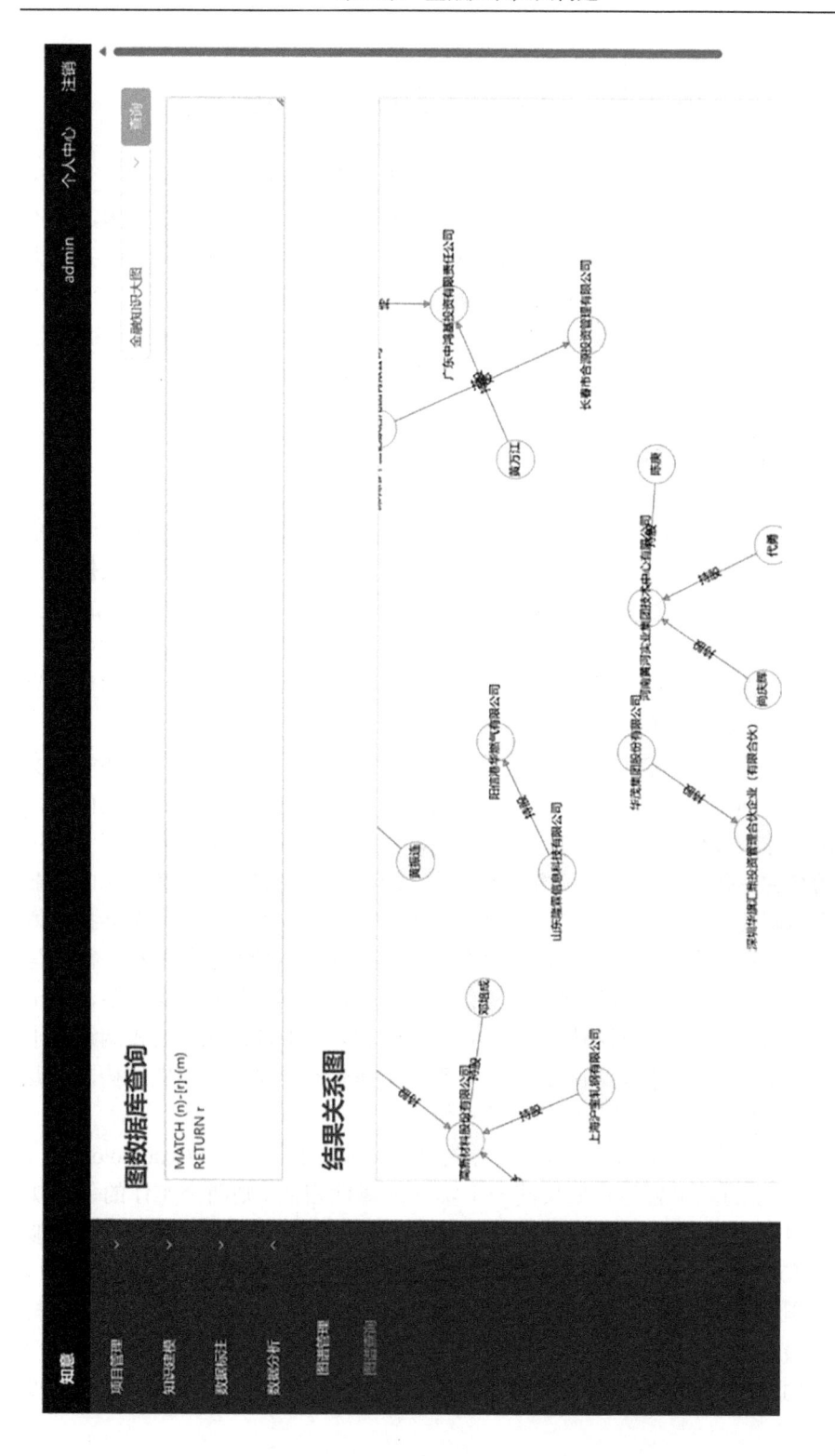

图3-21　知意平台金融实体关联查询结果展示

第四节 金融知识大图迭代构建

通过金融领域中实例层的知识关联分析，可以观察到仍然存在大量重复实体和冗余知识，而知识大图构建是一个动态演化的过程，知识关联分析从多源异构数据中发现关联知识，然后再经过关联知识的融合和发现，迭代式地构建知识大图。因此本节将从金融实体共指消解和股东重名实体消歧两个角度完成关联知识的融合，从而迭代构建金融知识大图。最终金融知识大图中含有三元组数目 145 747 738 个，实体数目 45 866 133 个，主体数目 31 162 724 个。

一、金融实体知识融合

对工商注册企业数据、金融机构股权数据和互联网公开数据进行融合时，主要融合方式为：通过互联网公开数据进行关系抽取，判断金融机构股权数据中银行 B 的股东 A′ 和工商注册企业数据中的企业 A 是否为同一家金融实体；如果是，则将 A′ 和 A 融合为一个股权网络节点 A，则银行 B 和企业 A 建立起股权关联。融合的关键问题之一是共指消解，即需要解决多个指称项对应于同一个实体的问题，所需要的共指消解的步骤如下。

第一步，建立实体指称之间的映射词典。针对工商注册企业股权网络中的实体，利用互联网维基百科、百度百科、新闻公告、贴吧舆情等提供的各类信息，构建命名实体与实体指称的一对多映射关系，建立实体指称映射词典，该词典包括实体的名称变体、缩写、可混淆的名称等，用于确定中国银行业数据库中需要进行共指消解的实体指称。第二步，查询实体指称映射词典，生成候选共指实体对。对于中国银行业数据库中的每个股东实体，查询实体指称映射词典，得到与该实体可能存在共指的工商注册企业实体，生成候选共指实体对。第三步，基于图结构计算候选共指实体对相似度，进行共指消解。工商注册企业股权网络与中国银行业数据库中的金融机构股权网络本质上都是带有语义信息的图结构，因此本节基于图结构计算候选共指实体对的相似度。

具体将用改进的 SimRank 算法计算候选共指实体对的相似度（Kusumoto et al., 2014），此算法的基本思想是如果同一个实体的属性相似，则两个实体的邻居实体的属性也相似，不仅考虑了实体本身的属性，还结合了邻居节点的属性相似度，提高了对存在共指消解的实体对的识别准确率，当相似度大于设定的阈值，则对于中国银行业数据库中的某个股东实体，选择工商注册企业股权网络中与之相似度最高的实体进行链接，从而实现股权网络的融合，如果未出现相似度大于阈值的候选共指实体对，则判断该股东实体在工商注册企业股权网络中没有共指实体，具体阈值的设定可以通过已有的数据进行训练。当候选共指实体对的属性值或者邻居节点较少，即数据稀疏时，引入 Web 数据对相关实体的属性和关联实体进行补全。

共指消解示例如图 3-22 所示，候选实体对为"中国工商银行股份有限公司"和"工行"，中国银行业数据库中"工行"实体原有的两个股东的属性信息与"中国工商银行股份有限公司"实体的股东信息相似度较低，可能会得到并非共指实体的结果。因此，可以从 Web 爬取数据"工行成立于 1985 年 11 月，总部设立在北京，法人代表为廖林"，并抽取属性值补全"工行"的"成立时间""法人"等属性，将补充后的"工行"与"中国工商银行股份有限公司"进行 SimRank 的计算，结果大于阈值，表明"中国工商银行股份有限公司"和"工行"共同指向同一个实体，可以进行融合。关系视图如图 3-23 所示，图 3-23 中含有五个表，分别为 manager（高管人员）表、enterprise（企业信息）表、holder（股东）表、bank（银行信息）表、change（更改）表。manager 表中字段分别为 e_id（企业或银行识别码）、m_id（高管人员识别码）、manager_name（高管姓名）；enterprise 表中字段分别为 e_id（企业或银行识别码）、status（企业状态）、e_name（企业名称）；holder 表中字段分别为 id（持股人员识别码）、e_id（被持股企业识别码）、name（被持股公司名称）；bank 表中字段分别为 id（记录识别码）、e_id（企业识别码）、name（企业名称）；change 表中字段分别为 e_name（企业名称）、change_date（更改日期）、change_item（更改项）。

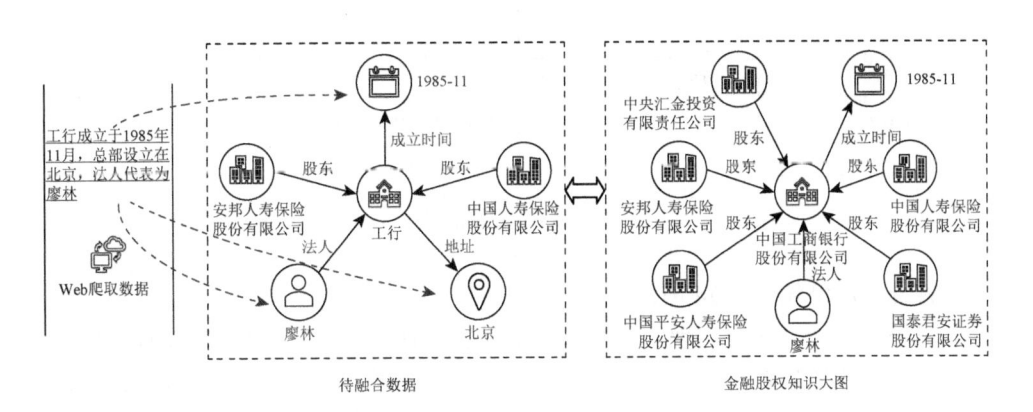

图 3-22　共指消解示例

具体的过程如下：
删除 holder 表中公司为银行的数据；
SQL 语句：`DELETE from holder WHERE company_name like "%银行%"`；

SQL 语句：`insert into holder(company_name, holder_name)(SELECT name, gd_name from bank)`；

清理 holder_name 为空的数据；

SQL 语句：`DELETE from holder WHERE holder_name is null`；

SQL 语句：`DELETE from holder WHERE company_name = ""`；

holder 表新增字段 zb（持股比例），把 bank 表中的 zb 数据插入到 holder 表中；

SQL 语句：`INSERT INTO holder(e_name, holder_name, zb)SELECT e_name, holder_name, zb from bank`；

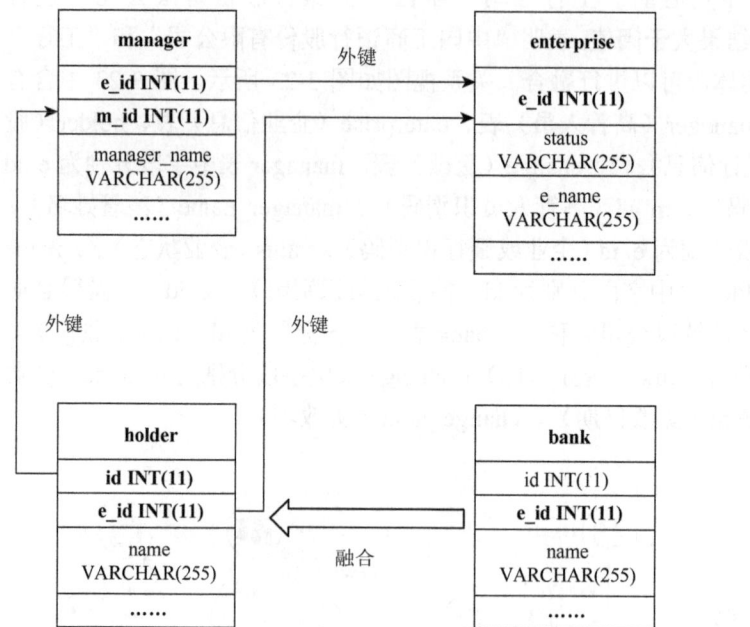

图 3-23　关系视图

融合的示例如图 3-24 所示。

在进行融合时还会出现一个高频率的问题，那就是股东的重名问题，即一个相同的实体描述指代两个或者多个实体，即知识图谱的实体消歧问题，实体消歧是用于解决同一实体名称产生实体歧义问题的技术指代。实体消歧与共指消解的共同点在于需要计算实体之间的相似度以确定是不是同一个实体，不同点是实体消歧的候选共指实体对是同名的实体，而共指消解需要筛选得到候选共指实体对。具体的步骤如下。

第一步，生成候选歧义实体对，将金融股权网络中的重名实体（主要是自然人股东）提取出来生成候选歧义实体对。第二步，基于图结构计算候选歧义实体

name（企业名称）	gd_name（股东名称）	zb（持股比例）
中国工商银行股份有限公司	中央汇金投资有限责任公司	0.3479

company_name（企业名称）	holder_name（持股人名称）	zb（持股比例）
中国工商银行股份有限公司	中央汇金投资有限责任公司	0.3479

图 3-24　融合示例

对相似度，进行实体消歧。仍然采用 SimRank 算法进行相似度计算，如果数据稀疏，则利用互联网上的股东信息、百科数据等对相关实体的属性和关联实体进行补全，提高相似度计算的准确度。当实体相似度小于阈值时，则两个实体虽然同名，但并非同一个实体，反之，如果实体相似度大于阈值，则两个重名实体实为同一个实体。

实体消歧示例如图 3-25 所示，万科企业股份有限公司中的"王石"和大连致远通讯器材有限公司的"王石"是否为同一个实体，针对这种情况，需要借助互联网公开数据进行辅助判断。分别从两段文本中抽取"王石"实体相关的属性值，如出生年月、籍贯等，拓展两个"王石"的实体属性。最后通过图结构计算 SimRank 值，结果表明：万科企业股份有限公司的"王石"与大连致远通讯器材有限公司的"王石"不是同一人。

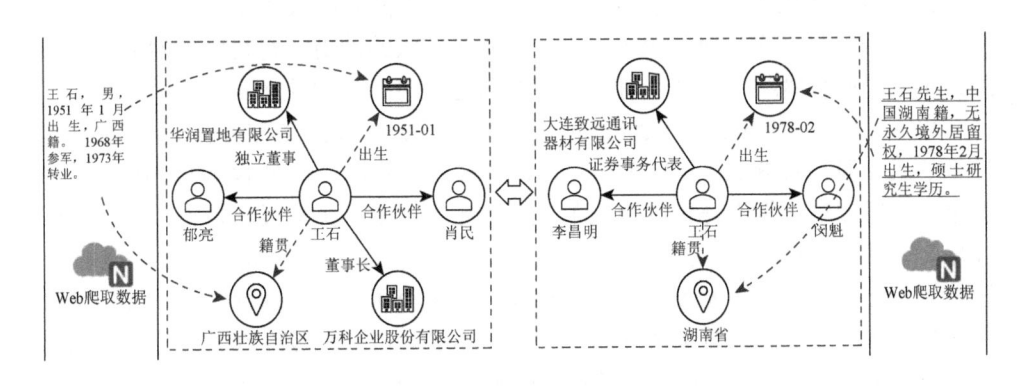

图 3-25　实体消歧示例

二、金融关联知识发现

在完成知识融合之后，基本的知识大图脉络已经完成，则可以通过金融实体之间的关联知识发现进一步拓展金融知识大图的相关实体和关系。在第二章中对这一步的方法已经进行了阐述，本节将通过现实场景中的案例进行分析。

在金融知识大图中，从股权的角度出发进行过滤，以观察到对应的股权网络结构。股权网络是系统性金融风险的微观成因和传导途径，并且规模庞大、结构复杂又包含丰富的语义信息。目前的基于复杂网络的系统性金融风险研究难以支持监管部门和领域专家在如此大规模且语义信息丰富的股权网络中进行知识发现。例如，发现实际控制人、实际控股股东等影响系统性金融风险的关键知识关联。主要原因在于：首先，目前还没有一个包含全量股权数据的知识大图，对金融机构和企业之间多角度、多层次的知识关联进行组织和表示；其次，现有工作是基于小数据建立的模型，无法对大规模股权网络进行有效的查询，揭示隐藏在层层股权之后的知识关联；最后，现有工作仅关注股权的实际比例，忽略了股权的语义信息，影响了结果的准确性。比如，即使股权比例相同，"控股"和"持股"关系对系统性金融风险的重要性有着本质的区别；"持股""股权质押"属于不同角度的知识关联，在进行知识发现时需要同时考虑。

本章构建的金融知识大图，可以对股权网络中的控股、持股、股权质押等多角度、多层次知识关联进行组织和表示，实现了金融知识的全局关联，也能从中揭示大规模股权网络中的复杂股权风险结构。比如，以T银行为中心进行金融关联知识发现，发现最大隐藏层数达到了42层，执行时间为115秒，揭示了隐藏在42层之外的实际控股股东与T银行的股权知识关联。而这种复杂的股权知识关联在缺乏语义的小规模股权网络中是难以发现的。

2019年，中国银行保险监督管理委员会（以下简称银保监会）对X银行实行接管。X银行破产事件对整个金融行业产生了较大的冲击，究其原因为某资本系通过多层的股权网络，隐藏了对X银行的控股路径和持股比例。

以X银行为中心点展开金融关联知识发现，如图3-26左图所示，2005年X银行的直接股东有B公司、C公司等，其中B公司的持股比例14.88%为最大，符合单一控股股东比例不得超过20%的监管规定。然而，以X银行为中心进行知识发现，可以揭示出，最外层的股东Z公司控股F公司，而F公司又通过控股B公司控制I公司，实现对X银行的实际控股。以Z公司为中心进行知识发现，可以揭示出，张三通过赵六等亲属100%控股了Z公司，计算最终持股比例，可以得出张三实际控股X银行的股权比例为29.009%。张三通过直接或者间接的方式拥有了X银行超过20%的持股比例，规避了监管机构的监管。

第三章 金融知识大图构建

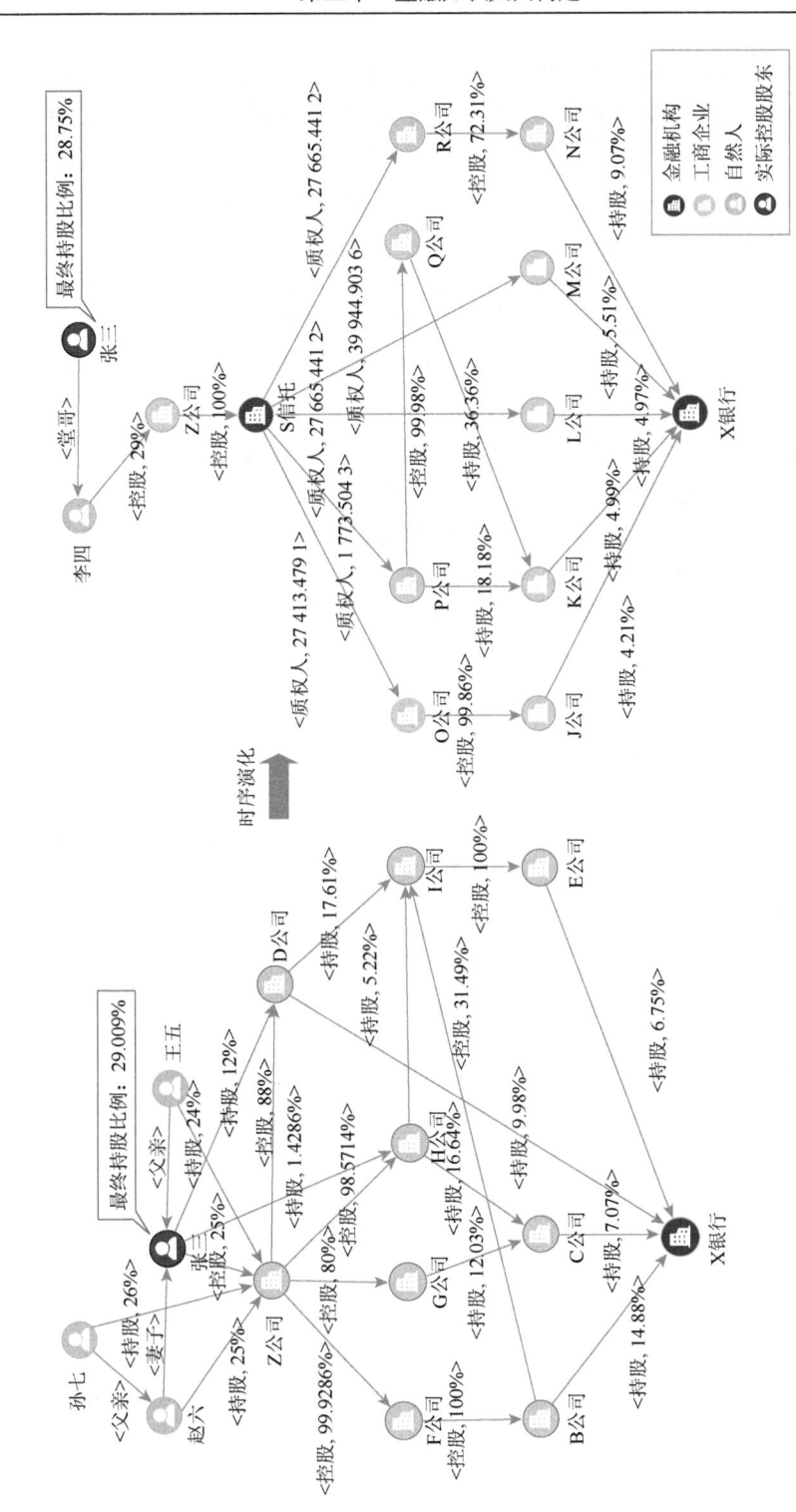

图3-26 以X银行为中心对金融知识大图进行知识发现

图 3-26 右图为 X 银行的 2017 年股权子图，可以发现，Z 公司公开控制的企业逐渐退出 X 银行的股权子图，最外层股东之间无特殊的持股或控股关系。由于知识大图包含另一角度的知识关联"股权质押"，可以发现，Z 公司对 S 信托有控股关系，并通过股权质押关系控股 L 公司和 M 公司。Z 公司的最终持股比例为 28.75%，为实际控股股东。

在金融知识大图中也能够体现股权网络的结构特点，金融股权网络符合无标度网络的特征（Barabási and Albert, 1999），主要是由于大型金融机构有大量的金融网络连接，而小型金融机构只有较少的连接。因此本章着重针对有代表性的金融机构进行了股权网络特征分析。现有一些理论已经验证了股权结构的小世界属性，Kogut 和 Walker（2001）、Bertoni 和 Randone（2006）、Conyon 和 Muldoon（2008）发现企业所有权网络具有小世界的属性。上述研究证明金融股权网络具有显著的小世界特征，说明小金融机构总是能通过有限的大金融机构形成连接，即金融风险发生时可以通过很短的路径传导到其他的节点。因此，通过金融知识大图拓展金融领域实体网络中有限的节点和边可以有效地防范和降低系统性风险。

第四章　金融舆情风险预测

本章主要介绍基于知识大图的金融舆情风险预测，包括识别异常舆情事件、预测舆情事件传播路径、分析舆情事件对金融风险的影响机制以及对金融风险进行辨识等内容。

第一节　金融舆情风险

一、金融新闻与金融风险

金融新闻作为了解公司、行业乃至金融市场的经营运行状况的主要信息源，是投资者进行资产配置的重要参考，在一定程度上反映了新闻相关实体的金融舆情风险。已有研究发现了金融新闻与风险指标之间存在的关联性。例如，Hisano 等（2013）利用主题模型从金融新闻流中提取出了解释金融市场异常波动的信号；Atkins 等（2018）则通过构建机器学习模型进一步证明了金融新闻相较于市场历史价格能更好地预测股市波动性，量化金融新闻对特定公司的影响是预测公司金融舆情风险的关键；Chang 等（2016）研究了新闻文本针对目标公司的表示模型，并对金融新闻的信息内容进行测度。近期的研究表明金融新闻的影响具有长期性，并且由于金融市场主体间的关联性，新闻舆情的影响会在公司间传导扩散。因此，本节聚焦于挖掘新闻文本中的风险信息，并融合知识关联与新闻影响的时序传导特性对目标公司的舆情风险进行预测。

以 2018 年 2 月 23 日安邦保险集团被保监会接管这一典型新闻为例，图 4-1（a）列举了部分相关新闻以及对应的目标公司，图 4-1（b）为目标公司间的关联，图 4-1（c）显示，新闻一经报道即给银行和房地产等多个行业带来负面影响。安邦保险集团持股的中国民生银行股份有限公司（以下简称民生银行）、招商银行以及与招商银行同属一个集团的招商局港口均股价大跌。尽管 2 月 26 日招商局港口出现相关利好新闻，但受安邦保险集团舆情负面影响，其股价仍不断走低，直到 3 月 7 日公司年报发布后，股价才有所好转。

日期：20180223	目标公司：安邦保险集团	新闻：	保监会接管安邦保险集团吴小晖涉嫌经济犯罪被提起公诉……
日期：20180226	目标公司：招商局港口	新闻：	招商局港口收购巴西第二大港，创拉美港口交易之最……
日期：20180228	目标公司：招商局港口	新闻：	深赤湾A：关于重大资产重组停牌公告……
日期：20180307	目标公司：招商局港口	新闻：	深赤湾A发布2017年度报告……
日期：20180307	目标公司：招商局港口	新闻：	深赤湾A：关于召开2017年度股东大会的通知……

(a) 目标公司相关新闻

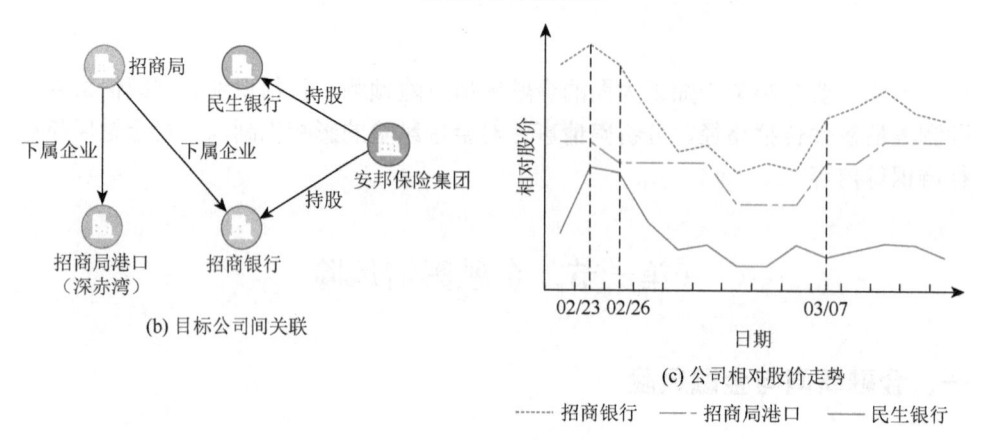

(b) 目标公司间关联

(c) 公司相对股价走势

图 4-1　安邦保险集团案例分析

上述案例体现了金融实体间多维度知识关联，说明了公司在某时刻的风险状态是一段时间内公司自身及关联实体的相关新闻事件影响交互叠加的结果，并且新闻事件对公司的影响与公司涉及行业等关联知识密切相关，同时这种影响在传导过程中会随时间和关联类型发生动态变化。因此，本节研究如何引入公司外部关联知识学习金融新闻针对目标公司的表示，以及在此基础上考虑时间因素对舆情风险在关联公司间的传导建模。

在实际场景中，金融新闻文本以及公司关联知识涉及领域广，并且外部关联知识通常为非结构化数据，一般方法难以有效对二者进行编码表示。另外，新闻舆情的影响具有长期性和时变性，同时舆情风险传导机制复杂，已有研究未能将新闻序列与公司关联网络融合，难以发现时序因素和公司关联与新闻风险之间深层的交互特征。

互联网金融新闻等媒体信息在反映公司、行业乃至金融市场的运行状况的同时，其蕴含的关键信息会导致投资者的非理性投资行为，从而影响相关公司股票收益。当公司股票收益波动剧烈并呈现异常状态时，则会破坏市场的均衡价值，造成市场功能的丧失，产生的风险会影响公司经营运作。另外，金融市场主体间的关联性使风险会在实体经济以及其他金融子市场间进行动态传染（宋玉臣和孙弘远，2022）。在金融领域中，金融大数据存在着多角度、多层次的知识关联，知识关联不仅体现在银行、保险、基金等跨领域金融机构与企业之间的股权关联，还体现在金融风险与股权、舆情事件之间的复杂关联。公司间复杂的关联关系制约着金融风险防范的有效性，基于关联知识分析能够支持多视角的金融风险识别与风险预测，如何利用关联知识发现新闻文本中的风险特征，并基于知识关联对舆情风险的传导建模是进行金融舆情风险预测的关键。

目前的新闻文本挖掘方法主要是基于词向量化特征与序列模型对新闻文本进行表示学习，进而解决具体下游任务。关于新闻文本的词向量化，现有工作大都针对英文语料，利用 Word2Vec、GloVe 等词嵌入方法获得单词的分布式表示，通常这类静态词向量难以解决文本中一词多义的问题，而中文自然语言处理中对分词的依赖，也会在一定程度上限制模型的发挥。在文本向量化的基础上，一些方法通过树结构 LSTM（Chang et al., 2016）、条件编码（Duan et al., 2018）等方式将目标公司融入金融新闻表示中学习到针对特定公司的表示向量，利用相关金融指标对表示模型进行训练优化从而构建相应的预测模型。已有方法使模型对提及目标公司名称的文本信息给予更多的关注，忽略其他"无关杂讯"。但由于实体经济与金融市场的关联性，新闻中对目标公司所涉及的业务、产业等相关概念情况的表述也会成为投资者做出资产配置决策的重要依据，因此引入外部知识能够在一定程度上丰富新闻表示。

由于金融新闻对市场的影响具有一定持续性，上市公司股票的市场表现通常会受到此前一系列金融新闻的影响。Hu 等（2018）设计了混合注意力网络，利用门控循环单元（gate recurrent unit，GRU）对公司相关的时序新闻建模并通过注意力机制聚合序列的隐状态向量，从而预测公司股票趋势，解决了金融新闻的序列内容依赖性和影响多样性；Ding 等（2021）提出了一种多核霍克斯过程框架对金融新闻序列中新闻影响的长期效应进行量化，同时对公司相关的新闻序列进行表示进而预测公司的 CAR；Xu 等（2021）认为上市公司相关历史事件信息对其他关联股票也会产生影响，他们利用 LSTM 对事件序列和市场数据编码作为股票状态表示，并应用多关系型图卷积神经网络学习股票间影响。上述工作研究了面向股市指标预测的金融文本特征提取和新闻文本表示方法，虽然对新闻影响的长期性和关联性进行了分析，却忽略了新闻相关公司业务背景知识与新闻内容之间的关联性，以及新闻影响传导过程中时序与关联因素的交互特征。另外，这些研究大多针对英文语料，使用的 Word2Vec、GloVe 等词嵌入方法在中文金融领域文本上的应用具有一定局限性。

二、金融风险指标

在金融领域，风险被定义为偏离预期收益的可能性（Theil et al., 2019），而舆情风险则是指由于舆情事件的影响造成公司股票或资产组合价值偏离预期的可能，常用的衡量指标有波动性（volatility）和 CAR 等。

波动性是指一段时间内金融资产收益的标准差，常用来表示金融资产在较长时间内的风险水平。Tsai 和 Wang（2017）将一年内股票收益的波动性作为公司金融风险的代理变量，研究上市公司年度综合报告的文本情感特征与金融风险的关系；Lin 等（2021）则在此基础上构建深度学习模型进一步预测公司相对风险水平，发现高风险企业。

CAR 指一段时间内实际收益率相较于期望收益率的偏差，是研究特定事件对公司股票价格短期影响的常用分析指标。当 CAR 为正值时，表明事件对公司产生了正面影响；反之则为负面影响。现有研究大都采用 CAR 作为预测指标，量化新闻舆情对特定公司收益的影响。

本节主要研究时序高频的金融新闻对特定公司造成的舆情风险，进而构建舆情风险预测模型，因此我们需要一个能够快速反映舆情产生的影响并且尽可能地排除市场中其他共性因素的指标。综上所述，我们采用 CAR 作为预测的风险指标。CAR 是事件窗口内公司异常收益（abnormal return，AR）的累积，具体计算如式（4-1）～式（4-3）所示。

$$R_{t_n} = \frac{P_{t_n} - P_{t_{n-1}}}{P_{t_{n-1}}} \tag{4-1}$$

$$AR_{t_n} = R_{t_n} - \hat{R}_{t_n} \tag{4-2}$$

$$CAR_{t_n} = AR_{t_{n-1}} + AR_{t_n} + AR_{t_{n+1}} \tag{4-3}$$

其中，P_{t_n} 和 $P_{t_{n-1}}$ 分别表示公司股票在 t_n 和 t_{n-1} 交易日的收盘价；R_{t_n} 和 $\hat{R}_{t_n}$ 分别表示 t_n 交易日的实际收益率和期望收益率；AR 表示公司股票日实际价格的收益率与期望收益率的差值。

对于期望收益率的计算，市场模型是一种使用较为普遍的计算模型，在实际应用中通常将市场指数的收益率作为期望收益率，且将事件窗口长度定为 3。

第二节　动态舆情风险预测

金融新闻作为风险信息流中的重要组成部分，在一定程度上反映了其关联实体的金融风险。基于风险传染关联性的考虑对金融新闻文本进行分析挖掘，对目标公司的风险衡量有重要意义。在金融领域的事件研究中，常使用 CAR 衡量新闻事件对公司的风险影响。本节目标是将 CAR 作为预测指标，学习金融新闻的风险表示，并基于风险传染的关联性对目标公司的舆情风险进行预测。

一、问题定义

为满足动态舆情风险预测需求，本节在金融知识大图基础上，构建公司间关联知识图谱和公司产业链知识图谱。

定义 4-1（公司间关联知识图谱）　公司间关联知识图谱为有向图 $G_f(V_f, E_f, \Phi_f, \Psi_f)$，其中，$V_f$ 为公司节点集合；$E_f \subseteq V_f \times V_f$ 为公司间关联边集合；设 L_f 为公司名称标签集合，函数 $\Phi_f : V_f \to L_f$ 为公司节点到公司名称的映射；设 R_f 为公司关联类型集合，函数 $\Psi_f : E_f \to R_f$ 为边到公司关联类型的映射。

定义 4-2（公司产业链知识图谱）　公司产业链知识图谱为有向图 $G_I(V_I, E_I, \Phi_I, \Psi_I)$，其中，设 V_{ind} 为图谱中行业节点集合，$V_I = V_f \cup V_{\text{ind}}$ 为图谱中的点集；$E_I \subseteq (V_f \times V_{\text{ind}}) \cup (V_{\text{ind}} \times V_{\text{ind}})$ 为图谱中的边集，包括了图谱中公司与行业的"涉及"关系以及行业间"上下游"关系；设 L_I 为图谱节点名称标签集合，函数 $\Phi_I : V_I \to L_I$ 为图谱节点到节点名称的映射；设 R_I 为图谱关系边类型集合，函数 $\Psi_I : E_I \to R_I$ 为图谱中边到边类型的映射。

定义 4-3（金融新闻数据集）　金融新闻数据集 $D = \{\text{news}_k\}_{k=1}^n$，对于金融新闻 $\text{news}_k = (t_k, F_k, \text{abstract}_k, \text{content}_k)$，$t_k$ 为新闻的发布日期；$F_k \in V_f$ 为新闻相关的公司；abstract_k 为新闻摘要文本；$\text{content}_k = \{\text{para}_k^i\}_{j=1}^m$ 为新闻正文部分，para_k^i 为新闻正文中的段落文本。

舆情风险预测问题可定义为给定公司 $v_i \in V_f$，交易日 t_k，利用 t_k 前一段时间内的相关金融新闻子集 $S_k \subseteq D$ 中 v_i 及其关联公司的相关新闻以及公司间关联和外部产业知识，学习风险表示向量 $\tilde{h}_{i,k}^f \in \mathbb{R}^{d_f}$，并通过 $\tilde{h}_{i,k}^f$ 预测 v_i 在 t_k 时刻的 CAR 为正值或负值的可能性，如式（4-4）所示，作为对公司 v_i 的风险判断。

$$p(y \mid \tilde{h}_{i,k}^f) = \text{softmax}(\tilde{h}_{i,k}^f W + b), \quad y \in \{0,1\} \tag{4-4}$$

其中，$W \in \mathbb{R}^{d_f \times 2}$ 表示权重矩阵；$b \in \mathbb{R}^2$ 表示偏置向量；$\mathbb{R}$ 表示实数集。

二、整体框架

融合知识关联与时序传导的金融舆情风险预测模型的整体框架如图 4-2 所示，主要包括引入外部知识的金融新闻表示和金融舆情风险时序传导与预测两个部分。

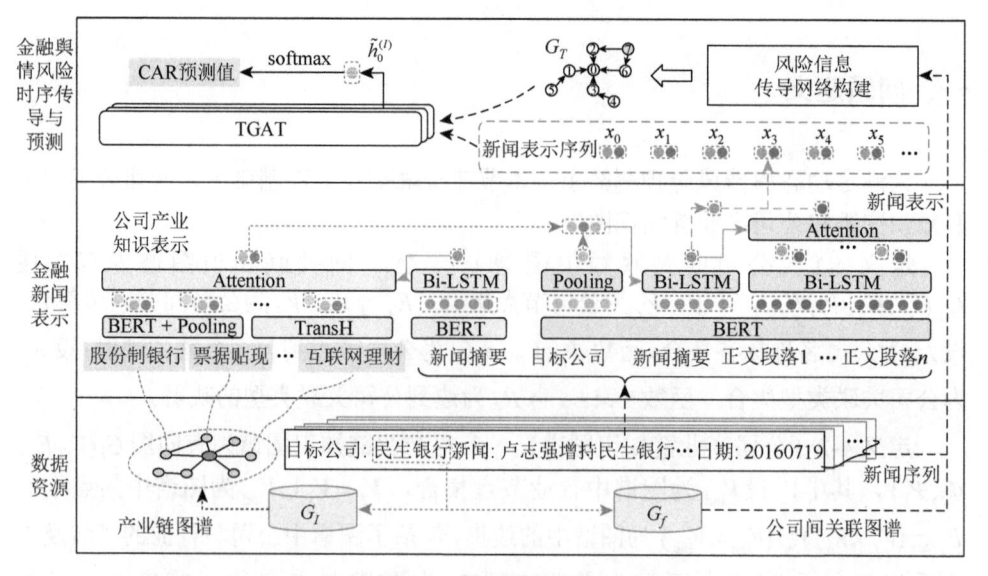

图 4-2 模型整体框架

Attention 表示注意力操作；Pooling 表示池化操作；TransH 表示知识图谱嵌入操作

首先，对金融新闻序列中的一条新闻样例，引入外部知识学习新闻的向量表示。根据该新闻的目标公司，在产业链知识图谱中查询该公司的外部关联知识，对外部关联知识进行表示并嵌入新闻文本表示，进而获取针对特定公司的金融新闻表示向量。

其次，对给定目标公司，对相关风险信息的时序传导建模，预测该公司在某时刻的舆情风险。我们根据目标公司和公司间关联知识图谱获取目标公司及其关联公司在该时刻前的金融新闻序列，结合对应的公司间关联知识将金融新闻序列组织成风险信息传导网络，将金融新闻表示作为风险信息传到网络中对应节点的表示，通过时序图注意力网络（temporal graph attention network，TGAT）学习该公司的风险表示并对风险指标进行预测。一方面，本节提供一种金融舆情风险预测方法，其主要流程与内容如下。

（1）目标企业的原始金融新闻序列和产业关联数据采集。

（2）所述原始金融新闻序列预处理。

（3）基于产业关联数据构建产业链知识图谱，计算图谱中每个产业节点的表示向量。

（4）在计算金融新闻的表示向量过程中，融合目标企业的外部产业节点表示向量，从而得到最终的金融新闻表示向量。

（5）基于所述目标企业构建风险信息传导网络。

（6）基于金融新闻表示向量计算目标企业在任意时刻的风险表示向量。

（7）基于所述目标企业任意时刻风险表示向量计算舆情风险预测值。

另一方面，本节依赖于该金融舆情风险预测方法设计了一种金融舆情风险预测系统，内容如下。

（1）采集模块，用于采集目标企业的原始金融新闻序列和产业关联数据。

（2）预处理模块，用于对所述原始金融新闻序列进行预处理，得到金融新闻序列。

（3）构建模块，用于基于所述产业关联数据构建产业链知识图谱，由所述产业链知识图谱获得产业节点表示向量。

（4）表示模块，用于将所述产业节点表示向量输入基于注意力机制的神经网络，得到公司外部产业知识表示向量，将所述金融新闻序列和所述公司外部产业知识表示向量输入基于层次化注意力机制的神经网络，得到金融新闻表示向量。

（5）搜索模块，用于基于所述目标企业，采用广度优先搜索（breadth first search，BFS）算法构建风险信息传导网络。

（6）传导模块，用于基于所述金融新闻表示向量，将所述风险信息传导网络输入时序图注意力网络，获得目标企业任意时刻风险表示向量。

（7）预测模块，用于将所述目标企业任意时刻风险表示向量输入预设神经网络进行训练，得到目标企业任意时刻舆情风险预测值。

三、引入外部知识的金融新闻表示学习

金融新闻中通常会提及多家公司，同时陈述一些领域概念相关的事实和观点，由于公司间业务背景以及上下文中的语义倾向的差异，新闻给两家公司产生的影响也不尽相同。因此，有必要结合公司涉及的行业等外部关联知识学习针对特定的公司的新闻表示，量化新闻对公司的影响以支持下游任务。本节将 BERT 作为底层文本嵌入模型，通过构建基于注意力机制的公司产业编码器，将公司产业背景融入金融新闻表示向量。引入外部知识的金融新闻表示模块如图 4-2 所示，给定新闻元组 $news_i$ 以及上市公司产业链知识图谱 G_I，目标是针对目标公司学习新闻的分布式表示 x_i。

（一）新闻文本嵌入

针对 Glove 等静态词嵌入模型在中文金融领域文本应用中存在的分词误差、一词多义等问题，文本将 BERT 作为基本的词嵌入模型，通过捕获文本上下文的语义信息，实现对词语的动态嵌入。为了能够更好地理解金融语义以适用金融领域任务，本节采用基于金融领域中文语料预训练的 FinBERT（BERT for financial text mining）对目标公司名称、新闻文本、产业节点标签进行编码，将他们嵌入相同语义空间。FinBERT 采用 12 层 Transformer 结构，基于金融财经新闻、上市公司公告、金融百科词条三大类语料预训练得到 768 维动态词嵌入。

首先，将来自多个数据源的原始金融新闻序列根据新闻内容去重；其次，将新闻相关的公司与产业关联数据中的公司进行对齐；最后，分别对新闻摘要和正文进行分字、分句和分段处理，在字符之间添加第一分隔符"_"，在句子之间添加第二分隔符"<a>"，在段落之间添加第三分隔符"<p>"，以便更好地与金融新闻的多层次编码进行匹配。

（二）基于注意力机制的公司产业编码

公司关联产业链要素是投融资领域一项重要的参考信息。在投资者对目标公司进行风险评判时，与新闻内容有关的行业通常会被重点关注。因此，本节根据新闻主要内容，使用注意力机制对目标公司涉及的产业信息进行选择性聚合。

首先，对产业链知识图谱中的行业节点以及新闻主要内容进行编码。考虑到产业链知识图谱中包含不同的行业，在产业链中具有相似位置或相似标签的行业间应具有较高的相似度，本节从产业链结构和语义两方面对产业链知识图谱中行业节点进行表征。对于产业链知识图谱中行业节点 $v_i \in V_{ind}$，由于图谱中节点之间大多为一对多的关系，我们利用 TransH 模型学习节点 v_i 的产业链结构特征 $f_i \in \mathbb{R}^{d_{trans}}$；为了与新闻文本编码相适应，将行业节点标签的 BERT 字向量通过平均池化作为节点的语义特征 $f_i' \in \mathbb{R}^{d_{bert}}$。至于新闻主要内容，这里采用 Bi-LSTM 模型对新闻摘要部分进行编码，作为粗粒度的新闻表示 $\tilde{x}^{abs} \in \mathbb{R}^{d_h}$。

然后，根据目标企业 v_k 在 G_I 中查询出公司涉及行业节点集合 $V_k^{ind} = \{v_1, \cdots, v_N\}$，将这些节点相应的特征向量作为注意力机制输入：

$$Z_{ind}^{trans} = [f_1, \cdots, f_N]^T \in \mathbb{R}^{N \times d_{trans}} \quad (4\text{-}5)$$

$$Z_{ind}^{bert} = [f_1', \cdots, f_N']^T \in \mathbb{R}^{N \times d_{bert}} \quad (4\text{-}6)$$

其中，Z_{ind}^{trans} 和 Z_{ind}^{bert} 分别表示结构特征表示和语义特征表示。

分别对 $\tilde{x}^{abs}, Z_{ind}^{bert}, Z_{ind} = [Z_{ind}^{trans} \| Z_{ind}^{bert}]$ 进行线性变换，作为注意力机制中的查询（query）、键（key）和值（value）：

$$q^{ind} = \tilde{x}^{abs} W_Q^{ind} \quad (4\text{-}7)$$

$$K^{ind} = Z_{ind}^{bert} W_K^{ind} \quad (4\text{-}8)$$

$$V^{ind} = Z_{ind} W_V^{ind} \quad (4\text{-}9)$$

其中，$W_Q^{\text{ind}} \in \mathbb{R}^{d_h \times d_h}$、$W_K^{\text{ind}} \in \mathbb{R}^{d_{\text{bert}} \times d_h}$、$W_V^{\text{ind}} \in \mathbb{R}^{(d_{\text{trans}}+d_{\text{bert}}) \times d_h}$ 表示权重矩阵，用于构建输入向量不同维度之间的交互特征。通过注意力机制对各个行业节点表示聚合得到公司最终的产业表示 $r^{\text{ind}} \in \mathbb{R}^{d_h}$。

$$r^{\text{ind}} = \text{Attn}(q^{\text{ind}}, K^{\text{ind}}, V^{\text{ind}}) \quad (4\text{-}10)$$

注意力机制的计算如式（4-11）～式（4-13）所示。首先，通过评分函数计算查询对于每个键的分数，此处采用加性注意力作为评分函数；其次，通过 softmax 函数对每个键的分数进行归一化得到对应的注意力权重；最后，对各个值进行加权求和作为注意力机制的输出。

$$\text{Score}(q, K_i) = w^{\text{T}} \tan h(qW_1 + K_i W_2 + b) \quad (4\text{-}11)$$

$$\alpha_i = \text{softmax}(\text{Score}_i) = \frac{\exp(\text{Score}_i)}{\sum_j \exp(\text{Score}_i)} \quad (4\text{-}12)$$

$$\text{Attn}(q, K, V) = \sum_i \alpha_i \cdot V_i \quad (4\text{-}13)$$

具体来说，还需要对产业关联数据中的产业和公司进行唯一性标识，将产业和公司作为节点，将公司与产业间的涉及关系以及产业之间的上下游关系作为边，构建产业链知识图谱；针对图谱中节点之间存在一对多关系这一特点，利用 TransH 模型对产业链知识图谱进行表示学习，将产业链关联知识嵌入节点表示，进而得到公司涉及的产业节点表示向量。

（三）金融新闻表示学习

金融新闻主体包括新闻摘要和正文两个部分，摘要概括了新闻的主要信息，正文则会涵盖更多细节信息。为了尽可能全面地从新闻中提取特定目标公司相关的风险信息，减少无关信息的干扰，本节引入公司产业表示作为外部知识对目标公司表示向量进行增强，利用目标公司分布式表示对新闻摘要进行条件编码，进而指导新闻正文信息的选择性聚合，学习金融新闻针对特定目标公司的风险信息表示。

对于新闻摘要部分的表示，我们采用 Bi-LSTM 作为基础模型。首先，对于目标公司 v_k，利用 BERT 层获取公司名称 $\Phi_f(v_k)$ 字向量并进行平均池化作为公司字面表示 $r^{\text{literal}} \in \mathbb{R}^{d_{\text{bert}}}$；其次，利用线性变换将字面表示与产业表示融合作为公司表示 $r_f \in \mathbb{R}^{d_h}$，如式（4-14）所示。

$$r_f = \left[r^{\text{literal}} \| r^{\text{ind}} \right] W_f + b_f \quad (4\text{-}14)$$

其中，$W_f \in \mathbb{R}^{(d_{bert}+d_{trans}) \times d_h}$、$b_f \in \mathbb{R}^{d_h}$ 表示线性变换的权重矩阵，用于构建公司字面表示与产业表示间的交互特征；最后，将 r_f 作为 Bi-LSTM 模型初始状态并对摘要文本序列进行编码，输出新闻摘要针对目标公司的条件表示 $x^{abs} \in \mathbb{R}^{d_h}$。

新闻正文由多个在语义表达上相对较为独立的段落组成，首先，对每个段落的文本序列分别单独编码，再通过摘要表示对各段落信息进行聚合得到正文表示。对新闻正文段落 $para_i$，我们同样采用 Bi-LSTM 对其字向量序列进行编码，得到段落表示 $x_i^{para} \in \mathbb{R}^{d_h}$；其次，通过式（4-11）和式（4-12）计算 x^{abs} 对 x_i^{para} 的注意力分数 α_i，并对各个段落表示加权求和作为新闻正文表示 $\tilde{x} \in \mathbb{R}^{d_h}$；最后，新闻的最终表示向量为摘要表示与正文表示的拼接 $x = \left[x^{abs} \| \tilde{x} \right]$。

四、引入公司间关联的累积异常回报预测

新闻事件的影响会随时间动态变化，并且会在关联公司间传染。为基于舆情风险的溢出效应和时变性的考虑对公司风险进行预测，本节引入公司间关联，将新闻表示作为公司节点在特定时间的风险信息表示，构建风险信息传导网络，通过时序图注意力网络预测时序节点对应公司的风险指标。

（一）基于公司间关联的风险信息传导网络构建

新闻发布后的影响具有持续性和时变性，我们认为这种影响会通过公司间关联进行传递，即公司在某个时刻的风险是前一段时间内自身以及关联图谱中相邻公司风险信息相聚合的结果。因此，我们根据时序新闻序列和公司间关联知识图谱基于 BFS 构建风险信息传导网络。

我们将风险信息传导网络表示为 $G_T(V_T, E_T, \Phi_T, \Psi_T)$，其中，$V_T$ 表示风险信息节点集合；E_T 表示风险信息传导边集；Φ_T 表示节点属性的映射；Ψ_T 表示边集属性映射。对每个节点 $u_{j,m} \in V_T$，均有一个公司节点 $v_j \in V_f$，新闻元组 $news_m \in S_k$，时间戳 t_m 与之相对应，即 $\Phi_T(u_{j,m}) = (v_j, t_m, news_m)$。$G_T$ 的构建如算法 4-1 所示。

算法 4-1 风险信息传导网络构建

输入：公司间关联图 $G_f(V_f, E_f, \Phi_f, \Psi_f)$，公司 v_i 在时刻 t_k 的新闻 $news_k$，t_k 前金融新闻子集 S_k

输出：风险信息传导网络 $G_T(V_T, E_T, \Phi_T, \Psi_T)$

1. Queue<node>C; //关联公司节点队列
2. Set<node>N; //邻居节点集合

3. $V_T \leftarrow \phi$; $E_T \leftarrow \phi$;

4. $\Phi_T(u_{i,k}) \leftarrow (v_i, t_k, \text{news}_k)$; // $u_{i,k}$ 对应的公司节点、时间戳和新闻

5. $V_T \leftarrow V_T \cup \{u_{i,k}\}$;

6. $C.\text{enqueue}(u_{i,k})$;

7. **While** ! $C.\text{empty}()$ **do** // 以 v_i 为中心广度优先遍历 G_f

8. $u_{j,m} \leftarrow C.\text{dequeue}()$;

9. $(v_j, t_m, \text{news}_m) \leftarrow \Phi_T(u_{j,m})$;

10. $N \leftarrow G_f.\text{adj}(v_j) \cup \{v_j\}$;

11.   **Foreach** $\text{news}_n(t_n, V_n, \text{abstract}_n, \text{content}_n)$ **in** S_k **do**

12.   **If** $t_n < t_m$ **and** $\exists v_p$ **in** N **and** v_p **in** V_n **then**

13. $V_T \leftarrow V_T \cup \{u_{p,n}\}$;

14. $\Phi_T(u_{p,n}) \leftarrow (v_p, t_n, \text{news}_n)$;

15. $E_T \leftarrow E_T \cup \{(u_{p,n}, u_{j,m})\}$;

16. $\Psi_T((u_{p,n}, u_{j,m})) \leftarrow \Psi_f((v_p, v_j))$;

17. $C.\text{enqueue}(u_{p,n})$;

18. **Return** $G_T(V_T, E_T, \Phi_T, \Psi_T)$;

  首先，对发生在 t_k 时刻的新闻 news_k 以及该新闻对应的企业 $v_i \in V_f$，在风险信息传导网络 G_T 中构建时序节点 $u_{i,k} = (v_i, t_k)$ 并加入候选节点队列 C，在新闻序列中截取出 t_k 时刻之前的新闻序列 S_k，从公司关联图 G_f 中找出公司 v_i 的邻居节点 $N(v_i)$，如果存在 t_m 时刻的新闻 $\text{news}_m \in S_k$，且 news_m 对应的公司节点 $v_j \in N(v_i) \cup \{v_i\}$，则构建时序节点 $u_{j,m} = (v_j, t_m, \text{news}_m)$ 以及有向边 $e_{jm,ik} = (u_{j,m}, u_{i,k})$ 表示节点 $u_{j,m}$ 的新闻风险可通过 $e_{jm,ik}$ 传导至 $u_{i,k}$，并将 $u_{j,m}$ 加入队列 C；其次，将 $u_{i,k}$ 从 C 中移除并对 C 中其他节点重复上述操作直到 C 为空队列。

  风险信息传导网络构建样例如图 4-3 所示，图 4-3（a）为 t_0 以及之前时刻的新闻序列，图 4-3（b）为公司间关联，图 4-3（c）为风险信息传导网络 G_T。news_0 对应公司关联网络中的公司 a 以及 G_T 中的节点 0，由于公司 a 及其关联邻居节点 b、c、d 在新闻序列 S_0 中存在对应的新闻 news_1、news_2、news_3、news_4，所以在 G_T 中构建相应的节点 1、2、3、4，图中虚箭线表示 t_0 时刻各节点对于节点 0 的新闻风险传导路径。

(a) 金融新闻序列

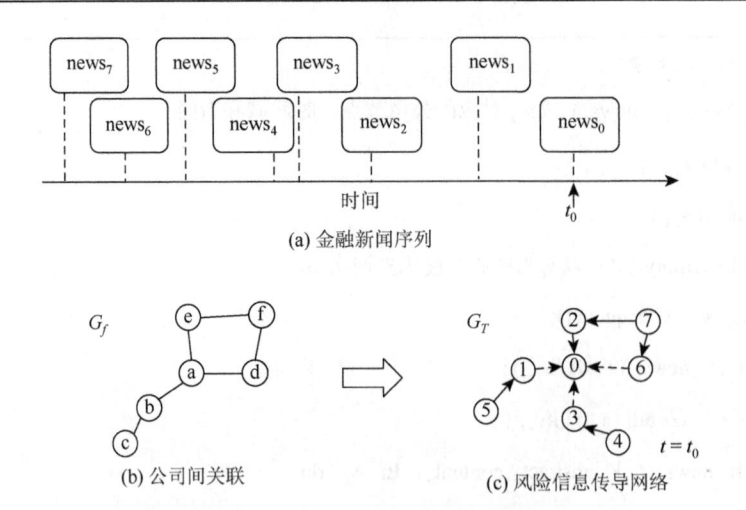

(b) 公司间关联

(c) 风险信息传导网络

图 4-3　风险信息传导网络构建样例

利用中证 300 指数包含的上市公司的关联图谱，以及这些公司在 2017 年 1 月至 2020 年 12 月之间相关的金融新闻，根据算法 4-1 构建风险信息传导网络，并对风险信息传导网络进行可视化，如图 4-4 所示。

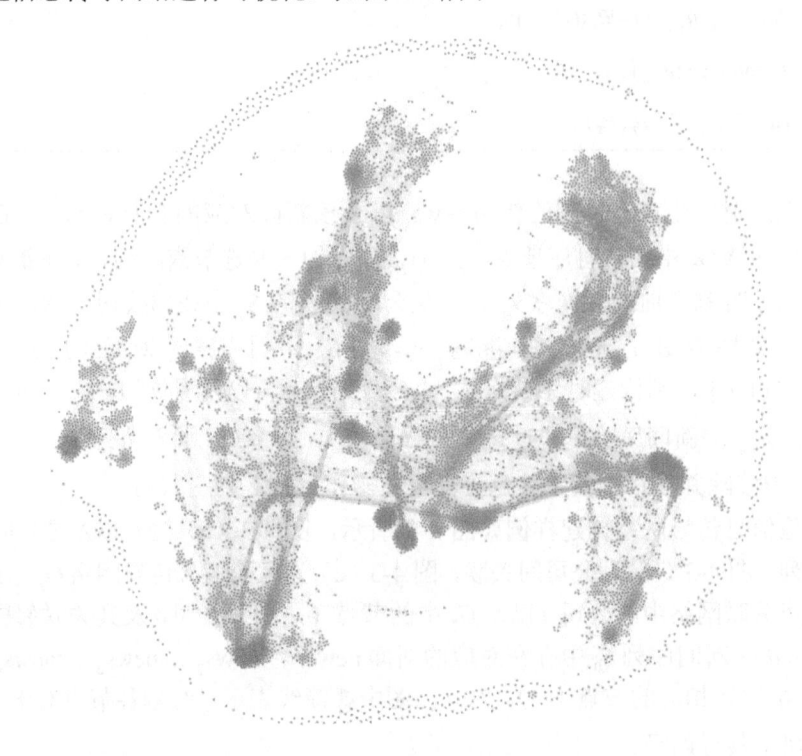

图 4-4　风险信息传导网络构建样例

(二)基于时序图注意力网络的金融舆情风险传导建模

1. 时序图注意力网络

时序图注意力网络是一种基于时序注意力机制的图神经网络模型,该模型利用谐波分析中的经典博赫纳定理(classical Bochner's theorem)对具有平移不变性的核函数进行傅里叶变换,提取其中实数部分并离散化构建时间特征映射函数,如式(4-15)~式(4-17)所示。

$$\kappa(t_1,t_2) = \int_{\mathbb{R}} e^{i\omega(t_1-t_2)} p(\omega) = \mathbb{E}_{\omega}\left[\xi_{\omega}(t_1)\xi_{\omega}(t_2)^*\right] \quad (4\text{-}15)$$

$$\kappa(t_1,t_2) = \mathbb{E}_{\omega}\left[\cos(\omega(t_1-t_2))\right] = \mathbb{E}_{\omega}[\cos(\omega t_1)\cos(\omega t_2) - \sin(\omega t_1)\sin(\omega t_2)] \quad (4\text{-}16)$$

$$\Phi_d(t) = \sqrt{\frac{1}{d}}\left[\cos(\omega_1 t),\sin(\omega_1 t),\cdots,\cos(\omega_d t),\sin(\omega_d t)\right] \quad (4\text{-}17)$$

其中,$\xi_{\omega}(t) = e^{i\omega t}$;$\kappa(\cdot)$表示核函数;$p(\cdot)$表示频域上参数概率密度函数;$\Phi_d(\cdot)$表示核函数对应的时间特征映射函数;$t_1$和$t_2$表示时间点;$\xi_{\omega}(t) = e^{i\omega t}$表示频率域的复指数函数,它将时间点$t$转换为频率域中的复数形式;$\omega$表示频率变量;$\mathbb{E}_{\omega}$表示对频率$\omega$的期望值;*表示复共轭运算。

将两个时间点间隔的核函数值分解为时间特征映射函数的内积,通过映射函数将节点时间标签嵌入多维向量空间,从而能够结合注意力机制实现对图中节点间的时序因素的编码,在学习节点间时序交互以及拓扑特征的同时,有效地对节点的时序邻居特征进行聚合。

2. 霍克斯过程

霍克斯过程是一种基于自激励机制的点过程统计模型,用于描述时间序列事件之间的相互作用关系。该模型被广泛应用于物理学、生物学、社交媒体以及金融等领域。霍克斯过程的强度函数如式(4-18)所示。

$$\lambda(t) = \mu_t + \int_{-\infty}^{t} \mu_s \varphi(t-s)\mathrm{d}s \quad (4\text{-}18)$$

$$\lambda(t_1) = \mu_{t_1} + \sum_{t_s < t_1} \mu_{t_s} \kappa(t_1,t_s) \quad (4\text{-}19)$$

其中,μ_t表示事件基础强度;$\varphi(\cdot)$表示激励函数,通常设定为指数族衰减函数。模型假设当前事件的发生概率受到一系列历史事件的影响且当前事件也会影响未来事件的发生。

霍克斯过程具有自激励、可累积以及时序衰减等特点，能从历史数据中学习到事件发生的强度、时序相关性和影响因素等信息。该模型通常用于理解事件之间的关联性，预测事件的发生时间，并设计相应的决策策略，具有重要意义。

3. 基于霍克斯过程和时序图注意力网络的金融风险传导建模

TGAT 通过构建时间特征映射函数对图中的时序因素进行编码，在学习节点间时序交互和拓扑特征的同时，有效地对节点的时序邻居特征进行聚合，能对金融舆情风险传导中的关联性和时变性进行建模。本节将金融新闻表示作为新闻风险传导网络中节点初始的静态表示，基于 TGAT 学习风险特征在时序网络中的传导模式。

基于 TGAT 的风险传导建模由递归的 TGAT 层组成，如图 4-5 所示。TGAT 层本质上是一个局部聚合算子，它将时序邻居节点的隐特征和时间戳作为输入，通过自注意力机制计算节点在当前层的时间感知表示。对于 G_T 中的 t_0 时刻的节点 u_0，其邻居节点集合为 $N(u_0) = \{u_1, u_2, \cdots, u_N\}$，$t_i$ 时刻节点 $u_i \in N(u_0)$ 的风险信息传导至 u_0 用时 $t_0 - t_i$，构建自注意力机制输入特征矩阵如式（4-20）所示。

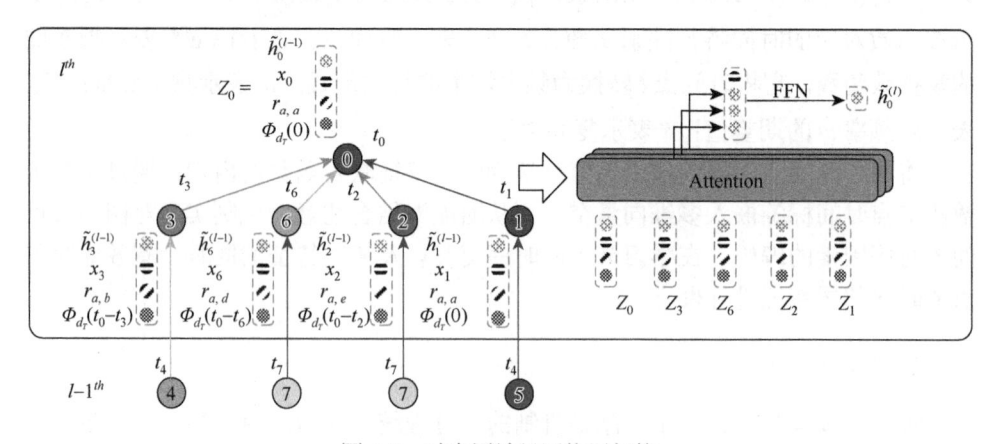

图 4-5　时序图神经网络层架构

FFN：feed-forward neural network（前馈神经网络）

$$Z = \left[\tilde{h}_0^{(l-1)} \| x_0 \| r_{0,0} \| \Phi_{d_T}(0), \tilde{h}_1^{(l-1)} \| x_1 \| r_{0,1} \| \Phi_{d_T}(t_0 - t_1), \cdots, \tilde{h}_N^{(l-1)} \| x_N \| r_{0,N} \| \Phi_{d_T}(t_0 - t_N) \right]^{\mathrm{T}}$$

（4-20）

其中，$\tilde{h}_i^{l-1} \in \mathbb{R}^{d_f}$ 表示 u_i 在第 $l-1$ 层的隐含表示向量；$x_i \in \mathbb{R}^{2 \times d_h}$ 表示 u_i 对应的金融新闻表示；$r_{0,1} \in \mathbb{R}^{d_r}$ 表示 u_i 与 u_0 对应公司间关联的嵌入表示；$\Phi_{d_T}(\cdot)$ 表示时间特征映射函数将时间间隔嵌入到 d_T 维度的向量空间。如式（4-21）~式（4-23）所示，

基于特征矩阵 Z，我们通过线性映射构建多头自注意力的查询（query）、键（key）和值（value）：

$$q^h = [Z]_0 W_Q^h \tag{4-21}$$

$$K^h = [Z]_{1:N} W_K^h \tag{4-22}$$

$$V^h = [Z]_{1:N} W_V^h \tag{4-23}$$

$$\text{Score}(q, k_i) = \frac{q^T k_i}{\sqrt{d_h}} \tag{4-24}$$

$$h_0^{(i)} = \text{Attn}^{(i)}(q^h, K^h, V^h), \quad i = 1, \cdots, k \tag{4-25}$$

其中，$W_Q^h, W_K^h, W_V^h \in \mathbb{R}^{(d_f + 2 \times d_h + d_r + d_T) \times d_h}$ 表示线性变换权重矩阵，用于捕获节点隐含表示、新闻表示、时序编码以及关联嵌入之间的交互特征。将如式（4-24）所示的缩放点积函数作为评分函数，应用如式（4-25）所示的 k 头注意力机制对 u_0 邻居节点隐含表示进行聚合作为该 TGAT 层传导到 u_0 的风险表示 $h_0^{(i)} \in \mathbb{R}^{d_h}, i = 1, \cdots, k$。然后，将 $h_0^{(i)}$ 与 u_0 对应的新闻表示 x_0 拼接，通过一个前馈神经网络获取 u_0 在本层的隐含表示 $h_0^{(l)} \in \mathbb{R}^{d_f}$，具体如式（4-26）所示。

$$\tilde{h}_0^{(l)} = \text{ReLU}\left(\left[h_0^{(1)} \| \cdots \| h_0^{(k)} \| x_0\right] W_0^{(l)} + b_0^{(l)}\right) W_1^{(l)} + b_1^{(l)} \tag{4-26}$$

其中，$W_0^l \in \mathbb{R}^{(d_h + 2 \times d_h) \times d_f}$；$W_1^{(l)} \in \mathbb{R}^{d_f \times d_f}$；$b_0^{(l)} \in \mathbb{R}^{d_f}$；$b_1^{(l)} \in \mathbb{R}^{d_f}$；ReLU 表示激活函数。

通过 l 个上述 TGAT 层的堆叠，每个节点能够对 l 阶邻居节点的风险信息进行聚合。我们将最后一层输出 $\tilde{h}_0^{(l)}$ 作为节点 u_0 最终的表示，并将节点表示作为公司 v_0 在 t_0 时刻的风险表示 $\tilde{h}_0^f$，进而预测公司 CAR。

上述实验结果请见本书附录 C。

第三节　风险传导路径分析

一、金融风险传导路径问题场景

在金融风险预测部分，风险预测模型根据目标公司的关联企业以及与这些企业相关的新闻预测了目标公司在某个时刻的风险状态。虽然通过设置风险状态指标阈值能够实现针对特定公司风险的预警，但是从监管应用角度来看，实现风险的防范与化解则需要对风险追踪溯源，分析风险传导路径，发现风险源头，确定风险溢出范围并制订具体的风险隔离方案，对主要风险传导路径进行阻断并关注关键节点。此外，由于行业特性，金融科技领域对技术的准确性和安全性有着一定的标准，这决定了实际应用中的金融风控模型与方法需要满足可靠可信的要求，对于风险预测结果，应用人员需要知道模型做出判断的依据，即利用相关技术对模型进行解释进而发现支撑模型预测结果的关键特征，说明预测结果的合理性。综合上述两点，出于金融风险防范与化解的实际需求，我们从神经网络可解释性角度对风险模型预测结果归因，发现风险信息传导网络中的关键路径。

二、金融风险传导分析问题转换

在风险信息传导网络中，给定目标公司在某时刻对应的节点，从传导网络中发现针对该节点的关键风险源以及关键风险传导路径是一个极具挑战性的任务。首先，由于目标公司通常会与多家公司产生关联而且每家公司在关注时间段内可能会有多条与之相关的金融新闻，所以目标节点在传导网络中存在众多一阶邻居节点，随着层数的增加，需要考虑的节点以及可能的传导路径数量将呈指数型增长，因此，难以通过人工对节点对应的新闻和公司进行具体分析；其次，与一般的加权图不同，风险信息传导网络中语义、时序等关键信息以分布式表示的形式隐含在其中的节点以及节点之间关联边上的多维向量中，因此不能将关键节点和路径的查找问题简单地归结为加权有向图遍历的最短路径计算问题，也无法基于广度优先或深度优先的遍历设计自动化方法进行求解。

综合考虑人工分析与传统图算法的局限性，本节将关键风险源与关键风险传导路径发现问题转换为风险预测模型的关键特征发现问题。如式（4-27）和式（4-28）所示。

$$\text{RiskModel}(G_T, v_i) = f(v_1, v_2, \cdots, v_n) \quad (4\text{-}27)$$

$$\text{RiskModel}(G_T, v_i) = g(p_{1,i}, p_{2,i}, \cdots, p_{m,i}) \quad (4\text{-}28)$$

其中，v_i 表示风险预测目标节点；$v_1, v_2, \cdots, v_n \in V_T$ 表示风险信息传导网络 G_T 中的节点；$p_{1,i}, p_{2,i}, \cdots, p_{m,i}$ 表示 G_T 中以目标节点 v_i 为终点的游走路径。

我们将风险预测模型视为以待分析的节点和路径作为输入特征的函数，利用神经网络归因技术，将待解释样本代入模型并逐层对模型计算结果进行拆解，通过模型参数分析节点或路径对预测结果的重要性程度，针对 $f(\cdot)$、$g(\cdot)$ 设计相应的评分函数 NodeAttribute(·) 和 PathAttribute(·) 对输入特征进行打分，将评分较高的 k 个特征作为关键传导风险源或风险路径。

三、基于神经网络归因的风险传导路径分析算法

(一) 风险传导路径分析算法思路

本节设计的风险路径传导分析主要涉及关键风险源和关键风险路径发现两部分。关键风险源的发现旨在考虑所有可能的传导路径发现,从风险传导网络 G_T 的候选节点中找出风险贡献最大的前 k 个节点,其中,候选节点为风险预测模型以目标节点为中心的感受野所覆盖的节点;关键风险路径的发现旨在考虑所有可能的风险源从候选传导路径中找出贡献最大的前 k 条路径,其中,候选路径为候选节点与目标节点间所有的游走。

本节提出了一个基于神经网络归因的风险传导路径分析算法,作为上述两部分问题的解决方案。算法的思路如下。

首先,针对关键风险源的发现问题,本节从函数梯度角度出发,将节点对目标风险预测的贡献计算转化为函数 $f(\cdot)$ 对节点特征的梯度计算,对于每个样本输入设置对应的基线输入,以基线输入为下限,样本节点特征为上限,对待归因的节点特征进行梯度积分。如式(4-29)所示。

$$\text{NodeAttribute}_d(V) = (v_d - v_d') \times \int_{x=0}^{1} \frac{\partial f(V' + x \times (V - V'))}{\partial v_d} dx \quad (4\text{-}29)$$

其中, V 表示感受野中所有节点特征; v_d 表示待归因的节点特征; V'、v_d' 分别表示基线输入和 v_d 在基线输入中对应的节点特征。

基于积分梯度计算该节点特征对于风险传导的重要性,保证了归因的敏感性和实现不变性。

其次,本节从函数分解角度出发解决关键风险路径发现的问题。如式(4-30)所示,对风险模型等价函数 $g(\cdot)$,在 $g(\cdot)$ 的函数零点 P_0 处进行一阶泰勒展开,将风险预测模型分解为输出差值和梯度的乘积在 D 个特征维度上的和。

$$g(P) \approx \sum_{d}^{D} \frac{\partial g}{\partial P_d}\bigg|_{\tilde{P}} \cdot (P_d - \tilde{P}_d) \quad (4\text{-}30)$$

其中, D 表示输入特征与函数零点特征差异总数; P_d 和 $\tilde{P}_d$ 分别表示函数输入和风险参照点的第 d 个特征。我们定义上述特征差异与特征梯度的乘积为最终风险值对于特征 d 的风险相关性 R_d,定义函数零点为风险参照点。

进一步地,将上述风险相关性分解过程应用到风险预测模型的每个神经元,以及该神经元在风险信息传导网络中对应的节点。针对每个神经元设置不同的风

险参照点，如式（4-31）所示，计算由终点 v_i 分解至当前神经元对应的节点 v_j 所构成路径 p_{ji} 的风险相关性 R_{ji}。

$$R_{ji} = \left.\frac{\partial R_i}{\partial h_j^{l-1}}\right|_{\tilde{h}_j^{l-1}} \cdot \left(h_j^{l-1} - \tilde{h}_j^{l-1}\right) \tag{4-31}$$

其中，h_j^{l-1} 表示节点 v_j 在模型 $l-1$ 层的表示；$\tilde{h}_j^{l-1}$ 表示节点 v_j 在模型 $l-1$ 层的参照点。

迭代上述过程直至风险预测模型感受野的边缘节点，将最终风险预测结果分解为风险信息通过不同路径传导产生的风险相关性之和。

基于图神经网络逐层相关性传播方法，以图 4-6 中的节点及其对应的神经元为例，对于每个神经元 a 以及该神经元的表示向量 h_i，如式（4-32）所示，设置神经元的风险参照点为 $\tilde{h}_i$，其中 $s \in \mathbb{R}$，γ 为超参数，用于让参照点偏向有正向贡献的神经元。将风险参照点代入式（4-31）并结合风险相关性在逐层传播过程中每一层总和不变这一性质，可以得出风险相关性在同一节点对应的全连接层的传导法则，即式（4-33）；风险相关性在时序图注意力层的传导法则如式（4-34）所示。

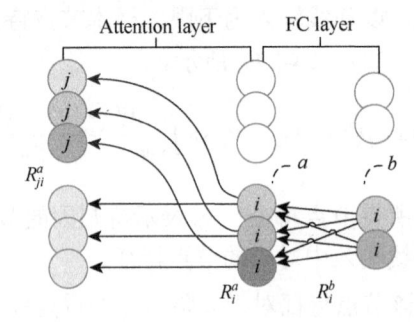

图 4-6　逐层相关性传播示意图

Attention layer 为注意力层；FC layer 为全连接层

$$\tilde{h}_i = h_i - s \cdot h_i \odot (1 + \gamma 1_{\omega_b \geq 0}) \tag{4-32}$$

$$R_i^{a \leftarrow b} = \sum_b \frac{h_i^a \left(w_{ab} + \gamma w_{ab}^+\right)}{\sum_a h_i^a \left(w_{ab} + \gamma w_{ab}^+\right)} R_i^b \tag{4-33}$$

$$R_{ji}^a = \alpha_j R_i^a \tag{4-34}$$

其中，α_j 表示节点 v_j 在注意力机制中计算出的权重。

先逐层向前传播节点间以及神经元间网络权重的风险值，再逐层计算神经元或节点的风险相关性并向后传播至输入层，通过路径中节点在模型中的权重贡献计算各个路径传导的风险。

(二)风险传导路径分析算法

风险路径分析算法根据风险信息传导网络中的节点集合 V_T 和有向边集合 E_T,预测样本的目标节点 target,利用 4.2 节中训练好的风险预测模型 risk_model 计算出支撑样本 S、预测结果的前 k 个重要性风险源节点以及前 k 个重要性风险传导路径。

风险传导路径分析算法具体步骤如下。

步骤一:通过候选路径查找算法,给定样本数据中的目标节点 v_e,最大风险传导层数 l_{max},基于 BFS 从 V_T 和 E_T 中查找出候选风险源节点集合 V_{rc} 以及对应的候选风险传导路径集合 P_{rc},其中, $p_{rc}^i \in P_{rc}$ 为有向边队列。

步骤二:遍历候选风险源节点集合 V_{rc},针对节点 $v_{rc}^i \in V_{rc}$,获取该节点在风险息传导网络的特征表示 h_i 并生成基线表示 h_i',其中基线表示 h_i' 为与 h_i 具有相同尺寸的张量,通过风险源归因算法,基于黎曼近似对 h_i 和 h_i' 进行线性插值,进而计算节点 v_{rc}^i 的积分梯度作为 v_{rc}^i 的风险重要性评分。

步骤三:对候选风险源节点集合 V_{rc} 中的节点根据风险重要性评分进行排序,截取最大的 k 个节点构成关键风险源节点集合 V_r。

步骤四:设置两个数组 layer_weights 和 layer_outputs;其中 layer_weights 保存模型中间层权重参数,layer_outputs 保存模型中间层输出。根据预测样本的目标节点 target 获取样本数据,输入模型 risk_model 并调用模型的前向方法,然后对模型 risk_model 进行遍历,针对模型中间层 $layer_i$,分别将 $layer_i$ 的输出和权重存入对应的数组中。

步骤五:遍历候选风险传导路径集合 P_{rc},针对有向边队列 $p_{rc}^i \in P_{rc}$,我们设置临时变量 r_{temp} 保存逐层传播过程中该路径的风险相关性,通过风险路径归因算法,根据模型中间层对应的网络权重和输出值计算各个神经元对应的相关性系数,逐层弹出队列 p_{rc}^i 队首元素,根据队首元素尾节点在模型中间层的对应位置和风险相关性传播法则分解汇总风险相关性,更新临时变量 r_{temp},直至队列为空,r_{temp} 即为该队列对应的路径的风险相关性评分。

步骤六:对候选风险传导路径集合 P_{rc} 中的路径节点根据风险相关性评分进行排序并截取最大的 k 条路径构成关键风险传导路径集合 P_r。

步骤七:输出步骤三以及步骤六中得到的关键风险源节点集合 V_r 和关键风险传导路径集合 P_r。

上述步骤中,风险传导路径分析算法整体的伪代码如算法 4-2 所示,候选路径查找算法伪代码如算法 4-3 所示，风险源归因算法伪代码如算法 4-4 所示，风险路径归因算法伪代码如算法 4-5 所示。

算法 4-2 风险传导路径分析

输入：风险信息传导网络 $G_T(V_T, E_T, \Phi_T, \Psi_T)$，风险预测模型 risk_model，预测样本的目标节点索引 target，最大风险传导层数 l_{max}，k

输出：Top-k 关键风险传导路径集合 V_r，Top-k 关键风险传导路径集合 P_r

1. Set V_{rc}; //候选风险源节点集合
2. Set P_{rc}; //候选风险传导路径集合
3. Array VS_{rc}; //候选风险源节点及对应风险重要性评分构成的元组数组
4. Array PS_{rc}; //候选风险传导路径及对应风险相关性评分构成的元组数组
5. Array layer_weights; //模型每个中间层权重参数构成的数组
6. Array layer_outputs; //模型每个中间层输出构成的数组
7. Array input_feats; //根据 G_T 和目标节点构造的模型输入特征
8. $V_r \leftarrow \varnothing$, $P_r \leftarrow \varnothing$；
9. $v_e \leftarrow V_T.\text{getNodeById}(\text{target})$;
10. $(V_{rc}, P_{rc}) \leftarrow \text{searchCandidatePath}(G_T, v_e, l_{max})$;
//根据目标节点获取候选节点和路径
11. **Foreach** v_{rc}^i **in** V_{rc} **do**
12.   score $\leftarrow$ calNodeAttribution(risk_model, G_T, v_e, v_{rc}^i);
//调用风险节点归因算法
13. $VS_{rc}.\text{add}\left((v_{rc}^i, \text{score})\right)$;
14. $VS_{rc} \leftarrow VS_{rc}.\text{sort}()$;
15. $V_r \leftarrow \text{Set}(VS_{rc}[0:k, 0])$;
16. input_feats $\leftarrow$ buildFeatures(G_T, v_e); //根据 G_T 和目标节点构造模型输入特征
17. risk_model.forward(input_feats, l_{max}); //将输入特征向前传递
18. **Foreach** layer$_i$ **in** risk_model.layers **do**
//遍历模型所有中间层获取权重和输出
19.   layer_weights.append(layer$_i$.weights);
20.   layer_outputs.append(layer$_i$.outputs);
21. **Foreach** p_{rc}^i **in** P_{rc} **do**
22.   score $\leftarrow$ calPathAttribution(layer_weights, layer_outputs, G_T, v_e, p_{rc}^i); //调用风险路径归因算法

23. $PS_{rc}.add\left((p_{rc}^i, score)\right)$;
24. $PS_{rc} \leftarrow PS_{rc}.sort()$;
25. $P_r \leftarrow Set(PS_{rc}[0:k, 0])$;
26. **Return** V_r, P_r;

算法 4-3　候选路径查找

输入：风险信息传导网络 $G_T(V_T, E_T, \Phi_T, \Psi_T)$，风险预测模型 risk_model，预测样本的目标节点 v_e，最大风险传导层数 l_{max}

输出：候选风险源节点集合 V_{rc}，候选风险传导路径集合 P_{rc}

1. Set V_{rc}; //候选风险源节点集合
2. Set P_{rc}; //候选风险传导路径集合
3. Set N; //相邻入度节点集合
4. Queue Q; //深度优先遍历过程中产生的临时游走队列
5. Queue walk; //临时游走路径
6. $V_{rc} \leftarrow \varnothing$, $P_{rc} \leftarrow \varnothing$, $Q \leftarrow \varnothing$;
7. $N \leftarrow G_T.getInNeighbors(v_e)$;
8. **Foreach** v_i **in** N **do**
9.   walk $\leftarrow \varnothing$;
10.   walk.append$((v_i, v_e))$;
11. Q.append(walk);
12. **While** ! Q. empty() **do**//基于广度优先遍历搜索可能的路径
13.   walk $\leftarrow Q$.dequeue();
14. $(v_i, v_j) \leftarrow$ walk.get(-1);
15. $N \leftarrow G_T.getInNeighbors(v_i)$;
16.   **If** walk.length$>= l_{max}$ **or** N.isNull() **do**
       //判断当前游走是否到达模型感受野边缘
17. P_{rc}.add(walk); //添加候选风险传导路径
18. V_{rc}.add(v_i);　　//添加候选风险源节点
19.   **If** ! N.isNull() **do**　//判断当前游走能否继续
20.   **Foreach** v_k **in** N **do**
21.   walk.append$((v_k, v_i))$;
22. **Return** V_r, P_r;

算法 4-4　风险源归因

输入：风险信息传导网络 $G_T(V_T, E_T, \Phi_T, \Psi_T)$，风险预测模型 risk_model，预测样本的目标节点 v_e，候选风险源节点 v_s，最大风险传导层数 l_{max}

输出：候选风险源节点 v_s 的重要性评分 score

1. Const M; //用于黎曼近似中线性插值的子区间数量
2. Tensor raw_feats; //模型原始特征
3. Tensor base_feats; //模型参照特征
4. score←0;
5. raw_feats←buildFeatures(G_T, v_e);
//根据 G_T 和目标节点构造模型原始特征
6. base_feats←buildBaseline(v_s);
//根据原始特征和目标节点构造模型参照特征
7. **For** i **in** [0, 1, ⋯, M] **do**//对特征梯度近似积分
8. 　　input_feats←raw_feats + (raw_feats−base_feats)$\times \dfrac{i}{M}$;
//对特征进行线性插值获取模型输入特征
9. 　　risk_model.zero_grad(); // 清除上一轮的梯度
10. 　　risk_model.forward(input_feats, l_{max}); // 将输入特征向前传递
11. 　　score←score + risk_model.grad(v_s) × (raw_feats−base_feats)[v_s];
//累加对应的梯度与特征差异的乘积
12. **Return** score;

算法 4-5　风险路径归因

输入：风险信息传导网络 $G_T(V_T, E_T, \Phi_T, \Psi_T)$，风险预测模型每层的参数 layer_weights，风险预测模型每层的输出 layer_outputs，预测样本的目标节点 v_e，候选风险传导路径 p_{rc}

输出：候选风险源节点 p_{rc} 的风险相关性评分 score

1. Array weights; // 模型中间层权重参数构成的数组
2. Array outputs; // 模型中间层输出构成的数组
3. score←1; // 初始化风险相关性评分
4. **Foreach** (v_j, v_i) **in** p_{rc} **do** // 从路径终点开始迭代路径上的每条边
5. 　　outputs←getCorrOutputs(layer_outputs, v_i);
// 获取节点 v_i 对应的全连接层输出

6. weights←getCorrWeights(layer_weights, v_i);
// 获取节点 v_i 对应的全连接层参数

7. score←calFcLayerPropagation(score, outputs, weights);
// 根据公式计算风险相关性在节点 v_i 处对应的全连接层的传导

8. outputs←getCorrOutputs(layer_outputs, v_j);
// 获取节点 v_j 对应的注意力聚合层输出

9. weights←getCorrWeights(layer_weights, v_j);
// 获取节点 v_j 对应的注意力聚合层输出

10. score←calAttLayerPropagation(score, outputs, weights, G_T);
// 根据公式计算风险相关性在 $v_i \rightarrow v_j$ 处对应的注意力聚合层的传导

11. **Return** score;

（三）风险传导案例分析

本节围绕 M 银行具体风险案例，结合该公司及其关联企业相关金融新闻，分析在 M 银行风险预测过程中的关键风险源以及关键风险传导路径。M 银行是一家完全由民间资本出资的全国性商业银行，由于其特殊的管理层构成，该公司与许多民间企业有着复杂的关联，并且在近年来相关风险事件频发。

中国经济网在 2017 年 4 月 6 日发布了一篇关于 M 银行的新闻报道，通过本节提出的风险预测模型对 M 银行风险指标进行评估，结果表明该企业处于较高风险状态之中。相应地，通过分析 M 银行在股票市场的交易数据，我们发现在 2017 年 4 月中旬该公司股价大跌并陷入持续的动荡之中，验证了模型预测的有效性。为了进一步对模型预测结果进行解释并分析风险传导过程，我们将该样本代入本节提出的风险传导路径分析算法。根据 M 银行的关联公司在 2017 年 2 月 6 日至 2017 年 4 月 6 日的时间窗口内共检索到相关金融新闻 31 篇，主要涉及 F 集团、A 集团、X 集团等重要关联企业以及 M 银行本身，在滑动时间窗口大小为 7 天的设置下，由这些新闻构成的风险信息传导网络如图 4-7 所示。将 31 号节点作为预测模型目标节点，设置 $l_{max} = 5$，此时模型感受野覆盖节点共 18 个，如图 4-7 中 14 号至 31 号节点，调用候选路径查找算法可以得到候选风险源节点 12 个，候选风险传导路径 91 条。针对上述候选节点和路径，我们分别调用节点和路径归因方法计算相应的重要性评分，Top-5 关键风险路径计算结果如图 4-7 右上角所示，Top-5 关键风险源计算结果如表 4-1 所示。

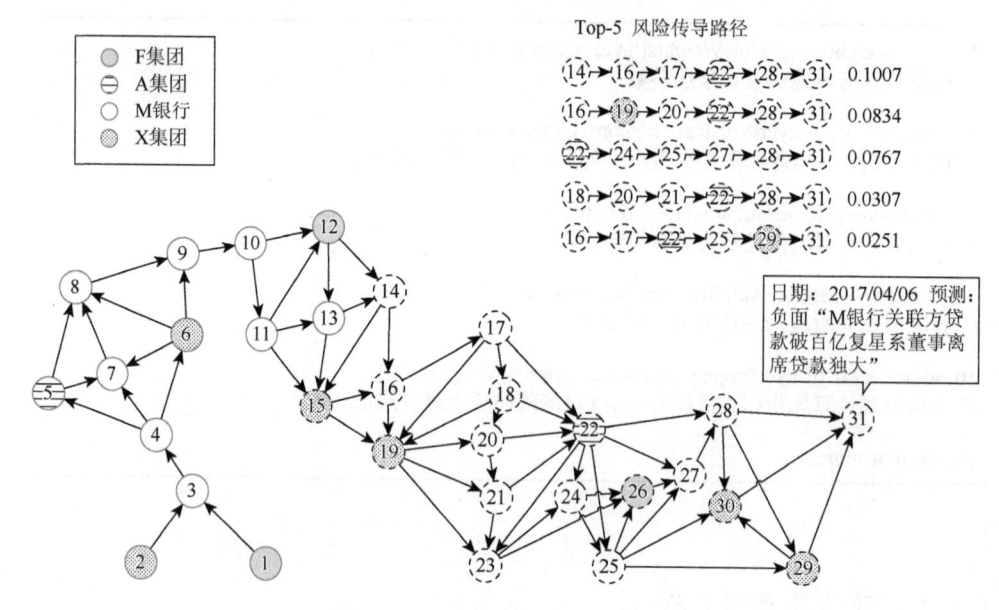

图 4-7 M 银行风险信息传导网络

表 4-1 关键风险源节点信息

编号	对应新闻标题	重要性得分
16	M 银行半年八曝违规两遭投诉 储蓄卡存款莫名划转	0.2894
20	M 银行南宁违法以贷转存虚增存款	0.2386
17	M 银行上海分行员工私售内控严重违规	0.1763
22	朱某：A 集团收购 H 公司是天上掉馅儿饼	0.1530
24	P 银行证实杨某被免：系个人原因	0.0844

其中，风险排名最高路径的风险相关性达到了 0.1007，仅涉及 M 银行以及 M 银行实际控股股东 A 集团两家相关公司。该路径起点是对"M 银行资管转型"进行报道的 14 号节点，经由对"中金原总裁朱某质疑 A 集团收购 H 公司"报道的 22 号节点传导至 31 号终点，路径上其余的 16 号、17 号以及 28 号节点均是针对 M 银行不同违法违规事件的报道。具有相似结构的还有风险相关性排名第三和第四的关键路径，这些路径均包含了 22 号节点以及其他 M 银行违规信息。上述路径中涉及的值得关注的节点也在关键风险源节点发现中得到了印证，其中，16 号、20 号、17 号节点分别涉及 M 银行违规划转资金、员工私售内控以及虚增存款等负面信息，22 号节点为对大股东 A 集团收购正当性、合理性的质疑，而 24 号节点为 P 银行行长助理被免的报道，虽然新闻标题与 M 银行无关，但在正文中则涉及了免职人员与 M 银行的关联。

由此可见，M 银行自身违法违规操作信息使该公司风险逐渐累加，而此时公司重要关联方的相关负面舆情更会引起市场的关注，从而对风险传导推波助澜，使投资者对目标公司丧失信心。当风险信息超过一定阈值便会导致风险爆发，导致 M 银行股价大跌并持续震荡。上述案例分析结果验证模型有效的同时，体现了本章提出的风险传导分析算法的重要性，当模型综合多方关联、长期时变等因素对目标做出风险判断时，基于神经网络归因的风险路径分析方法能够从繁杂的风险信息中发现重要因素进而对预测结果进行解释并辅助风险管理决策。

第五章　股权穿透与控制权计算

大数据技术的广泛应用极大地促进了金融领域的发展，改变了金融业态。然而，金融大数据多源异构、关联缺失等问题严重阻碍了其价值的分析与发现。其中，金融股权数据的知识关联主要体现为金融机构通过股权网络建立的联系。金融机构的股东来源众多且层层嵌套，形成了结构复杂的金融股权网络，使实践中暴露出越来越多的股权治理问题。金融股权网络已经成为系统性金融风险重要的微观成因和传导渠道。

然而，大规模金融知识大图中的股权网络包含了众多的金融机构和非金融机构，总数可达数千万家，不仅具有复杂的股权关联，而且蕴含了丰富的语义信息。例如，一些金融机构的多层股权网络可达 30 层，节点数可达 10 万个。已有的系统性金融风险研究难以对大规模的金融股权网络进行穿透，并且缺乏从知识关联角度对金融风险结构进行发现和分析。目前的股权网络分析算法大部分基于复杂网络理论，忽略了其丰富的语义信息，难以直接应用于股权知识大图的查询与分析。因此，本章的挑战之一是如何利用金融知识大图中的多种知识关联，准确高效地发现并分析影响系统性金融风险的关键股权风险结构，支持系统性金融风险的"穿透式"监管。

同时，股权网络的特殊之处在于，不同实体之间的关系不仅仅是简单的持股关系，还涉及股东因持股而产生的利益博弈，即实体之间通过持有股权进而享有投票权，导致实体间的合作博弈，使其决策相互影响。这种因投票博弈而产生的隐藏在股权网络里的特殊深层关系称为控制关联。控制关联属于统计知识关联，但又是股权网络的独特知识关联模式，即它并非由持股关系直接产生，需要基于一定假设、使用特定模型、经过间接计算使其成为显性知识关联才能用于揭示股权网络的隐藏控制特征、决策机制及影响。公司股东来源众多且层层嵌套，形成了高度复杂且频繁变更的股权结构，导致公司实际控制权所属难以分辨。金融机构的股东通过复杂股权结构故意隐藏实际控制人，以达到规避监管机构审慎监管和幕后操纵金融机构获取大额资金等目的，这些股权乱象问题极有可能导致金融机构风险承担水平降低，构成自身金融机构的微观风险。因此，如何通过层层股权网络以及股东之间的复杂关系，模拟真实投票博弈场景，披露实际控制人是本章的挑战之一。

针对上述挑战，本章提出了面向系统性金融风险的股权穿透和控制权计算方法，设计多层股权穿透算法和关键股权路径发现算法，分别发现金融知识大图中的穿透式多层股权网络和关键股权路径。通过对真实场景下的股东决策行为的模拟，提出精确的实际控制人披露算法以及适用于金融知识大图的表示学习模型，找出隐藏在层层股权网络之后的实际控制人。

第一节 金融知识大图股权穿透分析

一、金融知识大图上的股权控制路径

当发生一个金融风险事件时，风险事件中的金融机构或企业之间的持股关系以及持股路径并没有显性披露，两个金融机构或企业之间的持股路径上的企业，即路径中间的企业极有可能是企业控制金融机构的"傀儡"公司，这一现象对金融风险的分析具有一定的参考价值与决策支持。企业对金融机构的持股路径极有可能成为企业的资本强化路径，通过持股路径形成资金的高杠杆而控制金融机构，从中获取大量非法收益。通过统计知识关联，计算路径的持股比例与控股权的大小，可以披露金融机构或企业之间的关联关系，使隐性关联通过知识组织与计算成为显性的知识关联。

股权控制路径（equity control path，ECP）算法适用于风险点之间的持股关系路径及路径控股权的查询，即需要查询两个节点之间是否有持股路径的关联关系，甚至在确认持股路径之后，更进一步地判断控股与持股关系，计算路径的持股比例。如图 5-1 所示，计算安邦保险集团与民生银行的股权控制路径，而民生银行又为金融机构中一个重要的银行，结果显示安邦保险集团→安邦财产保险股份有限公司（以下简称安邦财产保险）→安邦人寿保险股份有限公司（以下简称安邦人寿保险）→民生银行是持股比例最大的股权控制链路，表明安邦保险集团通过关联股权路径形成的资金杠杆控制民生银行，该链路极易形成资本强化路径，是风险传导的重要路径。综上，本章将金融知识大图上的股权控制路径问题转换为图结构上的 Top-k 路径计算问题。

从上述金融应用场景与金融意义来看，根据前述中的相关定义可得，如果路径上所有的边都为控股关系，则该条路径定义为控股路径；反之，如果路径上至少有一条边不为控股关系即持股关系，则该条路径为持股关系。如图 5-1（a）所示，标记了控股路径，对于同样的起点与终点，控股路径的控股权要高于持股路径的控股权，因此，首先需要根据边的语义关系找到控股路径，在路径中所有的边都为控股关系或者都为持股关系的前提下，再对路径的持股比例进行比较，对股权控制路径按照持股比例大小进行排序输出。

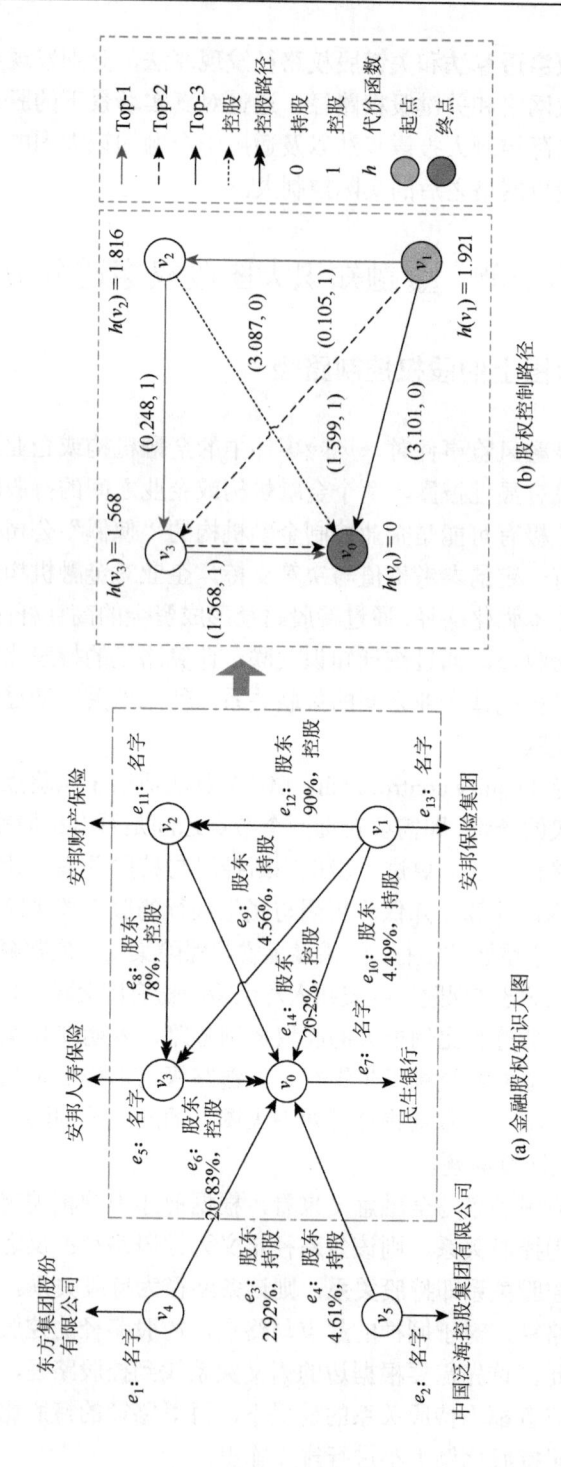

图 5-1 股权控制示例（2018 年）

二、基于股权优先级的 Top-k 最短路径发现算法

为助推穿透式监管目标的实现，本章需要对大规模股权知识大图的节点和节点关系进行识别与分析，因此本章将具体的股权知识大图的风险结构识别与价值发现和分析问题转换为股权知识大图中的图路径计算问题，其中股权控制路径知识服务可以转换为 k 最短路径（k shortest paths，KSP）算法问题，KSP 算法十分复杂，在现在大数据的环境下，时间复杂度是衡量 KSP 算法的一个重要指标。KSP 算法可以为多约束的最短路径问题提供有益的参考，在多源异构的知识图谱上具有广阔的应用前景。

KSP 算法可以划分为无环 KSP 问题和一般 KSP 问题。在无环 KSP 问题上，已经有相当一部分的研究工作有了很大的造诣。经典的延（Yen）算法基于偏离路径概念，解决了无环条件下从起点到终点的 k 条最短路径 KSP 问题，为后续研究奠定了基调，其不同点在于偏离路径计算方面。Martins 和 Pascoal（2003）改进了 Yen 算法，提出了最小路径集（minimum path set，MPS）算法，引入了边的缩小长度量来简化路径长度的计算，在时间复杂度方面，尽管在最坏情况下与 Yen 算法一致，但是在大规模网络中 MPS 的运行速度更快；较有代表性的，Hershberger 等（2007）也提出了一个偏离路径算法，划分候选路径为多个等价类，将每个类中的最短路径放入堆中，下一个最短的路径则是堆顶最小的路径，最坏时间复杂度与 Yen 一样，但是在理想情况下该偏离路径算法能够比 Yen 快将近 8 倍。

在一般 KSP 问题上，即在有环路的路径上，与无环 KSP 问题的不同在于对路径没有任何的约束条件。Hart 等（1968）提出了 A* 的启发式搜索算法，为启发式搜索算法奠定了基础；特别地，Eppstein（1998）提出了扩展路径 EA，算法思想主要是将图中的所有非树边存放于构建的路径图 $P(G)$ 中，确保从根节点到各节点之间的路径与起点到终点的偏离边序列相对应，降低了时间复杂度与空间成本。但是 EA 在构建路径图 $P(G)$ 上花费的时间成本占比较大；Jiménez 和 Marzal（2003）在 EA 的基础上提出了懒惰（lazy）版本的 EA，主要是降低了构建路径图 $P(G)$ 的时间成本，在大量实验中表明比 EA 要快得多；Aljazzar 和 Leue（2011）改进了 EA，提出了 K* 算法，创新之处在于利用启发式算法——A* 算法对图进行搜索直到目标节点被找到，再根据 A* 算法搜索过程中的节点与边构造路径图 $P(G)$，重复这个过程，直到找到 k 条路径则停止。经过实验，K* 算法性能要优于 EA。

KSP 问题相较于最短路径算法来说极其复杂，是一个典型的 NP 完全（NP-complete）问题，在实际应用中，由于数据量十分庞大，对时间复杂度提出了较高的要求。由于知识大图的特殊性以及金融领域问题的独特性，现有的 KSP

算法不能直接用于解决股权控制路径问题，如何考虑多语义的问题进行 KSP 路径的查找是本章亟须解决的问题。

1. 股权控制路径算法步骤

在大规模的股权知识大图上发现股权控制路径是极具挑战的。首先，知识大图的规模巨大，达到上亿条边与千万个节点，穷举两点之间的所有路径的代价比较大；其次，在股权知识大图上的路径权重的计算方式具有特殊性，即第 k 条股权控制路径 p_{ij}^k 的持股比例 $\delta(p_{ij}^k)$，也是 v_i 通过路径 p_{ij}^k 对 v_j 的持股比例，等于 p_{ij}^k 上每条边的持股比例的乘积：

$$\delta(p_{ij}^k) = \prod_{e_{mn} \in E(p_{ij}^k)} w_{mn} \tag{5-1}$$

其中，e_{mn} 表示第 k 条股权控制路径 p_{ij}^k 的边集 $E(p_{ij}^k)$ 中的边；w_{mn} 则表示边 e_{mn} 的权重大小，即持股比例。

如图 5-1（b）所示，路径 $v_2 \to v_3 \to v_0$ 的持股比例 $\delta(p_{20}^1)$ 为有向边 (v_2, v_3) 和 (v_3, v_0) 的持股比例 w_{23} 和 w_{30} 相乘，即 $p_{20}^1 = w_{23} \times w_{30} = 78\% \times 20.83\% = 16.25\%$，现有的路径发现算法是基于权重相加的网络设计的，无法直接用于发现股权知识大图中的股权控制路径。

因此，本章需要对股权知识大图中边的权重进行对数转换，考虑到 $0 \leq w_{mn} \leq 1$，进行如式（5-2）所示的对数转换，将式（5-1）中的权重乘积 $\delta(p_{ij}^k)$ 转换为式（5-3）中的权重之和 $\delta'(p_{ij}^k)$。

$$w'_{mn} = -\ln w_{mn}, \quad e_{mn} \in E(p_{ij}^k) \tag{5-2}$$

$$\delta'(p_{ij}^k) = \sum w'_{mn} = -\ln\left(\prod w_{mn}\right) = -\ln\left(\delta(p_{ij}^k)\right) \tag{5-3}$$

通过上述权重的转换，将股权控制路径问题转换为带权有向图中查询两点之间的 Top-k 最短路径计算问题。同时本章引入了 c_{mn} 表示股权关联边 e_{mn} 类型，当边 e_{mn} 为控股边时，则表示 v_m 对 v_n 的直接控股权为 100%，$c_{mn} = 1$；否则 $c_{mn} = 0$。如图 5-1（b）所示，有向边 (v_2, v_3) 的持股比例 w_{23} 为 (78%, 控股)，经过权重转换为 (0.248, 1)。

经过上述股权控制路径应用场景梳理与边权转换，股权控制路径问题实则是两点之间的 Top-k 最短路径计算问题，同时，还需要考虑股权路径的控股权的优先级。两点之间的 Top-k 最短路径计算等价于两点之间的旅行商问题（traveling salesman problem，TSP），因此股权控制路径发现问题是一个 NP 难（NP-hard）

问题（Cheeseman et al., 1991）。

本章提出了一个基于优先级的启发式的股权控制路径算法。算法的思路如下：区分控股与持股关系的优先级，表达控股与持股的语义差异。现有的路径算法，如 A*算法在解决两点之间的 TSP 时，由于没有考虑股权关系的优先级，也忽略了股权知识大图中路径权重为各边路径乘积的特点，因此将无法准确输出 Top-k 的股权控制路径。而本章提出的股权控制路径算法维护了一个开始于起点的路径树，不断扩展树中的路径，一直到路径终点 v_e。在每一次的迭代中，算法需要决定从哪一条路径进行扩展，如果控股路径数量小于 k，则选择持股路径，在路径的控股权相同的条件下，算法基于当前路径的权重以及当前节点扩展到终点的估计权重进行路径的选择。

股权控制路径算法使用启发式评估函数 $h(v_j)$ 表示当前访问节点 v_j 到终点 v_e 的路径权重估计值；$g(v_j)$ 表示从起点 v_s 到路径中当前访问节点 v_j 的实际路径权重。因此从起点到终点经过节点 v_j 的路径长度 $f(v_j)$ 可以表示为

$$f(v_j) = g(v_j) + h(v_j) \tag{5-4}$$

股权控制路径算法在优先级相同的情况下，逐个选择能够最小化式（5-4）的路径。如图 5-1（b）所示，节点 v_3 到终点的估计长度值 $h(v_3) = 1.568$。

股权控制路径算法的具体步骤如下。

步骤一：调用 Dijkstra（迪杰斯特拉）算法计算每个节点 v_j 到终点 v_e 的路径权重估计值 $h(v_j)$，具体方法为把 v_e 作为 Dijkstra 算法的起点，反向地计算路径的权重。

步骤二：设置两个队列 $open_p$、$closed_p$；其中 $open_p$ 为一个优先级队列，保存待确定的节点。$open_p = (v_j, g(v_j), f(v_j), c_{ij})$，其中 c_{ij} 为前一个访问节点 v_i 到节点 v_j 的持股类型。路径拓展过程中，在当前路径为控股路径时，需要优先考虑 c_{ij}，在 c_{ij} 相同时再考虑 $f(v_j)$，最后在 $f(v_j)$ 相同时才考虑 $g(v_j)$，即优先级 $c_{ij} > f(v_j) > g(v_j)$。$closed_p$ 为一个普通队列，存储已确定的节点。

步骤三：从起点往终点逐步扩展，每次添加一个邻居节点 v_j，更新 $g(v_j)$ 和 $f(v_j)$ 以及 c_{ij}。注意到，如果当前路径为持股路径，则所有的后续节点 c_{ij} 均赋值 0，因为此时考虑新加入节点的优先级并无意义，整条路径仍然为持股路径。

步骤四：当前确定的节点为终点时，则找到一条路径，从 $closed_p$ 队列输出，如果数量达到 k 条，则算法执行完毕，如果路径已经全部遍历完但是队列的数量少于 k 条，此时算法也执行完毕。输出每条路径的股权比例以及是否为控股路径。

算法的伪代码如下。

算法 5-1 股权控制路径

输入：股权知识大图 $G(V,E)$，v_s，v_e，k

输出：Top-k 股权控制路径 $p_{se}^1, p_{se}^2, \cdots, p_{se}^k$

1. Dijkstra($G(V,E)$, v_e, v_s); //终点 v_e 为 Dijkstra 算法的起点
2. open$_p \leftarrow (v_s, 0, f(v_s), 1)$; //待确定节点优先级队列，初始持股类型 $c=1$；$g(v_s) = 0$
3. **While** !open$_p$.empty() **do**
4. $(v_i, g, f, c) \leftarrow$ open$_p$.dequeue(); //按优先级顺序出队列
5.   closed$_p \leftarrow v_i$; //已确定的节点队列
6.   **If** $v_i == v_e$
7.   count++;
8.   **While** !closed$_p$.empty() **do**
9. $p_{se}^{count} \leftarrow$ closed$_p$.dequeue ();
10.   **Return** p_{se}^{count};
11.   **If** count $==k$ break
12.   Continue; //开始新一轮循环找下一条路径
13.   **Foreach** v_j in G.adj V (v_i) and !visited (v_j) **do**
14. $g(v_j) = g(v_i) + w_{ij}'$;
15. $f(v_j) = g(v_j) + h(v_j)$;
16.   **If** ($u_{si} = 1$ and $c_{ij} = 1$) //如果前面不为 1 则优先级都为 0
18.   open$_p \leftarrow (v_j, g(v_j), f(v_j), 1)$;
19.   **Else** open$_p \leftarrow (v_j, g(v_j), f(v_j), 0)$;

2. 股权控制路径算法示例

如图 5-1（b）所示，其中 v_1 为起点，v_0 为终点，首先进行权重转换；其次，求解启发式函数中的节点到终点的代价函数 $h(v)$。例如，v_3 到终点 v_0 的估计长度为 1.568，则 $h(v_3) = 1.568$。

如图 5-2 所示，与起点 v_1 直接相连通的点有 v_2, v_3, v_0，放入 open$_p$ 队列中，优先级按照 $c_{ij} > f(v_j) > g(v_j)$，则 $\langle v_2, 0.105, 1.899, 1 \rangle$ 位于队列顶部，出 open$_p$ 队列，v_2 进 closed$_p$ 队列；将与 v_2 直接相连通的点及其 g、f、c 放入 open$_p$ 队列，可以看到有相同的节点 v_3，但是这两个节点经过的父节点不一样，因此 g、f、c 也不一样。弹出 $\langle v_3, 0.331, 1.899, 1 \rangle$，$v_3$ 加入 closed$_p$ 队列；对以上出入队列的过程进行迭代，直到弹出的点为 v_0，则得到第 1 条路径为 $v_1 \rightarrow v_2 \rightarrow v_3 \rightarrow v_0$，路径最短为 1.899，股权比例最大，为控股路径。

第五章 股权穿透与控制权计算

第1条: $v_1 \to v_2 \to v_3 \to v_0$

$closed_p: v_1$
$open_p:[\langle v_2, 0.105, 1.899, 1 \rangle$
$\langle v_3, 1.599, 3.167, 1 \rangle$
$\langle v_0, 3.101, 3.101, 0 \rangle$
$\langle v, g, f, c \rangle$

$\Rightarrow$

$closed_p: v_1、v_2$
$open_p:[\langle v_3, 0.331, 1.899, 1 \rangle$
$\langle v_3, 1.599, 3.167, 1 \rangle$
$\langle v_0, 3.101, 3.101, 0 \rangle$
$\langle v_0, 3.192, 3.192, 0 \rangle$

$\Rightarrow$

$closed_p: v_1、v_2、v_3$
$open_p:[\langle v_0, 1.899, 1.899, 1 \rangle \nearrow 1$
$\langle v_3, 1.599, 3.167, 1 \rangle$
$\langle v_0, 3.101, 3.101, 0 \rangle$
$\langle v_0, 3.192, 3.192, 0 \rangle$

第2条: $v_1 \to v_3 \to v_0$

$closed_p: v_1$
$open_p:[\langle v_3, 1.599, 3.167, 1 \rangle$
$\langle v_0, 3.101, 3.101, 0 \rangle$
$\langle v_0, 3.192, 3.192, 0 \rangle$

$\Rightarrow$

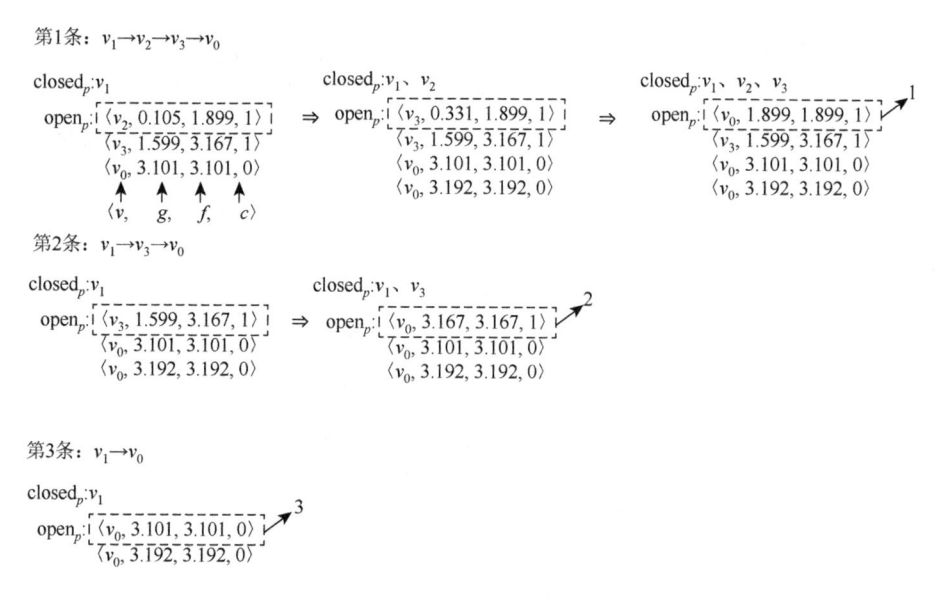

$closed_p: v_1、v_3$
$open_p:[\langle v_0, 3.167, 3.167, 1 \rangle \nearrow 2$
$\langle v_0, 3.101, 3.101, 0 \rangle$
$\langle v_0, 3.192, 3.192, 0 \rangle$

第3条: $v_1 \to v_0$

$closed_p: v_1$
$open_p:[\langle v_0, 3.101, 3.101, 0 \rangle \nearrow 3$
$\langle v_0, 3.192, 3.192, 0 \rangle$

图 5-2 股权控制路径发现过程

接下来求第 2 条路径, 目前的 $open_p$ 序列里弹出 $\langle v_3, 1.599, 3.167, 1 \rangle$, 与 $\langle v_3, 1.599, 3.167, 1 \rangle$ 直接相连的 v_0 加入 $open_p$ 队列, 根据优先级弹出 $\langle v_0, 3.167, 3.167, 1 \rangle$, 得到第 2 条路径为 $v_1 \to v_3 \to v_0$, 路径权重之和为 3.167, 也是控股路径。

依照上述方法求的第 3 条路径为 $v_1 \to v_0$, 路径长度为 3.101, 尽管比第 2 条更短, 但是为持股路径, 而 $v_1 \to v_3 \to v_0$ 为完全控股路径, 因此第 3 条路径优先级低于第 2 条路径。如果不考虑持股控股优先级的话, 仅考虑 $f(v_j) > g(v_j)$, 计算的第 2 条路径会是 $v_1 \to v_0$, 而不是股权控制路径方法得到的 $v_1 \to v_3 \to v_0$, 因为 $v_1 \to v_0$ 的路径上的持股比例要大于 $v_1 \to v_3 \to v_0$, 出现结果偏差情况。综上, 得到从起点 v_1 到终点 v_0 的 Top-3 路径。

三、金融知识大图上的股权穿透子图

在股权知识大图中, 包含了众多的金融机构和非金融机构, 部分股东通过层层持股控制金融机构, 而在复杂股权网络之下, 难以对大规模的金融股权网络进行穿透, 而金融机构的终极控股股东也隐藏在层层股东之外, 特别是系统重要性金融机构, 逃避金融监管机构的监管, 造成对终极控股股东的类型无法判断, 从而难以把握金融机构股权披露的准确性、真实性、完整性。为满足对系统重要性金融机构的穿透式监管需求, 呈现出金融机构清晰的股权结构, 本章穿透多层股权网络找到终极控股股东,并使股东按照持股比例强度分层展示。

股权穿透子图(equity penetration subgraph,EPS),即某个金融机构或企业的直接股东为第一层股东,而每一个第一层股东又有第二层股东,以此类推,直到最终的叶子节点为止,且叶子节点通常为自然人、政府机构或者外资企业。如图 5-3 所示,如果单看民生银行的直接持股股东,则安邦保险集团持股比例仅为 4.49%,并非控股股东,但是通过股权穿透子图的计算,可以发现安邦保险集团的最终持股比例为 27.424%,为民生银行的终极控股股东,终极控股股东的经营状态与风险事件直接关联到其控股金融机构民生银行的风险承担水平。图 5-3 的案例表明,终极控股股东是影响金融机构风险承担行为的关键风险特征。股权穿透子图有利于识别出隐藏的终极控股股东,助力金融机构的穿透式监管。

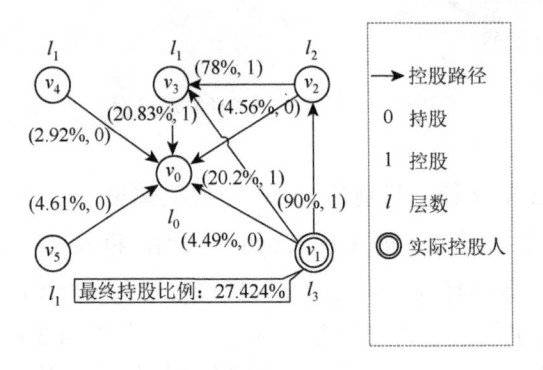

图 5-3 股权穿透子图挖掘过程

综上,在股权知识大图中,由股东及其股东之间的股权关联组成的股权穿透子图,能够直观地展示股东对金融机构的持股层级,并找到最终持股比例与终极控股股东。

(一)基于 BFS 的股权穿透子图算法

最终持股等于该节点到金融机构的所有路径的持股比例之和。IOS(integrated ownership share,综合股权)模型通过稀疏矩阵运算,将持股比例向内反推,确定任意一个股东对一个金融机构或企业的最终持股比例。IOS 模型可以在存在环路的情况下计算各股东节点对金融机构持股的最终比例,该算法需要对股权网络中所有节点的两两关系进行全局的运算。多层股权穿透仅找到与中心节点存在直接或间接股权关联的节点,这些节点数量远少于金融知识大图的全量亿级节点。因此，只将穿透式多层网络的导出子图作为 IOS 模型的输入，并且在矩阵运算中，仅计算网络中其他节点到中心节点的最终持股比例。这样可以较大地提高多层股权穿透的效率。

将 V_s 中的任意两点的股权关联表示为直接持股比例矩阵 A，其中 v_i 对 v_j 的直接持股比例表示为 w_{ij}，为 A 中第 i 行 j 列元素，$\forall v_i \in V_s$，$w_{ii}=0$，即公司对自身的直接持股比例为 0。就图 5-3 举例矩阵如下：

$$A = \begin{bmatrix} 0 & 0 & 0 & 0 & 0 & 0 \\ 0.0449 & 0 & 0.9 & 0.202 & 0 & 0 \\ 0.0456 & 0 & 0 & 0.78 & 0 & 0 \\ 0.2083 & 0 & 0 & 0 & 0 & 0 \\ 0.0292 & 0 & 0 & 0 & 0 & 0 \\ 0.0461 & 0 & 0 & 0 & 0 & 0 \end{bmatrix}$$

给定输入矩阵 A，IOS 模型通过直接持股比例的层层递推找到全部间接持股比例，即最终持股比例矩阵 $U = A \times (I-A)^{-1}$，其中 I 为 $|V_s| \times |V_s|$ 的单位矩阵，如下所示：

$$I = \begin{bmatrix} 1 & 0 & 0 & 0 & 0 & 0 \\ 0 & 1 & 0 & 0 & 0 & 0 \\ 0 & 0 & 1 & 0 & 0 & 0 \\ 0 & 0 & 0 & 1 & 0 & 0 \\ 0 & 0 & 0 & 0 & 1 & 0 \\ 0 & 0 & 0 & 0 & 0 & 1 \end{bmatrix}$$

由于不需要计算 V_s 中所有节点到任意节点的最终持股比例，仅需要计算 V_s 中所有节点到 v_c 的最终持股比例，因此原有的公式可进行简化，对 $(I-A)^{-1}$ 这个矩阵提取中心节点 v_c 所在的一列，即可得式（5-5）。

$$U_{*,c} = A \times (I-A)^{-1}_{*,c} \tag{5-5}$$

其中，$U_{*,c}$ 表示 U 的第 c 列向量。得到的结果如下：

$$[0, 0.274\,243\,2, 0.208\,074, 0.2083, 0.292, 0.0461]^T$$

可以看到所有节点对中心节点的最终持股比例，最终持股比例最大的是节点 v_1，持股比例为 0.274 243 2。

根据上述股权穿透子图应用场景与最终持股比例的计算，提出股权网络穿透算法，给定中心节点 v_c，找出穿透式多层股权网络。需要解决的主要问题是确定穿透式多层股权网络中每个节点的层数，并计算其对中心节点的最终控股权和最终持股比例，确定终极控股股东。

算法的具体思路如下。以金融机构 v_c 为中心节点，基于 BFS 往外扩展访问图中的邻居节点，然后找到每一层的股东 v_i 到 v_c 的控股权和持股比例最大的路径，从而确定股东节点的层数 $l(v_i)$。两点之间的持股比例最大的路径实际上是第 1 条股权控制路径，是 Top-k 股权控制路径的特例。因此，调用股权控制路径算法找到持股比例最大的路径。以上过程以逐层迭代的方式进行，直至所有的邻居节点均为最终股东。然后计算每个股东对中心节点的最终持股比例，在穿透式多层股权网络中，控股权最大条件下找到最终持股比例最大的节点，该节点为 v_c 的实际控股节点 v_{control}。注意到，股权穿透子图算法仅需一次遍历，就可以确定层级并计算最终持股比例。

根据股权穿透子图算法的思想，归纳其具体步骤如下。

步骤一：在股权知识大图中，选取一个非孤立的查询中心点 v_c 作为中心节点，v_c 的一般类型为金融机构。重点监管对象是系统重要性金融机构。

步骤二：通过 BFS 算法处理得到中心节点的一阶入度的邻居节点，即股东持有中心节点的股权，此时由于股东是一阶邻居节点，所以层级默认值都为 1。

步骤三：继续遍历邻居节点的股东，得到多阶的股东网络，因为需要根据股东与中心节点之间的 Top-1 的股权控制路径长度作为股东的最终层级，以展示层次化的股权特征，因此，仍需要对股权网络进行权重转换，由式（5-5）可得最大的持股路径的控股权与持股比例的大小；每个邻居节点 v_i 保留此时的 Top-1 的股权控制路径的转换持股比例 $\delta'\left(p_{ic}^1\right)$ 与层级 $l(p_{ic})$。

步骤四：进行邻居节点的层级增量迭代计算，即以前一阶层的邻居节点的转换持股比例 $\delta'\left(p_{ic}^1\right)$ 与层级 $l(p_{ic})$ 确定自己的层级，而不需要全局计算。将当前节点与所有出度邻居节点的边转换权重和邻居节点 v_j 的 $\delta'\left(p_{jc}^1\right)$ 求和得到当前节点的 $\delta'\left(p_{ic}^1\right)$，在控股权优先级的前提下，选择最小的 $\delta'\left(p_{ic}^1\right)$。不断迭代，直到当前节点没有叶子节点为止，停止遍历。

步骤五：针对找到的股权穿透子图，使用 IOS 模型进行矩阵运算，计算叶子节点对中心节点的最终持股比例，叶子节点集合为 V_{leaf}，拥有最大的最终持股比例 δ_{control} 的节点 v_{control} 即为终极控股股东。

$$\delta_{\text{control}} = \max \delta_i (v_i \in V_{\text{leaf}}) \tag{5-6}$$

具体的伪代码如下。

算法 5-2　股权穿透子图

输入：股权知识大图 $G(V,E)$，中心节点 v_c

输出：股权穿透子图 $S(v_c,V_s,E_s)$，$v_{control}$

1. queue Q; //节点队列
2. $V_s \leftarrow \{v_c\}$；$E_s \leftarrow \varnothing$；
3. visited $(v_c) \leftarrow 1$；//标识为已访问
4. $Q.\text{enqueue }(v_c)$；//中心节点入队列
5. **While** ! $Q.\text{empty}()$ **do**
6. 　　$v_i \leftarrow Q.\text{dequeue}()$;
7. 　　$l(v_i)=l\left(p_{ic}^1\right)$；//Top-1 股权控制路径长度确定层级
8. 　　**Foreach** v_j in $G.\text{adj V}(v_i)$, e_{ij} in $G.\text{adj E}(v_i)$ **do**
9. 　　　**If** ! visited (v_j) //节点未被访问
10. 　　　　visited $(v_j) \leftarrow 1$;
11. 　　　　$V_s \leftarrow V_s \cup \{v_j\}$；
12. 　　　　$E_s \leftarrow E_s \cup \{e_{ij}\}$；
13. 　　　　$Q.\text{enqueue}(v_j)$；
14. IOS$\left(S(v_c,V_s,E_s)\right)$；//计算到 v_c 的最终持股比例
15. **If** u_{ic} is maximal of all nodes and $i = \text{argmax}(\delta_i)$//控股权和最终持股比例最大
16. 　　$v_{control} = v_i$;
17. **Return** $S(v_c,V_s,E_s)$, $v_{control}$；

（二）股权穿透子图算法示例

如图 5-3 所示，其中 v_0 作为中心节点，通过 BFS 算法层层向外遍历，当遍历一层邻居时，v_1、v_2、v_3、v_4、v_5 都为中心节点的一阶邻居，此时确定一层邻居中在当前所遍历到的边中的一阶最小的转换持股比例 δ'、最小转换持股比例所在的路径是否为控股路径 c 与层级 l，接下来遍历多阶的邻居节点，由于一个节点到中心节点的路径可能存在多条，因此该节点会存在于中心节点的多阶邻居节点中，所以每往外遍历一阶则计算一次节点当前阶层的最小的转换持股比例与层级。具体的计算方式如图 5-4 所示，节点 $v_i\langle\delta',c,l\rangle$，其中 δ' 表示节点 v_i 的最小转换持股比例；c 表示股权路径是否为控股路径，如果为 1 则是完全控股路径，否则是持股路径；l 表示此时确定的层级。在一层遍历时，节点 $v_2\langle3.087,0,1\rangle$ 表示最小的转换持股比例是 3.087，路径为持股路径，1 为此时的层级；当在第二层遍历时，$v_2\langle1.816,1,2\rangle$ 表示最小的转换持股比例为 1.816，为完全控股路径，且层级为出度邻居节点 v_3 的层级加 1。

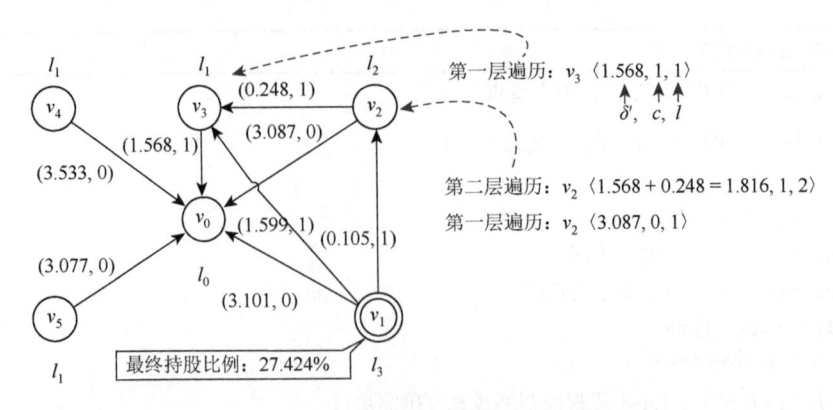

图 5-4 增量确定股东层级过程

按照上述计算方式，层层往外计算，直到最外层的节点没有叶子节点为止。所有的最外层的节点如图 5-3 所示，最外层的叶子节点即为 v_1、v_4、v_5，因为 v_2、v_3 都有入度节点所以不是叶子节点。

注意到，v_1 到 v_0 有 4 条路径。其中 $v_1 \rightarrow v_0$ 的持股比例为 4.49%，控股权为 0；$v_1 \rightarrow v_2 \rightarrow v_0$ 的持股比例为 4.56%×90%=4.1%，控股权为 0；$v_1 \rightarrow v_3 \rightarrow v_0$ 的持股比例为 20.2%×20.83%=4.2%，控股权为 1；$v_1 \rightarrow v_2 \rightarrow v_3 \rightarrow v_0$ 的持股比例为 20.83%×78%×90%=14.62%，控股权为 1。因此，控股权最大的路径为 $v_1 \rightarrow v_2 \rightarrow v_3 \rightarrow v_0$，$v_1$ 为 v_0 的第 3 层股东，即层数为 3。

最后利用 IOS 模型计算叶子节点对中心节点的最终持股比例。通过 IOS 模型计算的结果为

$$[v_1:0.274\,243\,2, v_4:0.292, v_5:0.0461]$$

其中，v_1 的最终持股比例最大为 0.274 243 2，与其到中心节点的 4 条路径的持股比例之和相等，即节点对中心节点的最终持股比例等于持股路径之和，可得 v_1 对 v_0 的最终持股比例为 27.424%，为 v_0 的股权穿透子图中所有节点最大的，因此终极控股股东 v_{control} 为 v_1。实验评估结果请见附录 D。

第二节　金融知识大图控制权计算

一、金融知识大图上的控制权

在系统性金融风险把控板块，系统重要性金融机构的股东及其彼此之间的股权路径并未达到信息透明，造成股东与系统重要性金融机构之间的股权路径及其路径上的杠杆强度没有量化，以至于无法有效地衡量股东对系统重要性金融机构

的影响程度，使其成为潜在的风险源。

随着大数据在许多领域的广泛应用，传统的金融模型已无法适用大数据的应用场景。股东使用他们的股份来投票决定公司的决策，从而影响最终公司的行为。然而随着股权结构的日益复杂，股东逐渐通过直接与间接相结合的方式行使这一权利（Cho，1998）。随着股权结构日益复杂，公司的实际所有者和控制人难以挖掘。因此，基于复杂的股权结构挖掘公司实际控制人的计算方法逐渐被提出（Levy，2009）。

公司股东通过投票而行使其表决权。投票博弈法是运用博弈论确定最具影响力股东（实际控制人）的较好方法。它通过枚举所有股东投票的最终结果来计算每个股东对最终决策结果的影响力。然而，它有一个重要的前提，即每个股东的决定是相互独立的。事实上，股东的决策会因股东之间的复杂关系而相互影响，如一致行动人、亲属和朋友等，因此，股东之间的决策缺乏独立性，而这种独立性的缺乏对最终的投票结果产生了巨大的影响（Stewart et al.，2019）。

股东之间各种复杂的关系往往会造成实际控制人被隐藏，仅通过股权网络难以捕获企业的真实控制人。如图 5-5（a）所示，若仅仅通过股权网络结构，得到的实际控制人为 v_5，其通过 $v_5 \to v_2 \to v_1$ 与 $v_5 \to v_1$ 两条路径来控制 v_1，其表决权通过这两条路径最弱边相加为 55%。而当依赖知识大图计算时，由于 v_6 与 v_3 之间存在着复杂关联，二者在进行表决时会做出一致行动。v_1 的实际控制人实质上为 v_6，此时 v_6 的控制路径有两条 $v_6 \to v_2 \to v_1$ 与 $v_6 \to v_1$。这说明了仅仅通过股权网络无法得到准确结果。股东之间的各种外部关系会影响到各股东的表决行为，从而影响到最终股东对公司的表决权。

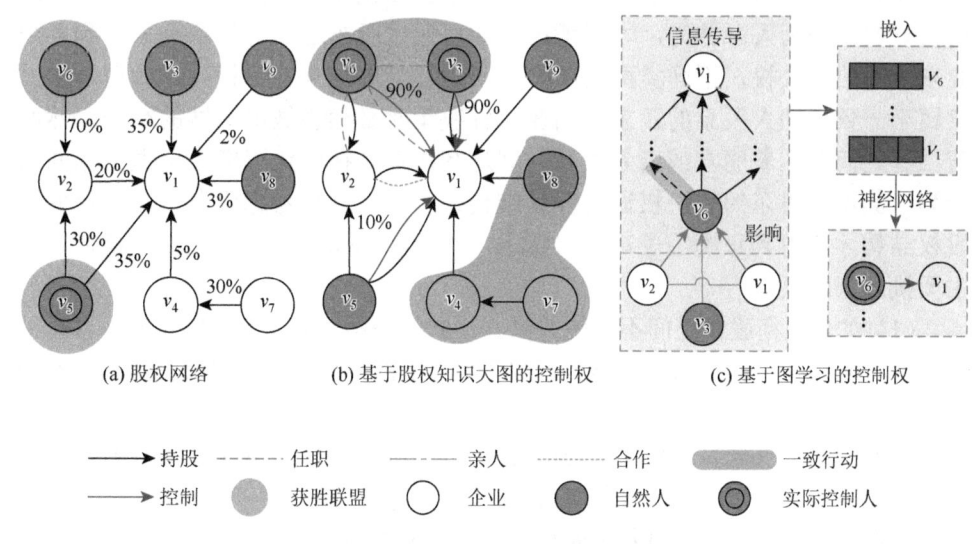

图 5-5　金融知识大图上控制权计算示例

基于上述例子，控制权由结构和属性信息决定，形成一个股权知识大图。具体来说，股权知识大图是金融知识大图的子图，为有向异构图。其中节点对应公司、股东等实体，边对应股权、亲属关系、行政关系、隶属关系、协同行为关系等关系。股东之间的除持股之外的复杂关系会造成其行动会受到与之有关股东的影响，关系越近的股东会导致其决策时越容易做出相同的行动。与无知识图谱（knowledge graph-free，KG-free）方法相比，将KG纳入实际控制器披露有利于三个方面的结果：①KG中股东之间丰富的语义关联有助于探索他们的潜在联系，提高控制计算的精度；②KG中的异构关系有助于捕获股东之间复杂的相互关系；③KG将公司的实际控制人和其他股东联系起来，从而使结果具有可解释性。

但由于股权知识大图的高维性和异质性，在控制权计算中使用股权知识大图是相当具有挑战性的。一个可行的解决方案是使用图表示学习将实体和关系映射到低维向量（Wang et al.，2023）。但现有的针对异构图的图表示学习方法并不能有效地直接应用于股权知识大图（Fu et al.，2017）。原因是这些方法忽略了关系的异质性及其对信息传播的影响。例如，如图5-5（b）所示，由于控制权依赖于股权关系形成的所有权结构，用于控制权计算的嵌入主要是通过所有权（股权）结构传播的信息聚合的。股东之间的其他关系也会影响到这些信息。此外，信息在超边上的传播与在普通二元边上的传播不同，股东之间的协同作用形成了一个超边。

因此，本章利用知识大图对企业与股东之间复杂的关系结构（包含股权关系）建模，依赖图学习算法与传统算法的结合来完成知识大图上的控制权计算。金融知识大图上涵盖了股东与公司之间丰富的股权及其他关系，从而更加精准地找寻实际控制人。首先，本章考虑了如何通过股东之间的复杂关系得到各个股东之间的表决权，不同类型的关系对股东行为的影响各不相同，如在金融上隶属于一致行动人关系的股东之间在进行决策时必然会做出一样的行为，然而若二者之间存在着朋友或亲人关系，则进行决策时在一定程度上会做出相同的行为；其次，股东的表决权通过股权结构来实现，综合考虑股东自身的行为与股权结构才能得到正确的表决权。综上，在金融知识大图上完成控制权计算的主要挑战有两点。

（1）如何权衡股东之间不同的关系。不同的关系对股东的影响不同，各个关系之间可能独立，也可能相互影响，知识大图上的上下位关系以及其他的关联需要被充分考虑。

（2）如何将股东的关系与行为结合，通过股权结构结合现有的控制权算法等得到各个股东的表决权，从而发现实际控制人。

针对上述挑战，本章引入了股东一致行动概率概念，并将计算该概率的问题转化为计算知识大图上股东节点之间相似度的问题。基于股东一致行动概率对股东表决权计算方式进行改进,从而得到更加准确的实际控制人。

具体来说,本章将图学习的理论与知识引入知识大图上,拓展了在知识大图上的表示学习方法。首先,构建股权知识大图,并针对具体的计算控制权任务,利用包含相应信息的节点嵌入计算股权知识大图上股东节点之间的相似度,得到股东一致行动概率;其次,将股东一致行动概率与控制权计算方法相结合,从而得到在股权知识大图上的股东表决权,更加精准地发现实际控制人。具体来说,本章利用图学习模型处理股权知识大图中复杂且不同的信息,并计算股东一致行动概率,结合新的指数基于一致行动概率的表决权(voting rights with acting in concert probability,VAC)计算方式可完成小图上基于股权知识大图的表决权计算,从而发现小图上实际控制人。以图嵌入结果为基础,以小图上的计算结果为训练集,可完成大型股权知识大图上表决权的计算,挖掘其真实实际控制人的深度模型。基于上述两种方案,本章又提出了一种新的混合方法来应对不同规模的股权知识大图,使这两种方案能够相互补充与促进,提高发现实际控制人的准确率以及效率。

二、基于股权结构的金融知识大图控制权计算

(一)相关定义

定义 5-1(股权知识大图) 给定一个股权知识大图 $G=(V,E,W)$ 为金融知识大图子图,其中 V 为所有的股东节点集合,E 为其之间的持股边集合,$v_i \to v_j$ 表示节点 v_i 与节点 v_j 之间的持股关系边 e_{ij},其边权重 w_{ij} 为两点之间的持股比例,且有 $\{0<w_{ij}\leq 1,\forall w_{ij}\}$。令 f 为一个映射函数:$f:V \to O$,其中 O 为节点类别的集合。g 也为一个映射函数:$g:E \to R$,其中 R 为股东关系边集合,表示股东之间不同的关系,其中持股关系表示为 E^0。

股权知识大图为金融知识大图对应的子图,是从股东以及持股视角出发构建的股权视角下的知识大图。

定义 5-2(一致行动概率) 给定一个股权知识大图 $G=(V,E,W)$,一致行动概率即为大图上两节点之间的相关程度,表示股东之间做出相同行为的可能性。对于图中的任意两点 v_i 与 v_j,其一致行动概率表示为 ρ_{ij},且有 $\{\rho_{ij}=\rho_{ji}, 0.5\leq \rho_{ij}\leq 1\}$。

定义 5-3(表决权) 在股权知识大图 $G=(V,E,W)$ 上,综合考虑持股关系及外部的信息,对其中任一股东节点 v_i 与任一公司节点 v_j,v_i 对 v_j 产生决定性影响的可能性即为 v_i 对 v_j 的表决权,表示为 Z_{ij},且有 $0\leq Z_{ij}\leq 1$。

定义 5-4(最终股东) 给定股权知识大图 $G=(V,E,W)$,若对于股东节点 v_i,

有 $\forall v_j \in V, e_{ij}^0 \in E^0$ 或 $v_j \xrightarrow{0} v_i$，即对于边集 E^0，v_i 入度为 0，则该股东为最终股东。故有所有自然人节点均为最终股东。

定义 5-5（疑似实际控制人） 给定股权知识大图 $G=(V,E,W)$，若对于一最终股东节点 v_i 与一公司节点 v_j，在股权关系边集 E^0 上存在路径使 v_i 与 v_j 相连，$\{v_i \xrightarrow{0} v_k \xrightarrow{0} v_{k+1} \xrightarrow{0} \cdots \xrightarrow{0} v_j\}$ 或 $\{e_{ik}^0, e_{k(k+1)}^0, \cdots, e_{(k+n)j}^0\}$，且 $Z_{ij} \geqslant 0.5$，则该股东 v_i 即为 v_j 的疑似实际控制人。

定义 5-6（实际控制人） 给定股权知识大图 $G=(V,E,W)$，若对于一最终股东节点集合 $V_{最终}$ 与公司节点 v_j，在股权关系边集 E^0 上存在路径使其中每一个节点均与 v_j 相连，且 $Z_{ij} = \max(\{Z_{kj}\}, v_k \in V_{最终})$，则该股东 v_i 即为 v_j 的实际控制人。

基于上述定义，对实际控制人的发现问题可以描述为，给定一个股权知识大图，通过综合分析股东之间复杂的关系以及其他信息，得到股东之间的一致行动概率。通过该一致行动概率，设置合理的算法计算股东对公司的表决权，从而发现疑似实际控制人，最终得到实际控制人。

（二）控制权计算算法

1. 最弱边算法

最弱边算法最初由 Claessens 等（2000）提出，用于分析复杂的金字塔型股权结构。在他们的研究中，一个实体对另一个实体的控制指标是通过两个实体之间的每条路径的最小边权之和来计算的。

如图 5-6 所示，v_5 和 v_1 之间的持股路径为 $v_5 \xrightarrow{0} v_2 \xrightarrow{0} v_1$ 和 $v_5 \xrightarrow{0} v_1$。根据最弱环节模型，股东对企业的控制指数是所有路径中最弱环节的和，在 v_5 到 v_1 的第一个路径上为 20%，在 $v_5 \xrightarrow{0} v_1$ 的下一个路径上为 35%。则 $v_5 \xrightarrow{0} v_1$ 的控制权为 55%。其他节点的控制权显示在图 5-6（a）中。

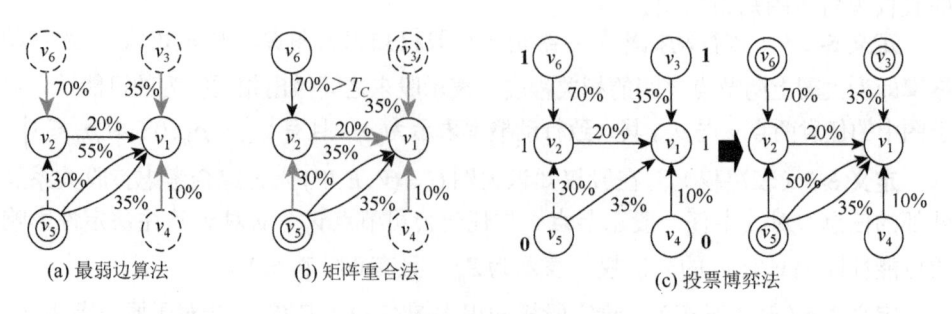

(a) 最弱边算法　　(b) 矩阵重合法　　(c) 投票博弈法

图 5-6　不同方法的控制权计算结果

该算法计算过程简单，反映了股东对某一企业的控制能力。但其计算出来的百分值没有意义，即 v_5 对 v_1 的控制权为 55%，没有实际意义。事实上，所有股东对 v_1 的控制权之和为 120%（= 35% + 10% + 55% + 20%）。如果持股比例发生变化，如图 5-6（a）所示，显示对 v_1 的控制权发生变化，这表明 v_5 对 v_1 的控制作用最大。事实上，v_6 通过持有 70% 高比例的股份，完全控制 v_2，可以使其对 v_1 的控制权达到最大。因此，该模型的第二个缺点是在某些情况下不能反映真实的股权结构控制关系。

尽管有缺点，该模型由于其计算效率较高而得到了广泛运用，它的计算代价主要是在寻找控制路径上，因此它的算法复杂度主要与使用的路径遍历算法有关。

2. 矩阵重合法

矩阵重合法首先必须假设一个阈值 T_C，并使用算法计算和验证一个实体是否可以控制另一个实体。第一步是得到一个矩阵 B，其中如果 v_i 对 v_j 的持股比例大于 T_C，则设置 $b_{ij}=1$，认为完全受控。

例如，如图 5-6（b）所示，若选择 $T_C=0.5$，就不难看出 v_3 和 v_5 对 v_1 的控制权最大，所有最终股东节点的控制权均如图 5-6（b）所示。但若 v_6 对 v_2 的控制权变为小于 T_C 的 40%，则无法正确求得 v_6 对 v_1 的表决权。因此，该模型的一个缺点是，如果在股权结构中没有股东完全控制企业，那么该模型就无法衡量部分股东的控制能力。解决这个问题的一种方法是选择一个新的 T_C 值，但又会有新的问题，即如何确定 T_C 值。故该方法的另一个缺点是很难预先选择一个正确的 T_C 值来完成表决权计算。总的来说，尽管它有缺点，但它也相对简单，适用于所有集中的所有权结构。

3. Banzhaf 指数

基于博弈论的股权结构控制计算方法有很多，它们采用不同于博弈论的指标来衡量控制权。Levy（2011）提出了一种基于 Banzhaf（班扎夫）指数投票博弈法的控制方法，该方法将矩阵重合与 Banzhaf 指数计算相结合，提出了中间矩阵法。考虑到原有方法的缺点，即它在不完整的所有权结构上表现不佳，Levy 提出了 4 种可选方法将其扩展到不完整的结构。由于有些股权结构不是金字塔结构，存在交叉持股，Levy 和 Szafarz（2017）提出了如何计算交叉持股结构的 Banzhaf 指数。

根据投票游戏的规则，该方法首先得到源节点的随机初始投票，即对未被其他节点持有的节点，设置初始投票为 $X_s^0 = \left(x_1^0, x_2^0, \cdots, x_s^0 \right) \in \{0,1\}$。然后根据投票游戏的规则，选择总持股比例大于50%作为判断依据，获得全体股东的最终投票结果。最终的Banzhaf指数由式（5-7）和式（5-8）得到。

$$M_{ij} = \frac{1}{2^S} \sum_{X_S^0 \in \{0,1\}^S} \left(x_i x_j + (1-x_i)(1-x_j)\right) \tag{5-7}$$

$$Z_{ij} = 2 \times M_{ij} - 1 \tag{5-8}$$

其中，x_i和x_j分别表示X_S^0中不同初始投票的v_i和v_j的投票结果；Banzhaf指数（即本章中的控制指数）用Z_{ij}表示。

在本例中，如图5-6（c）所示，v_2、v_5和v_6到v_1的Banzhaf指数为50%，这意味着这三个股东中每个人都有50%的机会决定v_1。总的来说，该方法解决了上述两种模型的不足，对于任何股权结构都能得到更准确的控制指标结果。

然而，它仍然有两个不可避免的缺点。一个是计算复杂度高，从枚举初始投票来看，其复杂度至少为$O(2^n)$。因此，该方法不能完成在大型所有权结构上的控制权计算。事实上，一旦所有权结构中的源节点数量$\text{size}(X_S^0)$超过30，则需要完成至少2^{30}次计算；另一个是，整个方法基于每个源节点股东彼此独立的假设，这在现实生活中显然是不正确的。一致行动的股东之间的关系很容易影响他们对公司的控制权（Yang and Modell, 2015）。也有相关研究表明，影响股东之间关系的因素有很多，如股权平衡程度、企业规模和股东人数、股东之间的关系等也会影响股东的行为，从而影响股东的控制权。因此，有必要考虑股东的个人关系等属性。在现有的基于博弈论的算法中，根据算法复杂度过高的情况也利用蒙特卡罗方法进行优化，但该方法不适用于股东之间相互关联的情况。

（三）基于VAC的控制权计算

依赖于Banzhaf指数计算控制权的方案，本章进一步提出了融入股东VAC计算模型。同样，对于所有的最终股东$V_U = (v_1, v_2, \cdots, v_s)$，设置源节点的初始投票$X_U^0 = (x_1^0, x_2^0, \cdots, x_s^0) \in \{0,1\}$。而后，根据投票博弈规则，选取总持股比例大于50%的股东作为判断依据，获得全体股东的最终投票结果。最终股东v_i对某企业v_j的表决权Z_{ij}由式（5-9）和式（5-10）得到。

$$M_{ij} = P(X) \sum_{X_S^0 \in \{0,1\}^S} \left(x_i x_j + (1-x_i)(1-x_j)\right) \tag{5-9}$$

$$Z_{ij} = 2 \times M_{ij} - 1 \tag{5-10}$$

其中，$P(X)$表示所有投票结果出现的概率集合。

例如，如果对某一种初始投票，最终的投票结果是 $\{0,1,0,1\}$，且前两个最终股东的行为一致权重为 1，那么 $P(X)=0$，意味着这种情况不会发生，因为前两个股东必定会做出相同的投票行为。

其中，除 P 外的所有参数都可以按照前面的股权结构来计算。而 P 是利用一致行动概率计算得来的。在原有的投票博弈方法中，只有最终股东才有自由投票的权利，因此，该方法仅考虑最终股东之间的一致行动概率。

最终 P 的计算转化为由一致行动概率的边缘概率考虑所有一致行动概率联合分布概率的问题。若图上不存在由该权重形成的闭环，则很容易计算 P，对于某一投票结果 X^*，计算方式如下。

如图 5-7 所示，若只有 v_3 和 v_6 一致行动，即 $\rho_{36}=0.9$，则其中样图的最终表决权可最终计算为（其中其余未出现的值为 0）

$$Z = \begin{bmatrix} 0 & 0.5 & 0.9 & 0 & 0.1 & 0.9 \\ 0 & 0 & 0.8 & 0 & 0 & 1 \\ 0 & 0 & 0 & 0 & 0 & 0.8 \end{bmatrix}$$

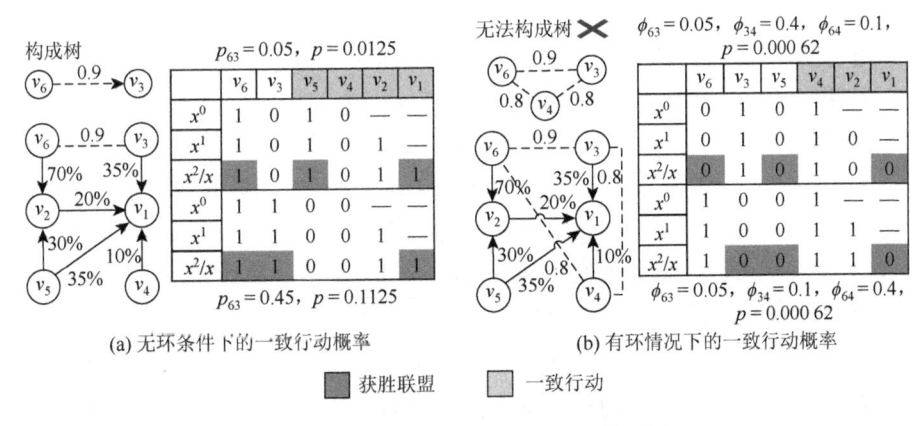

图 5-7 VAC 在两种情况下的计算示例

x^n 表示第 n 次迭代的结果（$n=0,1,2$）；x 表示稳定时候投票的结果；x^2/x 表示既是第二次投票的结果也是稳定时候投票的结果

但如果存在闭环，P 的计算就不像以前那么容易了。因此可以采用一种更灵活的方法，借助马尔可夫网络的方式得到 P 值。

由于在邻域嵌入中已经捕获了股东与其他信息之间的各种关系，方法中假设了一致行动概率不高的股东之间不存在相关性，即非相邻股东彼此独立。股东之间的一致行动关系形成了一个无向图，符合 Hammersley-Clifford（哈默斯利-克利福德）定理（Besag，1974）。定义最小团上的势函数 ϕ_{ij}，它有两个节点 v_i 和 v_j，一条相应的边 ρ_{ij}，若 $x_i = x_j$，则 ϕ_{ij} 为 $\rho_{ij}/2$；否则为 $(1-\rho_{ij})/2$。

这意味着一致行动概率更大的股东更有可能做出相同的决策，相应地不太可能做出不同的决策。现将最大团上的势函数公式定义为

$$\phi_c(x_c) = \prod_{i,j \in c, j>i} \phi_{ij} \quad (5-11)$$

其中，c 表示最大团。然后通过式（5-12）得到概率 $P(X)$：

$$P(X) = \frac{1}{K}\prod_{c \in C}\phi_c = \frac{1}{K}\prod_{c \in C}\left(\prod_{i,j \in c, j>i}\phi_{ij}\right) = \frac{1}{K}\prod_{j>i}\phi_{ij} \quad (5-12)$$

其中，C 表示极大团的集合；K 表示配分函数。

最后，将一致行动概率与投票博弈方法相结合，得到两个实体之间的 VAC 值，使最终的计算结果更加准确合理。通过这种方法，并令一致行动概率为 $\{\rho_{36}=0.9, \rho_{34}=0.8, \rho_{46}=0.8\}$，可以得到最终的表决权计算结果为

$$Z = \begin{bmatrix} 0 & 0.950 & 0.950 & 0.839 & 0.050 & 0.950 \\ 0 & 0 & 0.901 & 0.839 & 0 & 1 \\ 0 & 0 & 0 & 0 & 0 & 0.901 \end{bmatrix}$$

v_1 的实际控制人仍然是 v_3 和 v_6，但 $Z_{41}=0.839$ 比以前大，$Z_{51}=0.050$ 比以前更小。结果表明，v_5 看似对 v_1 有显著影响，但实际上其投票权已被其他股东分散，几乎没有控制能力。v_4 对 v_1 来说似乎不是那么重要的股东，但通过其他方式赢得了更大的投票权，可以对 v_1 产生很大的影响。通过算例，利用该指数对图中的异构信息进行综合考虑，得到更精确的实际控制人。

然而，该方式的计算复杂度也非常高，从初始投票开始计算复杂度为 $O(2^n)$。通过分析，原来的投票博弈方法的时间复杂度为 $O(k \times 2^n)$，而 VAC 方法的时间复杂度甚至达到 $O(k \times 2^n + n^2)$，这使计算方法无法应用到略大的图上。因此，在本章中，给出了基于图表示学习的泛化方式，引入深度学习，完成大图上的控制权计算。

三、基于图学习的控制权计算

（一）基于金融知识大图的图表示学习

金融知识大图上所包含的股东外部关系网络本质上是一个大规模的异质图，因此在异质图上处理不同类型的股东关系和计算股东一致行动概率是非常困难的。通过改变股东的每次投票概率来整合股东之间的外部关系，就需要得到每次投票的概率，即股东一致行动概率。但是，通过股东的外部关系只能得

到两两股东之间一致行动概率,这使得用股东的外部关系计算 Banzhaf 指数很困难。

针对计算公司实际控制人不考虑外部关系、无法处理大型股权网络结构的缺点,本章提出了一种方法。鉴于原有方法没有考虑股东之间其他外部关系的不足,首先,面临的挑战是如何将股权网络与额外关系的权重相结合,进一步计算股东对企业的控制;其次,需要用一定的规则来衡量股东之间复杂的外部关系,以便将股东之间的外部关系纳入计算,利用图学习模型来衡量股东之间的关系。通过深度学习将该计算模型推广到大型 EKG,解决了 Banzhaf 指数法无法处理大型数据的问题。考虑到股权网络的特点以及现有的针对控制权问题的方法,需要考虑的问题有三个:①在持续没有最弱边的股权结构中,实际控制人可能存在于企业的许多跳之外,需要能够捕捉长距离依赖的图嵌入方法,以发现超长距离的节点之间可能存在的强联系;②自然融入股东的行为信息,即自然地将邻居节点的嵌入表示进行融入;③完整的 EKG 十分庞大,拥有十多亿个节点,需要可以处理大型图的图嵌入方法。

面对这些挑战,本章采用了基于随机游走的图学习方式来进行图嵌入,这样既可以通过控制随机游走的序列来尽可能捕捉到更长距离的节点依赖,又可以避免聚合多层次邻居节点信息导致的计算缓慢而无法处理大型图的问题。

对于一个特定的任务 T(控制权计算/实际控制人发现),根据金融知识大图对 T 的信息传播特征,将 EKG 中不同类型的关系分为主导关系和非主导关系。基于两种不同的关系类型提出了基于骨干感知信息传播的图表示学习方法(graph representation learning with backbone-aware information propagation,GBIP)来捕捉 EKG 中关系的不同影响。GBIP 根据信息传播的特性,分别设计了主导和非主导(依赖和独立)关系的新聚合方法。具体来说,GBIP 利用 BackoneWalk(骨干游走)来采样和聚合主导关系形成的主干结构信息,主干结构上的关系可直接影响主导关系。与此同时,GBIP 设计了两种不同的信息聚合方式来考虑非主导关系的属性和结构的关联——横向聚合和纵向聚合,以分别处理 GBIP 上的属性信息、结构信息与关联信息,对多种类型信息按照其信息传播特点进行聚合。然后,聚合的信息通过主干结构传播,同时使用 BackoneWalk 聚合主导关系的信息。GBIP 还通过引入一种新的基于随机游走的信息聚合的超边权值函数,将超边合并到该框架中。

为了区分 EKG 上不同类型关系信息传输的特点,本章对其上的关系首先进行了分类处理。对于给定的控制权计算任务,无论是传统方式还是本章的基于知识大图的计算控制权的方式,其本质为股权结构决定了控制权,股东的控制能力随着股权结构传导,其通过持有股份而行使其表决权。因此,股权结构(持股关系)为最核心的因素,与控制权的相关性是最大的。可以说,没有股权即没有控制权。

因此，持股关系对于控制权计算而言，为主导关系。而股东之间的其他关系则是通过影响股东之间一致行动的概率来影响股东的具体行为，其投票的结果最终也是通过股权结构传递至控制公司上，故而股东之间的其他关系是通过影响股权结构上信息的传导从而影响股东的控制权的。

定义 5-7[主导关系（dominant relation）] 给定任务 T，对于 EKG 中的一关系类型 r，如果 r 对 T 的相关系数为最大，则将 r 视为主导关系；其他关系则为非主导关系。

最大系数可以通过相关分析、线性回归、特征工程等方法得到。同时，也通过领域知识建立主导关系。例如，在控制权的计算中，股权是主导关系，因为股权决定了控制。如果对于某一任务 T 没有主导关系，那么可以认为它只包括非主导关系。

定义 5-8[主干结构（backbone structure）] 对于任务 T，如果一非显性关系 r 直接影响主导关系的概率等于 $1(p=1)$，则主干结构是由主导关系和 r 组成的子图。

定义 5-9[依赖关系（dependent relation）] 对于影响主导关系的概率$(p<1)$的任一非显性关系 r，如果 r 受到任何其他非显性关系 r' 的影响，则 r 和 r' 之间形成相互依赖，为依赖关系。否则，r 是独立关系（independent relation）。

根据定义，持股关系是 EKG 中与控制权计算任务语义相关的主导关系。如果在 EKG 中没有股权连接路径，则没有股东对实体的控制权。股东之间一致行动，控制权更大，直接影响股权关系。因此，根据定义，一致行动关系成为主干结构的一部分。行政关系和从属关系是两种依赖关系。如果一名股东同时是两家公司的高管，那么这两家公司更可能有关联。如果有两家公司有关联，那么它们的高管更可能是一样的。因此，具有上述两种关系的股东在投票中更有可能做出相同的行为，这影响了他们的控制权。亲属关系是独立关系，亲属关系的结构信息反映了股东之间的社会距离。总体而言，相似属性的股东往往会做出相似的投票决定。这种相似性信息通过股权结构，即骨干结构进行传播，影响了股东的控制权。

现有的方法只从潜在信息（通常是属性信息）的角度考虑了非主导关系到主导关系的信息传播，而忽略了不同关系边的信息传播。对于 GBIP，信息在主干结构上的传播在于主导关系和一些非主导关系$(p=1)$。这些非主导关系通过改变主导关系上的信息传播路径来影响信息的传播。其他非主导关系的信息作为主干结构的辅助信息（潜在信息）传播到最终结果中。因此，GBIP 保证了主干结构的主导地位，并根据非显性关系之间的关联，横向和纵向地聚合非显性关系信息。

如图 5-8 所示，GBIP 通过三种聚合方法来聚合信息。对于主干结构，GBIP

利用了随机游走策略 BackboneWalk，而对于非优势关系，它建立了两种聚合方法：横向聚合和纵向聚合。在此基础上，GBIP 得到了所有关系在 EKG 上的相应嵌入。对于这三种聚合方式，GBIP 首先使用不同的随机游走策略来得到节点序列。然后应用 Skip-gram（跳字）（Wang Z Y and Wang H X，2016）方法来学习嵌入。为考虑主干结构外关系的影响，将关系的嵌入和主干结构的嵌入利用加权平均算法结合。利用在主干结构上生成的节点序列确定这些关系对主干结构的影响。节点 v_i 的最终嵌入情况如下。

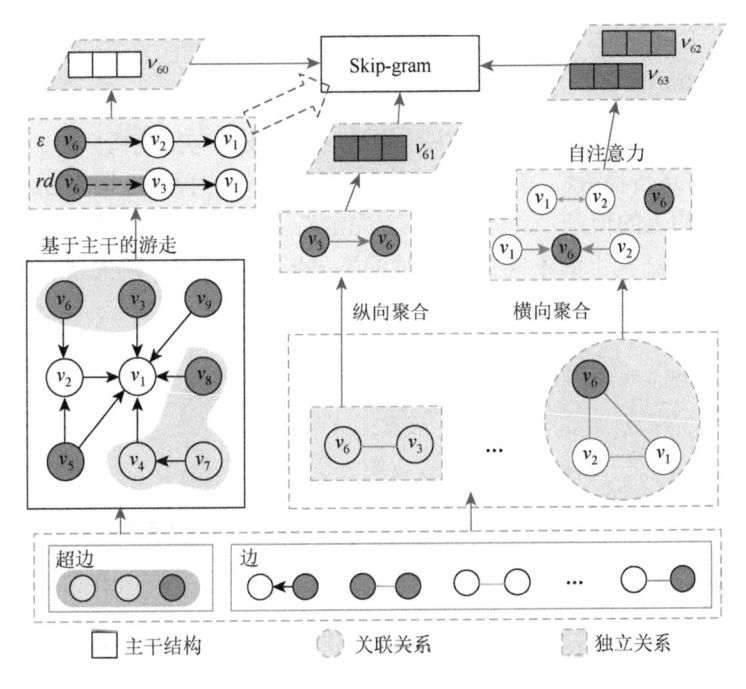

图 5-8 GBIP 框架

$$v_i = \frac{\sum_{r=0}^{m} \exp(a_{ir}) v_{ir}}{\sum_{r=0}^{m} \exp(a_{ir})} \quad (5\text{-}13)$$

其中，v_{i0} 表示 v_i 的主干结构嵌入；v_{ir} 表示间接影响主干结构的第 $r(r \in \{1,\cdots,m\})$ 关系的嵌入；a_{ir} 表示可训练参数，a_{i0} 表示 v_i 的主干结构权重。

所有参数训练都是基于随机游走得到的节点序列。利用优化函数使得到的序列中两个节点的共现概率最大化。对于相同序列中的节点对 (v_i, v_j) 优化函数公式可表示为

$$L = \log\left(\sigma\left(c_{jr}^{\mathrm{T}} v_{ir}\right)\right) + \sum_{k \in N_r'(v_i)} \log\left(\sigma\left(-c_{kr}^{\mathrm{T}} v_{ir}\right)\right) \quad (5\text{-}14)$$

其中，$N_r'(v_i)$ 表示对于关系类型 r 具有一定数量的负采样集，对应一个正的训练样本，而 $N_r'(v_i)$ 中的节点是从噪声分布 $P(v_j)$ 中随机抽取的；c_{kr}^{T} 表示 v_j 在节点序列中的上下文嵌入；v_{ir} 表示 v_i 的 r 关系嵌入；σ 表示 Sigmoid 函数，$\sigma(x) = 1/(\exp(x)+1)$。

对如图 5-8 所示的 v_6，通过训练，可得到 v_{61}、v_{62} 和 v_{63} 这三种不同关系的嵌入。GBIP 根据损失函数对参数进行训练，得到了所有关系的嵌入和 v_6 的总体嵌入 v_6。

1. BackboneWalk 主干信息传输

主干结构的信息传播主要基于主导关系，并受到 r 与效应概率 $p=1$ 之间关系的影响。针对信息传播特性，基于随机游走，本章提出了一种游走策略 BackboneWalk 来聚合主干结构上的信息。具体地说，首先定义了一个新的转移概率。如图 5-8 所示，考虑了主干结构上的不同关系。对于第 t 步的 v_i，下一跳的转移概率公式定义为

$$p(v_j | v_i, t) = \begin{cases} \eta \dfrac{w_\xi(e_{ij})}{\sum_{k \in N_\xi(v_i)} w_\xi(e_{ik})}, & v_j \in N_\xi(v_i) \\[2ex] (1-\eta) \dfrac{w_r(e_{ij})}{\sum_{k \in N_r(v_i)} w_r(e_{ik})}, & v_j \in N_\xi(v_i), r \in \mathrm{Rb} \\[2ex] 0, & r(e_{ij}) \neq \xi \text{ 且 } r(e_{ij}) \notin \mathrm{Rb} \end{cases} \quad (5\text{-}15)$$

其中，$N_r(v_i)$ 表示关系类型 r 的 v_i 邻域集合；$w_r(e_{ij})$ 表示关系 r 上的边 e_{ij} 的权重；ξ 表示主导关系；Rb 表示关系直接影响主导关系；η 表示超参数。当步行到 v_i 时，如果在 v_i 上有 r 类型边，BackboneWalk 可以选择两种步行方式，一种是继续沿着股权关系边 ξ 步行，另一种是沿着关系 $r \in \mathrm{Rb}$ 的边步行。因此，$r \in \mathrm{Rb}$ 可以通过改变主干结构上的节点序列来影响显性关系，从而实现它必须影响显性关系的目标。

但是，如果上述行走模式在步骤 $t+1$ 中继续进行，将导致没有主导关系路径的节点产生相关性。例如，在图 5-8 中，$r \in \mathrm{Rb}$ 为一致行动关系。在步骤 t 中，v_6 沿着与 v_3 一致的动作行走。如果 v_3 存在另一个一致行动关系边，并且继续沿着关系边行走，则 v_6 与其他没有持股关系路径的节点关联，导致 v_6 对其他节点产生控制。最后，控制权的计算是错误的，实际控制人的判断也是错误的。因此，一旦

它走到 Rb 关系的边，就要求它回到主导关系，以确保信息传播的合理性。所以如果它在步骤 t 沿着 $r \in \text{Rb}$ 关系边行走，那么在步骤 $t+1$，转移概率公式为

$$p(v_j|v_i,t) = \begin{cases} \dfrac{w_\xi(e_{ij})}{\sum_{k \in N_\xi(v_i)} w_\xi(e_{ik})}, & v_j \in N_\xi(v_i) \\ 0, & r(e_{ij}) \neq \xi \end{cases} \quad (5\text{-}16)$$

按照上述的游走策略。如图 5-8 所示，EKG 上的一个节点序列是关于股权关系的 $v_6 \to v_2 \to v_1$；另一个基于 Rb 关系中的一致行动关系的序列为 $v_6 \to v_3 \to v_1$。

2. 纵向信息聚合

独立关系中的信息传播主要在于其自身的结构，不受其他关系的影响。依赖关系则相互联系，通过每种类型的关系传播的信息可能会通过其他类型的关系对其产生影响。两种类型的关系虽然在信息传输上存在差异性，但就单一关系而言，其必然存在着关系内部的信息传输。针对每种关系内部的信息传输，通过聚合多跳邻居的信息来捕获多跳关联，来模拟信息在关系边 $r \in \text{Ro}$ 的传播，Ro 为依赖关系与独立关系的集合。对于节点 $v_i \in V$，第 l 级嵌入 u_{ir}^l ($1 \leq l \leq L$) 的关系 $r \in \text{Ro}$ 从邻域边聚合公式为

$$u_{ir}^l = \text{aggregator}(\{u_{jr}^{l-1}, \forall v_j \in N_r(v_i)\}) \quad (5\text{-}17)$$

其中，l 表示信息传播的跳数；$N_r(v_i)$ 表示关系 $r \in \text{Ro}$ 的 v_i 的邻域边。本章将最终的聚合结果 u_{ir}^L 表示为 u_{ir}。

对于最终嵌入的形成，不同的关系类型得到采样序列的方式有所不同。由于独立关系不受其他关系的影响，因此其随机游走序列可根据权重进行游走。而对依赖关系，则需要根据其之间的联系来进行游走。本章根据基于元路径的方法随机游走，给定一个元路径模式：$V_0 \to V_1 \to \cdots \to V_t \to \cdots \to V_l$，其中 l 是元路径的长度，转移概率是基于该模式形成的。它确保了不同类型节点之间的语义关系可以正确地合并到 Skip-gram 模型中。

3. 横向信息聚合

由于依赖关系之间的相互关系，通过每种类型的关系传播的信息可能会通过其他类型的关系对其产生影响。然而，却不能明确判断影响效果，而且每个实体影响都是不一致的。因此，本章提出了横向聚合方法，通过依赖关系聚合信息，以捕获异构依赖关系之间的影响，利用注意机制来衡量关系之间的相互作用。

将 v_i 所有关联的关系类型进行连接，其所有依赖关系嵌入表示为 U_i，$U_i = (u_{i1}, u_{i2}, \cdots, u_{im})$。连接起来后，使用自注意机制横向地衡量关系之间的相互联

系。属性往往包含了关系边中被忽略的信息，而这些信息对节点来说同样十分重要，且能够在一定程度上解决图不完整的问题，故将属性信息纳入到最终的嵌入中，能够在一定程度上增强信息的丰富性。最后对节点 v_i 的关系 $r \in \mathrm{Rd}$ 类型的嵌入函数可表示为

$$v_{ir} = h_o(a_{i1}, a_{i2}, \cdots, a_{im}) + M_r^\mathrm{T} U_i \alpha_{ir} \tag{5-18}$$

其中，h_o 表示将节点属性 $\{a_{i1}, a_{i2}, \cdots, a_{im}\}$ 转换为属性嵌入的转换函数；M_r 表示一个可训练的变换矩阵；α_{ir} 表示 $r \in \mathrm{Rd}$ 向量关系的线性组合系数，且其由式（5-19）得到。

$$\alpha_{ir} = \mathrm{softmax}\left(m_r'^\mathrm{T} \tanh\left(M_r'^\mathrm{T} U_i\right)\right) \tag{5-19}$$

其中，$m_r'^\mathrm{T}$ 和 $M_r'^\mathrm{T}$ 表示关系类型 $r \in \mathrm{Rd}$ 的可训练参数。

4. 超边的处理

总的来说，BackboneWalk 是基于随机游走来学习嵌入的。然而，在 EKG 中，存在一些超边，不能直接应用于随机游走（如一致行动关系）。因此，在超图（Zhou et al., 2007）的工作基础上，使用 f 来建立超边。对于超边缘 ε_i，若 $v_i \in \varepsilon$，$f(v_i, \varepsilon_i) = 1$，否则 $f(v_i, \varepsilon_i) = 0$。$\varepsilon_i$ 的权重 w 如下：

$$w(\varepsilon_i) = \sum_{v_k} f(v_k, \varepsilon_i) \tag{5-20}$$

其中，$w(\varepsilon_i)$ 表示包含在超边上的节点数。节点 v_i 的度 d 如下：

$$d(v_i) = \sum_{\varepsilon_k} f(v_i, \varepsilon_k) w(\varepsilon_k) \tag{5-21}$$

其中，d 表示通过超边连接到 v_i 的节点数。从上面的定义可知，在 EKG 中，如图 5-8 所示，$\{v_4, v_7, v_8\}$ 的 $w(\varepsilon_1) = 3$，$d(v_4) = 3$。对于超边 ε_k 上的随机游走，v_i 和 v_j 之间类似普通边的权值 $w(e_{ij})$ 定义如下：

$$w(e_{ij}) = \sum_{\varepsilon_k} \frac{w(\varepsilon_k)}{d(v_i)} \frac{f(v_j, \varepsilon_k)}{\sum_{v_p} f(v_p, \varepsilon_k)} = \sum_{\varepsilon_k} \frac{f(v_j, \varepsilon_k)}{d(v_i)} \tag{5-22}$$

在完成该定义之后，在超边上的随机游走与信息聚合可以与边一样进行。

（二）基于金融知识大图的控制权拟合

控制神经网络（control neural network，CoNN）旨在准确预测股东对某一公司的控制权，并披露该公司的实际控制人。控制权由股权结构决定，并受股东之间其

他关系的影响。对于 v_j 公司，如果 v_i 是实际控制人之一，则它们之间必然存在很强的股权相关性，从而导致嵌入 v_i 与 v_j 的相似性较高。如图 5-9 所示，首先将 cosine 分数和实体的特征连接到一个单一的向量 v_{join} 中，如式（5-23）所示。

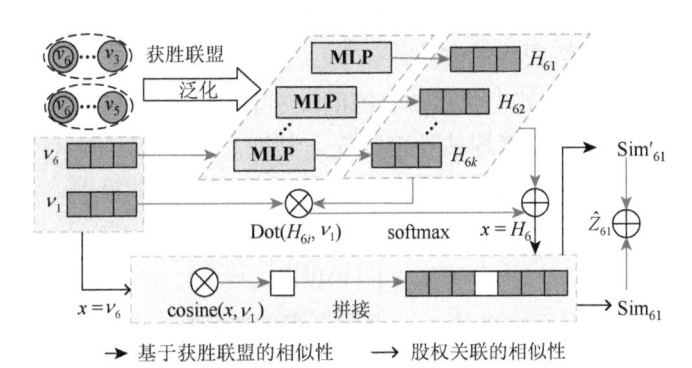

图 5-9　CoNN 结构

$$v_{\text{join}} = \text{Concat}\left(v_i, \cos(v_i, v_j), v_j\right) \tag{5-23}$$

其中，v_i，v_j 连接的目的是合并节点自身的信息，然后通过完全连接的隐层的 v_{join} 计算 v_i 和 v_j 的股权相关性 Sim_{ij}。

计算控制能力引入了投票过程，需要捕获由获胜的联盟形成的隐藏信息。一个股东可以属于不同的联盟。如图 5-6（a）所示，v_6 在 $\{v_6, v_5\}$ 和 $\{v_6, v_3\}$ 的联盟中获胜了，但在 $\{v_6, v_4\}$ 的联盟中不一定最终获胜。而通过 v_6 和 v_3 之间的一致行动关系，v_6 成为 v_1 的实际控制人，因为其总位于获胜的联盟 $\{v_6, v_3\}$ 中。因此，CoNN 通过不同的转换来捕获不同联盟的信息，将对应的股东节点转移至不同的联盟内观察其是否获胜来捕获获胜联盟的信息。CoNN 选择了几个多层感知机（multi-layer perceptron，MLP）转换来探索 v_i 的隐藏信息。

$$H_{ik} = \tanh(M_k v_i) \tag{5-24}$$

其中，$H_{ik}(k \in \{1, 2, \cdots, K\})$ 表示不同联盟中的隐藏信息；M_k 表示可训练的变换矩阵。

联盟是否获胜与目标公司 v_j 的最终投票结果有关。因此，在股东向不同联盟转换后，CoNN 利用联盟信息和目标公司信息的相似性 Dot 来判断联盟是否获胜。然后利用 softmax 函数将 $H_{ik}(k \in \{1, 2, \cdots, K\})$ 进行归一化，作为最终聚合不同获胜者联盟信息的系数，以综合考虑不同获胜联盟的可能性，如式（5-25）和式（5-26）所示。

$$\alpha = \text{softmax}\left(\text{Dot}\left(H_{i1}, v_j\right), \text{Dot}\left(H_{i2}, v_j\right), \cdots, \text{Dot}\left(H_{ik}, v_j\right)\right) \tag{5-25}$$

$$H_i = \alpha H = \sum_{k=1}^{K} \alpha_k H_{ik} \tag{5-26}$$

其中，H_i 包含了 v_i 属于获胜联盟的概率信息。然后，与前面计算相似性一致，利用与式（5-23）相同的方式计算与获胜联盟 Sim′ 的相似性。最后，通过隐层，完成对两部分信息的线性积分，建立模型：

$$\hat{z}_{ij} = \beta \text{Sim} + \beta' \text{Sim}' \tag{5-27}$$

其中，β 和 β' 表示训练得到的参数。

为了优化模型，计算其中各项参数的值，应当明确 CoNN 的目的。首先，CoNN 的第一个要求是尽可能准确地估计控制权。其次，为使 CoNN 有能力区分实际控制人和非实际控制人，另外设置优化系数以处理不同的情况。最终的目标函数如下：

$$L_c(v_i, v_j, z_{ij}) = \exp(\gamma) |z_{ij} - \hat{z}_{ij}| \tag{5-28}$$

其中，γ 表示不同情况下的系数；z_{ij} 表示真实的控制权；$\hat{z}_{ij}$ 表示预测的控制权。由于本章关注的是候选实际控制人，这意味着候选实际控制人将影响公司的最终决策。γ 由以下公式进行计算：

$$\gamma = \begin{cases} 0, & (z_{ij} - \tau_z)(\hat{z}_{ij} - \tau_z) \geqslant 0 \\ 1, & (z_{ij} - \tau_z)(\hat{z}_{ij} - \tau_z) < 0 \end{cases} \tag{5-29}$$

其中，τ_z 表示通过控制权判断为实际控制人的阈值。

这意味着，当一个候选的实际控制人被视为一个非实际控制人时，该模型使用高权重 exp 进行了更多的调整。

第三节　股权穿透与控制权计算应用案例

一、金融知识大图穿透分析应用

本章基于 2019 年的金融知识大图，针对以下风险特征开展两方面的分析：①关键股权特征的统计分布与概率近似；②基于股权结构特征的风险特征识别。

（一）穿透式多层股权网络

本章借助 EPS 算法从股权知识大图中抽取金融机构的穿透式多层股权网络图。选取了最具有代表性的 7 种类型的金融机构——银行、保险、期货、证券、资管、信托、公募基金，其中资管研究对象仅为国有资产管理公司，因其资产规模和利润总额占据绝对优势，且拥有金融牌照，所以具有较强的代表性。私募基金存在信息透明度低、信息披露有限等问题，我们将进一步收集和更新私募基金的准确股权数据。表 5-1 展示的是整体样本中各类型金融机构的股权结构特征分析，可以看到银行的平均总层数为 13 层，平均股东总数达 4134 家，平均最终股东占比 66.20%，而证券的股东数与层数要高于其他几类金融机构，原因在于选取的是典型的大型证券公司，其股权结构较为复杂。

表 5-1　金融机构股权结构特征分析

类型	数量/家	平均总层数/层	平均股东总数/家	平均最终股东数/家	平均最终股东占比
银行	359	13	4 134	2 798	66.20%
保险	117	15	5 359	3 605	60.46%
期货	12	18	8 058	5 412	62.08%
证券	35	28	12 348	8 285	66.81%
资管	2	2	8	6	70.91%
信托	67	12	3 938	2 642	52.46%
公募基金	116	12.8	1 348	849	61.80%

表 5-2 展示的是银行类金融机构股权结构特征分析，可以看到六大类型的银行呈现较鲜明的特征，其中国有银行与股份制银行平均总层数分别为 30 层、28 层，平均股东总数超过 1 万家；国有银行相对于股份制银行股权较为分散，股东数量较多，其规模与其对应的资产占比和负债特征相符合。

表 5-2　银行类金融机构股权结构特征分析

类型	数量/家	平均总层数/层	平均股东总数/家	平均最终股东数/家	平均最终股东占比
国有银行	7	30	13 190	8 849	65.44%
股份制银行	11	28	12 603	8 454	64.85%
城商行	128	15	5 137	3 466	65.14%
农商行	172	11	3 013	2 058	69.77%
外资银行	37	4	1 666	1 117	52.97%
民营银行	4	12	3 940	2 656	74.27%

进一步分析银行类金融机构平均总层数与股东总数、最终股东占比的关系，如图 5-10（a）所示，总层数与股东总数具有明显的分层结构，且中间出现层数间隙，在 0~20 层，股东总数在 0~4000 浮动，有趣的是，到了 30~40 层，股东总数则跃升到了 15 000 家左右。结合表 5-2 可以分析得出，城商行、农商行、外资

银行、民营银行总体上处于第一分层，即大部分这类银行的股东层数在 0~20 层，而国有银行和股份制银行则处于第二分层，说明这类银行股东层数较多，股权结构更为复杂。图 5-10（b）展示了最终股东占比的分布规律，同样在 0~20 层时，最终股东占比均高于 20%，大部分集中于 40%~95%，而到了 30~40 层最终股东占比稳定于 66%上下，可见银行的股东总数和最终股东占比与总层数有一定的相关性，同样结合表 5-2 可知国有银行和股份制银行的最终股东占比很稳定，与这两类银行的总资产占比紧密相关。

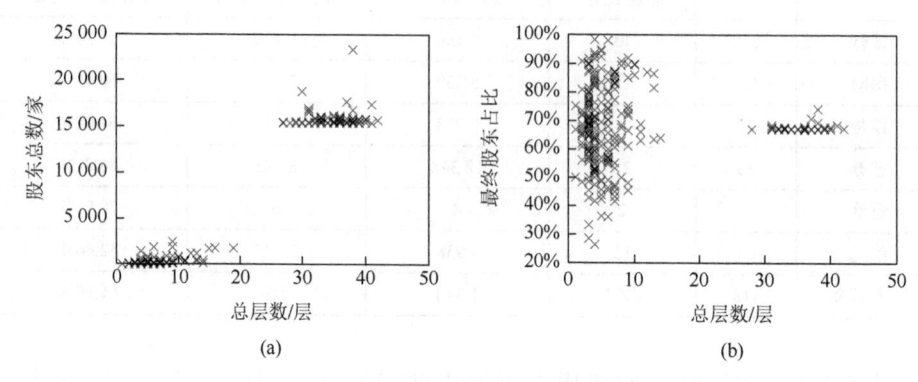

图 5-10 银行类金融机构股权结构特征分析图

尽管股权网络在整体分析中处于核心角色，但是在系统性金融风险的识别分析中，另一个重要的分析指标对象就是分类型的最终持股比例。本章分析计算银行的最终股东结构，包括国有、私有、外资、广泛持股四个组成部分类型。使用 EPS 算法找到六大类型银行的穿透式多层股权网络，并统计银行最终股东的类型和占比，统计分析结果如表 5-3 所示。其中，银行的国有最终持股资产加权比例高达 53.29%，私有为 5.29%，外资为 5.76%，广泛持股为 35.66%。法人股为最大股东时，公司并购的次数要略多于国家股为最大股东的次数。总的来说，国有比例越高，就越能发挥其监督作用，防止内部人控制，因此对业绩也有正向的促进作用。在企业中，国有股权占比越大，国有股在企业战略创新中的作用就越大，因此，过程创新和绩效创新获得绩效越高。且国有股权占比越大，企业越能享受关键资源等优惠待遇，对企业和金融机构都有正向的促进作用。上述理论与实证研究证实：国有股占比的提高会提升企业和金融机构的风险承担水平，有效防止内部控制人的出现，并享受更多的优惠待遇，对企业过程创新起正向促进作用；从公司内部内控水平来看，银行国有最终持股比例越大，其风险承担水平越高。基于以上理论，可以通过计算某一类型银行的国有最终持股比例的平均值，进而与平均值进行比较来判断某银行国有最终持股比例是否低于该银行所属类型的国有最终持股比例的平均水平，给监管部门评估系统性金融风险提供参考。

表 5-3　银行类金融机构的最终持股结构

类型	国有	私有	外资	广泛持股
国有银行	72.22%	0.04%	1.86%	25.88%
股份制银行	32.30%	8.34%	11.92%	47.44%
城商行	27.03%	15.97%	5.74%	51.26%
农商行	17.86%	20.68%	1.27%	60.19%
民营银行	1.14%	61.63%	10.06%	27.17%
外资银行	0.05%	0.02%	99.89%	0.04%
加权比例	53.29%	5.29%	5.76%	35.66%

（二）关键股权路径

本章使用关键股权路径（critical equity path，CEP）算法查询银行类金融机构之间的关键股权路径，并进行相关的特征分析。路径的起点和终点分别枚举所有银行类机构，共有 359×359 = 128 881 种组合方式，其中仅有 581 种起点和终点的组合之间存在连通路径。连通路径的数目远小于可能存在连通路径的数量，原因在于股权关系较为稀疏，使两个银行之间存在连通路径的概率较小。对于任意一个存在连通的起点和终点组合，即路径长度大于 0，依次设定 k = 1,2,3,…，进行 Top-k 查询。注意到第 k 条路径的持股比例随着 k 增加不断减少，对于持股比例接近于 0 的路径，在金融上缺少实际意义。因此，如果持股比例小于 0.0001%，则标记为 0.0000%，即对持股比例仅保留小数点后 4 位。

首先，对起点和终点的银行类金融机构所属的不同类型进行统计分析。如表 5-4 所示，Top-4 关键股权路径中的第 4 条路径的持股比例大部分为 0，而且第 5 条路径的持股比例比第 4 条更小，路径持股比例几乎全部为 0。因此，仅在表 5-4 中列出 Top-4 关键股权路径。

表 5-4　银行类金融机构 Top-4 关键股权路径统计表

起点类型	终点类型	路径数量	第1条 长度	第1条 比例	第2条 长度	第2条 比例	第3条 长度	第3条 比例	第4条 长度	第4条 比例
城商	城商	21	3	8.5238%	9	0.0000%	0	0.0000%	0	0.0000%
城商	农商	6	5	3.4130%	4	0.0093%	9	0.0021%	9	0.0004%
股份	城商	16	9	0.6266%	11	0.0000%	11	0.0000%	11	0.0000%

续表

起点类型	终点类型	路径数量	第1条 长度	第1条 比例	第2条 长度	第2条 比例	第3条 长度	第3条 比例	第4条 长度	第4条 比例
股份	农商	18	9	0.3334%	10	0.0000%	10	0.0000%	10	0.0000%
股份	外资	6	8	0.0000%	8	0.0000%	10	0.0000%	11	0.0000%
国有	城商	181	8	0.2940%	9	0.0231%	9	0.0047%	10	0.0000%
国有	股份	16	5	0.1624%	7	0.0001%	7	0.0000%	11	0.0000%
国有	国有	12	4	0.0069%	6	0.0000%	6	0.0000%	6	0.0000%
国有	民营	8	7	0.0269%	8	0.0002%	8	0.0000%	6	0.0000%
国有	农商	115	8	0.2548%	9	0.0000%	10	0.0000%	10	0.0000%
国有	外资	16	8	0.5982%	8	0.0000%	8	0.0000%	9	0.0000%
农商	城商	10	5	2.1732%	8	0.0000%	8	0.0000%	9	0.0000%
农商	农商	65	2	5.9148%	5	0.0851%	6	0.0006%	7	0.0000%
外资	城商	51	9	0.4438%	10	0.0000%	11	0.0000%	12	0.0000%
外资	股份	4	5	0.0002%	0	0.0000%	0	0.0000%	0	0.0000%
外资	国有	6	6	6.2125%	0	0.0000%	0	0.0000%	0	0.0000%
外资	民营	4	8	0.0001%	0	0.0000%	0	0.0000%	0	0.0000%
外资	农商	22	6	0.2046%	10	0.0000%	12	0.0000%	10	0.0000%
外资	外资	4	10	0.0000%	10	0.0000%	11	0.0000%	11	0.0000%
合计		581	6.58	1.3444%	7.05	0.0123%	7.15	0.0017%	7.47	0.0000%

（1）从表的纵向来看，起点银行类型与终点银行类型组合一共有19种，其中国有银行与城商行、国有银行与农商行之间的路径数量最多，说明它们之间的股权关系较为稠密。国有银行和股份制银行规模和资产占比占据银行业的53%，拥有数量庞大的股东，在银行与银行的股权关联网络中，起着重要的连接作用。其中，起点为国有银行，终点为城商行和农商行的路径数量最大。城商行与农商行统称为区域性商业银行，关键股权路径数量说明区域性银行受到国有银行与股份制银行等大型银行股权影响，我国银行业龙头集中度进一步提升。在第1条路径中，城商—城商的平均路径权重达到8.5238%，平均长度为3，相比其他类型的第1条路径持股比例较高，路径长度更短。这些关键股权路径涉及的城商行包含大量资产规模千亿级以上的大型城商行，如北京银行、南京银行、上海银行等。

这与城商行依赖高杠杆盈利的结论一致。关键股权路径持股比例的计算实质是终点对起点的最终收益权份额，随着路径长度的累加，杠杆也会逐级累加。起点银行（股东）如果资金实力不够、大幅依赖杠杆融资，则最终收益权越大，那么对终点银行的稳健经营与资金充足率的冲击也就越大。因此，关键股权路径也反映了系统性金融风险的微观成因。

（2）从表的横向来看，总体上从第1条到第4条的平均长度是递增的趋势（6.58～7.47），因为长度增加使路径的持股比例不断衰减，从而在 Top-k 路径中的持股比例排名下降。一个例外是城商—农商股权路径，第1条的平均长度为5，而第2条路径的平均长度为4，原因在于发现关键股权路径时，不仅仅考虑了路径的持股比例，也考虑了路径的控股或持股的优先级。一般而言，长度较长的股权路径的持股比例较低，如果出现反常现象则需引起监管部门的注意，需要警惕路径起点的金融机构运用杠杆。倘若是为躲避监管而设计较长的股权路径，其背后动机非常复杂，极有可能的目的是从金融机构套取资源。注意到起点为外资银行，终点为国有、股份制或民营银行的股权路径仅存在 Top-1 的路径；而起点为外资银行，终点为农商行、城商行或外资银行的路径则存在 Top-4 的路径，这与银行的性质有很大的关系，因为国有、股份制等类型的银行对外资持股占比进行了严格把控，而农商行正处于发展时期，亟须积极引进战略股东，因而外资银行股东占股较多。

关键股权路径是识别不正当关联交易的基础。股东对银行资源的侵蚀，本身就是系统性金融风险的重要来源。这种风险一旦爆发会沿着股权路径进行传导和扩散。例如，由上述分析可知，城商行与城商行之间的股权路径一般较短，最终收益权也高于其他类型的银行，且城商行的高杠杆会随着路径累加，造成被控制银行的经营风险，需要监管部门重点关注。由此可见，发现关键股权路径并考虑银行的类别可以进一步帮助监管部门细化风险防控措施和体系。

（三）风险案例分析

安邦保险集团利用多层级复杂股权网络隐藏实际控股股东，并通过多层级股东循环持股、虚假注资形成600多亿元的资本金。安邦保险集团最终被原保监会接管，以防止安邦事件可能带来的风险传导效应，实质上防范了系统性金融风险。本章围绕安邦事件分析单个金融机构的穿透式多层股权结构的特征。通过调用EPS算法，在真实的股权知识大图中进行查询，穿透安邦系被接管之前的多层股权网络，评估其风险。如图5-11所示，展示了以民生银行为中心的穿透式多层股权网络（仅展示部分4层股东结构），并以时间轴的形式说明关键股权结构随时间的变化，从2013年到2018年，安邦保险集团从增持代替新希望六和投资有限公司成为民生银行的控股股东,到被接管之后相继退出民生银行的大股东之列。其中关键时间节点包括:安邦财产保险持股比例从 2013 年的 2.98%增持到 2014 年的 4.88%,再到 2016 年的 4.56%,最后降为 2018 年的 0。可以看到风险发生前,安邦保险集团一直在增持股份,到风险发生后逐渐退出民生银行股东之列,表明股权的结构变化与金融风险的关联。如果通过 EPS 能够预先快速发现重要股权结构的时序变化,如股权增持引发的实际控股股东改变,则可以帮助监管部门预警金融风险。

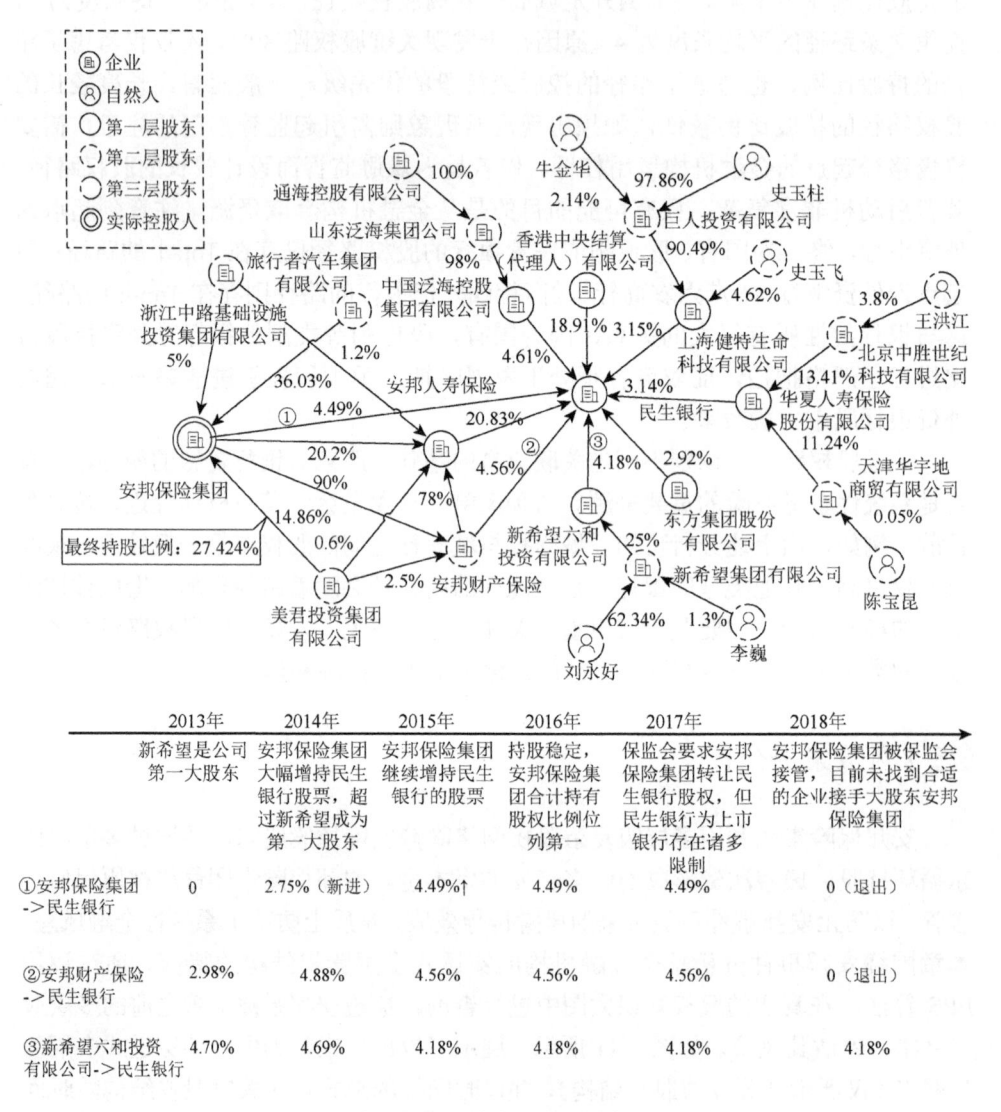

	2013年	2014年	2015年	2016年	2017年	2018年
	新希望是公司第一大股东	安邦保险集团大幅增持民生银行股票,超过新希望成为第一大股东	安邦保险集团继续增持民生银行的股票	持股稳定,安邦保险集团合计持有股权比例位列第一	保监会要求安邦保险集团转让民生银行股权,但民生银行为上市银行存在诸多限制	安邦保险集团被保监会接管,目前未找到合适的企业接手大股东安邦保险集团
①安邦保险集团->民生银行	0	2.75%(新进)	4.49%↑	4.49%	4.49%	0(退出)
②安邦财产保险->民生银行	2.98%	4.88%	4.56%	4.56%	4.56%	0(退出)
③新希望六和投资有限公司->民生银行	4.70%	4.69%	4.18%	4.18%	4.18%	4.18%

图 5-11　民生银行穿透式多层股权网络(2016 年)

所有最终股东的持股比例可以通过式（5-1）计算得到，如表 5-5 所示，按照最终持股比例排序得到的前十大股东中，安邦保险集团为排名第一的最终股东，2016 年最终持股比例高达 27.424%，可以认定为民生银行的实际控股股东。香港中央结算（代理人）有限公司是直接持股比例最高的股东，其持股比例为股东账户的股份总和，而非实际持股。这些股份的权益通过多层股权网络归属最终股东，这样高杠杆的股权结构本身具有很大的风险，而且当实际控股股东出现风险时，风险有较大概率传导给被控股公司。事实也证明，当安邦保险集团发生风险事件时，民生银行受到了风险冲击，股价大跌。

表 5-5　民生银行最终股东持股比例

最终股东	最终持股比例	排名
安邦保险集团	0.274 243 200	1
香港中央结算（代理人）有限公司	0.189 100 000	2
旅行者汽车集团有限公司	0.112 993 680	3
上海德悦股权投资管理有限公司	0.071 786 768	4
联通租赁集团有限公司	0.071 786 768	5
深圳祥隆股权投资管理有限公司	0.051 798 854	6
通海控股有限公司	0.046 100 000	7
卢志强	0.035 561 540	8
上海标准基础设施投资集团有限公司	0.028 408 142	9
史玉柱	0.027 894 357	10

在得到民生银行的穿透式多层股权网络之后，需进一步分析网络中两个公司之间的持股链路，找出关键的股权关联路径，从而有助于帮助监管部门确定重要的股权关系，及时阻断风险。调用关键股权路径算法，输入查询起点安邦保险集团与查询终点民生银行，查询两个公司之间的 Top-3 关键股权路径。查询得到前 Top-3 的路径结果。

安邦保险集团到民生银行的关键股权路径如表 5-6 所示，可见第 1 条、第 2 条关键股权路径的控股权为 1，是完全控股路径。这两条路径具有较高的杠杆率，极易发生风险，从侧面印证了穿透式多层股权网络中的风险识别结果。纵观 Top-3 的股权路径，第 3 条路径的路径权重大于第 2 条路径，这是因为杠杆的运用使较少的持股比例实现了控股权。这也印证了是关键股权路径算法考虑了需要区分持股、控股优先级。关键股权路径说明安邦保险集团注资资金流很多是通过第 1 条股权路径流通的,需要监管部门重点关注,当发生金融风险时,应及时进行阻断,防止风险的传导和扩散。

表 5-6 安邦保险集团到民生银行的关键股权路径

持股路径	路径企业	控股权	长度	权重
第 1 条	安邦保险集团→安邦财产保险→安邦人寿保险→民生银行	1	3	0.146
第 2 条	安邦保险集团→安邦人寿保险→民生银行	1	2	0.042
第 3 条	安邦保险集团→安邦财产保险→民生银行	0	2	0.045

同时使用 EPS 和关键股权路径算法对近年来典型金融风险事件进行了风险结构的发现和分析,从表 5-7 中可以看到,此类事件的共同点是股权结构成为引发风险的主要原因。金融复杂股权网络可以通过以下渠道对风险产生影响。其一是股东资本的真实性与合规性及多层股东带来的杠杆叠加机制,如安邦事件和包商银行事件;其二是大股东关联交易带来的风险,以及复杂股权网络下实际控股股东的高隐蔽性带来风险扩大,如抚顺银行事件和中美天元事件。如表 5-7 所示,事前、事中、事后的实际控股股东发生了变化,安邦保险集团和辽宁永大集团通过前期股本大幅增持取代之前的实际控股股东的位置,再利用实际控股股东的权利操纵银行。包商银行事件和抚顺银行事件发生之后,股权进行重组,共同点是重组之后的实控权由民营企业转移至地方政府,最大限度地弥补损失,避免更多的风险。结合从实际控股股东到金融机构关键股权路径的变化分析,可以看到具有较高风险隐患的实际控股股东的持股链路较为复杂,实际控股股东隐藏在层层股东之后,具有较高的隐蔽性。交叉持股即存在两家公司直接或间接地互为股东的情况。可以发现民生银行和包商银行的股权网络中存在交叉持股情况,在复杂的股权网络的情况下,可能存在潜在风险。

表 5-7 典型金融风险事件的股权结构分析

事件案例	事件说明	金融机构	实际控股股东	关键股权路径	交叉持股
安邦事件	2018 年 2 月安邦保险集团通过层层股权循环出资放大资本,被保监会接管	民生银行	新希望六和投资有限公司(2013 年)→安邦保险集团(2016 年)	Top-1(2013 年):新希望六和投资有限公司→民生银行 Top-1(2016 年):安邦保险集团→安邦财产保险→安邦人寿保险→民生银行	有
包商银行事件	2019 年 5 月包商银行出现大股东占用资金,出现信用风险被接管	包商银行股份有限公司	明天控股有限公司(2016 年)→中国人民银行(2019 年)	Top-1(2016 年):明天控股有限公司→包头市北普实业有限公司→包头市聚铼贸易有限责任公司→包头市百川投资有限公司→包商银行股份有限公司 Top-1(2019 年):中国人民银行→存款保险基金管理有限责任公司→包商银行股份有限公司	有

续表

事件案例	事件说明	金融机构	实际控股股东	关键股权路径	交叉持股
抚顺银行事件	2014年永大集团大股东借抚顺银行炒作永大股票，然后大幅减持套现	抚顺银行股份有限公司	建龙钢铁控股有限公司（2005年）→永大集团（2013年）	Top-1（2005年）：建龙钢铁控股有限公司→抚顺新钢铁有限责任公司→抚顺银行股份有限公司 Top-1（2013年）：永大集团→抚顺银行股份有限公司	无
中美天元事件	2014年吴东集团从柳州银行骗贷金额达313亿元的贷款诈骗案浮现水面	柳州银行股份有限公司	吴东（2014年）→柳州市人民政府国有资产监督管理委员会（2017年）	Top-1（2014年）：吴东→广西中美天元融资性担保集团有限公司→广西海生药业有限公司→柳州银行股份有限公司 Top-1（2017年）：柳州市人民政府国有资产监督管理委员会→柳州市龙建投资发展有限责任公司→柳州银行股份有限公司	无

从以上案例分析中可以看出算法的重要性：在层层嵌套的金融机构股权网络之下，部分股东特别是实际控股股东可能不当干预金融机构的经营管理，将金融机构作为"取款机"，使金融风险大大增加。而且实际控股股东到金融机构的关键股权路径也是风险传导扩散的重要路径。因此通过算法分析穿透式多层股权网络和关键股权路径为理解金融机构的风险承担行为提供重要的参考信息。其中，EPS算法可以洞察隐藏在多层股权网络中的实际控股股东，实现穿透式监管，为系统性金融风险提供决策支持。关键股权路径的发现可以揭示金融机构之间的控股权和杠杆，当出现持股比例与路径长度正相关的异常情况时，则应警惕高杠杆的应用。与此同时，监管部门在分析和阻断风险传导的路径时，应重点考虑关键股权路径。因此关键股权路径算法可为系统性风险的监管提供决策支撑。

基于以上结论，可得到四点政策建议：①对金融机构进行穿透式股权监管，基于时序股权数据持续监控和识别实际控股股东，与公开披露的控股股东进行比对验证，如不同应确认该金融机构的实际控股股东，避免实际控股股东处于监管盲区；②计算重点金融机构的最终股东类型中的国有股权占比，如果占比低于该机构所属类别的国有股权占比平均水平，则需要监管部门进行关注；③建议对实际控股股东与金融机构的关键股权路径进行发现和核查，基于股权高杠杆、交叉持股等风险特征的计算和分析对可能的风险进行预警；④应将关键股权路径上的金融和非金融机构纳入监管范围，当风险发生时，对以上机构进行重点关注并拟定针对性的监管措施，防范风险沿路径传导。

二、金融知识大图控制权计算应用

本分析案例从整个股权知识大图上提取子图来验证VAC模型的有效性。如图5-12所示，以"厦门合兴包装印刷股份有限公司"为中心节点提取子图。并利用深度学习神经网络的相似度计算方式，得到在该子图上有 8 个股东拥有一致行动的可能性。在该子图中，任意两个股东的一致行动概率如表 5-8 所示。其中"许晓光""许晓蓉""吕秀英""许天津""宏力投资有限公司""新疆兴汇聚股权投资管理有限公司""夏光纯""夏平"，分别表示为 v_1、v_2、v_3、v_4、v_5、v_6、v_7、v_8。其余股东之间均视为相互独立，其一致行动概率为 0。

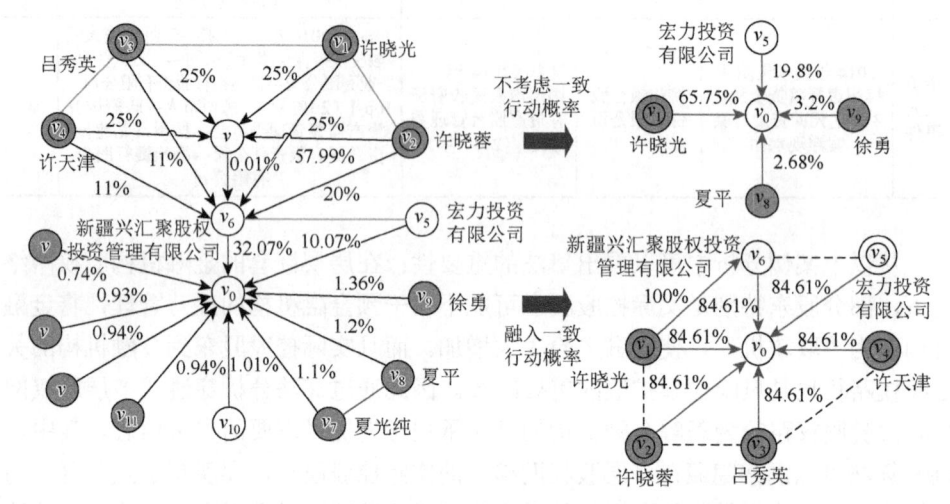

图 5-12 基于金融知识大图小规模子图的控制权计算案例

表 5-8 股东间一致行动概率

一致行动概率	ρ_{12}	ρ_{13}	ρ_{14}	ρ_{23}	ρ_{24}	ρ_{34}	ρ_{45}	ρ_{46}	ρ_{56}	ρ_{78}
值	0.98	0.93	0.98	0.94	0.98	0.96	0.69	0.61	0.97	0.96

事实上，节点 v_1、v_2、v_3 和 v_4 均为亲人，v_7、v_8 也互相为亲人。亲人之间更可能是一致行动的，这也证实了该企业在很大程度上为家族企业。从案例中也可以看出，最终计算出的这组一致行动概率是合理的。

得到一致行动概率后，最终可以得到目标企业各个股东对应的 VAC 指数。主要股东对于厦门合兴包装印刷股份有限公司的控制权如表 5-9 所示。可以发现，不包括关系，目标企业的控制权是分散的。但算上关系后，有很多股东对其有较大的控制权（VAC 指数），最后得到的实际控制人变成 v_1、v_2、v_3、v_4 组成的小团体。

表 5-9 主要股东对于厦门合兴包装印刷股份有限公司的控制权

控制权	v_1	v_2	v_3	v_4	v_5	v_7	v_8	v_9	v_{10}	v_{11}
Banzhaf	—	64.69%	—	0.17%	19.80%	2.10%	3.20%	2.68%	1.70%	0.39%
VAC	2.10%	3.20%	2.68%	1.70%	0.39%	0.67%	0.67%	0.58%	0.39%	0.27%

第五章　股权穿透与控制权计算　·155·

总体而言，股东关系整合后，与企业关系密切的股东的 VAC 指数增加，而与企业无关的股东的 VAC 指数则相应下降。当关联关系密切的股东对企业的控制具有绝对优势时，该企业的实际控制人形成一个团体。团体内任何实体的变更都可能对企业产生影响。同时，如果发生多个实体的变更，其影响也要引起足够的重视。

从另一个案例来看，"江苏四环生物股份有限公司"的股权结构较为分散（图 5-13）。没有一个股东持有企业 30%以上的股权，没有一个股东能够对企业的决策产生实质性影响，不存在实际控制人。"陆克平"是多跳之外的"江苏四环生物股份有限公司"的股东，仅考虑股权结构，其持股比例几乎可以忽略不计。通过与"厦门合兴包装印刷股份有限公司"案例一致的分析过程，"陆克平"控制权（VAC 指数）达到 87.89%，为企业实际控制人。事实上，他通过其亲属、共同行

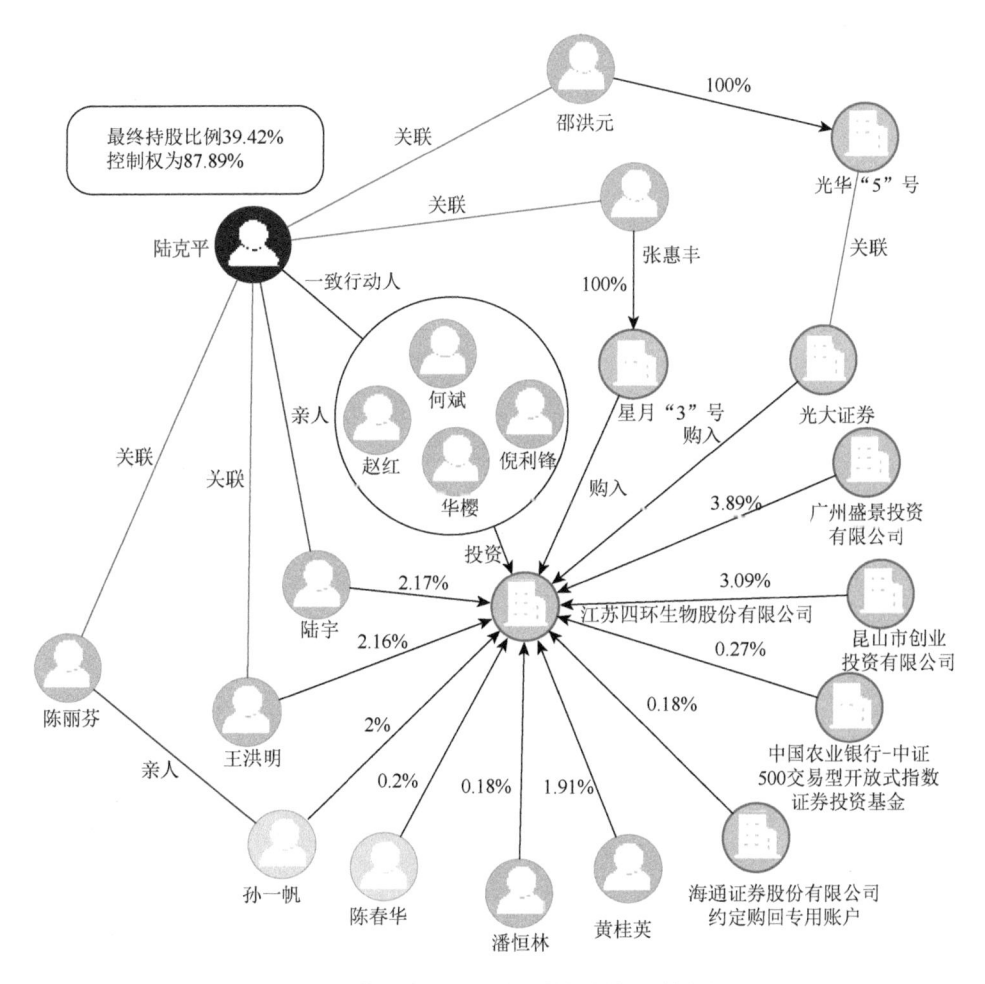

图 5-13　基于金融知识大图的控制权计算案例

为人及与其有关联的个人扩大了表决权,通过 13 个债券工具和 2 个权益工具实现了对"江苏四环生物股份有限公司"的控制。如果仅通过股权结构,他在表决权计算过程中已经被忽略,被认为是一个不重要的股东。因此,综合考虑各种影响,能得到更准确的实际控制人,仅在股权结构上对企业没有影响的股东,引入股东关系后,可能成为企业的实际控制人之一。

第六章　金融知识大图查询与分析平台

基于金融知识大图的查询与分析有助于实现金融风险防控决策的流程自动化，提高决策的效率和准确性。然而，金融大数据的海量、多源、异构的特点为构建金融知识大图的查询与分析平台带来了以下挑战：①缺乏面向多源异构金融大数据提供查询分析的统一范式，传统的查询和分析方法难以适用；②金融大数据中的复杂关联降低了查询和分析效率；③金融分析应用众多，所需解决的问题不尽相同，如何基于金融知识大图查询和分析平台满足金融领域应用需求，同样是一个亟待解决的问题。

针对上述问题，本章采用联邦分布式查询架构，建立联邦分布式查询系统；集成多元可视大图、金融舆情分析、股权网络穿透等功能，形成金融风控大脑。在搭建的基于金融知识大图的平台上实现风险发现、风险推演和实时风险防控，支持金融风险的快速查询和可视化分析，为解决实体经济痛点提供了解决方案，适应不同金融应用场景。

第一节　金融知识大图联邦分布式管理

在实时欺诈风险检测中，各个风控团队需要根据预定义的风险规则综合查询各渠道应用服务器产生的行为数据流（登入登出、设备及网络信息、功能访问等）、核心银行系统的交易流水数据流、第三方实时推送的人员风险预警信息等场景下对于多源实时产生的 RDF 数据流，出现了一源多端、多源一端等问题，使网络传输成为瓶颈。实际应用中，出于数据安全、更新开销等考虑，金融知识大图数据往往存储于若干"自治"的服务器上，同时，针对金融知识大图时序多元特点以及不同源所依赖的底层查询存储系统不同问题，平台采用联邦分布式融合下层异质的图系统。

图的不同部分往往用于不同负载，如实体名称等属性往往仅用于简单查询，现有数据源采用的图查询系统可分为高性能、基于内存的平台及性能相对较低的基于磁盘的平台。为实现硬件资源的高效使用同时保证重负载下的性能，平台采用对不同负载优化的下层平台结合联邦分布式中间层提供统一查询接口。总体而言，实现不同数据源之间的集成使用和解决 RDF 数据流压缩倍率不够、引擎适配复杂以及分解子查询造成的查询负载、效率降低等管理问题。金融知识大图查询与分析平台通过联邦分布式提高分散式流查询的传输效率，采用关系拆分算法减少中间结果，基于插件式架构实现联邦分布式引擎，实现传输效能的提升。

对存储于各金融机构中的数据，平台形成联邦型"自治"的数据源进行分布式的管理，实现不同数据源之间的集成使用和管理，打破各机构间数据壁垒，支持大规模、高并发、强实时的分布式查询与分析。

一、联邦管理架构

联邦分布式管理技术主要包含四个过程，包括查询分解、数据源选择、查询执行和结果连接。系统需要提前将 RDF 数据上的结构化查询分解成若干子查询并传送到它们对应的 RDF 数据源，以让这些对应的 RDF 数据源对子查询独立地进行处理并得到部分解。之后，系统将这些部分解收集起来并通过连接操作得到最终解。

查询分解：指构造相关的查询分解函数，对一个 SPARQL 查询语句的输入，通过相关算法，将其分解成若干独立的子查询输出，每个子查询都会对应唯一数据源。

数据源选择：在一个完整的 SPARQL 查询被分解为若干个子查询之后，由于各个子查询对应唯一数据源，需要将子查询的图模式与数据源的图模式进行匹配，找到子查询唯一对应的数据源。

查询执行：对于存储在本地的"自治"数据源，相关查询语句的执行需要在数据源储存的本地服务器上执行，每个数据源都会通过搭建好的输入输出接口，接收控制站点发送的子查询，在本地对查询进行处理后，通过输出接口将结果返回到控制站点。

结果匹配：构造相关的结果匹配函数，对于传递到各个数据源上的子查询，数据源会对其进行查询处理并得到查询结果。而这些查询结果会先返回到控制站点，在控制站点中多个数据源上的查询结果通过结果匹配函数进行连接，最终得到原 SPARQL 查询的全部结果。

金融数据管理存在以下挑战：一是不同金融机构的数据源存储方式不同，在查询时底层数据源实现方式不同，数据存在多源异质的特点，在联邦分布式系统中如何生成、如何实现异质数据源的查询以及结果连接；二是金融知识大图不同于普通的知识图谱，其具有更强的语义关系和复杂的网络信息，在查询时消耗的时间和资源都更多，对于联邦分布式系统的复杂查询，各数据源的响应时间会影响系统的总时间，这会导致系统查询响应时间偏慢。

联邦分布式管理存在以下挑战。一是对于不同金融机构底层数据源存储方式不同的问题。由于各金融机构本地数据源存储的数据库系统以及存储方式都存在差异,需要将这种存储上的差异消除,那么只需要关注数据源的输入和输出。二是对于本地数据源如何执行语句、如何存储,允许存在差异,但数据源输入与输出接口需要保持一致,输入和输出的数据类型也需要保持一致。而对于这些结构统一的输入输出数据,需要建立一个控制站点来集中处理。

为解决上述挑战,金融知识大图查询与分析平台采用数据源搭建一控制站来实现数据的联邦分布式管理。

(1) 不依赖某个单独的系统构建控制站点。

(2) 每个数据源提供各自的接口和查询语句来接收和回复查询,其中需要对接口的数据类型进行对齐处理,保证每个数据源在控制站点输入输出数据的数据结构上保持一致。

(3) 控制站点集成各个数据源的接口以及对应的查询语句,并将输入的查询分解并重组成对应数据源的 SPARQL 查询。

(4) 合理调度分解的子查询,并根据调度算法将分解的子查询通过 API (application programming interface,应用程序编程接口)访问各个数据源。

(5) 数据源查询后得到的查询结果经处理后统一数据结构返回给控制站点,控制站点再对所有结果进行连接处理。

二、联邦分布式管理架构搭建

总体技术开发分为两个阶段:一是本地数据源的构建;二是控制站点的搭建。本地数据源的构建是由各个金融机构以及合作方独立完成,目的是构建一个各数据源"自治"的分布式环境。

一个复杂的 SPARQL 查询输入后,在控制站点中进行查询分解,形成一些独立的元组模式,对此本方法进行图模式的匹配来达到数据源选择的目的,将对应好的子查询输入本地数据源进行本地查询匹配,本地数据源输出结果到控制站点,由控制站点进行最后的结果连接,最终输出完整的 SPARQL 查询结果。

(一) 数据源搭建

1. 数据导入

将清洗处理后的 RDF 数据源根据具体需求存入不同的服务器,在各自的服务器内建立相应的数据源站点,并对外提供相应的查询接口。

2. 数据源接口汇聚

不同服务器上的数据源,可能是基于不同数据库系统建立的,在建立联邦分布式系统的时候要求各数据源站点提供相关的查询接口。虽然数据源可能基于不同系统搭建，但各个数据源提供的查询接口以及传输的结果都需要保证输入输出结构的一致性。

（二）控制站点搭建

主要算法的实现在控制站点内，包括查询分解、数据源选择、本地查询、查询结果匹配和查询结果约简。

1. 查询分解

对输入的 SPARQL 请求，首先，将完整的 SPARQL 查询分解为若干个元素；其次，将数组中的这些元素按照在 SPARQL 查询中的位置排列，那么，每三个连接的元素就会组成一个元组模式；最后，只需要将元组模式包装在 SELECT 或者 ASK 语句的框架内就可以将其转化为子查询语句。而对包含 UNION、FILTER 等语句的较复杂查询，可对其构建单独的分解函数。

2. 数据源选择

分解后的若干个子查询需要找到其对应的数据源，并在本地进行相关的查询，这个过程采用对数据源进行图模式匹配的方式进行。在查询分解之后，每个子查询都能快速转化成一个完整的 SELECT 或者 ASK 语句，这里使用 ASK 查询将每个元组模式进行包装，输入每个数据源中，ASK 语句能够对该图谱中是否存在相应的图模式给出一个反馈，根据 ASK 查询反馈的结果就能让每个子查询精准匹配到对应数据源。具体过程如图 6-1 所示。

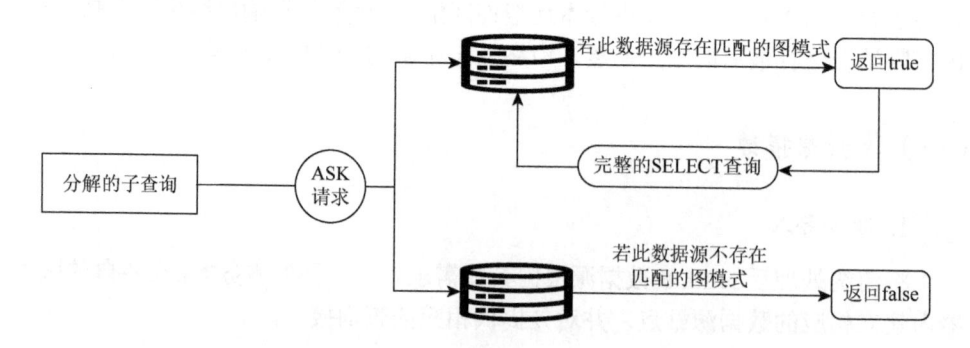

图 6-1 数据源选择：匹配过程

3. 本地查询

每个分解后的子查询都会通过本地数据源提供的接口在本地数据源内进行查询，查询过程仅与本地搭建的数据源有关，查询得到的结果通过传递给控制站点进行下一步处理。

4. 查询结果匹配

在本地对子查询进行查询后，将得到的结果收集，并在原 SPARQL 内进行子查询的匹配，对匹配成功的查询进行结果连接，将多张图进行一个绑定式连接，即一个子查询先找出解，然后将解传输到 B 子查询那里，然后将解绑定到 B 的子查询那里进行过滤。如此，最终得到原 SPARQL 查询的结果，实现多表的分布式查询。此处涉及子查询进入本地调度算法，目前，该系统采用较为初级的调度算法，即基于固定策略进行子查询的调度，对每一个查询的三元组，都根据其要查询的变量进行判断，根据变量数量判断其是否优先执行，若只有一个变量，直接进入本地数据源查询，若存在两个及两个以上变量，则将该查询置于队列尾部，先进行其他查询，至该查询只有一个变量或者不存在只有一个变量的查询时，进行该查询，如图 6-2 所示。

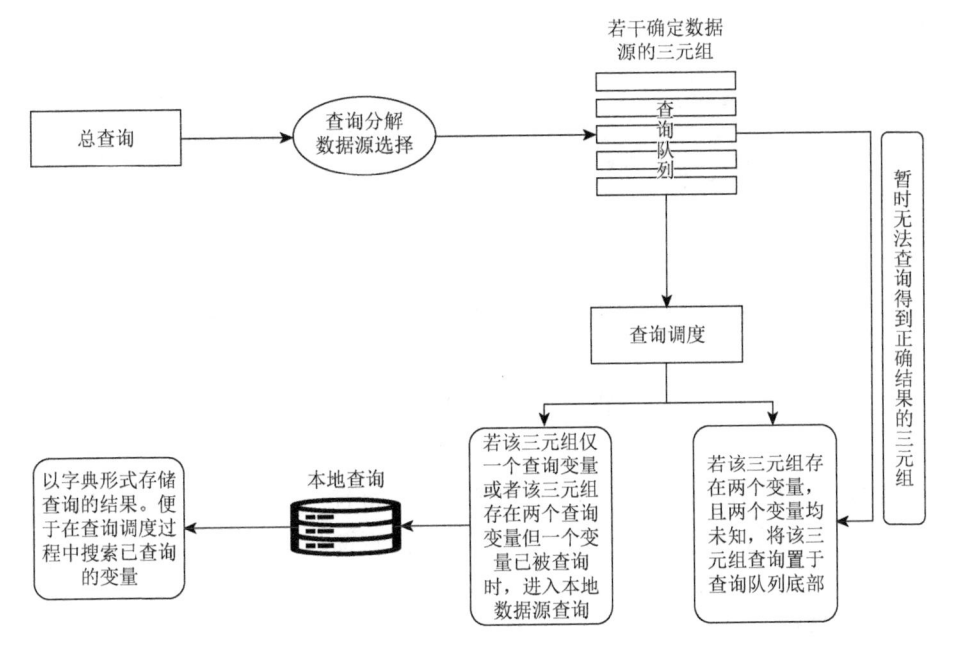

图 6-2 结果匹配：查询调度过程

5. 查询结果约简

在进行本地子查询后，源站点会将匹配到的查询结果发送到控制站点，控制站点对收到的所有子查询进行处理并展示最终的查询结果。然而，在本地子查询时通常不可避免地出现基数爆炸现象，即在远程站点执行子查询产生的中间结果的大小远大于原始数据。上述的基数爆炸会导致源站点和控制站点之间的网络带宽的浪费，本章使用一种基于关系分解的方法对本地查询产生的中间结果进行约简从而节约源站点和控制站点之间的网络带宽。对一个注册在控制站点的查询，控制站点会为查询生成一个投影数量最小的模板，这个模板除了查询结果投影数量最小之外还会保证结果的正确性。源站点在执行本地子查询之后将查询结果在模板上的投影作为中间结果发送给控制站点。查询结果在模板上的投影一定是不大于查询结果的，这样就完成了查询结果的约简，如图 6-3 所示。

user	post1	post2	tag
bazz	p1	p2	#cop23
bazz	p2	p3	#cop23
⋮	⋮	⋮	⋮
bazz	p_n-1	p_n	#cop23

不使用关系拆分方法产生 n^2 条中间结果

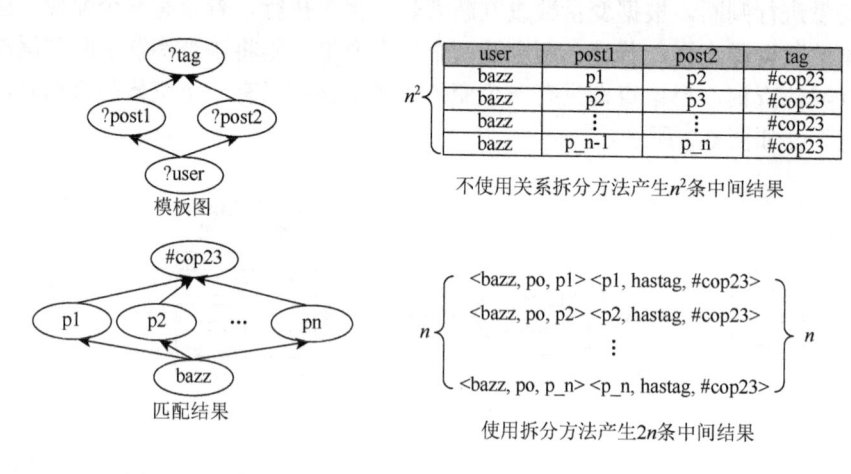

$$n \begin{cases} <bazz, po, p1> <p1, hastag, \#cop23> \\ <bazz, po, p2> <p2, hastag, \#cop23> \\ \vdots \\ <bazz, po, p\_n> <p\_n, hastag, \#cop23> \end{cases} n$$

使用拆分方法产生 $2n$ 条中间结果

图 6-3　使用关系拆分和不使用关系拆分查询结果数量的对比

第二节　金融知识大图查询

数据存储进图数据库之后，需要对图数据库进行一些简单的查询，从而应用于金融风险识别管理，本节主要介绍三个方面的查询。

一、关联查询

关联查询：主要是提供用户查询金融机构、公司或者人之间的关联关系的服务。描述两个企业或人之间通过何种路径产生了关联关系，基于距离分层、等距排列关系路径上的节点，并利用"力导向"算法减少关系的交叉。

问题定义：在带权有向图 $G = \{V, E\}$ 中，V 为金融知识大图中的节点集，$V = \{v_1, v_2, \cdots, v_n\}$，$E$为边集，$E = \{v_i v_j | i \neq j, 1 \leqslant i, j \leqslant n\}$，表示结点$v_i$ 持有v_j 的持股或控股比例，输入两个查询点 Start（开始）、End（结束），找出两个节点之间的所有路径。

通过输入两个查询点 A、B 以及查询的跳数 hop，查询并输出两个节点之间所有路径 P。查询可使用 SPARQL 语句实现，支持多跳之内所有的股权关联查询。但是如果两个公司之间存在多跳关联，那么这两家公司的关系就不紧密。输入两个查询节点和跳数即可查询出所有相关结果，具体的 SPARQL 语句如下，查询跳数是六跳。

核心 SPARQL 语句

```
SELECT *
WHERE
{
    {<A> <prop>? x.} UNION {? x<prop> <A>.}
    {? x<prop>? y.} UNION {? y<prop>? x.}
    {? y<prop>? z.} UNION {? z<prop>? y.}
    {? z<prop>? m.} UNION {? m<prop>? z.}
    {? m<prop>? n.} UNION {? n<prop>? m.}
    {<B> <prop>? n.} UNION {? n<prop> <B>.}
}
```

可视化：输入两个公司名称，采用 zoomcharts.js 对查询回来的结果进行可视化，可视化的界面如图 6-4 所示。当查询"民生银行"和"安邦保险集团"之间

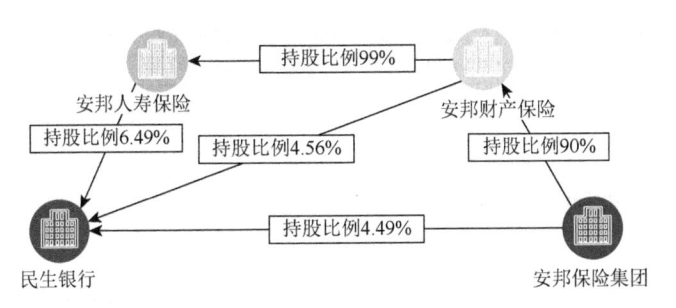

图 6-4　关联查询示例

的股权关联时，可以看到，在限定跳数之内，这两个公司之间通过"安邦人寿保险股份有限公司（以下简称安邦人寿保险）""安邦财产保险"产生多条路径的股权关联。

二、多层股权查询

多层股权查询：多层股权结构是以金融机构或者企业为中心点往外追溯，直接股东为第一层股东，直接股东的股东为第二层股东，以此类推，从而形成多层股权结构网络。其中不同层级的股东之间具有股权关系，同一层级内部的股东也可能具有股东关系。穿透式获取企业的多层股权结构，最外层为实际控制人，即自然人、政府或事业单位。

问题定义：给定一个加权有向图 $G(V, E)$，V 代表节点，E 代表节点之间的边。给定查询中心节点 v_c，以 v_c 为中心节点，往外扩展查询，根据最短路径长度确定节点层级数 l_n，$n \geqslant 1$ 且为整数。保留所有的边 E，包括跨层级和层级内部的边，得到多层股权结构。

多层股权查询的步骤：多层股权结构的实现不同于单纯的广度优先遍历算法，具有特殊性，其遍历开始于某个固定顶点同时有一个固定边界即终止条件。因为要划分具体的层数，所以边具有固定的方向性。在广度优先遍历中，要求先被访问的顶点其邻接点也被优先访问，可以利用 SPARQL 语句来实现对邻接点的寻找，递归地进行查询，一层一层地寻找邻接点直到无邻接点出现。具体查询的步骤如下。

步骤一：通过图数据库查询本层节点；
步骤二：查询下层节点和节点间的连接，迭代地进行查询；
步骤三：返回所有节点和连接，根据公司名和层级，查询出所有股东并去重；
步骤四：根据层数进行分类，进行统计。

核心 SPARQL 语句

sparql = "select distinct * where{<file:///F:/d2r-server-0.7/holder.nt#holder_copy/"+name+"'>
<http://localhost:2020/vocab/resource/holder_copy_holder_name>? t}"

三、交叉持股查询

交叉持股：找到两家或者多家企业互相持有对方企业股权，即知识大图中持股关系的环路。交叉持股具有虚增资本、妨害市场交易秩序、歪曲公司治理结构等风险，因此找出存在交叉持股的企业在金融领域有着重要意义。

问题定义：给定一个带权有向图 $G(V, E)$，方向是指某家公司持有另一家公司的股份。带权有向图是由一个核心节点 V_{sa}（输入的公司）和核心节点 V_e 通过持股关系向外延伸的关系组成的网络。V 是所有节点的有限集合 $V = \{V_{sa}, V_e\}$，包含核心节点 V_{sa} 以及和它相关的其他节点 V_e，如果存在环路，那么环路上的节点记为 V_l；E 是边的有向集合，用两个顶点的有序对表示，其中 E_l 表示存在于环路中边的集合，$<v_i, v_j>$ 表示从顶点 v_i 到 v_j 的一条有向边，v_i 是边的起点，v_j 是边的终点。

交叉持股查询步骤如下：

步骤一：利用 SPARQL 语句分别查询出输入公司的第一层股东；

步骤二：按照同样的方法接着查询下层股东；

步骤三：递归查询出每一层股东，返回所有股东节点和连接；

步骤四：找出存在环路的节点和连接。

核心 SPARQL 语句

select * where{? {input<http://localhost:2020/vocab/resource/holder_copy_holder_name>? input}
union
{? input<http://localhost:2020/vocab/resource/holder_copy_holder_name>? u. ? u? p? v.? v? p? w.? w? p? z.? z<http://localhost: 2020/vocab/resource/holder_copy_holder_name> ? input
...}
}

其中环路的类型分为两类。图 6-5（a）为两节点环路，即两家公司相互持有对方的股份，这种情况在金融网络中是最为常见的方式；图 6-5（b）为多节点环路，即三家或者三家以上的公司相互持股的现状，一般而言出现频率不高。

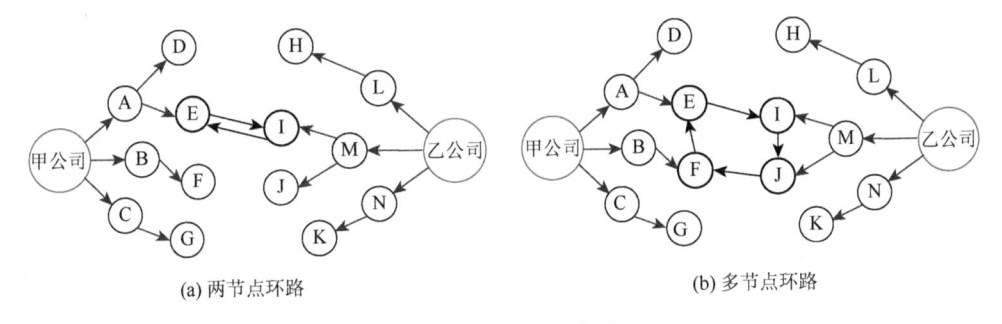

(a) 两节点环路

(b) 多节点环路

图 6-5　交叉持股类型

可视化：输入核心节点的公司名称，同样采用 zoomcharts.js 对查询回来的结果进行可视化，可视化的界面如图 6-6 所示，"上海天发投资有限公司"和"江苏金盛实业投资有限公司"交叉持股。

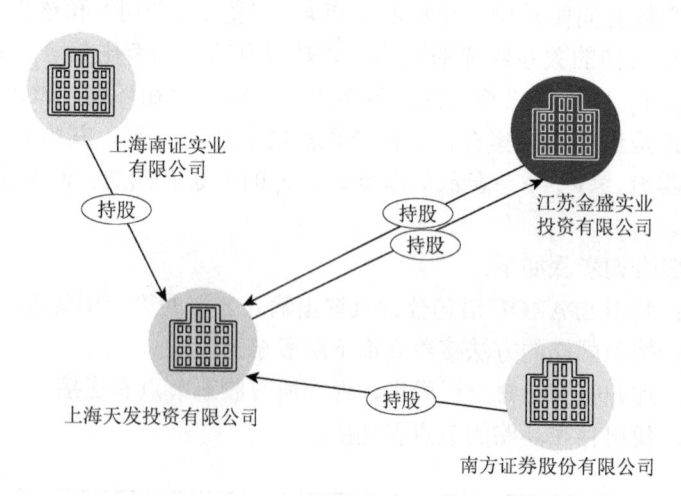

图 6-6　案例交叉持股关系图

四、金融数据服务接口

根据上述提到的金融查询功能进行具体的接口实现。通过查询以图数据库为基础的知识大图以及关系型数据库中的数据，结合现有的平台架构，利用可用的数据资源，可以构建出一套完整的应用程序接口，把金融领域尤其是银行的所有实体和关系整理出来，以便用于接口的调用，主要的方向还是金融应用服务。如果记录数量很多，服务器不可能都将它们返回给用户。应用程序接口应该提供参数，过滤返回结果。四种接口具体的设计如下。

（一）关联查询

关联查询流程为：输入企业 1 名称、企业 2 名称和查询跳数 hop；输出节点参数（企业名称 name 和企业信用码 credit_no）；输出边参数（持股公司 source、被持股公司 target 和关系 hold）。

（二）多层股权查询

多层股权查询流程为：输入企业名称 V，节点层次 depth，方向 direction（有三个正确输入 up、down 和 both，up 表示向上结构，down 表示向下结构，both 表示所有结构）；输出节点参数 [企业或自然人名称 name、节点类型（1 代表公司，2 代表自然人）type、企业信用码或自然人身份证 credit_no、股东方向（up 代表被持股，down 代表持股）direction、层数 depth]；输出边参数（持股公司 source、被持股公司 target 和关系 hold）。

（三）交叉持股查询

多层股权查询流程为：输入企业名称 V，查询跳数 hop；输出参数若存在环形持股，返回 true，若不存在，返回 false；输出节点参数（企业 name、企业信用代码 credit_no）；输出边参数（持股公司 source、被持股公司 target 和关系 hold）。

除上述三个接口之外，增加一个企业信息查询的接口：根据企业的统一社会信用代码或企业名称返回企业的工商基本信息。

输入参数：
（1）企业信用代码 credit_no；
（2）企业名称 name。

输出参数：
（1）企业名称 name；
（2）企业工商库代码 id；
（3）法定代表人 oper_name；
（4）注册资本 reg_capi_desc；
（5）成立日期 start_date。
……

把实现的基于知识大图的金融知识查询服务接口成功应用在金融风控大脑平台，不仅可以提供查询服务，同时还可以直接批量调用接口。基于股权结构构建的大规模知识大图，利用图数据管理关键技术对知识大图实现准确、高效的查询与管理，从而为金融领域提供智能知识服务，实现对资本市场的关联查询、多层股权结构以及交叉持股结构的发现与揭示，助力金融行业向智能金融迈进。

第三节　金融股权结构可视化分析

一、控制角度的可视化分析

金融知识大图中存在海量的实体和实体之间的复杂关系，为用户的可视化分析带来了挑战。可视化的目的是将大数据带回人类尺度，增强数据可理解性，让大数据赋予用户最优决策的权力。针对图数据的弱模式特点、结构和语义特点，研究金融知识大图摘要技术，实现交互式、变粒度的可视化分析，提高金融知识大图的可用性，使亿级金融知识大图的分析变得高效、可行。

从控制角度对金融时序知识大图进行可视化分析。公司控制市场被称为公司外部治理中的接管机制。投资者通过获得控制权来规范和抑制管理者的行为，以降低代理成本，形成资本市场机制。基于持股比例的计量控制是公司治理的一部分。识别股权网络中关键控制关联已经成为金融风险管理、政治风险管理中的重要内容。

然而，由于股权网络的出现，控制也变得越来越复杂，给企业治理带来了新的挑战。首先，公司之间控制关联表现为最终持有人对公司的控制权，即投票者（具有自主投票权的最终持有人）在投票中影响目标公司投票结果的程度。股东通过投票来决定公司的重要决策，股东的投票权来自他们所有权的份额，但是由于控制权计算的独特方式，股东拥有投票权并不一定意味着他具有平等的控制权，另外公司拥有大量股东和层层嵌套的复杂股权网络和控制社区。如何准确地识别和分析股权网络中的这些控制关联是企业或金融机构面临的一个重要挑战。

而股权网络中的中间节点虽然没有自主投票权，但在其中也起着整合外层股东投票、传递控制的重要作用。通过这一作用，内层公司与内层公司之间可能会形成比最外层公司与内层公司更加紧密的控制关系，从而产生较强的行为一致性。精确衡量所有公司之间的控制关系强弱，有助于精准识别实际控制人。

其次，两公司间存在多条因持股而产生的控制路径，公司重要决策以及产生的决策风险通过关键控制路径层层传递，使股权网络已经成为系统性金融风险重要的微观成因和传导渠道。再次，大公司会通过巧妙安排投资远程协调其他公司的决策，对其实现间接控制，以形成控制社区，增强行业影响力，摆脱税务监管。这导致公司权力高度集中，不到1%的母公司拥有100多家子公司，但它们却占全球销售额的50%以上。部分跨国公司在东道国所形成的控制社区甚至使主权政府感到担忧。因此，本节聚焦于从复杂的公司股权网络中发现和分析关键控制关联，支撑金融风险管理。

公司之间因股权而产生的控制关联包括控制传递关系、关键控制路径和公司控制社区，并且这些是识别公司实际控制人、分析公司决策影响传导机制和影响范围的关键着眼点。控制传递关系用于衡量所有公司之间的控制关系强弱，有利于精准识别实际控制人；关键控制路径有利于识别公司之间更重要的控制链路，分析控制传递机制和系统性风险传导路径；公司控制社区有利于识别公司决策传播范围，分析其通过控制形成的影响格局。

现有的相关研究，特别是基于投票博弈的控制测量，往往忽略了网络中间公司的控制作用。首先，无法定义和发现所依赖的控制机构，现有方法只能衡量最终股东对目标公司的控制，而不能衡量中间节点对目标公司的控制强度。其次，基于股份网络中的投票博弈模拟产生公司控制权的过程，公司的决定由其直接股东投票决定，而股东的决定也由其直接股东决定。因此，任何公司的决策最终都取决于拥有自主投票权的最终股东，他们是网络中最外层的节点，最终股东对目标公司的控制权源于其在所有投票中对目标公司投票结果的影响程度。从本质上讲，公司之间的控制权源于投票机制，与股权分开。因此在复杂的控制生成机制中测量中间公司的控制关系是一项挑战。

中间公司的控制关系未能被衡量，导致依靠它的控制结构不能被定义和发现。一方面，现有博弈论控制权研究更关注最终股东的控制权力，因为他们具有自主投票权。但是忽视了中间公司在整合投票、传递控制方面的作用。另一方面，股权网络中基于投票博弈的公司控制关系产生过程复杂，公司决策由其股东投票情况决定，而股东的投票情况又由该股东的股东来决定，直至具有自主投票权的最终持有人，最终持有人对目标公司的控制权产生于在所有投票中影响目标公司投票结果的程度。换言之，公司间控制关系由间接投票机制产生，且与股权分离。这种股权与控制权的分离使中间公司之间控制关系的衡量变得更加复杂。由此可见，在复杂的控制产生机制中衡量中间公司的控制关系是关键控制关联发现与分析不得不面对的挑战。金融知识大图与传统图不同，其具有丰富的语义与多元关系，而可视化需要挖掘并展示其中具有领域意义的指标并采用合适的方式加以展示。如何挖掘金融知识大图中具有重要价值的指标是金融实时风险防控与可视化分析的重要挑战。

二、基于股权网络的关键控制结构发现

本节以股权为指标，提取金融知识大图子图为股权网络，围绕公司股权网络关键控制结构发现和特征分析的问题，提出了关于控制关联的层次化研究框架。如图 6-7 所示，首先，提出衡量任意两点控制关系的强弱的控制传递指数（control transmission index，CTI）；其次，据此发现节点之间的关键控制结构，包括关键控制路径（critical control path，CCP）和公司控制社区（corporate control of the community，CCC）；最后，利用以上控制关联进行实际控制人识别、控制传递机制及范围识别，用于风险特征识别，支持监管。

具体而言，在控制传递指数计算层，本节基于博弈论的控制权计算思想，定义了路径关键决策传递、两点关键决策传递基本概念，前者用来衡量一条路径是否可以传递关键决策，后者衡量两节点之间是否可以传递关键决策，以此提出控

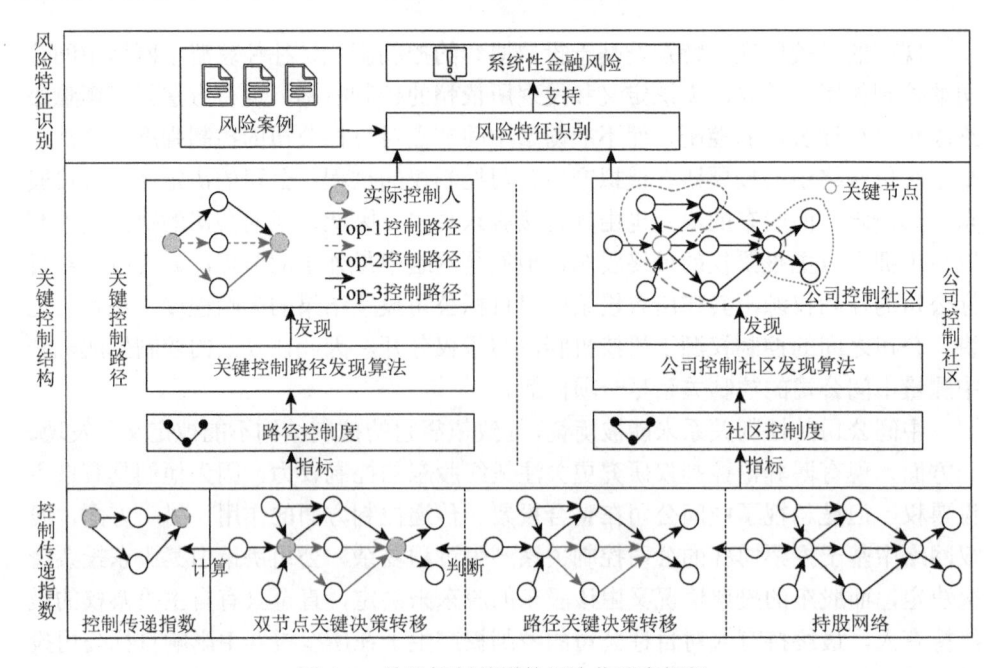

图 6-7 关于控制关联的层次化研究框架

制传递指数算法,用以计算衡量所有公司间控制关联强弱的控制传递指数;在关键控制结构发现层,提出路径控制度、社区控制度概念及相应的关键控制路径发现算法和公司控制社区发现算法,这两个指标用来衡量路径或社区中所有节点控制关系的紧密程度,两个算法分别发现公司间更为重要的控制链路和满足控制度条件的重叠社区;在风险特征分析识别层,结合风险案例针对控制传递指数和两类关键控制结构识别实际控制人、控制传递机制及范围,支持金融风险与政治风险的识别和管理。

　　控制传递指数、关键控制路径、公司控制社区三者之间的关系如下。首先,三者是控制关联的不同层次分析维度,其中控制传递指数关注两公司自身控制关系强度,关键控制路径关注两公司之间控制形成的途径,公司控制社区关注多公司之间的控制关系紧密程度,三者分别回答本章开头提到的三个重要问题。其次,关键控制路径、公司控制社区的识别可能仅涉及非最终持股人,因此需要以非最终持有人之间的控制关系作为基础,即控制传递指数是关键控制路径、公司控制社区的基石。具体来说,计算两点之间的控制传递指数时,需要明确路径是否传递了关键决策,这帮助推导出路径控制度的概念,进而可以根据路径控制度选择关键的控制路径;计算两点之间的控制传递指数时,还需要明确两点间是否传递关键决策,而根据两点间关键决策传递可以明确多个点之间是否传递关键决策(社区关键决策传播),推导出社区控制度的概念,进而可以根据社区控制度选择满足条件的控制社区。最后，社区内入度为 0 的节点到其他节点的关键控制路径，能够揭示控制社区的形成原因。

（一）控制传递指数

公司的直接股东为一级股东，一级股东可以有二级股东，以此类推，直至最终股东。各公司与股东及其之间的股权关联构成了一个多层次的股权网络。现有基于博弈论的多层股权网络控制研究只关注也只能计算最终股东对内部公司的控制权指标，未能捕捉到对内部公司的重要控制作用股东。本节基于博弈论，定义了路径关键决策转移和双节点关键决策转移的基本概念。因此，本节提出了一个控制传递指数算法来计算控制传递指数，衡量任何两家公司控制关系的强度。基于关键决策的概念可知，源节点关键决策的影响会通过级联持股关系传递给目标节点。在股权网络中，路径起到传递决策的作用。本节定义了路径关键决策转移的概念，它通过识别关键决策是否依次通过路径上的每个节点传递来识别路径是否传递关键决策。

定义 6-1（关键决策） 在票型 $X^S \in \{0,1\}^S$ 下，某一源节点 s 属于 S 的投票改变引起其他节点投票变化，则称在该票型下 s 的投票为关键决策，因而发生变化的节点受关键决策影响。

定义 6-2-a（路径关键决策传递） 节点 v_k 到 v_t 的一条路径 p 在票型 $X^S \in \{0,1\}^S$ 下传递关键决策，当且仅当在票型 X^S 下，随任一源节点 j 投票情况的改变，该路径上的节点的投票依次因父节点变化而变化。这一过程称为关键决策传递。形式化表示为

$$d_p^{X^S} = \begin{cases} 1, & \prod_{(\text{pre},\text{suc}) \in p} Z_G(\text{pre},\text{suc}) \neq 0 \text{ 且 } \exists j \in S, \prod_{n \in p}\left(v_n(X)_{X^S;\ x_j=1} - v_n(X)_{X^S;\ x_j=0}\right) = 1 \\ 0, & \text{其他} \end{cases}$$

(6-1)

其中，$d_p^{X^S}$ 表示路径 p 在票型 X^S 下是否可以传递关键决策，值为 1 表示该路径可以传递关键决策，值为 0 则表示不能传递关键决策。第一个条件表示该路径上父节点的变化为子节点变化的原因，第二个条件表示存在某一源节点票型变化使路径上所有节点的投票均发生变化。这两个条件共同作用表明票型 X^S 下路径 p 上的节点的投票依次因父节点变化而变化，则称此时路径 p 传递了关键决策。

股份制网络是一个有向图，路径有起始节点和结束节点。如果路径可以传输关键决策，则意味着路径的起始节点可以将关键决策转移到结束节点。本节将其定义为两点关键决策传递。

定义 6-2-b（两点关键决策传递） 在票型 X^S 下节点 v_k 可以向 v_t 传递关键决

策，当且仅当 v_k 到 v_t 至少存在一条路径可以传递关键决策。这种两点之间的关系成为两点关键决策传递。形式化表示为

$$d^{X^S}(k,t) = \begin{cases} 1, & \exists p(k,t), d_p^{X^S} = 1 \\ 0, & 其他 \end{cases} \quad (6\text{-}2)$$

其中，$d^{X^S}(k,t)$ 表示在票型 X^S 下节点 v_k 是否可以向 v_t 传递关键决策，值为 1 表示可以传递关键决策，值为 0 则表示不可以传递关键决策。

以前基于博弈论的控制权研究通过衡量选民对目标公司投票结果的影响程度来定义控制权指数。参考该定义的方法，本节扩展了控制权指数的概念，提出了控制传递指数的定义，通过两家公司之间关键决策转移的程度来衡量两家公司之间控制权关系的强度。

定义 6-3（控制传递指数） 节点 v_k 对 v_t 的控制传递指数为在所有票型中，两点间可以传递关键决策的次数占比。形式化表示为

$$\text{Cti}(k,t) = \frac{1}{2^S} \sum_{X^S \in \{0,1\}^S} d_p^{X^S}(k,t) \quad (6\text{-}3)$$

其中，$\text{Cti}(k,t)$ 表示节点 v_k 对 v_t 的控制传递指数。$\text{Cti}(k,t) \in [0,1]$，其取值越大表示两公司间对控制的传递作用越强，取值越小表示两公司间对控制的传递作用越弱。

从上述定义可以看出，控制传递指数既可以衡量最终持有人对公司的控制关联强弱，也可以衡量非最终持有人对公司的控制关联强弱，即 v_k 既可以表示股权网络中的源节点，也可以表示中间节点。当 v_k 为源节点时，控制传递指数 $\text{Cti}(k,t)$ 的含义与 v_k 对 v_t 的 Banzhaf 指数含义相同，表示 v_k 对 v_t 控制权的大小；当 v_k 为中间节点时，控制传递指数 $\text{Cti}(k,t)$ 表示 v_k 将源节点票型变化传递给 v_t 的概率，也就是 v_k 将最终持股人的控制影响传递给 v_t 的概率——基于博弈论的控制权中只有源节点具有投票自主权，因此 v_k 在此体现为"控制传递"作用。可见，控制传递指数本质上是对控制权概念的拓展，能够衡量任意两公司间控制关联强弱，是对公司间控制关系更为全面的度量。

下面结合股权网络（图 6-8），对路径关键决策传递、两点关键决策传递、控制传递指数进行说明。

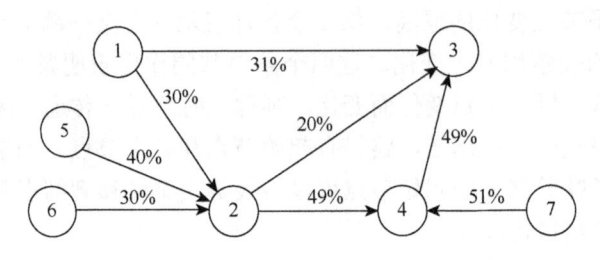

图 6-8 股权网络

如图 6-8 所示股权网络中，在节点 1、5、6、7 票型为 1、0、0、0 的情况下：路径 $5 \to 2 \to 3$ 具有传递关键决策的能力，即 $d_{5\text{-}2\text{-}3}^{X^S}=1$，因为路径 $5 \to 2 \to 3$ 使 $Z_G(5,2)Z_G(2,3)=\frac{1}{3}\times\frac{1}{3}\neq 0$，且存在节点 5 票型改变时路径上所有节点 5、2、3 均发生变化（表 6-1）；而路径 $1 \to 2 \to 4 \to 3$ 不具有传递关键决策的能力，即 $d_{1\to 2\to 4\to 3}^{X^S}=0$，因为 $Z_G(1,2)Z_G(2,4)Z_G(4,3)=\frac{1}{3}\times 0\times\frac{1}{3}=0$；由于路径 $5 \to 2 \to 3$ 可以传递关键决策，所以节点 5 可以通过该路径向 3 传递关键决策，即 $d^{X^S}(5,3)=1$。

表 6-1 节点 5、2、3 变化

项目	1	5	6	7	2	4	3
原始票型	1	0	0	0	0	0	0
1 改变	0	0	0	0	0	0	0
5 改变	1	1	0	0	1	0	1
6 改变	1	0	1	0	1	0	1
7 改变	1	0	0	1	0	1	1

由路径关键决策传递、两点关键决策传递可得表 6-2，1 对 3 在所有 16 种票型中，共有 12 种票型由路径 $1 \to 2 \to 3$ 或 $1 \to 3$ 传递了关键决策，因此控制传递指数 $\text{Cti}(1,3)=12/16=0.75$。2 对 3 在所有 16 种票型中，共有 10 种票型由 $2 \to 3$ 路径传递了关键决策，因此控制传递指数 $\text{Cti}(2,3)=10/16=0.625$。

表 6-2 决策传递

最外层股东 S			内层节点 N-S				传递关键决策的边集合 B
5	6	7	1	2	4	3	
0	0	0	1	0	0	0	(5→2, 2→3); (6→2, 2→3); (7→4, 6→3); ( )
0	0	0	0	0	0	0	( ); ( ); (7→4); ( )
1	0	0	1	1	0	1	(5→2, 2→3); ( ); (7→4); (1→2, 2→3, 1→3)
1	0	0	0	0	0	0	( ); (6→2); (7→4); (1→2, 2→3, 1→3)
0	1	0	1	1	0	1	( ); (6→2, 2→3); (7→4); (1→2, 2→3, 1→3)
0	1	0	1	0	0	0	(5→2); ( ); (7→4); (1→2, 2→3, 1→3)
0	0	1	1	0	1	1	(5→2); (6→2); (7→4, 4→3); (1→3)
0	0	1	0	0	1	0	( ); ( ); (7→4); (1→3)
1	1	0	1	1	0	1	( ); ( ); (7→4); (1→3)
1	1	0	1	0	0	0	(5→2); (6→2); (7→4, 4→3); (1→3)

续表

最外层股东 S			内层节点 N-S			传递关键决策的边集合 B
1	0	1	1	1	1	(5→2); ( ); (7→4); (1→2, 2→3, 1→3)
1	0	1	0	0	1	0	( ); (6→2, 2→3); (7→4); (1→2, 2→3, 1→3)
0	1	1	1	1	1	( ); (6→2); (7→4); (1→2, 2→3, 1→3)
0	1	1	0	0	1	0	(5→2, 2→3); ( ); (7→4); (1→2, 2→3, 1→3)
1	1	1	1	1	1	( ); ( ); (7→4); ( )
1	1	1	0	1	1	1	(5→2, 2→3); (6→2, 2→3); (7→4, 4→3); ( )

注：( )表示空值

本节提出了控制传递指数算法，给定股权网络 $G(V, E)$、起始节点 v_k 和目标节点 v_t，得到 v_k 对 v_t 的控制传递指数 $Cti(k, t)$。由定义 6-3 可知，控制传递指数算法需要解决的主要问题是确定每种票型下 v_k 对 v_t 的关键决策传递路径，以此判断 v_k 对 v_t 是否传递关键决策，并计算两点关键决策次数在所有票型中的占比。

为便于进一步论述关键控制结构，本节将算法分为两部分：传递关键决策子图集合（passing key decision subgraph collection，PSC）发现算法和控制传递指数算法。前者主要是发现每种票型下每一源节点票型决策传递范围所构成的子图，为确定每种票型下 v_k 对 v_t 的关键决策传递路径做准备。其具体步骤为：首先，根据间接投票规则得到 $|N|$ 个节点共 $2^{|S|}$ 种投票情况 A，同时根据单层股权 Banzhaf 指数得到控制度为 0 的两点间边的集合 E'；其次，对比所有源节点中只有一个源节点投票不同的票型，找出所有投票发生变化的节点 C；再次，将 C 在 G 中的导出子图去掉 E' 中存在的边，表示为 G'，G' 即为该源节点决策传递的途径及范围；最后，将 G' 存入传递关键决策的子图集合 B 中对应位置。重复第二步骤至最后，直至所有投票情况都进行了比较。

算法 6-1 传递关键决策子图集合发现算法

输入：股权网络 $G(V, E)$

输出：所有票型下传递关键决策的子图的集合 B

$B // 2^{|S|} \times |S|$ 矩阵，用于存储 $2^{|S|}$ 个票型下的 $|S|$ 个传递关键决策的子图

voting situation A calculated by indirect voting rule based on $G // 2^{|S|} \times |N|$ 矩阵，存储由间接投票规则得到 $2^{|S|}$ 个票型下的 $|N|$ 个节点的投票情况

E' calculated by directed whose index is 0 // 直接 Banzhaf 指数为 0 的两点间边的集合

1.   **For** i in $(0, 2^{|S|})$

2.	**For** j in $(i+1, 2^{|S|})$ //两种票型下源节点票型对比，若只有一个源节点不同，则该节点为关键决策点 major
3.	$\quad$ count $\leftarrow 0, C \leftarrow [\,]$; //存储所有票型不同节点
4.	$\quad$ **For** s in $(0, |S|)$
5.	$\quad\quad$ **If** $A[i][s] = A[j][s]$
6.	$\quad\quad\quad$ major $\leftarrow s$, count $++$, C.append(s) ;
7.	$\quad$ **If** count $= 1$
8.	$\quad\quad$ **For** p in (s, n)
9.	$\quad\quad\quad$ **If** $A[i][p] \,!= A[j][p]$
10.	$\quad\quad\quad\quad$ C.append(p);
11.	$\quad\quad$ // $G' \leftarrow C$ 在 G 中的导出子图去掉在 E' 中的边
12.	$\quad\quad$ $B[i][\text{major}], B[j][\text{major}] \leftarrow G'$;
13.	**Return** B;

控制传递指数算法基于算法 6-1 所提供的传递关键决策子图集合，可以获得任意两点间任一票型任一源节点变化下的关键决策传递路径，因此可以判断两点是否传递关键决策，进一步计算得到控制传递指数。其具体步骤如下：在公司股权网络 $G(V, E)$ 中得到起始节点 v_k 到目标节点 v_t 的所有路径 $P(k, t)$；对任一票型任一源节点变化下的关键决策传递路径，检查其中是否存在 $P(k, t)$ 中的一条或多条路径，若存在则计数，表示该票型下两点传递关键决策；计数总和除以票型总数得到控制传递指数 $\text{Cti}(k, t)$。

算法 6-2　控制传递指数算法

输入：股权网络 $G(V, E)$，起始节点 v_k，目标节点 v_t

输出：控制传递指数 $\text{Cti}(k, t)$

1.	$P(k, t) \leftarrow$ Allpaths between v_k and v_t in G ;
2.	$B \leftarrow \text{PSC}(G)$; //传递关键决策的子图的集合 B
3.	count $\leftarrow 0$; //两点关键决策传递数量
4.	**For** b in B
5.	$\quad$ **If** $\exists p \in P(k, t)$ in b //判断该票型下两点是否传递关键决策
6.	$\quad\quad$ count $++$;

7.　　　Cti(k, t) = count / $2^{|s|}$；
8.　　**Return** Cti(k, t)；

　　由控制传递指数的定义及算法可以看出，控制传递指数与以往方法的不同之处在于它能够衡量所有节点间控制关联强弱程度。这正是发现关键控制结构的前提条件，原因是关键控制路径、公司控制社区分析的对象不一定包括源节点，分析非源节点间的关键控制路径和公司控制社区首先需要有度量非源节点间控制关联的标准。阐明路径是否传递关键决策，有助于推导出路径控制度的概念。然后可以根据路径控制程度选择关键控制路径。在计算 Cti 时，有必要澄清关键因素是否在两家公司之间转移。在此基础上，可以明确关键决策是否在多家公司之间转移（多节点关键决策传播）。最后，关键控制路径从社区中度为零的公司到其他公司可以揭示形成控制社区的原因。于是本节在提出关键控制结构发现算法之前首先提出了控制传递指数的概念及算法。根据控制传递指数可以很方便地得到公司实际控制人，所有公司中对目标公司控制传递指数最大的公司，即可视为目标公司的实际控制人。

（二）关键控制路径

　　股权网络中源节点的决策传递至中间节点后，可能通过多条持股路径传递至目标节点，而不同路径对决策的传递强度不同。两个节点之间的路径涉及探索控制产生的机制，确定更为关键的决策传递路径，就是探索控制产生的机制。这对风险处理具有重要作用，准确干预能及时遏制风险随着时间的推移而扩大。关键控制路径主要是指两节点之间的持股链路所蕴含的重要控制传递链路。根据上一部分中路径关键决策传递的概念，本节提出路径控制度，帮助衡量关联路径对关键决策的传递作用大小，以发现关键控制路径。

　　控制权转移指数通过衡量两家公司之间关键决策转移的程度来衡量两家公司之间控制关系的强弱程度。类似地，本节定义路径控制度，它通过路径转移关键决策的程度来衡量从起始节点到目标节点的路径的控制转移作用。

　　定义 6-4（路径控制度）　　给定起始节点 v_k 和目标节点 v_t，称其任一关联路径 p 在所有票型中传递关键决策的次数占比为路径控制度。形式化表示为

$$\text{Pci}_p = \frac{1}{2^S} \sum_{X^S \in \{0,1\}^S} d_p^{X^S} \tag{6-4}$$

　　其中，Pci_p 表示 v_k 到 v_t 某一路径 p 的路径控制度。$\text{Pci}_p \in [0, 1]$，其取值越大表示该路径对两公司间控制的传递作用越强，取值越小表示该路径对两公司间控制的

传递作用越弱。对比定义 6-4 与定义 6-3 可知，对于节点 v_k、v_t 及其某一路径 p，$\text{Pci}_p \leqslant \text{Cti}(k,t)$。原因在于 v_k 和 v_t 控制传递指数依赖于多条路径传递关键决策，而非仅限于路径 p。

不同的路径具有不同的控制强度，关键的控制路径是两个节点之间的股权路径所隐含的更重要的控制转移路径，因此本节给出以下定义。

定义 6-5（关键控制路径） 给定公司股权网络 $G(V,E)$，起始节点 v_k 和目标节点 v_t 以及整数 k（$k \geqslant 1$），v_k 到 v_t 的关键控制路径为两点之间 Top-k 条路径控制度最大的路径，即按照路径控制度递减排列的前 k 条路径。

本节提出了关键控制路径发现算法，给定起始节点 v_k 和目标节点 v_t，找到两点之间 Top-k 条路径控制度最大的路径及对应的路径控制度。具体步骤如下：首先，在股权网络 G 中查询得到 v_k 到 v_t 的所有路径 $P(k,t)$；其次，使用 PSC 算法发现传递关键决策子图集合 B；再次，根据集合 B 计算任一路径 $p \in P(k,t)$ 的路径控制度；最后，输出路径控制度 Top-k 的路径及控制度（如果路径控制度相同，则再依据持股比例排序）。

算法 6-3 关键控制路径发现算法

输入：股权网络 $G(V,E)$，起始节点 v_k，目标节点 v_t

输出：Top-k 关键控制路径 $p_{kt}^1, p_{kt}^2, \cdots, p_{kt}^k$ 及其路径控制度

1. $P(k,t) \leftarrow$ All paths between v_k and v_t in G；
2. $\text{Pci} \leftarrow \{\}$；//存储所有路径及对应路径控制度
3. $B \leftarrow \text{PSC}(G)$；//传递关键决策的子图的集合 B
4.   **For** p in $P(k,t)$
5.   count $\leftarrow 0$；
6.   **For** b in B
7.   **If** p in b
8.   count ++；
9. $\text{Pci}[p] = \text{count} / 2^{|S|}$；
10. $\text{Pci} \leftarrow \text{Pci}$ sorted by value in descending order；
11.   **Return** $\text{Pci}[:k]$；

在如图 6-9 所示的关键路径发现中，节点 1 到节点 3 在 G 中共有 3 条路径，路径集合 $P(1,3) = \{1 \to 3, 1 \to 2 \to 3, 1 \to 2 \to 4 \to 3\}$；使用 PSC 算法发现传递关键决策子图集合；$\text{Pci}_{1 \to 3} = \frac{12}{16} = 0.75$，$\text{Pci}_{1 \to 2 \to 3} = \frac{8}{16} = 0.5$，$\text{Pci}_{1 \to 2 \to 4 \to 3} = \frac{0}{16} = 0$；因此节点 1 到节点 3 的 Top-2 关键控制路径为 $1 \to 3$（路径控制度为 0.75）、$1 \to 2 \to 3$（路径控制度为 0.5）。

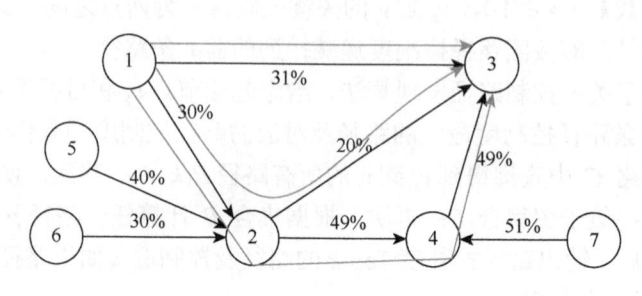

图 6-9 关键路径发现

（三）公司控制社区

公司控制社区主要是指控制关系紧密的多个公司构成的控制网络。控制关系紧密体现在这些公司共同受最终持有人关键决策影响的概率更大。股权网络中的公司控制社区更为精准地划分了公司决策所影响的范围，在一定程度上体现公司行业影响力、摆脱税务监管的能力，对行业投资管理和政府监管具有重要意义。

根据两点关键决策传递的定义可以得出，借助传递关键决策的路径，起始节点可以影响结束节点对决策的影响。在一个股权网络中，某些节点的决策可能影响不止一个节点，也可能影响多个节点。这种多个节点共同受到影响的情况称为多点关键决策传播。

定义 6-6-a（多点关键决策传播） 对于股权网络 G 中某弱连通图所有节点而言，在某票型 $X^s \in \{0,1\}^s$ 下节点均共同被关键决策影响，则称该票型下这些节点构成的群体节点传播了关键决策。形式化表示为

$$d_{\text{comm}}^{X^s} = \begin{cases} 1, & \forall k \in \text{comm}, \exists t \in k, s\ neighbors,\ d^{X^s}(k,t) = 1 \text{或} d^{X^s}(t,k) = 1 \\ 0, & \text{其他} \end{cases} \quad (6-5)$$

其中，$d_{\text{comm}}^{X^s}$ 表示节点 comm 在票型 X^s 下是否传播关键决策，值为 1 表示它们传播关键决策，值为 0 则表示其未传播关键决策。该定义指出，节点构成社区的前提条件是其在股权网络中的导出子图为弱连通图。由定义 6-2-a、定义 6-2-b 及 6-6-a 定义进一步可知，多点关键决策传播的条件为对所有节点而言，其要么向群体节

点内其他节点传播关键决策，要么被群体节点内其他节点传播关键决策。这是因为根据公司投票规则，某票型下在传播关键决策的社区内，节点投票状态的改变一定是其子节点投票状态改变的原因或者是其父节点投票状态改变的结果。

多点关键决策传播在一定的投票情况下进行判断。因此，当考虑所有投票情况时，可以通过测量这些节点在所有投票情况的共同影响次数来获得这些节点的接近度，本节将其称为群体控制度。

定义 6-6-b（群体控制度） 多节点的群体控制度为在所有票型中，多点传播关键决策的次数占比。形式化表示为

$$\text{Cci}_{\text{comm}} = \frac{1}{2^s} \sum_{X^s \in \{0,1\}^s} d_{\text{comm}}^{X^s} \tag{6-6}$$

其中，Cci_{comm} 表示社区 comm 的社区控制度。$\text{Cci}_{\text{comm}} \in [0,1]$，其取值越大表示群体节点公司间控制关系越紧密，取值越小表示群体内公司间控制关系越疏远。

不同集团的公司受到关键决策的不同程度的共同影响。而公司控制共同体是集团控制程度达到阈值的公司社区。

定义 6-7（公司控制社区） 给定公司股权网络（以股权为指标提取的知识大图子图）$G(V, E)$ 以及多点控制度阈值 θ，公司控制社区即为股权网络 G 中控制度大于或等于控制阈值 θ 的（重叠）公司群体。

在股权网络中发现公司控制社区并不是一个容易解决的问题。由于股权网络中包含的弱连通图很多，穷举所有弱连通图计算其社区控制度并检查是否满足阈值的代价很大。现有的社区发现算法是基于特定指标来设计的，未能考虑控制度的特殊计算方式，无法直接应用于发现股权网络中的公司控制社区。

对比控制度和控制传递指数的定义可以看出：对于两节点组成的群体而言，群体控制制度 $\text{Cci}_{\text{2-nodescomm}} \leqslant$ 控制传递指数 $\text{Cti}(k, t)$；对于 k（$k \geqslant 2$）个节点与 $k+1$ 个节点组成的群体而言，$\text{Cci}_{(k+1)\text{-nodescomm}} \leqslant \text{Cci}_{k\text{-nodescomm}}$，其中，nodescomm 表示节点群。可见，如果由 $k+1$ 个节点组成的社区能满足控制度阈值，那么由 k 个节点组成的社区也一定能满足控制度阈值。因此可以考虑由 k（$k \geqslant 2$）个节点组成的公司控制社区融合得到 $k+1$ 个节点组成的公司控制社区。也就是说，将具有共同 $k-1$ 个节点的公司控制社区组成群体，检查这个群体是否满足控制度阈值，如果满足，那么它就是由 $k+1$ 个节点组成的公司控制社区。

本章提出了公司控制社区发现算法，给定股权网络 $G(V, E)$，公司控制度阈值 θ，得到公司控制社区集合 C。具体步骤如下：首先，将 G 中所有边上的点组成两节点社区，并计算公司控制度，去除不满足条件的社区得到公司控制社区 comm，添加到公司控制社区集合 C 中；其次，将 comm 中的社区两两融合（两个 k-nodescomm 之间存在 $k-1$ 个共同的节点）并判断新社区的社区控制度是否大

于或等于阈值，满足条件的社区为 $(k+1)$-nodescomm，将其记为 comm 并加入到集合 C 中；再次，重复上一步骤直至 comm 中只有一个社区；最后，去除集合 C 中被包含于大社区中的小社区即得到最终结果。

算法 6-4　公司控制社区发现算法

输入：股权网络 $G(V, E)$，公司控制度阈值 θ

输出：公司控制社区集合 C

1. comm = [{i, j} for i, j in Gedges( ) if Cti(i, j) $\geq \theta$]; //存储控制传递指数大于或等于公司控制度阈值的边，即两点构成的社区
2. C.append(comm);
3. **While** comm **do**
4. 　　comm ← merge k-nodescomm into $(k+1)$-nodescomm;
5. 　　C.append(comm);
6. remove containing values;
7. **Return** C;

在如图 6-10 所示的公司控制社区中，给定公司控制度阈值 $\theta = 0.5$，发现公司控制社区。首先，将 G 中所有边上的点组成两节点社区，得到 8 个两节点社区，计算其公司控制度，分别为(1, 3:0.75)、(1, 2:0.5)、(2, 3:0.625)、(5, 2:0.5)、(6, 2:0.5)、(7, 4:1)、(2, 4:0)、(4, 3:0.25)，因此满足条件的公司控制社区有(1, 3)、(1, 2)、(2, 3)、(5, 2)、(6, 2)、(7, 4)；其次，将有共同 1 个节点的两节点社区两两融合并计算社区控制度得到(1, 2, 3:0.5)、(1, 5, 2:0)、(1, 6, 2:0)、(5, 2, 3:0.25)、(6, 2, 3:0.25)、(5, 6, 2:0)，满足条件的仅有(1, 2, 3)，所以无须重复本步骤；最后，由上可得满足条件的社区有(1, 3)、(1, 2)、(2, 3)、(5, 2)、(6, 2)、(7, 4)和(1, 2, 3)，去除其中被包含于大社区中的小社区(1, 3)、(1, 2)、(2, 3)，得到(5, 2)、(6, 2)、(7, 4)和(1, 2, 3)。

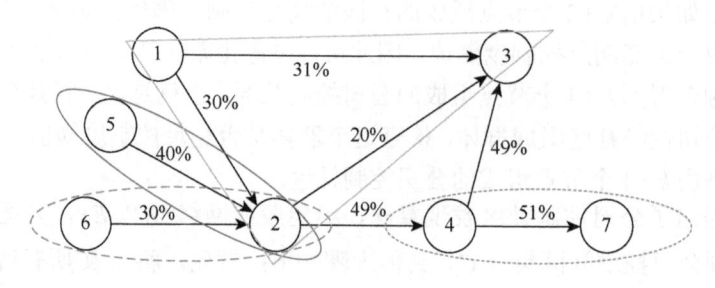

图 6-10　公司控制社区

上例中提到的节点 1 到节点 3 的 Top-2 关键控制路径为 1→3（路径控制度为

0.75)、1→2→3（路径控制度为 0.5），对公司控制社区(1, 2, 3)进一步分析可以发现，该社区形成的原因主要是 2 通过路径 1→2 被 1 一定程度上控制，3 通过路径 1→2 被 1 一定程度上控制。

三、风险案例可视化分析

2018 年 2 月，上市公司民生银行股权争夺战愈演愈烈，其多层股权网络和由此产生的控制关联非常复杂。确定民生银行的实际控制人、控制关系的产生路径以及控制者的控制范围是监管部门必须考虑的重要问题。如图 6-11 所示，由于股权分散，最终股东对民生银行的控制力较弱。然而，中间公司安邦保险集团通过复杂的连接将投票权传递给民生银行的概率更高，这将在更大程度上影响民生银行的投票权。这意味着安邦保险集团和民生银行有着密切的控制关系。更准确地说，前者是后者的实际控制者。进一步分析得出，在四条路径中，[安邦财产保险→安邦人寿保险→民生银行] 是决策转移的最关键路径。此条路径更有可能形成资本强化，可能为风险传导的重要途径。另外，安邦保险集团、安保财产保险、安邦人寿保险和民生银行形成了一个控制社区。在他们形成的网络中，只有安邦人寿保险的入度为 0，说明安邦保险集团通过多层股权形成了更大更强的势力范围，从而在一定程度上控制了民生银行。最后，保监会因其隐瞒实际控制人、循环注资等严重违规行为，决定将安邦保险集团纳入风险处置接管。

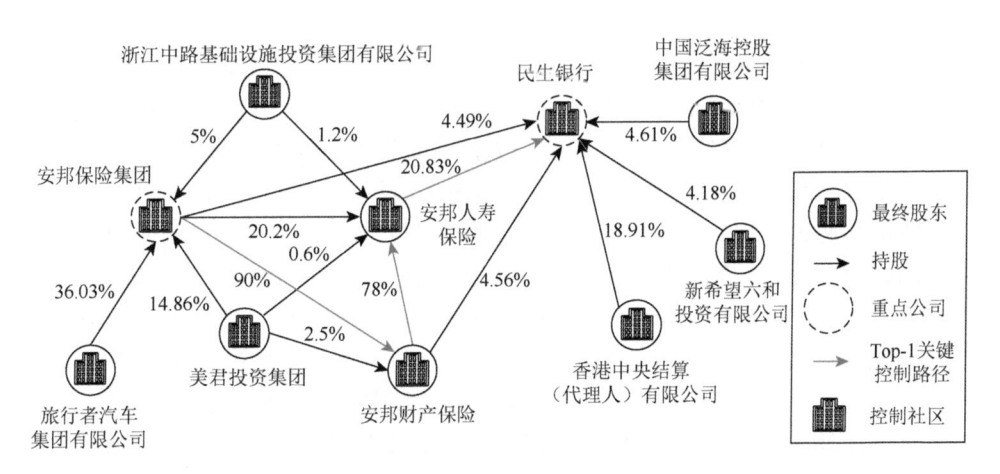

图 6-11 民生银行案例分析

在上述案例中，与其他公司相比，安邦保险集团可以在更大程度上影响民生银行的投票。这表明两家公司之间存在高强度的控制权关系。而 [安邦保险集团→安邦财产保险→安邦人寿保险→民生银行]是四种持股路径中决策转移最多的路径，说明两家公司不同路径的控制权重要性存在差异。同时，安邦保险集团、安邦财产保险、安邦人寿保险和民生银行在决策上趋于一致，表明控制社区可以由几家公司组成。因此，公司之间的控制关联包括控制转移关系的强度、关键控制路径和公司控制社区。这些是识别公司实际控制人、分析公司控制权转移机制和影响范围的要点。

本节主要研究内容为发现和分析上述三种控制关联，首次通过案例观察提出了上述三个概念，并提出了相关算法。其中，控制权转移关系有助于衡量任意两家公司之间，尤其是内部起始公司与内部目标公司之间的控制联动强度，从而识别公司的实际控制人；关键控制路径有助于识别两家公司之间更重要的控制路径，分析控制转移机制和系统性风险传导路径；公司控制社区有助于识别公司决策传播的范围，并分析其通过控制形成的影响模式。

基于投票博弈思想，旨在发现与分析多层股权网络中的关键控制关联，以支撑金融、政治风险识别。本节提出的控制传递指数能够衡量所有公司之间控制关系强弱程度；在此基础上提出的关键控制路径发现算法和公司控制社区发现算法，能够从股权网络中发现公司之间更重要的控制链路以及满足控制度阈值的重叠公司社区。同时，对以上三个关键控制关联进行了深度分析。其中，控制传递指数可以衡量所有公司之间的控制关系强弱程度，支持实际控制人的发现和识别；关键控制路径发现算法能够识别重要控制链路，从而为系统性金融风险传导途径分析提供依据；公司控制社区发现算法识别出的重叠公司社区为划定公司决策影响范围提供了参考。

安邦保险集团通过多层股东循环持股和虚假注资，伪装成多层次、精细的股权网络背后的实际控制人，资本超过 600 亿美元。原保监会接管安邦保险集团，防止安邦事件可能产生的风险传导效应，从而防止系统性金融问题的出现。本节从安邦事件中考察单一金融机构，即民生银行在渗透多层股权网络中的控制的特征，通过查询 2016 年民生银行的多层股权网络，使用控制传递指数、关键控制路径和公司控制社区算法来分析关键的控制关联，以评估其风险。

从 2013 年到 2018 年，湖州安美德科技有限公司从增资至取代新希望六和投资有限公司成为民生银行控股股东，到被收购后逐步退出民生银行主要股东名单。在此期间，安邦保险集团的股权发生了几个重要的变化。其对民生银行的直接持股比例从 2013 年的 2.98%上升到 2014 年的 4.88%，再到 2016 年的 4.56%，最后在 2018 年降为 0。这证明了股权结构变化与金融风险之间的相关性。如果控制传递指数、关键控制路径和公司控制社区算法能够检测到关键控制关联的时间序列变化，如由持股增加引起的实际控制人的变化，就可以帮助监管机构警告潜在的财务风险。

（一）控制传递指数

控制传递指数算法计算的控制传递指数衡量的是任意两家公司之间控制权关系的强度。如表 6-3 所示，本方法不仅可以获得最终股东特拉维勒汽车集团和美君投资集团对内部公司的控制传递指数，还可以获得内部公司之间的控制传递指数。安邦保险集团超过安邦财产保险、安邦保险集团超过安邦人寿保险和安邦财产保险，安邦人寿保险的控制传递指数，表明更接近控制关系。这也反映在股权上，安邦保险集团拥有安邦财产保险 90%的股份，安邦财产保险拥有安邦人寿保险 78%的股份，两者均超过 50%。因此，他们更依赖于决策，这意味着更高的控制传递指数。安邦保险集团、安邦财产保险和安邦人寿保险的控制传递指数最高，为 0.2813，高于民生银行，而安邦保险集团的控制传递指数也最高，为 0.7500，高于安邦财产保险和安邦人寿保险。因此，湖州安美德科技有限公司对民生银行具有较强的决策权，因此可以认定为民生银行的实际控制人。通过多层股权网络，对股东层隐藏实际控制人。这种高杠杆的股权结构本质上是有风险的。当实际控制人面临风险时，风险更有可能转移到其控制的公司。事实证明，当安邦保险集团发生风险事件时，民生银行受到打击，股价暴跌。

表 6-3 公司控制传递指数

所有公司	安邦保险集团	安邦财产保险	安邦人寿保险	民生银行
浙江中路基础设施投资集团有限公司	0	0	0	0
旅行者汽车集团	0.5000	0.5000	0.5000	0.1875
中国泛海控股集团有限公司	0	0	0	0.0625
香港中央结算（代理人）有限公司	0	0	0	0.1875
新希望六和投资有限公司	0	0	0	0.0625
美君投资集团	0.5000	0.5000	0.5000	0.1875
安邦保险集团	0	0.7500	0.7500	0.2813
安邦财产保险	0	0	0.7500	0.2813
安邦人寿保险	0	0	0	0.2813
民生银行	0	0	0	0

（二）关键控制路径

进一步分析安邦保险集团与民生银行之间的持股路径，可以帮助监管机构识别关键的控制路径，并随着时间的推移阻断风险。调用关键控制路径算法来发现安邦保险集团和民生银行之间的控制路径。结果如表 6-4 所示，前 3 条关键控制路径的路径控制度均为 0.2813。在这种情况下，根据股权排名获得了前 3 名的关键控制路径。这 3 个路径杠杆率高、风险大，从侧面支持了控制传递指数中的风险识别结果。纵观 4 条路径，路径 4 的持股比例均高于路径 2、路径 3，但路径控制度低于路径 2 和路径 3。这是因为利用杠杆可以让较小的持股达到影响决策的效果。第 1 条路径是最关键的控制路径，表明安邦保险集团的很多重要决策和资金流都经过它流转。监管部门需要关注这一点，当金融风险出现时，要及时阻断，防止风险扩散。

表 6-4 安邦保险集团和民生银行关键控制路径

路径编号	路径	长度	路径控制度	持股比例
路径 1	安邦保险集团→安邦财产保险→安邦人寿保险→民生银行	3	0.2813	14.62%
路径 2	安邦保险集团→安邦人寿保险→民生银行	2	0.2813	4.21%
路径 3	安邦保险集团→安邦财产保险→民生银行	2	0.2813	4.10%
路径 4	安邦保险集团→民生银行	1	0	4.49%

注：路径 1 表示最大控制路径

（三）公司控制社区

具有强大控制关系的公司社区可以解释具有一致决策行为倾向和高控制权的现象，有助于识别可能发生的金融风险。在安邦保险集团的多层股权网络上调用公司控制社区算法，设置多个集团控制度阈值，以便发现不同情况下重叠的公司可控制社区。公司控制社区如表 6-5 所示，只选择了节点最多的公司社区。当集团控制度阈值设置为较大值 0.75 时，公司控制共同体由安邦保险集团、安邦财产保险和安邦人寿保险构成，它们也是安邦社区的核心成员。当集团控制度阈值为 0.25 时，民生银行与安邦保险集团、安邦财产保险、安邦人寿保险共同组成公司控制共同体。这表明安邦保险集团、安邦财产保险和安邦人寿保险较其他股东更可能与民生银行有一致的决策，这进一步揭示了民生银行实际上处于安邦保险集团势力范围内的重要事实。由此可见，公司控制共同体的识别、公司决策传播范围的识别、公司控制形成的影响模式的分析，对风险防范具有至关重要的作用。

表 6-5 公司控制社区

社区控制度阈值	公司控制社区	社区内公司数
0.75	（安邦保险集团，安邦财产保险，安邦人寿保险）	3
0.50	（旅行者汽车集团，安邦保险集团，安邦财产保险，安邦人寿保险） （美君投资集团，安邦保险集团，安邦财产保险，安邦人寿保险）	4

续表

社区控制度阈值	公司控制社区	社区内公司数
0.25	（旅行者汽车集团，安邦保险集团，安邦财产保险，安邦人寿保险） （美君投资集团，安邦保险集团，安邦财产保险，安邦人寿保险） （安邦保险集团，安邦财产保险，安邦人寿保险，民生银行）	4

在金融机构嵌套的股权网络中，部分股东特别是实际控制人可能不当干预金融机构的管理和经营，将金融机构当"提款机"，增加金融风险。此外，从实际控制人到金融机构的关键控制路径也是风险传递和扩散的关键路径。同时，一些实际控制人通过有计划地投资建立控制共同体，增加权力的同时也放大了风险。因此，利用算法分析公司间控制关系的强弱、关键控制路径和公司控制共同体，为理解金融机构的风险承担行为提供了必要的参考信息。

控制传递指数衡量任何两家公司之间控制权关系的强度，并提供对隐藏在多层股权网络中的实际控制人的识别，实现穿透式监管。关键控制路径算法中关键控制路径的发现揭示了金融机构之间的控制路径和杠杆，这是监管机构分析和阻断风险传导路径的重要途径。同时，通过公司控制社区算法获得的公司控制范围可以识别公司决策传播的范围，分析控制形成的影响模式，为系统性风险规制相关决策提供指导。

第四节 金融风控大脑

针对当前市场中金融风险防控数据覆盖不全面、风险监控不实时、未来预期不准确的问题，本节基于构建金融知识大图查询与分析平台，构建金融风控大脑，通过使用金融知识大图分析技术，为银行和证券公司提供股权网络穿透和金融舆情监测服务，为金融企业的融资过程降本提效，实现对系统性金融风险的防范与化解，取得经济与社会效益。

金融风控大脑平台主要由多元可视大图、金融舆情分析、股权网络穿透和联邦分布式四大板块构成。金融风控大脑提供的主要应用服务为多元查询、金融舆情分析与股权网络穿透。在多元查询板块中，金融风控大脑可以根据用户检索企业或者机构名称来快速展示出该企业基本信息及关联企业；在金融舆情分析板块中，金融风控大脑将企业关系图谱与金融舆情分析相结合，考虑企业上下游舆情对当前企业的影响，使舆情分析结果更加精确；在股权网络穿透板块中，金融风控大脑基于金融时序图谱实现更高的穿透层数及更快的查询速度。

一、知识大图多元查询

（一）需求背景

如何对海量的全域、多模态的知识进行统一的管理，深度挖掘知识关联，利用知识大图平台技术实现基于知识关联的发现推理以辅助决策成为企业重点需求。金融数据的可视化是为了帮助决策者更好地分析数据，一方面赋予数据价值，另一方面增加数据的灵活性，知识大图可视化是对金融知识关联进行高效且直观的渲染，金融知识大图中存在海量的实体和实体之间的复杂关系，为搭建基于金融知识大图的金融风控大脑平台以服务用户的可视化分析带来了挑战。可视化的目的是将大数据带回人类尺度，增强数据可理解性，让大数据赋予用户最优决策的权力。

（二）目标实现

金融风控大脑通过研究金融知识大图的可视化分析技术，使用不同层次的知识大图摘要，为用户展示复杂知识大图中的不同粒度的结构语义模式。层次化的知识大图摘要不仅有利于用户理解复杂的金融知识大图，也提供了一种交互式的可视化分析方法，使金融知识大图的分析变得高效、可行。此外，金融知识大图的时序信息非常重要，很多结构化的知识只在特定时间内有效，事件的变化及变化规律蕴含在时间序列中。孤立、静态的可视化图表无法满足日益复杂的数据分析需求。针对不同的分析任务和金融知识大图，本节提出基于查询、过滤、多视图联动等交互环境的可视化分析方法。

（三）功能概述

1. 实体查询

金融风控大脑实体查询支持用户对目标实体进行全称查询、模糊查询，进行模糊查询时，用户在输入关键词后，系统会根据关键词提示相关实体供用户选择，最后快速准确地返回用户查询的目标实体，并展示查询实体相关联实体以及查询实体基本信息（法定代表人、经营状态、注册资本、工商注册号、统一社会信用代码以及经营范围等信息）。除此之外，金融风控大脑平台支持页面缩放、拖拽，以满足不同用户对页面的需求。

金融风控大脑平台中，输入查询公司或输入查询公司部分关键词后选择目标查询公司，可查看目标公司的具体信息，以及与目标公司存在股权关系的关联公司的具体信息及其下一层股权关系的节点信息，如图6-12所示。

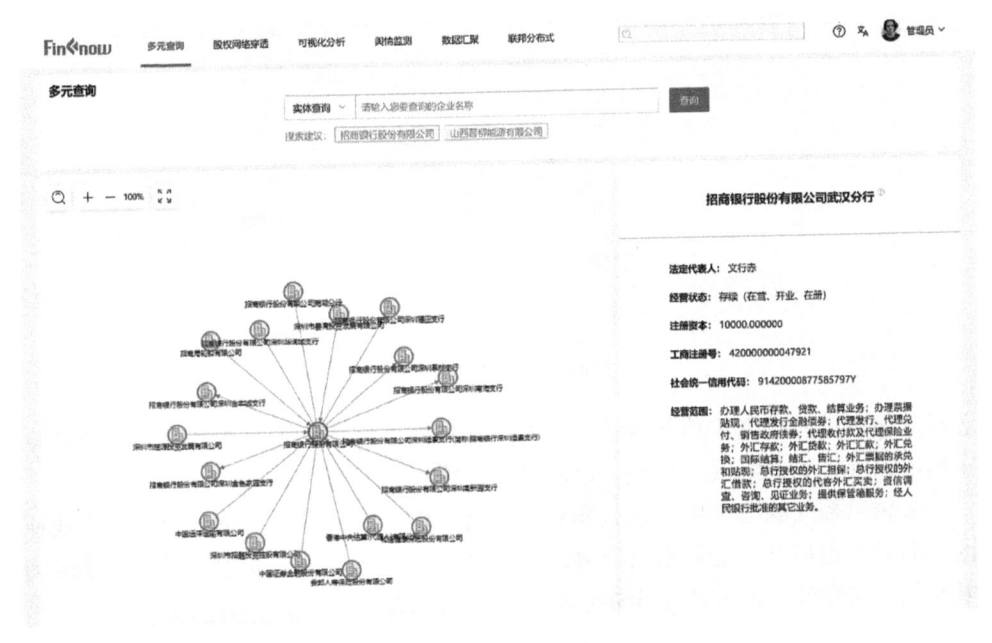

图6-12 实体查询

2. 关键公司分析

金融风控大脑关键公司分析支持用户对目标实体进行全称查询、模糊查询，进行模糊查询时，用户在输入关键词后，系统会根据关键词提示相关实体供用户选择，最后返回查询实体相关联企业，并给出度中心性、特征向量中心性、接近中心性和中介中心性四个指标，用户点击相应板块可查看指标数值，辅助用户决策。同时本节也引入时序观念，用户可根据需求选择演化时间，也支持页面缩放、拖拽，以满足不同用户对页面的需求。

金融风控大脑平台中，输入目标公司查询后，显示目标公司的股权网络图，同时标注网络中关键公司节点，并可通过右侧的不同中心性按钮查看各个节点的相应中心性数值，辅助用户的分析与决策，如图6-13所示。

3. 公司社区发现

金融风控大脑公司社区发现支持用户对目标实体进行全称查询、模糊查询，进行模糊查询时，用户在输入关键词后，系统会根据关键词提示相关实体供用户

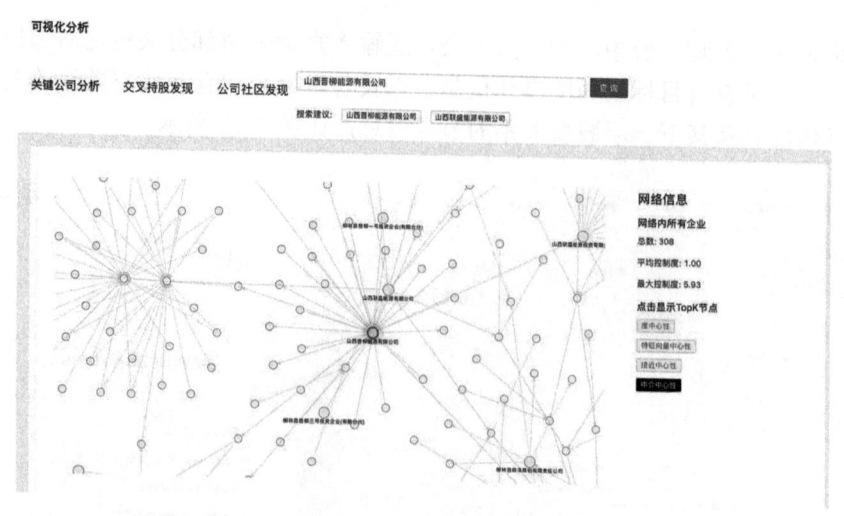

图 6-13　关键公司分析

选择，最后返回查询实体社区演化情况，支持右击展开显示每个社区内企业及股东情况，支持页面缩放、拖拽，以满足不同用户对页面的需求。

金融风控大脑平台中，在公司社区发现板块，围绕中心目标公司形成企业社区，右键点击展开后能够查看具体选中社区的公司构成，帮助用户发现关系较为紧密的公司群体，助力风险识别，如图 6-14 所示。

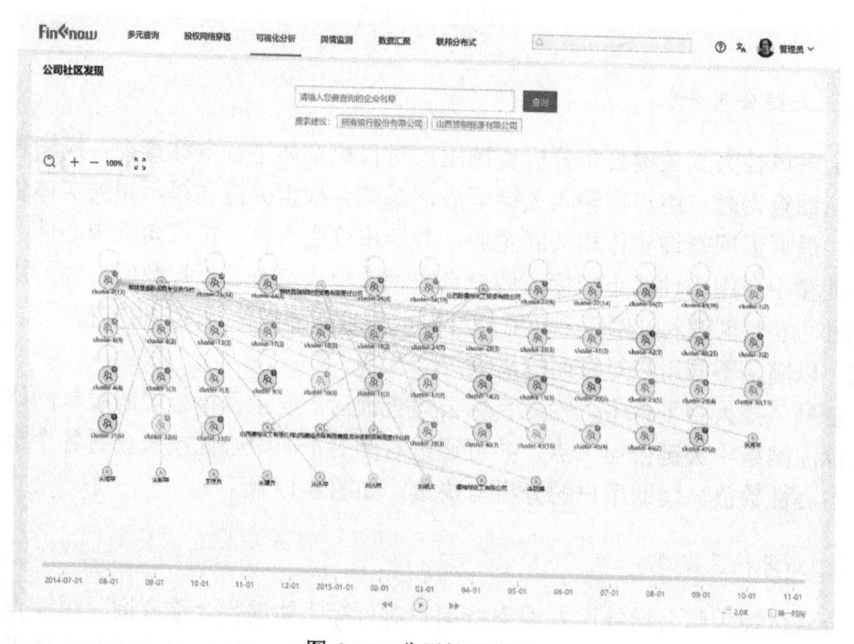

图 6-14　公司社区发现

二、金融舆情分析

(一) 需求背景

资本市场每时每刻都在发生各种金融舆情事件，这些事件通常会以金融新闻的形式发布，影响投资者情绪以及其他利益相关方的判断决策，进而影响相关公司的经营与发展，产生舆情风险。资本市场中，各个公司间错综复杂的关联成为风险传导的天然媒介，当风险逐步积累不加以控制，就会造成系统性金融风险。通常，金融舆情风险的演化与传导机制十分复杂，因此需要研究金融新闻的表示学习模型，融合外部知识与公司间关联研究舆情风险的演化与传导，实现资本市场舆情风险的监测与防范。

(二) 目标实现

通过融合目标企业的产业链知识与公司间关联的金融新闻序列表示学习模型，实现对企业舆情风险的 CAR 的预测。具体来说，金融风控大脑利用金融知识大图对资本市场发生的金融舆情时间和投资者情绪变化进行精准识别，并融合事件、关系进行风险传导建模，最后基于多源知识表示学习以及多视角信息融合模型，实现对资本市场舆情风险的监测和防范。

(三) 功能概述

1. 新闻文本与公司实体关联发现

提供由实体查新闻、由新闻看实体的功能。具体来说，系统获取新闻文本后，利用算法匹配出新闻涉及的相关公司实体，建立新闻文本与公司实体间多对多的关联。

2. 新闻文本风险（CAR）贡献度定量分析

构建深度神经网络，利用输入的特定公司相关时间窗口内的新闻文本序列，预测公司在当前时间点的股票波动指标（CAR 或涨跌趋势等），通过模型中的注意力机制将不同粒度下文本对最终预测的贡献度可视化。

3. 关联公司舆情风险传导分析

结合目标公司的股权关联公司舆情状况，使用图神经网络训练得出各个关联企业的舆情对目标企业的舆情传播影响，综合得到最终目标公司舆情风险分析预测的 CAR 值。

金融风控大脑中的金融舆情分析支持用户对目标实体进行全称查询、模糊查询，首先，进行模糊查询时，用户在输入关键词后，系统会根据关键词提示相关实体供用户选择，最后返回查询实体个股与沪深 300 指数走势，以及 CAR 历史值及预测结果；其次，实体查询支持不同日期、不同窗口大小的查询；再次，金融舆情分析在查询后会返回不同新闻下的预测 CAR 值，并支持新闻详情查阅及企业产业链图谱分析；最后，该功能也支持查询关联企业以辅助用户决策。

在金融风控大脑金融舆情分析上，以"中国平安保险（集团）股份有限公司"（以下简称中国平安）为例，右边板块为通过算法匹配得到的中国平安相关新闻，具体信息包括基于每条新闻预测的 CAR 值正负、对应预测的概率、新闻标题、摘要、标签、来源、发布日期等；左方板块显示了中国平安当前的行情数据以及基于历史值和右方预测得出的 CAR 值；点击"查看关联企业"后，会显示与中国平安相关联的公司，公司节点之间依靠股权关系进行连接，边上的数值表示关联公司的舆情对目标公司的影响力大小，如图 6-15、图 6-16 所示。

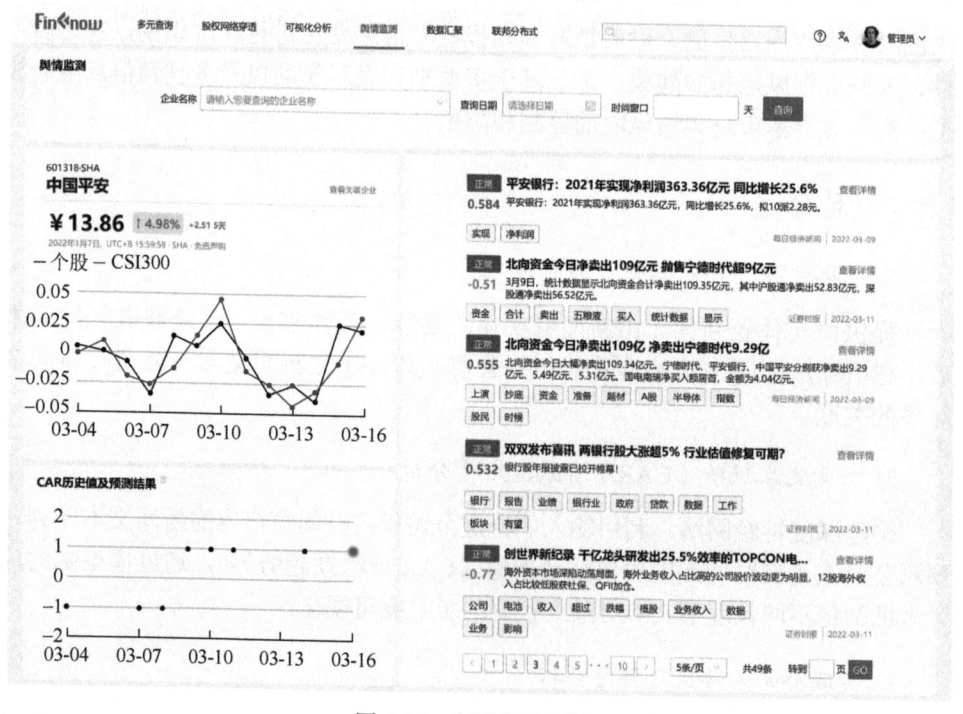

图 6-15　金融舆情分析

第六章 金融知识大图查询与分析平台 ·191·

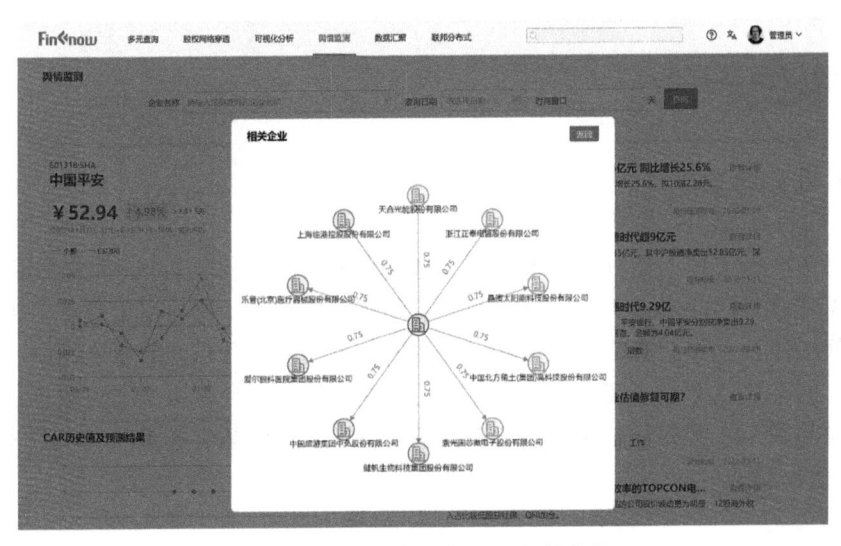

图 6-16 金融舆情分析——相关企业

具体的金融新闻详情界面如图 6-17 所示。当前新闻的 CAR 预测值由新闻文本中每一段内容分析得出，每段后方的数值表示了文本学习预测中的不同注意力权重；右方的企业图谱展示了新闻表示学习中用来增强目标公司嵌入所使用的产业链知识。

图 6-17 金融舆情新闻详情

三、股权网络穿透

（一）需求背景

目前金融市场的股权网络十分庞大且复杂，从而使发现某一公司的实际控制人变得艰难。因此本模块依靠股权网络发现实际控制人，更加便于监管。由于股东之间的复杂关系会影响股东在决策时做出的行为，即股东与股东之间并不是相互独立的，这就造成了实质上股东对公司企业的控制权会有所变化。根据该种影响关系将股东之间的复杂关系纳入控制权计算中，得到基于股东关系及股权网络的控制权结果。

（二）目标实现

通过多层股权网络穿透以及股东关联数据等，发现蕴含潜在金融风险的金融股权网络结构，如环状持股、资本系等，找到实际控制人、一致行动人和关联交易方、最终股东等关键节点，实现对金融机构股权网络穿透式监管。

（三）查询接口

本节提出了一些基于知识大图的金融知识查询服务接口设计与实现方法，能够快速实现对大数据量的查询，对大规模知识大图实现准确、高效、鲁棒的查询与管理，同时具有金融领域的语义标签，解决上述查询接口方法不足以支持智能应用的问题，为实现对资本市场的股权关联查询、多层股权结构的发现与揭示，提出了基于知识关联的股权结构模式发现算法，对环形持股的股权结构进行准确发现，对金融风险进行一定程度的识别与防范。

本节查询接口设计有两个特点：一是金融领域与知识大图进行紧密的结合，以知识大图的形式表示复杂的金融关系，发挥各自领域的优势；二是适用于多种金融领域的查询服务，为智能应用的实现提供充分的知识关联，以智能应用需求为核心组织领域知识，提供准确高效的领域性查询服务。

金融知识大图查询流程如图 6-18 所示。首先，从自主构建的金融知识大图中查询出基本的金融实体和相关属性，根据金融领域的知识，定义三种查询接口的金融意义；其次，本示例以构建出的金融知识大图查询出的信息为基础并结合金融领域实际需求，定义出三种查询接口的金融意义。

第六章 金融知识大图查询与分析平台

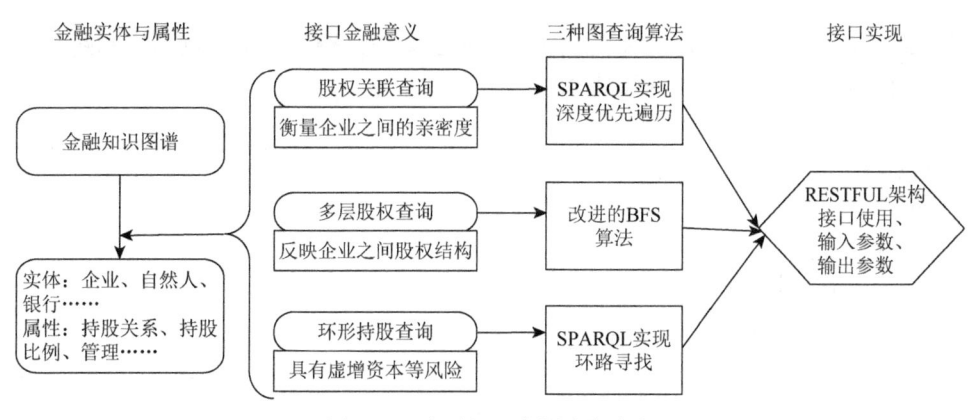

图 6-18 金融知识大图查询流程

具体而言，股权关联查询主要指企业、金融机构或个人（股东、监事）之间的所有权关系以及持股与被持股之间的关系；识别两企业之间控制与被控制的关系，进而判断控制的程度。在金融知识大图中，利用图遍历算法可以方便地找到企业之间所有的关联路径，衡量企业之间的亲密度。从财务的角度，可以更深入地发现查询站相关性的财务价值。在产业资本发展到一定阶段，突破产业与金融业的界限，寻求与经营、金融等金融机构的协同价值，是企业的一种战略行为。

多层股权结构主要涉及的就是企业间的股权结构关系，而且涉及银行等机构。不同的股权结构决定了不同的企业组织结构，从而决定了不同的企业治理结构，最终决定了企业的行为和绩效。通过对多层股权的查询可以清晰地看出不同公司股权的层级关系，对了解公司之间的持股关系有着重要影响。金融领域数据量十分庞大，而且金融体系主体繁多。实现股权"穿透式"监管，获取最终持股人信息，还原复杂股权网络下隐形控制实体（群），最终协助金融主管部门进行系统性金融风险的识别、防范与化解。

环形持股可以是相邻两家企业互相持有对方企业股权，也可以是两家公司之间存在多家公司形成一个环路的现象，它具有虚增资本、妨害市场交易秩序、歪曲公司治理结构等风险，因此找出存在环形持股的公司对发现金融风险有着重要意义。

提供三种查询接口的算法，包括股权关联查询、多层股权查询和环形持股查询，能够满足金融领域的实际需求。

股权关联查询是指在带权有向图 $G = \{V, E\}$ 中，V 为金融知识大图中的节点集，$V = \{v_1, v_2, \cdots, v_n\}$，节点枚举出来有三种情况：企业、金融机构、自然人（自然人只有持股的关系即出度）；E 为节点之间的边集，$E = \{(v_i, v_j) | i \neq j, 1 \leq i, j \leq n\}$，表示 v_i 持有 v_j 的股份。输入两个查询点 A、B 以及查询的跳数 hop，查询并输出两个节点之间所有路径 P。查询可以在构建出的金融知识大图中使用 SPARQL 语句实现，支持多跳之内所有的股权关联查询。但是如果两个公司之间存在太多跳

数关联，那么这两家公司的关系就变得不那么紧密。输入两个查询节点和跳数即可查询出所有相关结果，具体的 SPARQL 语句如下。

```
SELECT *
WHERE
{
    {<A> <prop>?x.} UNION {?x<prop> <A>.}
    {?x<prop>?y.} UNION {?y<prop>?x.}
    {?y<prop>?z.} UNION {?z<prop>?y.}
    {?z<prop> <B>.} UNION {?z<prop> <B>.}
}
```

多层股权结构本质上是一个带权有向图，记为 $G = \{V, E\}$，权是指持股比例，方向可以是某家公司 a 持有另一家公司 b 的股份（a→b），也可以是某家公司 a 被另一家公司 b 持股（a←b）。多层股权结构由一个中心顶点 V_s（即输入的要查询的公司和它相关的多层顶点 V_{in} 和 V_d）以及顶点之间的有方向边 E 组成。V 是顶点的有限集合，$V = \{V_s, V_{in}, V_d\}$；E 是边的有向集合，$E = \{(v_j, v_i)(v_j, v_i) | v_i, v_j \in V\}$，用两个顶点的有序对表示。若 (v_j, v_i) 是有向图 E 中的一条边，称顶点 v_i 邻接到顶点 v_j，顶点 v_j 邻接自顶点 v_i，边 (v_j, v_i) 与顶点 v_i 和 v_j 相关联。查找顶点<V>的邻接点的 SPARQL 语句如下。

```
SELECT ?v WHERE
{
    {<V> <prop> ?v.}
}
```

多层股权结构的实现不同于单纯的广度优先遍历算法，具有特殊性，其遍历开始于某个固定顶点同时有一个固定边界即终止条件。因为要划分具体的层数，所以边具有固定的方向性。在广度优先遍历中，要求先被访问的顶点其邻接点也被优先访问，可以利用 SPARQL 语句来实现对邻接点的寻找，递归地进行查询，一层一层地寻找邻接点直到无邻接点出现。因此，必须对每个顶点的访问顺序进行记录，以便后面按此顺序访问各顶点的邻接点。同时对边做摘要处理，保证没有跨层边，即有一个明显的层级结构。比如，某一节点 v 既在第二层又在第三层，根据离中心点距离删除二、三层之间的边。查询具体算法如算法 6-5 所示。

算法 6-5　查询算法

输入：图 $G(V, E)$，图的起始顶点 start_v，depth 级别

输出：节点的层次结构 start_v

```
1.   procedure multilayer( start_v , depth, G):
2.      let S be a array;
3.      let R be a array;
4.      S.append(start_v) ; //输入节点添加到数组 S 中
5.      While S is not empty
6.          v = start_v ;
7.          For all edges from v to w in G.adjacentEdges (v) do//v 到邻接点 w 的边
8.              If w is not labeled as discovered
9.                  label w as discovered;
10.                 w.parent = v;
11.                 S.append (w); //把 v 的邻接点 w 添加到数组 S 中
12.                 R.append (w); //把 v 的邻接点 w 添加到数组 R 中
13.         If depth == 1
14.             return S;
15.         Else
16.             Return multilayer (R, depth, G);
```

环形持股结构也是一个带权有向图，记为 $G = \{V, E\}$，权是指持股比例，方向是指某家公司持有另一家公司的股份。环形持股结构由一个核心节点 V_{sa}（输入的公司）和核心节点通过持股关系向外延伸的关系组成的网络。V 是所有节点的有限集合 $V = \{V_{sa}, V_e\}$，包含核心节点 V_{sa} 以及和它相关的其他节点 V_e，如果存在环路，那么环路上的节点记为 V_l；E 是边的有向集合 $E = \{(v_j, v_i) | v_i, v_j \in V\}$，用两个顶点的有序对表示，其中 E_l 表示存在于环路中边的集合，$<v_i, v_j>$ 表示从顶点 v_i 到 v_j 的一条有向边，v_i 是边的起点，v_j 是边的终点。交叉持股的边的方向可以只定义为一种方向，因为交叉持股的重点是输入的顶点之间是否存在环路，如果存在环路，那么就一定可以做到一个顶点既是边的终点又是边的起点。判断输入的一个点是否存在于环路中，可以直接查询自主构建的金融知识大图，利用相关的 SPARQL 语句来实现。具体 SPARQL 语句如下。

```
SELECT *
WHERE
{
    {<Vsa> <prop> ?x.}
    {?x <prop> ?y.}
    {?y <prop> ?z.}
    {?z <prop> <Vsa>.}
}
```

根据上述提到的金融意义和算法进行具体的接口实现。通过查询知识大图可以构建出一套完整的应用程序接口，尽可能把金融领域尤其是银行的所有实体和关系整理出来，以便用于接口的调用，主要的方向还是金融应用服务。

1. 股权关联查询

接口使用：根据输入两家企业的企业名称以及查询跳数返回两家企业之间固定跳数的所有有持股关系的企业。

输入参数：企业1名称A、企业2名称B、查询跳数hop。

输出参数：

节点参数：

（1）企业名称name；

（2）企业信用码credit_no。

边的参数：

（1）持股公司source；

（2）被持股公司target；

（3）关系hold。

2. 多层股权查询

接口使用：根据输入企业的企业名称、股权层次以及持股方向返回企业持股关系的层级结构。

输入参数：企业名称V，节点层次depth，方向direction（有三个正确输入up、down和both，up表示向上结构，down表示向下结构，both表示所有结构）。

输出参数：

节点参数：

（1）企业或自然人名称name；

（2）节点类型（1代表公司，2代表自然人）type；

（3）企业信用代码或自然人身份证credit_no；

（4）股东方向（up代表被持股，down代表持股）direction；

（5）层数depth。

边的参数：

（1）持股公司或自然人source；

（2）被持股公司target；

（3）关系hold。

3. 环形持股查询

接口使用：根据输入企业的企业名称和查询跳数返回企业之间存在环形持股关系的结构。

输入参数：企业名称 V_{sa}、查询跳数 hop。

输出参数：若存在环形持股，返回 true；若不存在，返回 false。

节点参数：

（1）企业名称 name；

（2）企业信用码 credit_no。

边的参数：

（1）持股公司 source；

（2）被持股公司 target；

（3）关系 hold。

把实现的基于知识大图的金融知识查询服务接口成功应用于自主开发的网站上，不仅可以提供查询服务，同时还可以直接批量调用接口，股权关联查询示意如图 6-19 所示。基于股权结构构建的大规模知识大图，利用图数据管理关键技术对知识大图实现准确、高效地查询与管理，从而为金融领域提供智能知识服务，实现对资本市场的股权关联查询、多层股权结构以及交叉持股结构的发现与揭示，为金融行业提供精准可靠的营销及风控，高效梳理关系网络，构建关联公司风险传导的监控预警，助力金融行业向智能金融迈进。

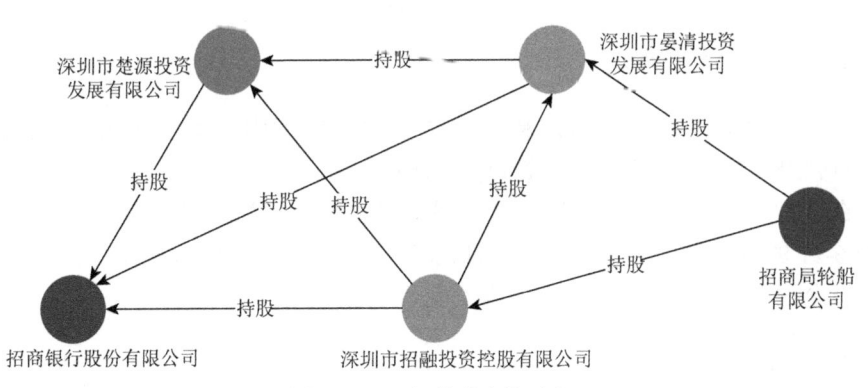

图 6-19 股权关联查询示意

（四）功能概述

1. 多层股权网络穿透

根据给定金融实体，利用 EPS 算法从股权知识大图中找出以目标金融实体为中心的穿透式多层股权网络。具体来说，给定目标金融实体节点，根据持股关系向上（持股方）、向下（被持股方）、不定向遍历获取穿透子图。

在金融风控大脑中，下方为输入目标公司后通过算法查找得到的多层股权网络。各个公司节点之间通过股权关系进行连接，边标注了两者之间的持股大小。右方为通过股权结构分析得到的最终股东信息，如图 6-20 所示。

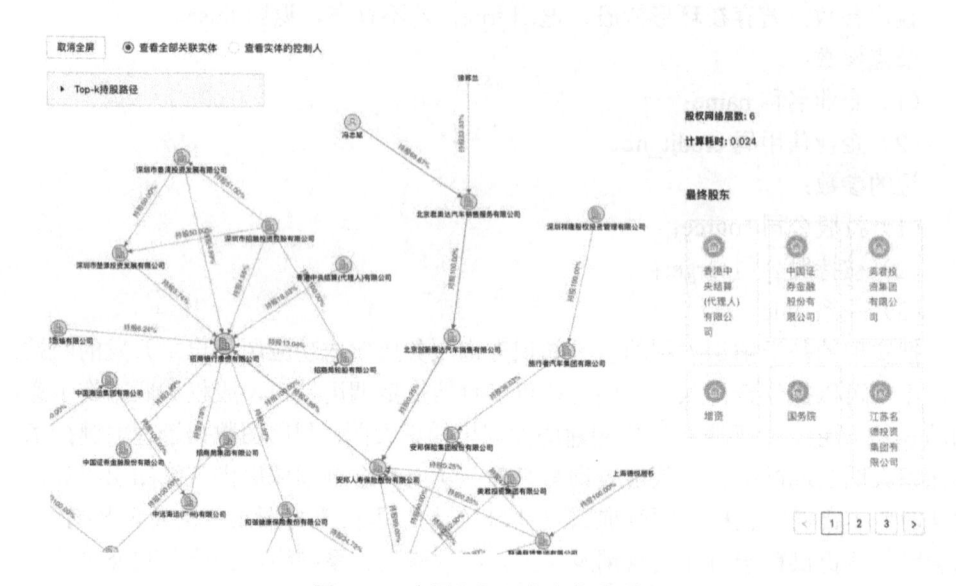

图 6-20　多层股权网络实体关联界面

2. 关键股权路径发现

基于上述多层股权网络，利用 EPS 算法发现图中金融实体到目标实体的 Top-k 股权路径，以及路径的层数和持股比例。

在金融风控大脑中，图 6-21 展示了选中节点到达目标公司的 Top-k 持股路径。在图 6-21 的示例中，左上方的悬浮窗口显示了选中节点"美君投资集团有限公司"到目标公司节点"招商银行股份有限公司"的三条路径。

3. 股权结构分析

基于上述多层股权网络，考虑多路径、有环路交叉持股网络，计算各个最外层股东最终的持股比例，找出实际控股股东，依据各最终股东性质和持股比例分析目标企业的股东资产性质占比。具体来说，金融风控大脑以公司为核心节点，通过股权穿透提取子图以及控制权算法，从而得到各个股东对公司的控制权。

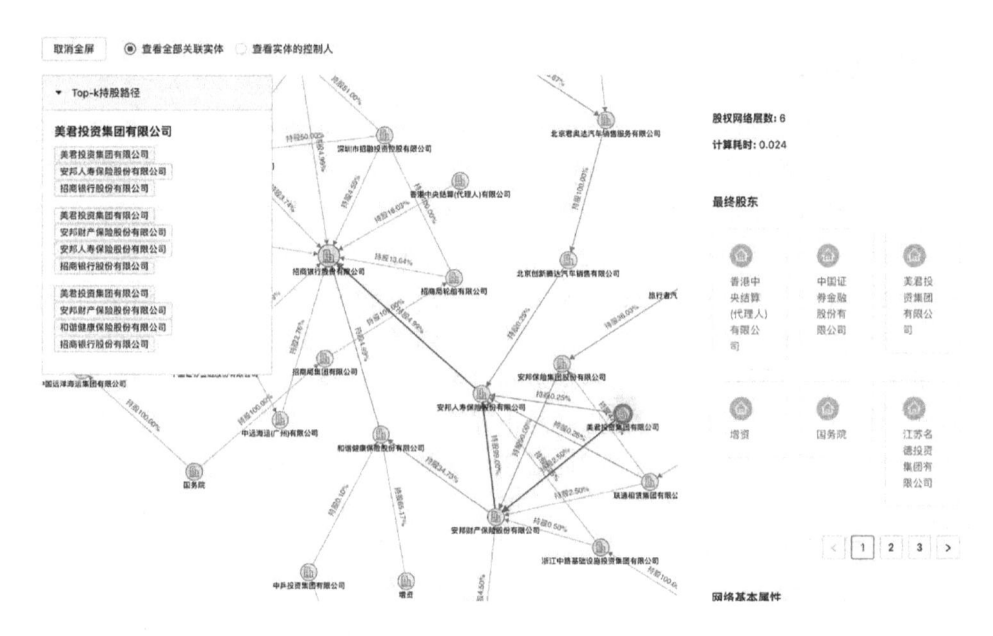

第六章　金融知识大图查询与分析平台　　　　　　　　　　·199·

图 6-21　Top-k 持股路径

在金融风控大脑中，图 6-22 显示了通过股权穿透提取子图以及控制权算法得到的由各个股东对公司的控制关系构成的控制人网络。

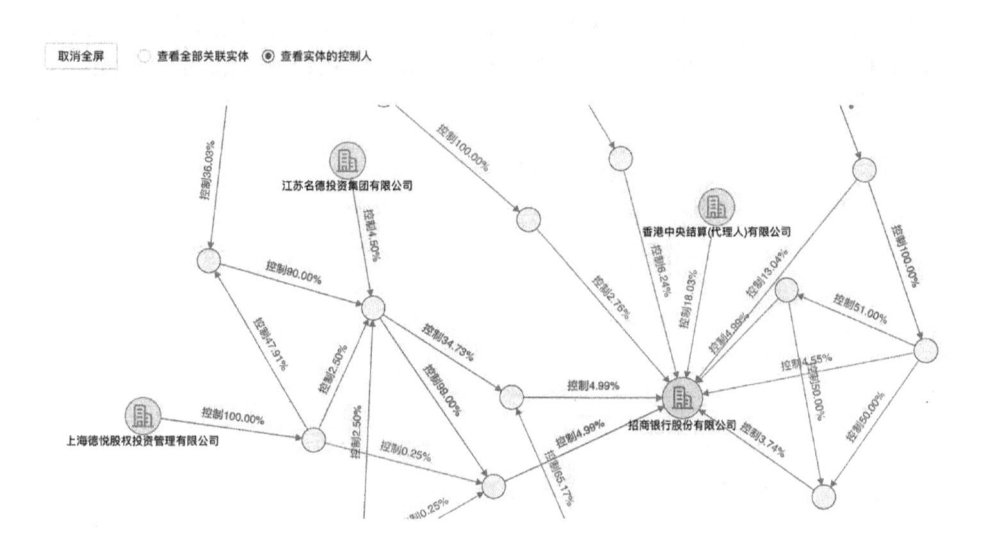

图 6-22　实体控制人网络

4. 交叉持股发现

通过对复杂网络的分析，得到股权网络中的交叉持股结构，据此分析得出企业上下游关系链的风险传导的可能性。

大尺度有向网络如股权网络通常具有层级化结构。首先，整个网络的大部分节点均属于一个或多个巨型弱连通分量。依据节点间的有向可达性，该弱连通分量中的点又可被划分为：强连通核 SCC（strongly connected core）、入部 IN、出部 OUT、卷须 Tendrils 和管道 Tube 五个不相交的集合，构成蝴蝶结状（bowtie）结构。其中，强连通核中任意两节点均双向可达；强连通核以外的部分，按照有向无环子图划分。入部与出部中的点可经由强连通核相连通，而其余则属于卷须与管道部分。入部中的点均可通往强连通核，出部中任意一点可从强连通核抵达。卷须部分有且仅有一端直接与入部或出部相连，不论是出发或通往入部或出部；连通入部与出部的，即两端均相连的，则为管道，如图 6-23 所示。

在金融风控大脑交叉持股中，用户可对目标实体进行全称查询、模糊查询，进行模糊查询时，用户在输入关键词后，系统会根据关键词提示相关实体供用户选择，最后呈现给用户查询实体相关资本系，支持用户点击图界面强连通核、入部、出部、卷须和管道节点，直观呈现在资本系图中，也支持用户在图右侧查看各指标数量、占比以及指标解释等信息；此外，支持用户查看时序资本系变化，以辅助用户决策。

在金融风控大脑中，通过对网络节点的特征分析，可得到根据节点特征划分的强连通核 SCC、入部 IN、出部 OUT、卷须 Tendrils 和管道 Tube 五个部分。

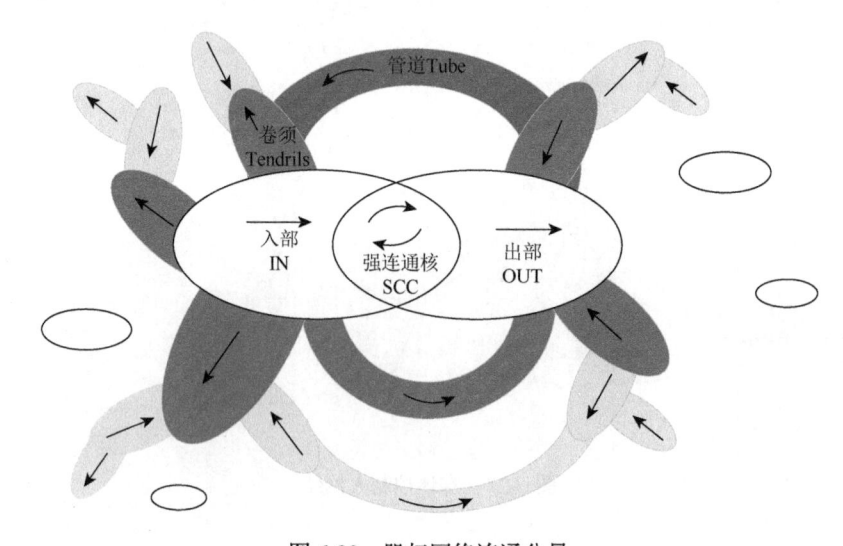

图 6-23 股权网络连通分量

四、效果分析

通过金融知识大图实现跨领域数据融合,提升风险预测精准度,基于金融知识大图的风险评级模型成功识别存在债券融资与票据欺诈风险的中小企业,风险评级模型性能提升 7%～10%,欺诈识别率提高 40%～50%,并在交通银行和深圳证券交易所进行应用验证。

金融风控大脑基于金融知识大图,利用面向多源、异构、时序金融大数据,通过联邦分布式存储与管理,融合多源异质数据,构建统一集成的数据中心,打破了以往市场上数据信息较为分散、时效性不高、难以利用的状况。在此基础上,金融风控大脑平台通过开发亿级金融时序知识大图查询与分析平台及其关键技术,能够应用于银行信贷风险防控、资本市场舆情分析、金融机构股权穿透式监管、跨领域的金融机构典型应用验证等具体领域,不仅满足金融跨领域应用的共性和个性化需求,也加强了交易所金融风险穿透式预警能力和提升了银行信贷风险管控的能力与水平。

第七章 金融风控应用验证

本章将重点探讨金融知识大图及其相关技术在企业风险评估、票据中介识别、信贷风险控制中的应用,特别关注面向市场的债券风险评级与共振、面向银行的票据融资行为及面向中小企业的信贷风险控制。

第一节 证券交易所发债企业风险评估

一、应用场景

发债企业风险评估是一个动态持续的过程,也是全面跟踪和评估一个企业风险水平的过程。通过对企业的风险评估可以确定企业的风险承受水平,风险承受水平衡量了企业在投融资中的风险偏好,也代表了企业在面临项目决策时对风险和收益的权衡。在证券领域,企业为达到融资的目的隐瞒企业风险以及负面舆情数据,而且难以发现和评估在复杂关联背后的真实企业关联关系所带来的关联风险。

(一)业务痛点分析

当前证券交易所针对发债企业进行风险评估的方法存在着参考数据单一、预测准确性不足的问题。传统方法主要依赖企业本身提供的信息以及金融新闻的信息,这限制了评估模型的数据源多样性和信息量。这些数据往往只能提供有限的、局部的信息,难以全面反映企业的风险状况,对于一些债券违约共振传导风险难以捕捉。此外,目前大多数金融机构的风险预测模型只是采用简单的逻辑回归进行预测,虽然可以提供一定程度上的风险预测,但由于模型单一、特征提取有限,其准确性受到较大限制,无法在多个企业组成的共振风险中进行传导预测。因此,在面对复杂多变的金融市场时,现有方法存在一定局限性。

从风险传导的方式角度进行分析,可以将债券违约共振传导风险分为同行业共振传导风险和关联关系共振传导风险。同行业共振传导风险主要是指由于同一行业的企业具有高度趋同的行业景气度、商业模式、财务特征以及政策环境，一旦某一企业发生风险，同行业内的其他企业也容易受到波及，导致共振风险。这也是最为普遍、常见的共振路径之一。关联关系共振传导风险主要是指与违约企业存在股权关系、业务往来、担保关系等引致的风险。比如，宝能集团汽车涉及制造、房地产、保险、国际物流、民生服务等业务领域，其重要投资控股及融资平台企业由于内部借款、内部担保等关联关系、关联交易，均陷入债务泥潭，面临较大债务风险。

从现有金融机构的评估模型角度进行分析，主要包括基于财务指标和市场数据的定量模型以及基于专家判断和经验的定性模型。定量模型通常利用债券发行人的财务报表数据、市场行情数据以及宏观经济指标等进行建模，采用简单的统计方法或机器学习算法进行风险评估和预测，然而这种定量模型往往存在数据不完备、模型考虑不充分等问题，难以全面反映债券风险的复杂性和多样性。除定量模型外，金融机构还常常采用基于专家判断和经验的定性模型进行债券风险评估。然而，定性模型容易受到个人主观因素和经验局限的影响，难以量化和系统化地进行风险评估。

因此，需要结合金融知识大图等先进技术和方法，多维度、全面地分析债券的违约风险，提高风险评估的准确性和可靠性。金融知识大图从多个数据源获取信息，如企业财务报表、市场行情数据、宏观经济指标等。通过综合利用这些不同来源的数据，可以更准确地把握企业的风险特征，提高评估模型的预测能力。此外，可以基于金融知识大图采用时序图学习的方法，来挖掘行业中的潜在规律和时序关联性，进一步提升预测准确性。综合而言，通过多元化的数据源和先进的预测模型，可以有效应对现有方法存在的问题，提升发债企业风险评估的质量和准确性。

（二）解决思路

目前企业债券风险的传统评级指标单一片面。传统的公司债券风险识别维度包括通过地方政府债务率分析国有控股公司的公司债、通过财务指标维度分析公司债。财务指标包括偿债能力、杠杆比率、流动性和盈利性。现有的评价方法缺少了对这些指标时序特征的考察，导致指标维度片面。同时也忽视了公司债券风险与其他金融风险的关联，使风险评价体系存在缺陷，如何实现综合风险评级、打破传统风险评级瓶颈、打通跨领域数据进行跨场景风险评级成为主要研究问题。以下为具体解决思路。

首先，基于金融知识大图的分析方法，通过构建和应用金融领域的知识大图，能有效地缓解在金融风险识别过程中所面临的复杂性和不确定性问题。其次，舆情监测作为一种补充手段，旨在减少信息不对称带来的风险评估挑战。通过对公众舆论和媒体报道的系统性分析，此方法能够即时捕捉并分析潜在的风险信号，从而为金融风险管理提供更为全面的情报支持。最后，联邦分布式和基于时序的债券风险分析方法，可破除传统金融数据孤岛的限制，实现跨领域的风险分析。该方法结合分布式数据处理技术和时序分析，能够整合和分析不同来源和时间段的数据，从而提供一个多维度和动态的风险评估视角。

对于金融领域中企业实体的股权穿透风险识别和防控而言，知识大图的有效性很大程度上取决于分析处理数据关系的能力。传统的股权结构分析查询困难，且准确性也得不到有效保障。而借助统一的金融知识大图可以对信息进行深层挖掘与分析，从而有效实现风险发现、推演、防控以及股权网络穿透，达到对重点风险的全面把握与控制。在风险评估过程中利用金融知识大图，通过可视化分析实现更加准确的金融舆情分析与风险识别和防控，可为金融风险问题的解决提供新的思路。

在金融领域中，网络舆情事件为信息传递中信息不对称的产生推波助澜。金融危机时期，股市往往会发生羊群效应，消极的网络舆情传播促使大量投资者抛售股票，使系统性风险迅速扩大，这意味着将网络舆情中的事件加入交易所的风险判断和控制中可以降低该企业违约事件发生的可能性。

采用联邦分布式知识大图的存储与管理的方式，能够在保证各个机构数据库所有权的条件下，对数据进行融合，构建基于多源数据的金融知识大图。它对多源异构的大规模数据采取联邦分布式技术进行管理，将不同来源的数据分为不同查询池，每个节点的查询任务分为多个子查询任务，从不同数据池中抽取信息，再汇聚为最终查询结果呈现给用户。联邦分布式技术很好地解决了跨领域数据融合过程中的数据安全问题，同时保证了查询效力，打破数据壁垒，实现更精准、更全面的综合风险评级。

通过时序的债券风险共振分析，可对公司债券相关的财务指标的时序特征进行建模。从时间切片的角度对频繁的债券风险规则进行挖掘，利用概念漂移检测技术在线更新预测模型，让评估模型保持对债券风险实时预测的准确性；同时，基于时序的债券风险共振分析能够借助金融知识大图的知识关联特性，挖掘债券违约风险共振传播路径，对可能受债券违约影响的公司进行预警。

二、实施方案

为解决证券交易所风险评级片面及成本问题，实施方案利用金融知识大图打破跨领域数据壁垒，提出资本市场舆情风险监测模型与多层股权穿透算法等关键技术，协助深圳证券信息有限公司对企业融资风险进行发现和预警，应用于债券风险评级和票据融资欺诈两种典型场景。

具体步骤如下。

（1）联邦分布式存储与管理打破数据壁垒。利用联邦分布式存储与管理获取融合武汉大学数据库、深圳证券信息有限公司数据库数据，消除深圳证券信息有限公司传统风险评级只依赖财务数据、征信数据的弊端，使其关联更多的外部数据。

（2）金融知识大图构建。金融知识大图可以关联融合跨领域数据、提供基于认知的智能评估、进行风险的精准识别与智能防控。本节融合全量的金融机构和工商注册企业股权数据、产业链数据、舆情数据、票据交易数据、社区关系数据，构建亿级节点的金融知识大图。

（3）建立综合风险评级指标。实施方案在历史数据指标的基础上，增加风险舆情指数、负面舆情标签、股权风险指标和交易风险指标四个指标，分别对应资本市场债券风险监测、时序股权穿透、控制权计算和票据流转图谱分析技术，实现企业风险的综合评级。综合风险评级指标如表 7-1 所示。

表 7-1 综合风险评级指标

评级指标	概念解释
历史数据指标	主要是深圳证券信息有限公司依赖的企业的历史财务数据等业务数据、征信数据等信用评价数据
风险舆情指数	引入外部知识的新闻表示，融合产业链知识关联，通过注意力机制模型分析最终输出的风险预测 CAR 值
负面舆情标签	在舆情数据中目标主体任职人员、产品信息、顾客交易等企业运行过程中产生的负面舆情信息
股权风险指标	通过时序股权穿透、控制权计算追溯、挖掘目标主体股东信息，发现风险传导路径，进行风险预警
交易风险指标	通过票据交易图谱分析目标主体或其关联企业票据流转频次、额度等业务内容，综合判断其是否具有票据欺诈风险，以辅助对目标主体的综合风险评级

（4）通过关键技术分析评价目标主体。通过资本市场债券风险评级中风险舆情指数、负面舆情标签咨询锁定风险主体，利用时序股权穿透、控制权计算深层分析目标主体股权关联，最后通过交易图谱分析实现银行票据欺诈中介识别场景的跨越，对目标主体进行综合风险评级并最终输出。

三、验证结果

本方案通过对新闻事件图谱与公司关联图谱进行汇聚融合，在新闻文本表示中嵌入外部关联知识，以实现多源数据的覆盖，并在知识大图风险传导网络中利用时序图神经网络计算目标公司的风险舆情指数，可以关注到时序事件从而提高预测准确率。如表 7-2 所示，加粗的数字表明该模型对应的指标最高，效果最优，其中，Accuracy 表示模型准确率；AUC（area under curve）表示曲线下面积；AP（+）和 AP（−）分别表示正、负类的平均精度（average precision）。在初步实验中，相比原有算法（Origin，即仅关注新闻文本并且对其情感极性采用逻辑回归预测），基于金融知识大图的方法（Ours，即考虑了新闻文本表示和时序传导的改进模型）准确率提高了约 7 个百分点，达到了 62.46%，说明基于金融知识大图嵌入外部知识的新闻表示及其时序传导预测更加贴合金融市场中的实际情况。同时对嵌入新闻表示以及时序传导预测进行消融实验对比，如表 7-2 中 w/o time-emb（即改进模型不考虑时序传导时的模型）和 w/o edge-attr（即改进模型不考虑新闻文本表示时的模型）所示，可以发现新闻表示与时序传导的优势所在，它们在多个维度中都有较为优异的表现。这正是因为金融知识大图可以描述多源关联的数据，从而捕获更加全面的知识，同时也支持时序计算，更加精准地拟合实际情况变化。

表 7-2　基于金融知识大图的时序传导预测对比实验

表示模型	Accuracy	AUC	AP(+)	AP(−)
Origin	0.5546	0.6378	0.7053	0.6412
w/o time-emb	0.6238	0.6771	0.7113	0.6318
w/o edge-attr	0.6029	0.6904	0.7300	0.6689
Ours	**0.6246**	**0.7021**	**0.7374**	**0.6818**

利用资本市场金融舆情监测，引入外部知识的金融新闻表示锁定风险主体"W 银行"，如图 7-1 所示，W 银行出现"被指绕过监管""个人消费贷款投诉不断""被列为被执行人""加息揽储""爆雷"等负面舆情标签。基于时序图注意力网络的新闻风险传导和穿透发现历史负面舆情。

招商银行舆情分析如图 7-2 所示。2023 年 10 月 9 日的一则新闻提到百瑞信托产品兑付时间错误，而百瑞信托的产品正是招商银行代理的产品，招商银行当日股票走低，而在深圳证券信息有限公司的债券违约系统中，这一新闻并未关联招商银行主体，对其预测风险指数较低，而使用知识大图的方法则能够快速捕捉到这一新闻并进行预测，输出的风险值较高。2023 年 10 月 14 日，招商银行的股东之一沪股通，减持招商银行 1082 万股。知识大图方法输出的关联风险指数为 0.913，属于高风险。以上内容说明知识大图方法能够关联到更加全面的共振风险并进行时序传导预测，具有更高的准确率和可靠度。

第七章　金融风控应用验证

图 7-1　W 银行舆情分析

图 7-2　招商银行舆情分析

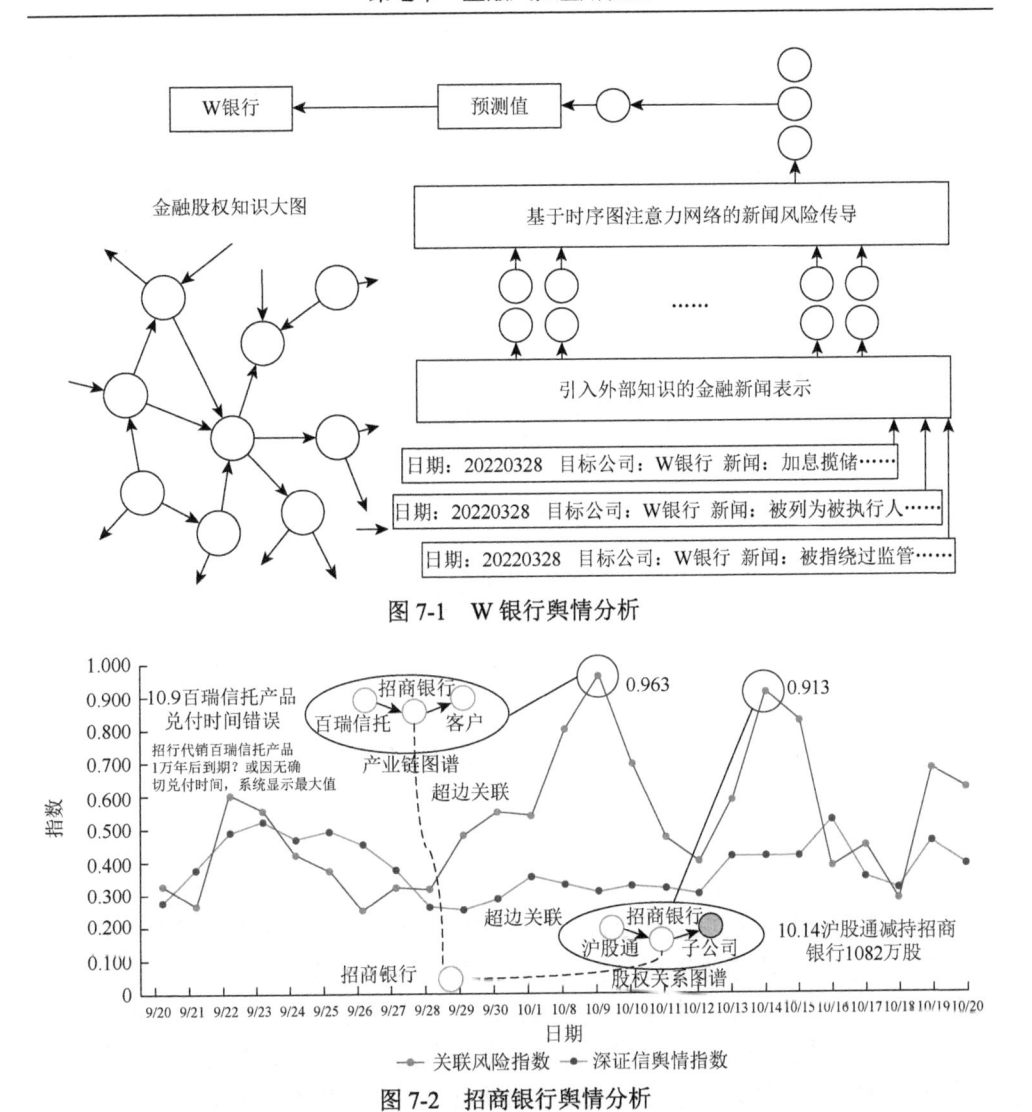

以风险实体为中心获取多层股权穿透子图，控制权计算锁定实际控制人。通过以 W 银行为中心的层层股权穿透，发现 W 银行的历史股东有宁夏 B 商贸有限公司，宁夏 B 商贸有限公司的实际控制人谢某同时是宁夏 A 贸易有限公司的实际控制人，而宁夏 A 贸易有限公司存在票据欺诈行为。因此 W 银行综合评级为存在重大风险，如图 7-3 所示。

实施方案通过金融知识大图实现跨领域数据融合，提升风险预测精准度。基于金融知识大图的风险评级模型成功识别存在债券融资与票据欺诈风险的企业，风险评级模型性能提升 7%～10%，并在深圳证券信息有限公司进行应用验证。

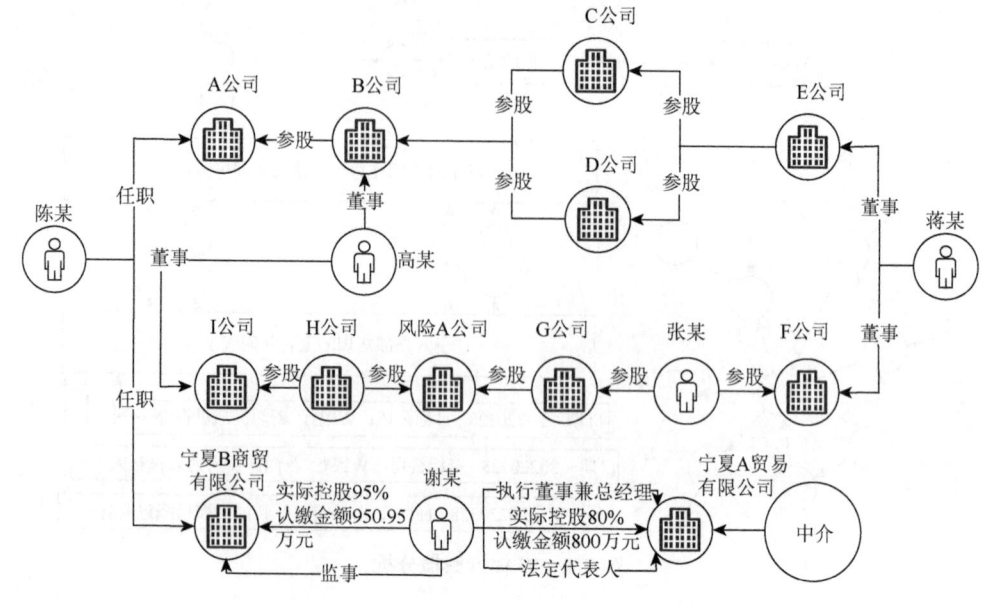

图 7-3 W 银行多层股权穿透与控制权计算

第二节 银行票据中介识别

一、应用场景

近年来，票据融资在银行信贷中的占比逐步提升，该种融资方式使企业通过商业票据承兑、商业票据贴现在真实贸易背景下产生交易行为，实现了存款负债和信贷规模的双升。票据中介是在市场需求下产生的行业，根据其业务内容分为票据经纪和违法票据中介。票据经纪以业务服务为主，如票据交易信息服务、票据业务咨询等；违法票据中介则是在利益驱动下产生的以恶意融资为主要经营目标的中介或中介团伙，违法票据中介在无真实贸易背景下产生票据流转行为，企业通过关联企业交易、贴现承兑获取利益，违法票据中介的存在会严重影响票据市场秩序，提高企业融资成本。

违法票据中介主要有背书买卖行为票据流转模式和循环开票贴现融资套利模式。背书买卖行为票据流转运行模式（图 7-4）是一个票据中介可能掌握多个空壳公司，票据中介先利用空壳公司从市面上收票，收票时，持票方需要向票据中介支付利息，这也就意味着，持票人从票据中介处拿到的现金金额低于票面金额；然后票据中介伪造空壳公司与卖票方的虚假贸易合同和增值税发票，再以空壳公司的名义到银行办理贴现，贴现时银行也会向中介收取一定的利息，通常情况下，票据中介收票的利率会高于去银行贴现支付给银行的利率,其中的差价为票据中介的"盈利",且这种直接参与票据买卖、赚取利差的模式是票据中介运作的主流模式。

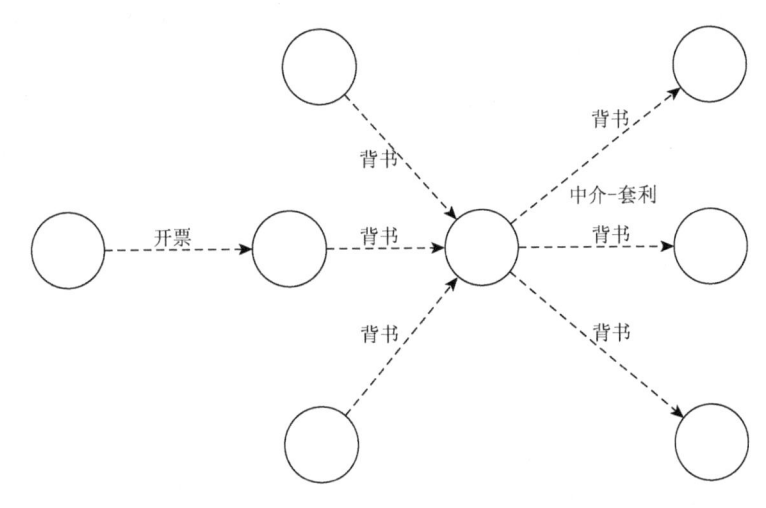

图 7-4　背书买卖行为票据流转运行模式

循环开票贴现融资套利模式(图 7-5)则是票据中介利用其"合作"企业或空壳公司、企业与其下属子企业产生的不断开票、背书、贴现行为。违法票据中介通过交少部分的保证金来开取大额的商业票据,并在无真实贸易背景的情况下拟定虚假贸易合同,以通过银行审查,将商业票据贴现,获取大额资金进行投融资行为以获取更多利益。

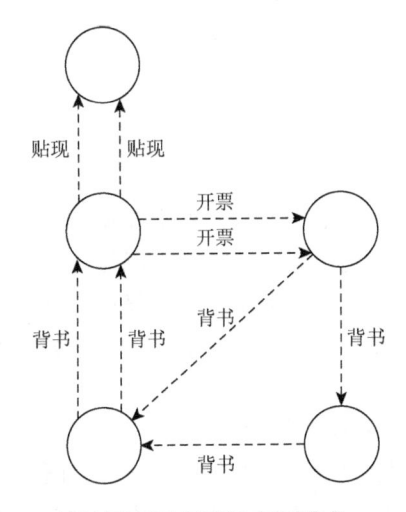

图 7-5　循环开票贴现融资套利模式

针对以上违法行为，需要梳理票据流转信息，挖掘企业间真实贸易链路，关联贷后预警，为银行提供可靠的风险警示，有效识别违法背书买卖行为及违法票据中介。具体可分为以下几点。

（1）识别违法票据中介。梳理票据流转信息，发现票据图谱上虚假交易路径，挖掘企业间真实贸易链路，发现异常节点。

（2）挖掘中介行为特征。依据业务专家违法票据中介识别经验，引入股权等数据发现关联公司之间的密切联系，捕获公司之间的控制等关联，结合违法票据中介在图谱中节点特征，进一步挖掘违法票据中介规则，同时增强模型识别中介的能力。

（3）实时发现可疑行为。基于以上模型，实时发现图谱上疑似虚假贸易行为，在票据流转过程中在线识别中介节点。

（一）业务痛点分析

首先，在票据应用验证场景中，传统违法票据中介识别方法依赖实地调查，这种方式不仅耗费大量人力和财力资源，而且其效益与投入不成正比，效益较低，导致对票据流转中的违法背书行为进行风险控制的能力不足；其次，票据流转链路数据的获取存在明显限制，特别是当开票与承兑业务分属不同机构时，信息获取便受限于机构间的信息共享程度，这进一步加剧了监测难度；最后，由于涉及企业敏感信息的保密性，运用股权数据等手段进行公司关联分析和违法票据中介识别时，数据的整合与分析面临诸多障碍。在这些约束条件下，怎样在节约人力与财力资源的同时，精准识别违法票据中介及其行为，以及实时发现票据流转过程中的非法环节，成为本章的主要挑战。

（二）解决思路

为有效应对票据流转中的违法票据中介识别问题，本章利用票据流转信息构建票据流转知识大图，利用图结构特征、图算法和业务规则识别疑似中介主体及其参与的团伙欺诈行为；通过采用图学习模型，探索中介行为的新模式，以实现对违法链路的有效捕捉。具体方法包括：①运用异常检测算法识别出疑似的违法票据中介节点，并将其与非疑似中介节点进行区分，以此为基础揭示票据流转链路中的虚假贸易边；②借助图学习模型，以已识别的疑似票据中介为训练对象，探寻违法票据中介行为的新特征和非法链路，从而优化违法票据中介的识别模型，并实时发现可疑节点与非法链路；③通过引入股权等外部数据，揭示公司间的密切关联，利用这些数据捕获公司间的控制关系等，从社区结构网络中识别出疑似违法票据中介，增强模型的识别能力。

二、实施方案

为从纷繁复杂的票据流转过程中识别出票据中介，本方案将整合票据流转信息和行内客户信息（包括签约票据池、集团客户信息、达标客户信息），打造票据流转图谱作为票据数据分析的应用底座，在此基础上基于业务专家经验，归纳总结据中介的统计学特征与图特征。并结合舆情监测、股权穿透、控制权计算分析挖掘更多特征，最终输出中介风险评分名单，实现违法票据中介识别性能的提升。

具体步骤如下。

（1）数据获取与融合。将票据流转数据、时序股权数据、舆情数据以及社区关系数据融合构建知识大图。

（2）基于票据交易知识大图分析业务特征，锁定风险主体。首先基于样本进行统计分析，综合初步的统计分析结果，建立业务特征指标体系，基于票据交易知识大图分析，输出企业黑名单，再依据业务经验锁定风险主体。特征指标体系设计考虑的维度包括：图指标特征变量和图模式特征变量。其中，图指标特征变量是基于图链路的拓扑结构，包括中心性特征、结构特征；图模式特征变量即基于企业在票据行为图上的路径结构构造的反映其边关系构成模式特征的指标。图指标特征变量、图模式特征变量分别如表 7-3、表 7-4 所示。

表 7-3 图指标特征变量

特征类型	维度	特征变量
图指标特征变量	中心性特征	1. PageRank（页面排序值）
		2. 度中心度
		3. 紧密中心度
	结构特征	1. 局部聚集系数
		2. Jaccard 相似性系数

表 7-4 图模式特征变量

特征类型	要素	行为描述	特征变量
图模式特征变量（中介虚假贸易行为特征）	交易频次	背书当天转手频次高	1. 公司经手的贴现票据中，涉及当天连续两次以上流转的事件数
			2. 公司经手的贴现票据中，涉及当天连续两次以上流转的事件占比
			3. 公司经手票据的平均停留时间

续表

特征类型	要素	行为描述	特征变量
图模式特征变量（中介虚假贸易行为特征）	链路时间	出票到贴现时间接近	1. 公司经手的贴现票据中，出票到贴现时间在 N 天内的票据数 2. 公司经手的贴现票据中，出票到贴现时间在 N 天内的票据数占比
	背书环路	交易当中出现两家及以上公司组成的互相背书行为环路	1. 公司经手的票据中涉及背书行为超过两次的票据数 2. 公司经手的票据中涉及背书行为超过两次的票据数占比
	交易金额	规模与票据票面资金交易量不匹配	1. 公司涉及票据总金额/公司规模 2. 公司涉及票据最大金额/公司规模
图模式特征变量（中介团伙行为特征）	团伙异常形态	票据贴现直接前手（即上一手持有票据并转让给当前持票人的企业或个人）均为一家公司，该公司疑似从多家企业收票	1. 所经手票据中有该行为发生的次数 2. 所经手票据中有该行为发生的比例
		一段时间内两家企业的背书转让方重合度高	1. 节点对的背书转让人相同数的百分比 2. 节点对的背书转让人相同数
	票据外的股权、个人任职关系的异常关联形态	两家公司之间存在共同高管任职股权关系	1. 节点对的任职关系邻居相同数的百分比 2. 节点对的任职关系邻居相同数
	票据外的股权信息异常关联形态	两家公司之间存在股权关系	1. 节点对的股权关系邻居相同数的百分比 2. 节点对的股权关系邻居相同数

（3）基于时序股权穿透发掘股权特征风险。结合专家业务特征及关联风险传导模式设计股权特征，依据股权特征及控制权计算进一步分析目标主体风险。股权特征指标如表 7-5 所示。

表 7-5 股权特征指标

个体指标	团体指标
持股、控制人含违法企业持控股关系	高层社区关系
企业名称含敏感字样	交叉持股关系

三、验证结果

根据交通银行提供的工商红盾数据（186 273 040 行，33 列，共涉及 88 563 619 个不同企业）、票据背书表（57 116 529 行，28 列）、票据贴现表（631 097 行，

56 列)、票据开票表（12 726 706 行，64 列)，本方案构建了票据交易知识大图。以银行内通过专家经验识别确认的票据中介、基于交易纠纷数据识别的票据中介为种子节点，构建了一跳邻居图（11 142 个节点，103 263 条有向边）和二跳邻居图（927 870 个节点，17 740 764 条有向边）。其中，正样本为交通银行提供的 174 条疑似票据中介数据，进行过采样（复制自身）后得到的 348 条数据；负样本为按照正负样本 1∶20 的比例，对正常企业进行随机欠采样得到的 6960 条数据。

首先基于票据交易知识大图分析得出 A 公司、B 公司、C 公司、D 公司和 E 公司五家公司频繁产生交易行为，A 公司与 E 公司大量背书事件的被背书人重合。

A 公司与 E 公司在 2020 年 10 月~2021 年 10 月分别进行了数千次票据交易，远超正常票据年交易频次（30 次左右），且经手的票据中，大量触发当天连续两次流转或票据秒贴等图链路预警规则。图结构特征方面，两家公司的中心性特征（PageRank、紧密中心度等）和结构特征（Jaccard 相似性系数、局部聚集系数）值显著，两家公司呈现疑似票据团伙异常形态特征，一年间，90% 以上背书事件的被背书人重合，且背书停留时间为 0。

通过上述分析锁定 A 公司与 E 公司，如图 7-6 所示，通过股权穿透得出疑似中介 A 公司与 E 公司有相同股东黄某，通过控制权计算得出黄某某对于两公司的实际控股分别为 70% 和 60%，均为实际控制人，这说明 E 公司实际是作为 A 公司的一个票据流转工具，极大可能无真实贸易行为，进一步说明两家公司可能是票据中介公司。

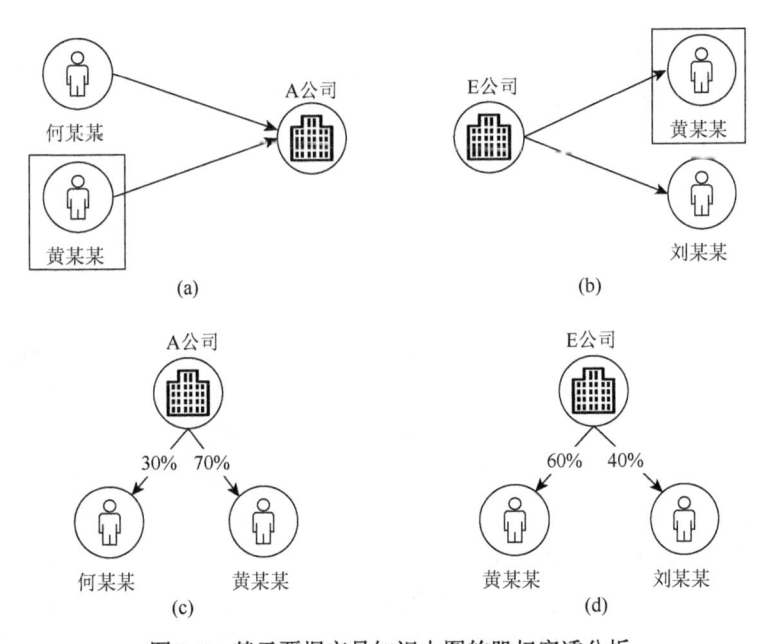

图 7-6 基于票据交易知识大图的股权穿透分析

最终通过人工审核验证 A 公司与 E 公司疑似中介公司为违法中介团伙。

图特征整合框架如图 7-7 所示，不同于交通银行之前使用逻辑回归模型进行分类，本方案使用了 XGBoost（extreme gradient boosting，极端梯度提升）、LGBM（light gradient boosting machine，轻量级梯度提升机）、CatBoost（categorical boosting，类别提升）的集成学习以获得更好的指标和泛化能力。具体而言，本方案把所有特征的 train_mask 随机打乱，再 8∶2 划分训练验证集，然后通过 LGBM 模型算得特征的重要性，根据验证集的 AUC 选择最优特征个数和最优特征。最后，本方案分别用 XGBoost、LGBM、CatBoost 进行 5 折交叉验证算出预测向量，并将三者进行拼接，进行最后的二分类预测。

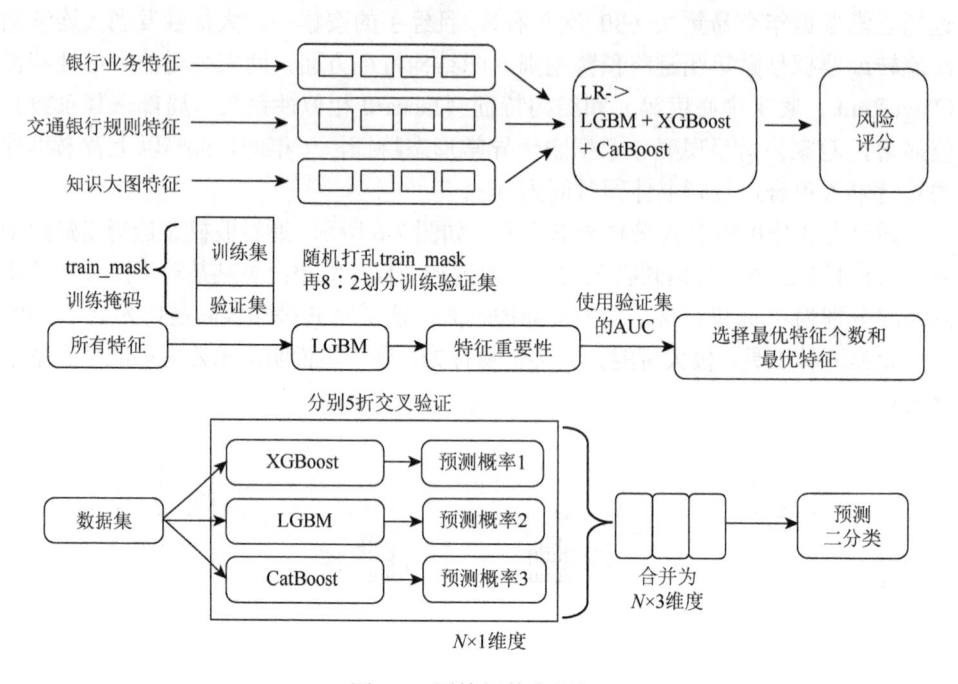

图 7-7 图特征整合框架

本节将金融特征、图结构特征等向量放置节点上用 GNN（graph neutral network，图神经网络）训练，对节点进行更准确的分类。通过引入时序图 GNN，考虑票据背书和贴现业务的具体时间点，能够在信息传递过程中增强网络的时序性和有效性，进而精确挖掘时序行为模式。将每张票据视作含有多重关系的超边，并运用超图 GNN 对这些超边进行表示学习，有助于揭示团体行为模式。

实际应用中，当结合 GNN 和超图 GNN 时，可以有效识别多元关系验证规则，但由于缺乏对时序特征的考量，难以检测跨时间段的背书交易模式。而结合 GNN 和时序 GNN 时，尽管能够验证时序关系规则，但因忽略了多元特征，无法有效识别与票据中介间的间接交易。进一步地，超图 GNN 和时序 GNN 的联合应用虽然能同时捕获时序性和多元关系，但缺少对直接票据背书关系的充分建模，导致预测行为的精准度受限。

最终本方案采取了"GNN＋时序关联＋多元协同"的方案，该方案得到的结果均通过了以上三维的规则验证。AUC 从只使用 GCN（graph convolutional network，图卷积网络）的 0.784 提升到最终方案的 0.993。

第三节　银行信贷风险评估

一、应用场景

传统的银行信贷风险管控方法依赖人工经验和静态数据分析，缺乏动态性和精准性，无法满足现代银行业务的需求。此外，金融交易涉及大量的关联关系，传统的数据分析方法也难以应对复杂的关联关系，往往无法准确识别潜在的风险。随着银行互联网业务增加，如何加强互联网金融安全性，有效识别并防范欺诈、电诈、洗钱交易是亟待解决的问题。

（一）业务痛点分析

1. 现有模型缺乏数据关联特征

现有的模型缺乏数据关联特征，很容易被干扰和规避，难以训练高质量模型，误伤多，人工审核任务繁重、成本高，难以管控，不能防范大规模欺诈等风险行为。本方案建立用户端知识图谱，让模型能充分利用图结构的数据关联特性，计算单笔交易属于团伙欺诈的风险。

2. 现有规则容易被欺诈团伙规避

现有规则系统只能做浅层分析，检测简单的和已知的洗钱行为，其准确度和覆盖率都不够高，容易被欺诈团伙规避。本方案基于知识大图采用规则学习、图频繁模式挖掘等方式挖掘反欺诈团伙欺诈规则。

3. 标签数据较少，模型效果差

机器学习模型一般过度依赖有标签的历史数据进行模型训练，但有标签的数据往往比较稀少，且事后的标签获得意味着要先付出巨大的代价。本方案采用无监督/弱监督机器学习等技术识别异常订单。

4. 知识图谱构建中的多源异构数据的清洗融合转换

大规模数据有多来源（多源）、类型和模式多样（异构）、高维度以及质量良莠不齐等典型特性，使数据的表示、理解、计算和运用等多个环节都面临着极大的挑战。本方案整合行内系统的多源数据以及第三方数据，将结构化底表映射为知识图谱，构建全方位用户关联网络，利用多维交叉关联信息深度刻画申请和交易行为，识别多种复杂的规模化、隐蔽性欺诈。

（二）解决思路

以用户基础信息及设备为关联节点产生的关联关系能为银行在图谱分析中提供重要的关系线索，能够识别不同账号或用户是否存在共用设备、交易关联的情况，这类关联往往在黑产、洗钱组织中大量产生，在知识大图分析中增加这类关联能够有效提升团伙挖掘以及风险关联的效果。

二、实施方案

本方案适用于银行各类交易分析。基于客户、账户、手机、设备指纹、地址等信息构建复杂网络分析平台，使用风险关联触达、异常结构分析、团伙组织挖掘等图谱主要分析手段，识别潜藏风险，提升贷前/贷中风险防控能力，也为贷后催收提供更多线索。通过图挖掘算法来识别异常关联，发现隐蔽的欺诈团伙和未知攻击，及时进行干预，降低银行的损失。

具体步骤如下。

（1）数据收集和预处理。银行从各个数据源收集客户的基本信息、贷款信息、交易记录等数据，并对这些数据进行预处理，包括数据清洗、数据标准化、数据归一化等。

（2）金融知识大图构建。将客户、贷款、交易等数据构建成节点，并通过各种关联关系（如共同使用设备、交易关联等）构建出金融知识大图。

（3）特征提取和表示学习。对每个节点，通过特征提取和表示学习技术，将关键图指标转化为向量表示，以便后续的模型训练和预测。

（4）模型训练和预测。将基于图卷积神经网络 GraphSAGE（graph sample and aggregate，图采样与聚合）的信贷欺诈检测模型应用于金融知识大图，通过训练模型来预测客户的欺诈概率，并在实时交易中进行欺诈风险评估和实时防控。

（5）结果分析和可视化。对模型的结果进行分析和可视化，通过对欺诈概率分布、欺诈行为关联等信息的展示，帮助银行决策者更好地了解风险情况，做出相应的决策。

图指标的设计原则主要从两个点出发，一是设计的指标来源于图关系；二是指标的属性统计有一定的风险业务含义,便于风险解释。一般来说,图指标计算到节点的二度、三度及以上,一方面计算量过大,效率低下;另一方面,三度的关系认为风险的传导性较低,指标有效性较弱。从指标设计的维度来看,图指标主要分为个体指标和团体指标。从指标的属性来看分为节点基本属性指标和节点图算法指标。基本属性指标统计一度、二度节点自身的基本属性,如是否申请通过、是否命中涉诉名单等。主要统计的属性信息来源于客户申请填写信息和第三方信息。图算法指标统计一度、二度节点所在图中的属性。该类属性是在上一部分设计的图关系中,根据不同的图算法计算出的节点在图中的属性,如节点的度、节点的 PageRank、节点的度中心性等基础图统计指标,以及通过社团划分算法划分的每个社团所计算出的社团相关指标。比如,社团的规模、社团的平均度、社团的三角个数等。本方案选取的关键关联指标如表 7-6 所示。

表 7-6 关键关联指标

特征类型	字段
基础关联指标	近 1 小时内相似 GPS 10 米范围申请次数
	近 24 小时设备 ID 关联身份证个数
	近 24 小时 IP 地址关联身份证个数
	近 24 小时 IMEI(international mobile equipment identity,国际移动设备识别码)关联身份证个数
	单位电话号码作为联系人手机号码的次数
	单位电话异常
	联系人手机号码异常
	联系人关系异常
	联系人手机号码作为办公号码次数
	本人手机号码作为联系人手机号码次数
	本人手机号码作为配偶手机号码出现次数
	本人手机号码作为单位电话号码出现次数
	联系人手机号码作为配偶手机号码次数
自身属性相关指标	节点重要性指标
	风险名单类指标
	业务类指标
	风险传播指标
一度关联相关指标	一度关联节点数
	一度关联节点中,身份证号数量、占比
	一度关联节点中,手机号数量、占比
	一度关联节点中,风险名单数量、占比
二度关联相关指标	二度关联节点数
	二度关联节点中,身份证号数量、占比
	二度关联节点中,手机号数量、占比
	二度关联节点中,风险名单数量、占比

三、验证结果

基于行内零售风控数据底表,本方案构建了如图 7-8 所示的用户端知识大图。底表以订单号为主键,分别存储了每笔订单的客户信息(姓名、证件号、手机号、居住地址)、账户卡号、两位联系人(姓名与手机号)、工作单位(名称、电话号码、地址)、设备指纹[IDFA(identifier for advertising,广告标识符)、IMEI、deviceID(device identity document,设备标识)等]、申请时 IP 与 GPS 等信息。由此建立了实体与图谱结构模型,并根据各属性间关系与约束确定了关系型数据至图数据的转换逻辑。

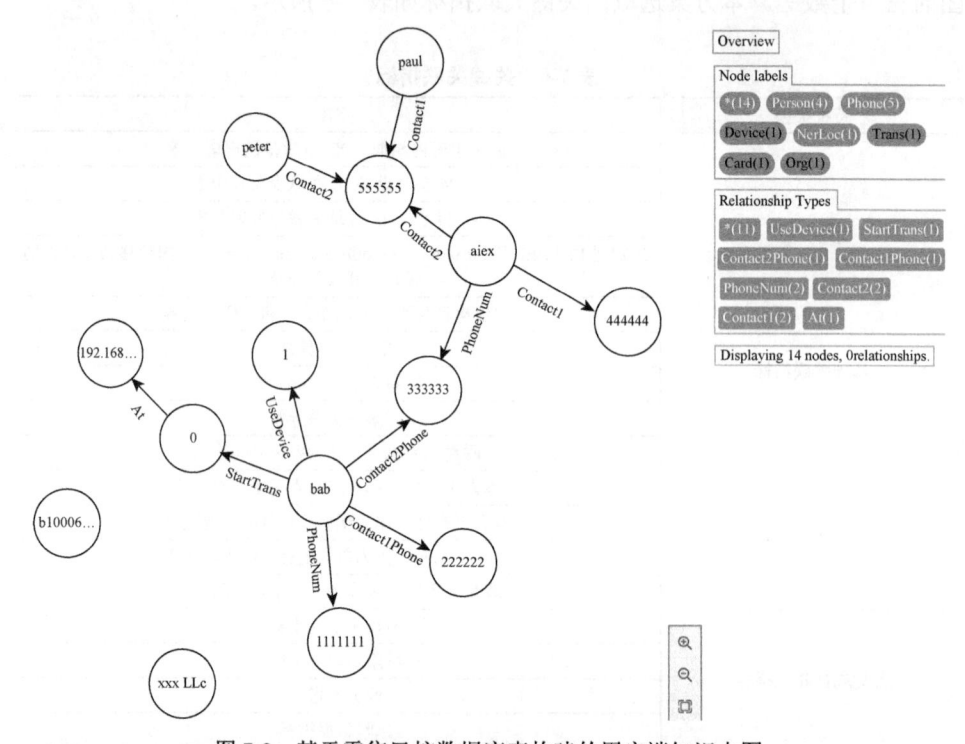

图 7-8 基于零售风控数据底表构建的用户端知识大图

Overview:概述;Node labels:节点标签;Person:人员(代表个人节点);Phone:电话(代表电话节点);Device:设备(代表设备节点);NetLoc:网络位置(代表网络位置节点);Trans:交易(代表交易节点);Card:银行卡号(代表银行卡号节点);Org:工作单位(代表工作单位节点);Relationship Types:关系类型;UseDevice:使用设备(表示某个设备的使用关系);StartTrans:开始交易(表示开始交易的关系);Contact2Phone:联系人 2 电话(代表联系人 2 与电话之间的关系);Contact1Phone:联系人 1 电话(代表联系人 1 与电话之间的关系);PhoneNum:电话号码(代表电话号码之间的关系);Contact2:联系人 2(代表联系人 2 之间的关系);Contact1:联系人 1(代表联系人 1 之间的关系);At:在(代表某种存在或位置关系)

该知识大图现具有零售风控的历史数据及实时插入的新数据，实现了基于规则的人员、工作单位、IP 地址等实体的自动对齐。相比原始关系底表，构建知识大图具有以下优势：①关联查询效率高，由于图谱将常用的关联构建为实体边，无须多关系连接，显著提升了单跳多跳查询效率；②清洗规则直观，由于图谱将人员、电话号等实体分别建点，人证号三者间一对一、多对一等约束条件可通过图模式匹配直观表达；③衍生指标计算便捷，各类中心性、二度联系人穿透等反欺诈模型所需的指标能高效便捷地查询取得，更复杂的模式匹配与计数分析也易于实现。

（一）样本描述

节点：1 505 574。

有向边：684 512。

节点属性：姓名、电话、身份证号、银行卡号。

节点与节点通过电话进行连接，形成申请人（cust_name）指向联系人（assoc）的有向边，边属性为联系人关系（assoc_relationship），边的时间戳为订单申请时间（apply_time）。

每个节点被分为四个类别：0（申请成功且无逾期行为）、1（申请成功但有逾期行为）、2（申请被拒绝）、3（其他）。预测和训练在 0、1 节点上进行（表 7-7）。

表 7-7　样本描述

节点类别	节点总数	含义
0	5 517	申请成功且无逾期行为
1	175	申请成功但有逾期行为
2	886 064	申请被拒绝
3	615 074	其他

（二）模型描述

输入：

data = {
    "pid":"10029ZYDAPP2022101201862422",

```
"cust_name":"张三",
"mobile_num":"15636411111",
"assoc_name1":"李四",
"assoc_phone1":"15636411111",
"assoc_relationship1":"父母",
"assoc_name2":"王五",
"assoc_phone2":"13401111111",
"assoc_relationship2":"配偶",
"iden_num":"429004191111111111",
"enterprise_name":"四川省德昌县",
"enterprise_mobile_num":"0595-86681111",
"card_no":"6211111111111111",
"device_id":"dream2qltechn",
"trueip":"117.179.238.50",
"idfa":"35 450790 03411 1",
"imei":"35473208390887135473308908879",
"wifiip":"192.168.1.11",
"androidid":"580a5f9736cece88",
"gps":{"latitude":26.45423, "longitude":109.89702},
"reside_addr":"黑龙江省哈尔滨市南岗区哈西鸿朗花园二期 11 栋",
"reg_reside_addr":"黑龙江省宾县宁远镇宁西村腰屯",
"enterprise_addr":"黑龙江省宾县宁远镇宁西村腰屯",
"apply_type":"授信",
"channel_id":"10029ZYDAPP"
}
```

返回：

node_score, assoc1_score, assoc2_score

该模型将返回申请人模型分（即申请人可能欺诈的概率）、联系人 1 模型分、联系人 2 模型分。如果对应节点不存在，返回−100。

以众邦银行为例，本方案通过构建包含客户、账户、手机、设备指纹、地址等信息的金融知识大图，对中小微企业信贷过程中的事前、事中和事后风险进行了精准识别、推演和度量。

本方案基于 GraphSAGE 进行信贷风险管控，旨在深入识别并控制贷款过程中的潜在风险。首先通过 GraphSAGE 从庞大的图谱中提取关键子图结构，进而应用图注意力网络（graph attention network，GAT）进行多层次的信息聚合，将获得的嵌入向量输入到前馈神经网络（feedforward neural network，FNN），以精确计算出个体的风险评分。通过构建基于高风险节点的欺诈子图，进一步利用图特征提取技术，挖掘与识别高风险图模式及其规则，从而评估团伙风险值。

为适应金融市场与欺诈手段的快速变化，本方案使用了动态图谱的增量学习机制，允许模型根据新加入的数据动态调整，实现了对复杂网络环境下风险的实时监控与分析。通过图挖掘算法，本章有效识别了一系列隐蔽的欺诈团伙及其未知的攻击模式，并实施了及时的干预措施，显著减少了金融机构的潜在损失。

本方案不仅提高了贷款审批前及贷款发放期间的风险防控能力，而且为贷款后的催收工作提供了重要线索，通过对贷款全周期的深度风险管理，大幅提升了金融安全性与效率。

在实施过程中发现，使用基于 GraphSAGE 的信贷欺诈检测模型，可以计算用户的欺诈概率，并及时预测和防范信贷欺诈行为。通过大量的实验和优化，建立了一套有效的信贷欺诈检测模型，能够在一定程度上解决银行在信贷过程中面临的欺诈风险问题。

通过应用基于金融知识大图的银行信贷风险管控系统，众邦银行成功地实现了对中小微企业信贷风险的精准识别、推演和度量，以及对可能发生的信贷风险进行实时防控。具体地，该系统在以下方面取得了显著的应用效果。

（1）提升了贷前风险防控能力。银行可以通过系统对企业的基础信息、经营状况、交易记录等进行综合分析，快速识别潜在风险，提高贷前风险防控能力。

（2）加强了贷中风险管理。通过实时监控企业的交易行为，银行可以及时发现异常交易，及时进行干预，从而有效降低了信贷风险。

（3）提高了贷后催收效率。系统可以自动识别信贷逾期风险，提高催收效率，同时可以利用金融图谱分析工具发现更多线索，加强对催收对象的了解，更加高效地进行催收。

（4）减少了信贷欺诈行为。利用基于 GraphSAGE 的信贷欺诈检测模型，银行可以对用户的欺诈概率进行计算，提高了对信贷欺诈的识别能力，减少了银行的信贷损失。

如图 7-9 所示，本方案将二阶关联以内的图特征均进行了开发。左侧是以节点 A 为例的一个局部二阶关联图，在每 3 个节点构成的二阶关联中，A 所处的位置可以简化为右侧三种状态，在建模的过程中，三种状态的图特征均被构造，最终所有图信息以特征的形式给到节点 A。最终模型已上线至众邦银行生产环境，模型预测效果如表 7-8 所示，满足了众邦银行的指标需求。

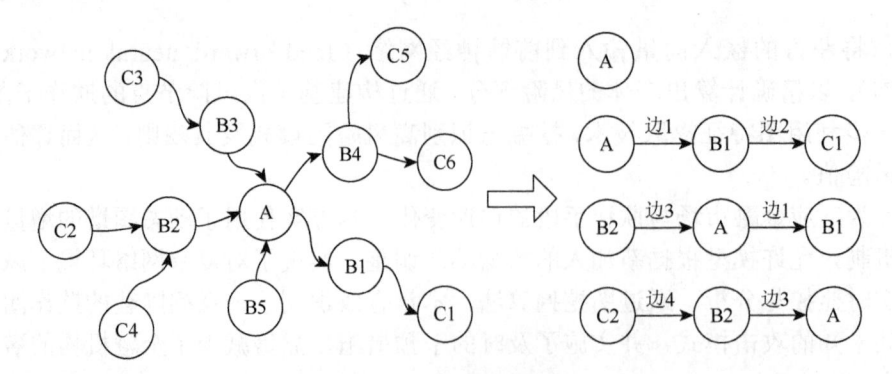

图 7-9 二阶图特征开发

表 7-8 众邦银行模型预测效果

数据集	节点总数	坏样本数	坏样本比例	AUC
训练集	5573	1930	34.63%	0.630
测试集	1194	402	33.67%	0.628
验证集	1195	396	33.14%	0.627

综上所述，基于金融知识大图的银行信贷风险管控系统为银行提供了一种全新的风险管控手段，不仅提高了风险管理的精准性和效率，同时也降低了银行的信贷风险，为银行业的可持续发展做出了重要的贡献。

附　　录

附录 A　自举式标注规则发现实验

一、实验设置

本实验采用的是中文句子级个人关系抽取数据集（Wang et al.，2019）。其中有超过 280 000 个已标注句子，分为 42 种关系类型。此外，本实验采用了以下定量方式来评价 RoRED 的稳健性和比较各个方法。

$$\text{Precision} = \text{TP} / (\text{TP} + \text{FP}) \quad\quad \text{（A-1）}$$

$$\text{Recall} = \text{TP} / (\text{TP} + \text{FN}) \quad\quad \text{（A-2）}$$

$$F1 = (2 \times \text{Precision} \times \text{Recall}) / (\text{Precision} + \text{Recall}) \quad\quad \text{（A-3）}$$

$$\text{FNR} = \text{FN} / (\text{FN} + \text{TP}) \quad\quad \text{（A-4）}$$

$$\text{FPR} = \text{FP} / (\text{FP} + \text{TN}) \quad\quad \text{（A-5）}$$

其中，FNR 表示 false negative rate（假阴性率）；FPR 表示 false positive rate（假阳性率）；TP 和 TN 分别表示在句子中规则和模型正确地预测它们的正负标签；类似地，FP 和 FN 分别表示在句子中规则和模型错误地预测它们的正负标签。

二、对比方法

在数据标注方面，本实验选择以下方法来进行比较。为了便于比较，本实验使用人工标注且相同数量的句子来生成规则。

（1）NERO（Zhou et al.，2020）是一种使用词嵌入模型进行语义匹配的基于规则的方法。NERO 通过人工标注来生成规则。

（2）TruePIE（Li et al.，2018）是一种自举式规则发现框架，其通过数量限制来区分正负规则。TruePIE 通过已标注句子来生成规则。

此外，本实验还选择了以下关系抽取的相关成果来评估 RoRED 在训练关系抽取模型方面的优势。本实验选择 LSTM 变体作为关系抽取模型。基于相同数量的标注句子，本实验采用了以下方法。

（1）LSTM + ATT（以下简称 LS + ATT）（Zhou et al., 2016）结合了双向 LSTM 和注意力机制来预测关系。

（2）C-Att-BLSTM（以下简称 C-Att-BLS）（Zhang et al., 2020）提出了一种基于字符输入的中文关系抽取多特征融合模型，它将字符级、词级和实体感知特征整合到深度神经图模型中。

（3）RoRED + LSTM + ATT（以下简称 RoRED +）应用 RoRED 的标注结果来扩展 LS + ATT 模型的训练集。

（4）无人工标注的 RoRED + LSTM + ATT［以下简称 RoRED + w/o H（without human）］在无人工标注的情况下进行 RoRED，然后将标注结果应用于 LS + ATT 模型的训练集。

在消融研究中，对于语义匹配机制，本实验评估了其他词嵌入机制，包括 FastText（Kuyumcu et al., 2019）和 BERT。对于规则验证，本实验评估了其他方法，包括无协同训练的 SVM（support vector machine，支持向量机）[SVM w/o co-training（without co-training）] 和 LSTM（Yu et al., 2019）。

三、实验结果

本实验使用不同的随机种子句子进行了五次训练和测试运行。随后，本实验列出了评估指标的平均值和标准偏差。

如附表 A-1 所示，对于数据标注方法，首先，RoRED 提高了精确度，尤其是在"师生关系"任务中。由于正负规则（PN 规则）可以共同捕捉错误匹配的句子，因此 RoRED 不容易受到噪声的影响。但是，NERO 的表现较差，因为它缺乏过滤错误匹配句子的机制，导致精确度较低。其次，RoRED 的召回率与这些比较方法相比也很有竞争力。尽管在某些任务中，一些对比方法（如 TruePIE）的召回率高于 RoRED，但它们的精确度较低。这是因为基于联合训练的规则验证方法可以完善匹配句子的标签，从而减少规则发现中引入的错误信息。

附表 A-1　RoRED 与对比方法的性能比较

任务	指标	NERO	TruePIE	LS + ATT	C-Att-BLS
兄弟关系	Precision	16.8±3.7	20.2±5.3	39.4±1.4	62.5±1.1
	Recall	16.6±1.4	70.7±8.5	18.3±1.2	24.0±3.2
	$F1$	15.4±2.2	30.6±6.1	23.0±1.4	34.6±3.6
夫妻关系	Precision	18.2±1.0	19.9±2.1	60.8±1.8	78.5±2.1
	Recall	18.8±0.1	79.1±2.6	11.3±1.1	15.5±1.2
	$F1$	16.6±6.6	31.7±2.7	19.1±1.5	25.9±1.6

续表

任务	指标	NERO	TruePIE	LS + ATT	C-Att-BLS
师生关系	Precision	6.9±5.0	32.4±129	81.0±0.9	80.2±1.2
	Recall	15.7±1.4	77.2±12.9	13.2±3.1	23.5±2.1
	$F1$	8.7±4.5	42.7±13.1	22.5±4.6	36.3±2.4

任务	指标	RoRED	RoRED +	RoRED + w/o H
兄弟关系	Precision	23.2±3.3	75.3±1.0	69.2±0.6
	Recall	82.3±1.6	75.2±0.8	66.4±0.8
	$F1$	36.1±3.9	74.3±0.9	67.8±0.5
夫妻关系	Precision	25.9±2.8	72.7±0.5	68.5±1.7
	Recall	81.0±2.8	72.2±1.0	62.1±1.6
	$F1$	39.2±0.8	71.9±1.7	65.1±1.5
师生关系	Precision	34.4±6.3	76.1±0.5	72.1±1.4
	Recall	67.9±3.5	75.6±0.6	72.9±1.6
	$F1$	45.3±5.9	75.5±0.6	72.5±1.0

LS + ATT 和 C-Att-BLS 的召回率较低。由于深度学习方法的训练效果取决于训练集的质量，因此它们通常会因数据量较小而出现过拟合问题。与深度学习方法相比，基于自举式规则发现来标注数的 RoRED + 可以实现更好的关系抽取性能。而在 RoRED + w/o H 时，它仍能为关系抽取模型提供高质量的标注数据。

本实验还比较了使用数据标注方法发现的规则和提取的 TP 句子。如附图 A-1 所示，NERO 的规则少于其他方法。这可能与 NERO 中纯粹由人工标注者标注的规则有关。相比之下，TruePIE 和 RoRED 都采用了自举式方法来自动挖掘规则。同时，"夫妻关系"任务的规则数量超过了"兄弟关系"和"师生关系"任务，这是因为"夫妻关系"任务的语料库规模更大。在 NERO 中，由于规则数量较少，TP 句子的数量有限。此外，在"兄弟关系"和"师生关系"任务中，TruePIE 生成的规则数量多于 RoRED，而匹配的 TP 句子数量却少于 RoRED，这是因为 RoRED 中的语义匹配机制找到了相似的 TP 句子（附图 A-2）。

附图 A-3 显示了 RoRED 对数据标注的去噪效果。具体来说，NERO 的 FPR 要高于其他方法。这是因为 NERO 中的软匹配错误匹配了一些句子。同时，TruePIE 的 FNR 也高于其他方法。由于缺乏语义匹配机制，TruePIE 会漏掉一些正向句子。相比之下 RoRED 可以同时降低数据标注的 FPR 和 FNR。

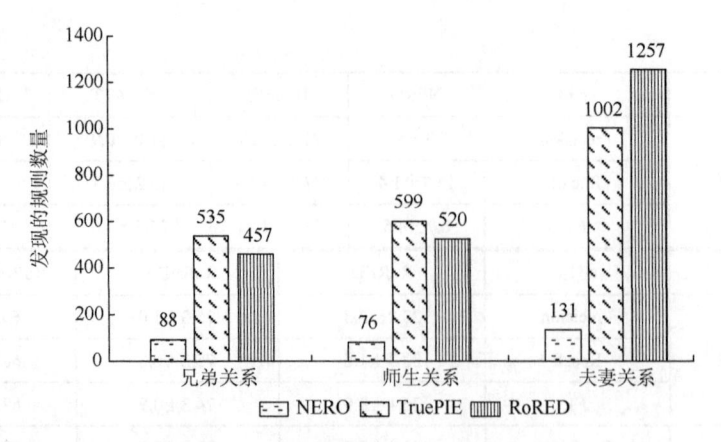

附图 A-1　使用数据标注方法发现的规则

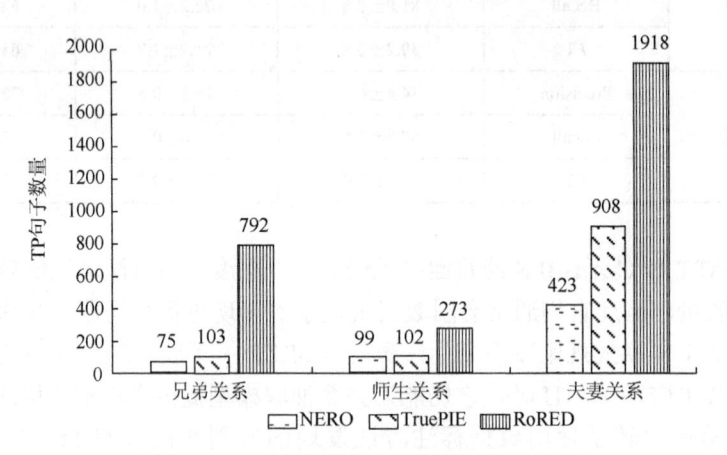

附图 A-2　使用数据标注方法提取的 TP 句子

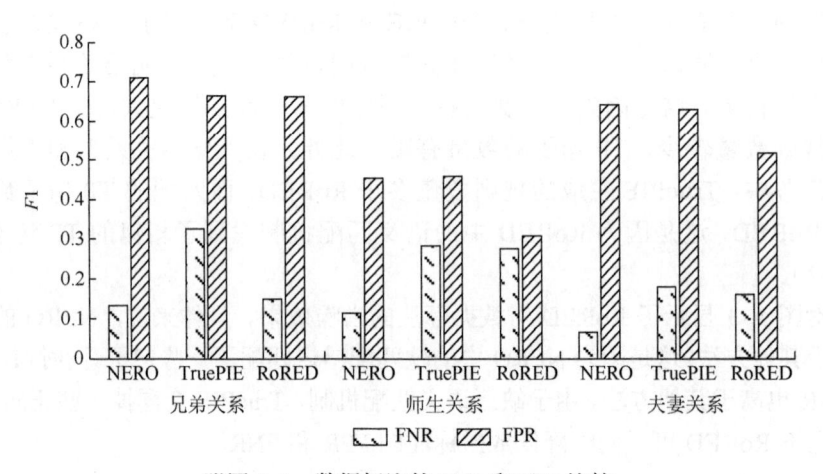

附图 A-3　数据标注的 FNR 和 FPR 比较

附图 A-4 显示了改变种子规则集大小时 $F1$ 分数的变化。种子规则是通过频率排序确定的。该实验验证了当管道初始化规则少于 100 条时，RoRED 可以识别错误匹配和缺失的句子。然而，TruePIE 在"兄弟关系"和"师生关系"任务中至少使用 200 条种子规则，在"夫妻关系"任务中使用 300 条规则时，也能达到同样的效果。同时，NERO 的 $F1$ 分数低于 RoRED。这是因为当种子规则没有包含足够的目标关系信息时 NERO 的表现较差。

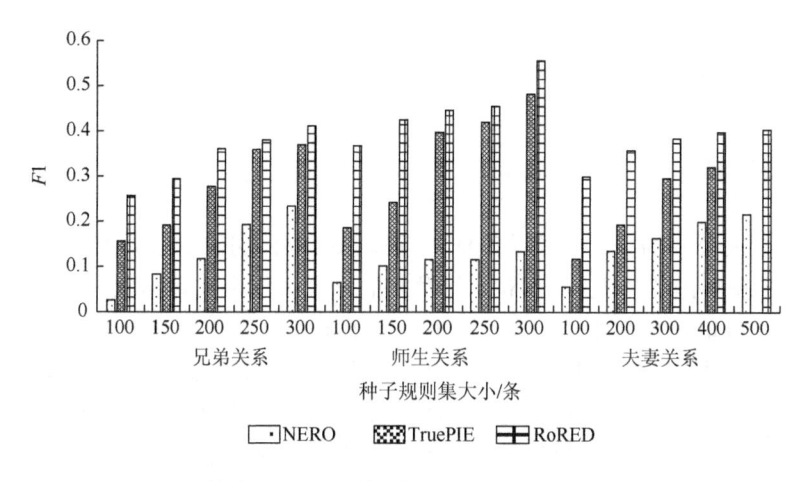

附图 A-4　不同种子规则大小的性能比较

附表 A-2 总结了不同语义匹配机制的性能。与其他方法相比，本实验提出的语义匹配机制可以通过词-句语义关联图更好地识别包含关系和语义相似性，从而提高语义匹配的精确度。

附表 A-2　不同语义匹配机制的消融研究

方法	Precision	Recall	$F1$
FastText	0.20	0.82	0.33
BERT	0.44	0.54	0.46
RoRED	0.73	0.44	0.55

附表 A-3 总结了不同规则验证方法的实验结果。在有限的训练样本基础上，基于协同训练的规则验证方法可以学习未标注样本的特征，有效提高规则验证的精确度。

附表 A-3　不同规则验证方法的消融研究

方法	Precision	Recall	F1
SVM w/o co-training	0.38	0.75	0.50
LSTM	0.28	0.86	0.43
RoRED	0.43	0.73	0.54

附录 B　模板集成的大模型提示学习实验

一、实验设置

本实验在公开的少样本关系抽取数据集 FewRel（Han et al.，2018）上进行了实验。该数据集是清华大学于 2018 年发布的一个大规模关系抽取数据集，是目前最大的关系抽取精标数据集。该数据集包含了 100 个关系类别和 70 000 个关系上下文实例。为测试关系抽取模型的少样本学习能力，该数据集在训练集、验证集和测试集上所划分的关系类别没有任何重叠，即需要模型对没有在训练过程中见过的关系仅通过少量的样本来完成关系抽取任务。该数据集在训练集、验证集和测试集上的统计信息如附表 B-1 所示。

附表 B-1　FewRel 数据集统计信息

数据集名称	划分	关系数量	实例数量
FewRel	训练集	64	44 800
	验证集	16	11 200
	测试集	20	14 000

二、对比方法

本实验选取了以下几种少样本关系抽取方法作为基线模型以证明本实验方法的有效性。

（1）Proto-CNN：该方法以 GloVe（Pennington et al.，2014）为词嵌入模型，利用 CNN（convolutional neural network，卷积神经网络）编码关系上下文实例的语义，通过原始的原型网络来执行分类。

（2）Proto-HATT（Gao et al.，2019）：该方法通过对关系上下文实例进行实例级和特征级的多层注意力机制处理，降低原型构建过程中的噪声。

（3）Proto-BERT：该方法利用 BERT 编码关系上下文实例的语义，通过原型网络来执行分类。

（4）VPP（virtual prompt pre-training，虚拟提示预训练）（He et al.，2023）：该方法对虚拟提示进行预训练，将虚拟提示表示投影到预训练语言模型的语义空间并和预训练语言模型的参数一同通过原型标签映射在任务上进行协同微调。

本实验与这些基线模型所采取的评价指标保持一致，均在测试集上用准确率作为模型性能的评价指标。

本实验的实验设置和基线模型保持一致，均按照 Han 等（2018）设置，在对模型进行训练之后，分别进行 5 way 1 shot、5 way 5 shot、10 way 1 shot、10 way 5 shot 场景的测试。其中 way 代表关系类别数量，shot 代表支持集上的样本数量。

本实验方法训练的超参数设置如附表 B-2 所示。

附表 B-2　超参数设置

参数	参数值
预训练语言模型	roberta-base
epoch	15
回合/每个 epoch	100
序列最大长度	256
学习率	3×10^{-5}
优化器	AdamW

三、实验结果

对比实验结果如附表 B-3 所示。本实验选取的基线模型在编码器上分成了两大类，一类方法使用的是 Glove 词嵌入模型结合 CNN 模型，另一类方法使用 BERT 或 BART（bidirectional and auto-regressive transformer，双向自回归 Transformer）预训练语言模型。通过对比 Proto-CNN 和 Proto-BERT 可以看出，预训练语言模型对关系上下文实例的语义编码效果要好于 CNN。尽管 CNN 模型能够通过卷积和池化操作来捕捉长距离的语义，但是预训练语言模型能够利用自注意力机制和大量无监督文本上的隐性知识来捕捉关系上下文实例所包含的深层语义。这证明了预训练语言模型在自然语言理解任务上是良好的语义特征抽取工具。

附表 B-3 对比实验结果

算法	编码器	5 way 1 shot	5 way 5 shot	10 way 1 shot	10 way 5 shot	Avg.
Proto-CNN	CNN	74.29%	85.12%	61.15%	74.41%	73.74%
Proto-HATT	CNN		89.05%		81.46%	
Proto-BERT	BERT	80.68%	89.60%	71.48%	82.89%	81.16%
VPP-BERT	BERT	87.34%	94.48%	82.91%	88.17%	88.23%
VPP-BART	BART	91.58%	95.42%	88.82%	89.64%	91.37%
TIPL	BERT	93.71%	95.97%	90.22%	92.55%	93.11%

注：Avg. 表示平均性能

  Proto-HATT 利用注意力机制来去除样本中的噪声，相比于 Proto-CNN，在 5 way 5 shot 和 10 way 5 shot 上分别提升了 3.93 个百分点和 7.05 个百分点。这证明了注意力机制能够显著提升原型构建的有效性，在一定程度上缓解了噪声样本的影响。然而，该方法的局限性在于无法在单样本场景下使注意力机制发挥作用，仅能在多样本的场景下进行训练和推理。本实验通过模板集成数据增强的机制，在单样本场景下也能利用注意力机制对样本信息进行有效融合，相比于 Proto-HATT，TIPL 在 5 way 5 shot 和 10 way 5 shot 的多样本场景下分别提升了 6.92 个百分点和 11.09 个百分点。

  VPP 方法提出了一种提示模板预训练的方法，该方法设计了实体预测、实体类型预测、远程监督关系抽取三个预训练任务，将提示模板中的虚拟提示同预训练语言模型的参数进行协同优化。通过注入和优化虚拟提示，VPP 的 BART 版本在四种少样本测试场景中分别超越了 Proto-BERT 10.9 个百分点、5.82 个百分点、17.34 个百分点和 6.75 个百分点。这表明，相比传统的预训练微调方法，提示学习能够更有效地挖掘预训练语言模型中的隐性知识，发挥其少样本学习的能力。

  然而，VPP 方法的局限性在于需要对虚拟提示进行预训练，需要和预训练语言模型共同优化，计算开销较大。并且该方法面向 BART 模型进行设计，在其他预训练语言模型上，如 BERT，效果无法达到最优。这是因为 BART 的架构是 Encoder-Decoder，在文本生成的效果上要优于双向 Encoder 架构的 BERT。本实验的方法 TIPL 没有在提示模板上引入额外的学习参数，因此泛化性能更强；同时，TIPL 利用了提示集成的机制来对样本进行数据增强，利用注意力机制对原型构建过程进行去噪，因此模型的复杂度更低，在泛化性能的效果上更好。相比 VPP-BART，TIPL 在四种少样本测试场景中分别提升了 2.13 个百分点、0.55 个百分点、1.4 个百分点和 2.91 个百分点。

四、消融实验

如附表 B-4 所示,其中 w/o(without)表示是在 TIPL 基础上去除了相应的内容后的对比实验结果。可以看到,相比融入了关系语义的提示模板的方法,没有融入关系语义的提示模板使模型表现轻微下降。这表明在提示模板中融入关系语义能够让模型关注任务级别的先验知识,从而在对回答词产生预测时,能够关注到这部分先验知识,最终使构建的模型中也包含了关系语义信息,使原型的表示更加符合下游任务的需要。

附表 B-4 消融实验结果

算法	5 way 1 shot	5 way 5 shot	10 way 1 shot	10 way 5 shot
TIPL	93.71%	95.97%	90.22%	92.55%
(w/o) 融入关系语义	93.41%	95.80%	89.93%	92.14%
(w/o) 提示集成	89.77%	95.10%	84.09%	91.37%
(w/o) 实例级注意力	93.69%	95.39%	90.12%	91.77%

在同时去除提示集成后,本实验方法在四种少样本测试场景上分别下降了 3.94 个百分点、0.87 个百分点、6.13 个百分点和 1.18 个百分点。可以看到,在没有了提示集成所带来的数据增强效果后,本实验方法在 5 way 1 shot 和 10 way 1 shot 测试场景下的精度出现了大幅度的下降。这表明提示集成所带来的数据增强效果,对单样本场景的提升非常大,而对多样本场景的提升是比较有限的,因为该场景下增强前的样本已经包含了足够的信息来支撑原型的构建。

在去除了实例级注意力机制后,本实验方法在四种少样本测试场景上分别下降了 0.02 个百分点、0.58 个百分点、0.1 个百分点和 0.78 个百分点。这表明实例级注意力机制能够有效地提取支持集样本和查询集样本间重要的特征,提升了原型构建的准确性,并且在 5 way 5 shot 和 10 way 5 shot 等多样本的场景下具有更加明显的作用。

附录 C 金融舆情分析模型实验

一、实验设置

本实验选取中国股市具有代表性的中证 300 指数验证实验方法的有效性,中证300指数包含了300只市值大、流通性好的上市公司股票,能够较好反映市场整体情况。本实验使用的数据包括金融新闻数据、市场交易数据、公司产业数据以及公司关联数据等。

其中,金融新闻数据来自国泰安上市公司舆情数据库,在此基础上构建的新闻数据集涵盖了2017年1月1日至2021年12月31日的124 717条新闻,相应地,本实验从巨潮资讯获取了个股和指数的日交易数据,将中证300指数收益作为个股收益期望,将窗口期设置为3天,计算上述金融新闻数据集样本对应的CAR指标,另外,本实验从东方财富、金融界等财经网站爬取分钟级股票交易数据并计算股票价格日内波动性。新闻数据集统计情况如附表C-1所示,标签"+CAR_3"表示对应企业的CAR为正值,新闻舆情对企业产生了积极影响;"$-CAR_3$"则表示对应企业的CAR为负值,对应企业存在风险;"Log_{vol}"则表示对应公司股价的波动性指标。产业链图谱中数据来源于巨潮资讯的产业链数据库,共包含了300家上市公司涉及的9621个产业节点。另外,采用公司股票市场价格的统计关联特征作为上市公司间的关联。

附表C-1 新闻数据集统计情况

对应标签	训练集	验证集	测试集
+CAR_3	48 706	5 174	10 183
$-CAR_3$	46 178	4 769	9 707
Log_{vol}	94 884	9 943	19 890

二、对比方法

在实验中,本实验将基于单篇新闻表示构建公司风险指标预测模型作为基线模型,提出的金融新闻表示学习方法同其他新闻文本表示方法进行对比。同时,在多篇新闻构成的新闻风险传导网络上,本实验基于本书第四章的新闻表示方法构建了其他的图神经网络作为基线模型预测公司风险指标,并与本实验模型进行对比。对于依赖目标公司预测风险的模型,本实验在命名中加入"TD"前缀,表示该模型将公司的表示向量嵌入新闻舆情的编码中。基于单篇新闻表示的基线模型如下:

(1) Bi-LSTM:使用标准的双向LSTM对新闻进行表示。

(2) TD-AVG:将目标嵌入作为Bi-LSTM初始状态对新闻段落进行条件编码,并对各段落向量平均池化作为新闻最终表示(Duan et al., 2018)。

(3) TD-AGSC:利用目标嵌入对新闻摘要部分进行条件编码,将摘要表示作为查询，通过注意力机制对其他部分选择性聚合（Kipf and Welling，2016）。

（4）TD-BIEH：本实验提出的引入外部产业知识的金融新闻表示学习方法获取新闻表示，将 BERT 作为基本词嵌入模型，同时使用 BERT 和 TransH 对公司产业进行编码。

基于新闻风险传导网络的图神经网络基线模型如下。

（1）TD-GCN：基于本书第四章提出的金融新闻表示模型将新闻编码作为新闻节点表示，利用 GCN（Duan et al.，2018）学习最终新闻节点嵌入预测对应公司的风险指标。

（2）TD-GraphSAGE：基于本书第四章提出的金融新闻表示模型对新闻编码作为新闻节点表示，利用 GraphSAGE（Hamilton et al.，2017）学习最终新闻节点嵌入预测节点对应公司的风险指标。

（3）TD-Transformer：基于本书第四章提出的金融新闻表示模型对新闻编码作为新闻节点表示，利用 Graph Transformer（图 Transformer）（Yun et al.，2019）学习最终新闻节点嵌入预测对应公司的风险指标。

对于 CAR 指标预测，本实验将该问题形式化为二分类问题，通过最小化预测结果的交叉熵对模型进行有监督的训练，训练损失函数如下：

$$l_{\mathrm{CAR}} = -\sum_{i=1}^{N}\left[y_i \cdot \log(p_i) + (1-y_i) \cdot \log(1-p_i)\right] \quad \text{（C-1）}$$

其中，y_i 表示训练数据的标签，当数据样本对应 CAR 大于 0 时，y_i 为 1，否则 y_i 为 0；p_i 表示模型预测 CAR 大于 0 的可能性。

对于波动性指标预测，本实验将该任务形式化为回归问题，通过最小化均方误差训练模型，得到的损失函数如下：

$$l_{\mathrm{vol}} = \frac{1}{N}\sum_{i=1}^{N}(y_i - \hat{y}_i)^2 \quad \text{（C-2）}$$

其中，y_i 表示训练数据的真实指标；$\hat{y}_i$ 表示指标预测值。

在训练过程中，使用 Adam 作为参数优化器，学习率设置为 0.0005，并将 dropout 系数设置为 0.1。在新闻表示学习阶段中，模型使用的 FinBERT 预训练维度 $d_{\mathrm{BERT}}=768$，产业链图谱嵌入维度 $d_{\mathrm{trans}}=200$，隐含层维度 $d_h=100$，时序图注意力阶段节点隐含表示向量维度 $d_f=200$，时间编码空间维度 $d_T=100$。

三、实验结果

本实验分别测试了各个模型在测试数据上 CAR 指标的 Accuracy、AUC、正负 CAR 预测平均精确度（average precision，AP）以及波动性指标预测的均方误差（mean square error，MSE），实验结果如附表 C-2 所示。

附表 C-2　各模型测试结果

模型	Accuracy	AUC	AP(+)	AP(−)	MSE
Bi-LSTM	0.5854	0.6245	0.5986	0.5725	0.7013
TD-AVG	0.5894	0.6384	<u>0.6129</u>	0.5703	0.6795
TD-AGSC	0.5942	0.6407	0.6092	0.5801	0.6841
TD-BIEH（Ours）	<u>0.6019</u>	<u>0.6514</u>	0.6000	<u>0.6044</u>	<u>0.6585</u>
TD-GCN	0.5810	0.5908	0.6222	0.5842	0.6504
TD-Transformer	0.6147	0.6765	0.6974	0.6446	0.6487
TD-GraphSAGE	0.6161	0.6809	0.6960	0.6436	0.6492
TD-BIEH-T（Ours）	0.6246	0.7021	0.7374	0.6818	0.6270

注：加下划线的数字表示本实验的效果

通过对比单篇新闻表示模型实验指标，本实验提出的 TD-BIEH 模型对单篇新闻取得了较好的预测效果，在 CAR 预测的 Accuracy、AUC、AP(−) 以及波动性预测的 MSE 上均优于基准模型。首先，TD-AVG、TD-AGSC、TD-BIEH 这三种模型均提取了目标公司的特征，通过将目标公司表示作为 Bi-LSTM 的初始状态，筛选出新闻摘要中目标公司的风险特征，由于最终预测指标为特定公司的风险指标，所以上述三种模型效果均优于无针对性编码 Bi-LSTM；其次，模型 TD-BIEH 和 TD-AGSC 在对新闻正文段落编码时采用了注意力机制，它们预测的准确率优于直接对各段落表示进行平均池化的 TD-AVG，证明了利用摘要对新闻段落进行选择性聚合能够根据与目标公司的风险相关程度对各段落赋予重要性权重，有效筛选出重要特征，从而削弱新闻长文本中无关噪声对预测结果的影响；最后，相较于 TD-AGSC，本实验提出的引入外部知识的 TD-BIEH 模型在预测 Accuracy、AUC 以及 MSE 表现上分别提升了 0.0077、0.0107 和 0.0256，并且正负类别样本预测的平均精确度指标更加平衡，说明使用公司名称嵌入作为目标公司表示过于单薄，公司行业背景特征的融合能够从新闻中匹配到更多目标公司相关的信息。

通过对比基于新闻风险传导网络的方法和基于单篇新闻表示方法，本实验发现文本提出的 TD-BIEH-T 对公司风险的预测效果均优于其他基准模型，在 Accuracy、AUC、AP(+)、AP(−)、MSE 上较基准模型中最优值分别提升了 0.0085、0.0212、0.0399、0.0372、0.0217。首先，相较于其他三种基于新闻风险传导网络的图神经网络模型，本实验提出的模型考虑了新闻传导中的公司关联和时序特征，并利用核函数将这种传导特征转化为较高维向量形式，进而能够学习风险传导特征间的深度交互，提升了模型预测性能，证明了时序图注意力机制融合知识关联与时序传导特征的有效性；其次，本实验发现在新闻风险传导网络模型中，TD-GCN 模型的表现最差，其各项指标甚至劣于单篇新闻表示方法，这是因为 GCN 中卷积融合是基于全图的，全局信息的融合给单个新闻节点风险预测增加了噪声，另外，GCN 在训练过程中针对固定的图结构进行学习，对全局的节点嵌入进行更新，对于新节点预测的归纳学习任务的能力有限，而风险预测任务是根据时间范围对新闻风险传导网络数据进行划分，测试数据集中大都为训练集中未出现的节点，因此导致 TD-GCN 效果不佳。

四、消融实验

为验证模型各部分对目标任务的重要性，本实验分别针对模型新闻表示学习部分和风险传导建模部分设计了消融实验。新闻表示部分包括三种变体。

（1）去除 BERT 文本编码层，即基于 LTP 对金融新闻语料库分词并利用 Word2Vec 算法训练静态词向量作为模型整体的文本编码。

（2）去除产业链编码器中行业节点的语义嵌入，采用 TransH 嵌入作为行业节点表示。

（3）去除产业链编码器中行业节点的结构嵌入，采用平均池化后的 BERT 词向量作为行业节点表示。

新闻风险传导部分包括两种变体。

（1）去除注意力机制中的时间编码，采用与节点对应新闻时间戳无关的常量填充时间特征，忽略新闻的时序关系。

（2）去除节点间边权嵌入，忽视公司间关联的差异，将公司间关联的权重设置为常量。

如附表 C-3 所示，消融实验结果验证了本书所提出模型不同部分的有效性。在金融新闻文本表示阶段，首先，通过对比本模型与去除了 BERT 文本编码的模型变体，本实验发现基于大规模金融语料预训练的 BERT 动态词向量的加入能够提升新闻表示模型的整体表现，并且使模型捕获新闻文本深层次的金融语义特征，从而在正负样本上同时取得较好的预测效果；其次，通过与去除了产业链编码器中的 BERT 语义嵌入或者 TransH 嵌入的变体模型对比，本实验发现公司所处行业的语义以及行业在产业链中所处的相对位置等信息均能够提升对目标公司背景知识的表征效果，并且产业链等公司外部关联知识对新闻中风险特征的识别起着重要作用。在新闻风险传导建模阶段，本实验模型在各项指标上表现均优于去除公司间关联属性或时间嵌入的模型变体，证明了新闻时序特征和公司间关联特征均是风险预测的重要特征，通过多头时序图注意力机制能够学习到新闻风险传导中的时变因素和关联因素多维度的特征交互，能够进一步提升公司风险预测的效果。

附表 C-3 消融实验结果

阶段	模型	Accuracy	AUC	AP(+)	AP(−)	MSE
金融新闻文本表示	TD-BIEH（Ours）	0.6019	0.6514	0.6000	0.6044	0.6585
	Ours w/o BERT	0.5949	0.6436	0.6074	0.5826	0.6706
	Ours w/o industry-BERT	0.5973	0.6482	0.5895	0.6097	0.6627
	Ours w/o industry-TransH	0.5981	0.6465	0.5909	0.6092	0.6590
新闻风险传导建模	TD-BIEH-T（Ours）	0.6246	0.7021	0.7374	0.6818	0.6270
	Ours w/o time-emb	0.6238	0.6771	0.7113	0.6318	0.6533
	Ours w/o edge-attr	0.6029	0.6904	0.7300	0.6689	0.6400

在上述实验的基础上，本实验进一步对模型进行敏感度分析，探究 TGAT 层数对模型预测性能的影响，实验结果如附图 C-1 所示。随着 TGAT 层数的叠加，模型的感知域逐步扩大，每个节点能够对多跳邻居节点的新闻风险信息进行汇聚。

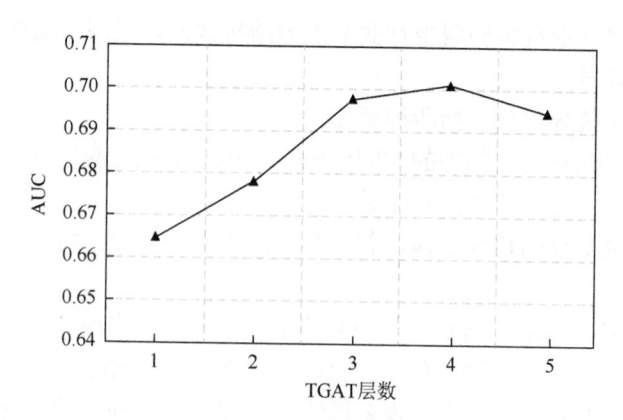

附图 C-1 TGAT 层数的敏感度分析结果

从附图 C-1 中可以看出，当 TGAT 层数设置为 4 时，模型的预测效果达到最优。层数小于 4 时，预测效果与层数呈正相关，说明公司 4 跳内关联公司的舆情信息对判断公司的风险起到了较大的作用。但是，关联公司新闻的加入对目标公司风险预测效果的提升是有限的，当层数大于 3 时，增加 TGAT 层数对模型性能提升不大，甚至会造成效果衰减，一方面因为新闻舆情影响范围有限，另一方面则说明层数增加使模型关注的节点数量呈指数式增长，会降低相关节点风险特征的权重，给模型预测带来负面干扰，考虑到模型训练的计算效率问题，TGAT 层数设置为 3 是一个较好的选择。

附录 D 股权穿透子图挖掘实验

随机进行 1000 次查询，分别比较 ECP 算法、EPS 算法与对比算法的查询性能。查询性能的度量基准为查询的响应时间。

一、控制路径算法

（一）对比方法

ECP 算法的对比算法如下。

（1）对于求解有向图中包含环路的 KSP 问题而言，K*是目前最好的 KSP 算法（Aljazzar and Leue，2011），因此选择经典算法 K*进行对比。K*算法首先用 A*算法对图进行搜索直到目标节点被找到，并根据搜索部分构造 $P(G)$，再调用 Dijkstra 算法计算最短路径，如果找到 Top-k 路径则停止，否则继续启用 A*算法搜索重复以上过程，直到找到所有路径。由于 K*算法并未考虑边的优先级，因此所找的 Top-k 路径并不一定是正确结果，如第五章第一节"2. 股权控制路径算法示例"所述的偏差情况中，虽然 $v_1 \to v_3 \to v_0$ 路径持股比例小于 $v_1 \to v_0$，但是 $v_1 \to v_3 \to v_0$ 是控股路径，$v_1 \to v_0$ 是持股路径。因此，$v_1 \to v_3 \to v_0$ 的优先级更高。为了和股权控制路径算法进行公平的比较，将 K*算法修改为 K*-m 算法，使 K*-m 算法能解决多优先级的 KSP 问题。K*-m 算法步骤如下：首先，运行 K*算法找到 Top-k'路径（$k = k'$）。其次，将结果与股权控制路径查询所得的 Top-k 路径进行比较，如果相同，则输出结果；否则 $k' = k' + n$，其中 n 为股权知识大图中节点的平均度，本实验 $n = 3$。最后，以上过程不断迭代，直到 K*算法找到的 Top-k' 中包括股权控制路径查询所得的 Top-k 路径，则算法结束，输出结果，注意此时 $k' > k$。

（2）BaseLine1（BL1）算法，运用 SPARQL 查询语言查询图数据库中两个节点之间的股权路径，只能输出确定跳数内的股权路径，且需要计算出所有路径的权重，以输出 Top-k 关键股权路径。实验分别评测查询时间与平均长度、k 值、图节点数的变化关系。

（二）实验结果

如附图 D-1（a）所示，当图节点数、k 值固定时，ECP 算法查询性能随着路径平均长度的增加优于 K*-m 算法和 BL1 算法，主要原因是 K*-m 算法需要进行多次迭代，而且由于设定的 k 值较小，K*-m 算法首先需要建立一个复杂的路径图，效率降低。如附图 D-1（b）所示，各个算法的响应时间与 k 值成正比，其中 ECP 算法的增长速度最慢，具有较好的可扩展性。BL1 算法随着 k 增加的增幅最大，值得注意的是在 k = 4 时出现了一个交叉点，主要是因为所在 k 较小时，K*-m 的整体代价高于 BL1。如附图 D-1（c）所示，在 10^4 节点数量前，ECP 算法的响应时间最短，当到达 10^4 节点数量之后，BL1 算法的响应时间呈指数增加，而 ECP 算法与 K*-m 算法的增长较为平缓。但是在此之后 K*-m 算法响应时间高于 ECP 算法，主要是因为 K*-m 需要迭代多次得到结果。相比于对比算法，ECP 算法查询效率较高，且在大规模的数据集上具有良好的可扩展性。因为 ECP 算法可以根据优先级和路径的权重（即持股比例）过滤不在 Top-k 中的路径，不需要遍历起点和终点之间所有的边，可以节约更多的时间，适用于大数据环境下股权知识大图的查询和分析。

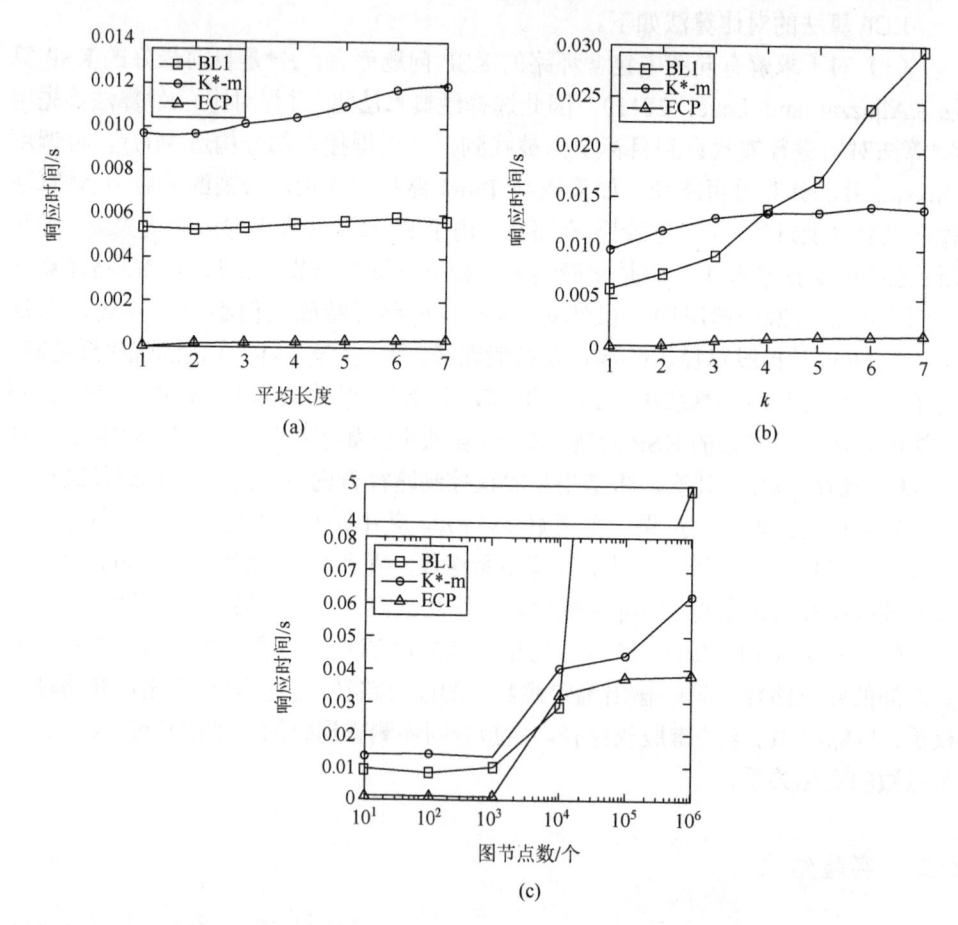

附图 D-1　BL1 算法、K*-m 算法和 ECP 算法查询响应时间

ECP 算法时间复杂度为 $O(b^l)$，其中 l 是股权控制路径的最大长度，ECP 算法

的空间复杂度为 $O(b^l)$，因为在内存中存储了算法过程中所有产生的节点。BL1 由于在调用 SPARQL 语句过程中均涉及遍历图中的邻接节点和边，因此在最坏情况下需要访问图中所有的点和边，BL1 的时间和空间复杂度均为 $O(|V|+|E|)$；K*-m 算法的时间和空间复杂度为 $O(|E|+|V|\log|V|+k)$。

二、穿透子图算法

（一）对比方法

EPS 算法的对比算法如下。

（1）BFS 算法，首先通过遍历确定整个多层股权结构图，再由外往内分层确定层级，需要对多层股权网络进行多次遍历。

（2）BaseLine2（BL2）算法，运用 SPARQL 查询语言查询图数据库以确定股权的层级。BL2 算法调用 Dijkstra 算法重新计算带权最短路径。实验分别评测平均查询响应时间随着层数以及图节点数变化的情况。

（二）实验结果

如附图 D-2（a）所示，响应时间与层数成正比，当层数较低时，三种算法的查询时间相差不大，然而随着层数的增加，BFS 算法的响应时间相对于 EPS 算法和 BL2 算法来说，涨幅最小，其中 BL2 算法的响应时间增加最快。这是因为 BL2 算法需要多次遍历，而 BFS 算法仅需一次遍历。当查询穿透式多层股权层级不变时，如附图 D-2（b）所示，各算法的响应时间随着图节点数增加而增加，可以看到 EPS 算法增长速度明显高于其他两种算法。

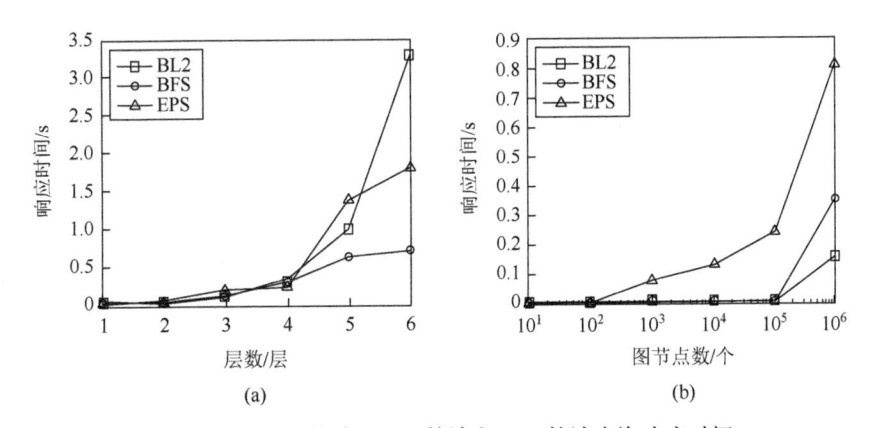

附图 D-2　BL2 算法、BFS 算法和 EPS 算法查询响应时间

EPS 算法的时间复杂度为 $O(|V|+|E|)$，其中 $|V|$ 为大图中节点的数量，$|E|$ 是边的数量，因为最坏情况下图中的每个点和边都会被访问到；空间复杂度为 $O|V|$，最坏情况需要存储图中所有节点。当图的规模过大而无法存储时，则根据穿透的最大层数 l 来描述复杂度，此时算法的时间复杂度和空间复杂度均可表示为 $O(b^{l+1})$，其中 b 为知识大图节点的平均出度。BFS 算法的时间复杂度为 $O(|V|+|E|)$，空间复杂度为 $O|V|$；BL2 由于在调用 SPARQL 语句过程中均涉及遍历图中的邻接节点和边，因此在最坏情况下需要访问图中所有的点和边，BL2 的时间和空间复杂度均为 $O(|V|+|E|)$。

参 考 文 献

蔡宁, 魏明海. 2011. 股东关系、合谋与大股东利益输送: 基于解禁股份交易的研究[J]. 经济管理, 33 (9): 63-74.

陈国青, 吴刚, 顾远东, 等. 2018. 管理决策情境下大数据驱动的研究和应用挑战: 范式转变与研究方向[J]. 管理科学学报, 21 (7): 1-10.

陈国青, 曾大军, 卫强, 等. 2020. 大数据环境下的决策范式转变与使能创新[J]. 管理世界, 36 (2): 95-105, 220.

陈氢, 刘文梅. 2021. 基于关联数据的企业数据治理可视化框架研究[J]. 现代情报, 41 (6): 76-87, 107.

陈涛, 刘炜, 单蓉蓉, 等. 2019. 知识图谱在数字人文中的应用研究[J]. 中国图书馆学报, 45 (6): 34-49.

陈雨婷, 刘旭红, 刘秀磊. 2020. 面向招投标领域的远程监督实体关系抽取研究[J]. 计算机工程与应用, 56(17): 243-250.

戴志宏, 郝晓玲. 2021. 上下位关系抽取方法及其在金融市场的应用[J]. 数据分析与知识发现, 5 (10): 60-70.

董津, 王坚, 王兆平. 2022. 面向制造领域人机物三元数据融合的本体自动化构建方法[J]. 控制与决策, 37 (5): 1251-1257.

方意, 郑子文, 颜茹云. 2017. 中国银行业风险形成机理及压力测试研究: 基于行业信贷视角[J]. 当代经济科学, 39 (5): 1-15, 124.

高扬. 2017. 基于卷积神经网络的中文实体消歧研究[D]. 南京: 南京大学.

官赛萍, 靳小龙, 贾岩涛, 等. 2018. 面向知识图谱的知识推理研究进展[J] 软件学报, 29 (10): 2966-2994.

管衍锋, 徐齐利. 2019. 资本约束、货币政策与信贷风险[J]. 经济与管理研究, 40 (8): 49-62.

郭喜跃, 何婷婷. 2015. 信息抽取研究综述[J]. 计算机科学, 42 (2): 14-17, 38.

杭婷婷, 冯钧, 陆佳民. 2021. 知识图谱构建技术: 分类、调查和未来方向[J]. 计算机科学, 48 (2): 175-189.

洪亮, 马费成. 2022. 面向大数据管理决策的知识关联分析与知识大图构建[J]. 管理世界, 38 (1): 207-219.

洪亮, 欧阳晓凤. 2022. 金融股权知识大图的知识关联发现与风险分析[J]. 管理科学学报, 25 (4): 44-66.

洪亮, 宋睿, 朱丽雅, 等. 2022. 知识关联视角下的文化遗产知识大图研究: 理论、方法和趋势[J]. 图书情报知识, 39 (2): 133-143.

黄胜, 王博博, 朱菁. 2020. 基于文档结构与深度学习的金融公告信息抽取[J]. 计算机工程与设计, 41 (1): 115-121.

姜富伟, 孟令超, 唐国豪. 2021. 媒体文本情绪与股票回报预测[J]. 经济学 (季刊), 21 (4): 1323-1344.
金磐石, 万光明, 沈丽忠. 2019. 基于知识图谱的小微企业贷款申请反欺诈方案[J]. 大数据, 5 (4): 100-112.
李冬梅, 张扬, 李东远, 等. 2020. 实体关系抽取方法研究综述[J]. 计算机研究与发展, 57 (7): 1424-1448.
李旭晖, 程威, 唐小雅, 等. 2021. 基于多层卷积神经网络的金融事件联合抽取方法[J]. 图书情报工作, 65 (24): 89-99.
李旭晖, 凡美慧. 2019. 大数据中的知识关联[J]. 情报理论与实践, 42 (2): 68-73, 107.
李亚子, 钱庆, 郭文丽, 等. 2011. 大规模本体协同构建框架研究与设计[J]. 图书情报工作, 55 (12): 96-100.
李振, 董晓晓, 周东岱, 等. 2019. 自适应学习系统中知识图谱的人机协同构建方法与应用研究[J]. 现代教育技术, 29 (10): 80-86.
刘锋, 叶强, 李一军. 2014. 媒体关注与投资者关注对股票收益的交互作用: 基于中国金融股的实证研究[J]. 管理科学学报, 17 (1): 72-85.
刘焕勇, 薛云志, 李瑞, 等. 2021. 面向开放文本的逻辑推理知识抽取与事件影响推理探索[J]. 中文信息学报, 35 (10): 56-63.
刘荣辉, 郑建国, 王翔. 2010. 采用最小 DFS 的 Deep Web 结构化数据抽取[J]. 图书情报工作, 54 (14): 126-130.
刘政昊. 2022. 基于知识关联的多层本体立方体设计与实现: 以金融证券领域为例[J]. 现代情报, 42 (1): 72-86.
刘政昊, 钱宇星, 衣天龙, 等. 2022. 知识关联视角下金融证券知识图谱构建与相关股票发现[J]. 数据分析与知识发现, 6 (Z1): 184-201.
娄国哲, 王兰成. 2019. 基于知识图谱的网络舆情知识组织方法研究[J]. 情报理论与实践, 42 (1): 58-64.
鲁明羽, 陆玉昌. 2004. 基于 OEM 模型的半结构化数据的模式抽取[J]. 清华大学学报 (自然科学版), (9): 1264-1267.
吕华揆, 洪亮, 马费成. 2020. 金融股权知识图谱构建与应用[J]. 数据分析与知识发现, 4 (5): 27-37.
马费成, 李志元. 2020. 新文科背景下我国图书情报学科的发展前景[J]. 中国图书馆学报, 46 (6): 4-15.
强韶华, 罗云鹿, 李玉鹏, 等. 2019. 基于 RBR 和 CBR 的金融事件本体推理研究[J]. 数据分析与知识发现, 3 (8): 94-104.
阮光册, 夏磊. 2017. 基于词共现关系的检索结果知识关联研究[J]. 情报学报, 36 (12): 1247-1254.
邵聪颖. 2017. 遥感影像土地覆盖分类地理本体构建研究[D]. 徐州: 江苏师范大学.
沈丽, 刘媛, 李文君. 2018. 不良贷款、空间溢出与区域经济增长[J]. 经济与管理评论, 34 (3): 26-41.
宋灿, 侯欣裕. 2021. 股权网络结构对企业创新的影响: 基于知识溢出效应的理论分析与实证检验[J]. 现代财经 (天津财经大学学报), 41 (11): 19-38.

宋玉臣, 孙弘远. 2022. 股票市场风险传染的动态特征: 跨期与时变的双重视角[J]. 财经科学, (5): 15-30.

唐晓波, 刘志源. 2021. 金融领域文本序列标注与实体关系联合抽取研究[J]. 情报科学, 39 (5): 3-11.

唐晓波, 郑杜, 高和璇. 2021. 基于三层知识融合的金融领域信用知识服务模型构建研究[J]. 情报科学, 39 (8): 12-20.

唐旭丽, 马费成, 傅维刚, 等. 2019. 知识关联视角下的金融知识表示及风险识别[J]. 情报学报, 38 (3): 286-298.

田玲, 张谨川, 张晋豪, 等. 2021. 知识图谱综述: 表示、构建、推理与知识超图理论[J]. 计算机应用, 41 (8): 2161-2186.

王昊奋, 丁军, 胡芳槐, 等. 2020. 大规模企业级知识图谱实践综述[J]. 计算机工程, 46 (7): 1-13.

王杰, 谢忠局, 赵建涛, 等. 2022. 基于知识图谱和用户画像的金融产品推荐系统[J]. 计算机应用, 42 (S1): 43-47.

王珏, 骆力前, 郭琦. 2015. 地方政府干预是否损害信贷配置效率? [J]. 金融研究, (4): 99-114.

王思丽, 刘巍, 杨恒, 等. 2021. 基于自然语言处理和机器学习的实体关系抽取方法研究[J]. 图书馆学研究, (18): 39-48.

王希雅, 张宁, 程馨. 2023. 文本细粒度情绪识别方法与应用综述[J]. 计算机科学, 50 (S1): 590-596.

武春桃. 2016. 信息不对称对商业银行信贷风险的影响[J]. 经济经纬, 33 (1): 144-149.

肖梓光. 2013. 银行不良贷款形成与区域经济相关性的实证分析[J]. 统计与决策, (15): 171-173.

谢斌红, 李玉, 赵红燕. 2022. 基于无监督集成聚类的开放关系抽取方法[J]. 中文信息学报, 36 (5): 49-58.

姚加权, 张锟澎, 罗平. 2020. 金融学文本大数据挖掘方法与研究进展[J]. 经济学动态, (4): 143-158.

姚贤明, 甘健侯, 徐坚. 2019. 面向中文开放领域的多元实体关系抽取研究[J]. 智能系统学报, 14 (3): 597-604.

于博, 吴菡虹. 2020. 银行业竞争、同业杠杆率攀升与商业银行信用风险[J]. 财经研究, 46 (2): 36-51.

俞乔, 赵昌文. 2009. 政治控制、财政补贴与道德风险: 国有银行不良资产的理论模型[J]. 经济研究, 44 (6): 73-82, 158.

喻微锋, 周永锋. 2019. 存款竞争对信贷市场的影响研究: 基于利率市场化进程的考察[J]. 当代经济科学, 41 (1): 89-100.

张纯鹏, 辜希武, 李瑞轩, 等. 2022. BERT辅助金融领域人物关系图谱构建[J]. 计算机科学与探索, 16 (1): 137-143.

张大勇. 2018. 金字塔股权结构对国资控股上市公司业绩影响的实证研究: 基于政府控制级别差异的视角[J]. 西南民族大学学报 (人文社科版), 39 (10): 122-128.

张汉飞, 李宏瑾. 2014. 经济增长的不良贷款效应及异常分野[J]. 宏观经济研究, (3): 11-23.

张宗益, 吴恒宇, 吴俊. 2012. 商业银行价格竞争与风险行为关系: 基于贷款利率市场化的经验研究[J]. 金融研究, (7): 1-3, 5-14.

钟寒, 徐艺嘉, 鹿浩, 等. 2022. 基于模糊贝叶斯决策的核心概念抽取方法[J]. 计算机工程与科学, 44 (9): 1686-1692.

周黎安. 2007. 中国地方官员的晋升锦标赛模式研究[J]. 经济研究, (7): 36-50.

周映彤, 孟剑, 郭岩, 等. 2022. 一种无结构金融公告多元关系抽取方法[J]. 中文信息学报, 36 (2): 76-84.

Abolhassani N, Ramaswamy L. 2019. Extracting topics from semi-structured data for enhancing enterprise knowledge graphs[C]//Wang X H, Gao H H, Iqbal M, et al. Collaborative Computing: Networking, Applications and Work sharing. Cham: Springer Publishing: 101-117.

Achlioptas D, Clauset A, Kempe D, et al. 2009. On the bias of traceroute sampling: or, power-law degree distributions in regular graphs[J]. Journal of the Association for Computing Machinery (JACM), 56 (4): 1-28.

Aljazzar H, Leue S. 2011. K: a heuristic search algorithm for finding the k shortest paths[J]. Artificial Intelligence, 175 (18): 2129-2154.

Al-Moslmi T, Gallofré Ocaña M, Opdahl A L, et al. 2020. Named entity extraction for knowledge graphs: a literature overview[J]. IEEE Access, 8: 32862-32881.

Angeli G, Johnson Premkumar M J, Manning C D. 2015. Leveraging linguistic structure for open domain information extraction[C]//Zong C Q, Strube M. Proceedings of the 53rd Annual Meeting of the Association for Computational Linguistics and the 7th International Joint Conference on Natural Language Processing (Volume 1: Long Papers). Beijing: Association for Computational Linguistics: 344-354.

Atkins A, Niranjan M, Gerding E. 2018. Financial news predicts stock market volatility better than close price[J]. The Journal of Finance and Data Science, 4 (2): 120-137.

Barabási A-L, Albert R. 1999. Emergence of scaling in random networks[J]. Science, 286 (5439): 509-512.

Berant J, Dagan I. Goldberger J. 2011. Global learning of typed entailment rules[C]//Lin D K, Matsumoto Y, Mihalcea R. Proceedings of the 49th Annual Meeting of the Association for Computational Linguistics: Human Lang uage Technologies. Portland: Association for Computational Linguistics: 610-619.

Bertoni F, Randone P A. 2006. The small-world of Italian finance: ownership interconnections and board interlocks amongst Italian listed companies[J]. Social Science Research Network Electronic Journal: 917587.

Besag J. 1974. Spatial interaction and the statistical analysis of lattice systems[J]. Journal of the Royal Statistical Society: Series B (Methodological), 36 (2): 192-225.

Binh L T, Turini F. 2010. Association analysis of semi-structured data for discrimination discovery in business[C]//Robert S, Crone S F, Mahmoud A-N, et al. Proceedings of the 2010 International Conference on Data Mining Las Vegas: CSREA Press: 193-199.

Blei D M, Ng A Y, Jordan M I. 2003. Latent dirichlet allocation[J]. Journal of Machine Learning Research, 3: 993-1022.

Boyd M, McBrien P. 2005. Comparing and transforming between data models via an intermediate hypergraph data model[C]//Spaccapietra S. Journal on Data Semantics IV. Berlin: Springer: 69-109.

Brank J, Grobelnik M, Mladenic D. 2005. A survey of ontology evaluation techniques[R]. Ljubljana: The Conference on Data Mining and Data Warehouses.

Brickley D, WSWI Group, et al. 2006. Basic geo (WGS84 lat/long) vocabulary[EB/OL]. http://www.w3.org/ 2003/01/geo[2006-02-01].

Bunnell L, Osei-Bryson K M, Yoon V Y. 2020. FinPathlight: framework for an multiagent recommender system designed to increase consumer financial capability[J]. Decision Support Systems, 134: 113306.

Chang C Y, Zhang Y, Teng Z, et al. 2016. Measuring the information content of financial news[C]//Matsumoto Y J, Prasad R. Proceedings of COLING 2016, the 26th International Conference on Computational Linguistics: Technical Papers. Osaka: The COLING 2016 Organizing Committee: 3216-3225.

Cheeseman P C, Kanefsky B, Taylor W M. 1991. Where the really hard problems are[C]//Mylopoulos J, Reiter R. Proceedings of the 12th International Joint Conference on Artificial Intelligence. San Francisco: Morgan Kaufmann Publishers Inc: 331-337.

Cheng D, Yang F, Wang X, et al. 2020. Knowledge graph-based event embedding framework for financial quantitative investments[C]//Huang J, Chang Y, Cheng X Q, et al. Proceedings of the 43rd International Association for Computing Machinery Special Interest Group on Information Retrieval Conference on Research and Development in Information Retrieval New York: Association for Computing Machinery: 2221-2230.

Chinchor N 1998. Named entity task definition[R]. Fairfax: Seventh Message Understanding Conference.

Chinchor N, Sundheim B M. 1993. MUC-5 evaluation metrics[C]//Chinchor, N. Proceedings of the 5th Conference on Message Understanding. Stroudsburg: Association for Computational Linguistics: 69-78.

Cho M-H. 1998. Ownership structure, investment, and the corporate value: an empirical analysis[J]. Journal of Financial Economics, 47 (1): 103-121.

Claessens S, Djankov S, Lang L H P. 2000. The separation of ownership and control in East Asian corporations[J]. Journal of Financial Economics, 58 (1/2): 81-112.

Conyon M J, Muldoon M R. 2008. Ownership and control: a small-world analysis[J]. Advances in Strategic Management, 25: 31-65.

Dastkhan H, Shams Gharneh N. 2016. Determination of systemically important companies with cross-shareholding network analysis: a case study from an emerging market[J]. International Journal of Financial Studies, 4(3): 13.

Davis J, Goadrich M. 2006. The relationship between precision-recall and ROC curves[C]//Cohen W, Moore A. Proceedings of the 23rd International Conference on Machine Learning. New York: Association for Computing Machinery: 233-240.

Deng L H, Yang B, Kang Z F, et al. 2021. A noisy label and negative sample robust loss function for DNN-based distant supervised relation extraction[J]. Neural Networks, 139: 358-370.

Ding X, Shi J H, Duan J W, et al. 2021. Quantifying the effects of long-term news on stock markets on the basis of the multikernel Hawkes process[J]. Science China Information Sciences, 64(9):

192102.

Dong Y X, Chawla N V, Swami A. 2018. metapath2vec: Scalable representation learning for heterogeneous networks[C]//Matwin S, Yu S P, Farooq F. Proceedings of the 23rd ACM SIGKDD International Conference on Knowledge Discovery and Data Mining. New York: Association for Computing Machinery: 135-144.

Du Z X, Zhou C, Yao J C, et al. 2021. CogKR: cognitive graph for multi-hop knowledge reasoning[J]. IEEE Transactions on Knowledge and Data Engineering, 35(2): 1283-1295.

Duan J W, Zhang Y, Ding X, et al. 2018. Learning target-specific representations of financial news documents for cumulative abnormal return prediction[C]//Bender E M, Derczynski L, Isabelle P. Proceedings of the 27th International Conference on Computational Linguistics. Santa Fe: Association for Computational Linguistics: 2823-2833.

Elhammadi S. 2020. Financial knowledge graph construction[D]. Vancouver: University of British Columbia.

Eppstein D. 1998. Finding the k shortest paths[J]. SIAM Journal on Computing, 28(2): 652-673.

Falis M, Dong H, Birch A, et al. 2021. CoPHE: a count-preserving hierarchical evaluation metric in large-scale multi-label text classification[C]//Moens M-F, Huang X J, Specia L, et al. Proceedings of the 2021 Conference on Empirical Methods in Natural Language Processing. Punta Cana: Association for Computational Linguistics: 907-912.

Fan J, Li G L. 2018. Human-in-the-loop rule learning for data integration[J]. IEEE Data(base) Engineering Bulletin, 41 (2): 104-115.

Fensel D, Şimşek U, Angele K, et al. 2020. Introduction: what is a knowledge graph?[M]//Fensel D, Şimşek U, Angele K, et al. Knowledge Graphs: Methodology, Tools and Selected Use Cases. Cham: Springer: 1-10.

Ferrara E, de Meo P, Fiumara G, et al. 2014. Web data extraction, applications and techniques: a survey[J]. Knowledge-Based Systems, 70: 301-323.

Fu T Y, Lee W C, Lei Z. 2017. Hin2vec: explore meta-paths in heterogeneous information networks for representation learning[C]//Lim E P, Winslett M, Sanderson M, et al. Proceedings of the 2017 ACM on Conference on Information and Knowledge Management. New York: Association for Computing Machinery: 1797-1806.

Fu X Y, Ren X Q, Mengshoel O J, et al. 2018. Stochastic optimization for market return prediction using financial knowledge graph[R]. Singapore: 2018 IEEE International Conference on Big Knowledge (ICBK).

Gao T Y, Han X, Liu Z Y, et al. 2019. Hybrid attention-based prototypical networks for noisy few-shot relation classification[R]. Honolulu: The AAAI Conference on Artificial Intelligence.

Glattfelder J B, Battiston S. 2009. Backbone of complex networks of corporations: the flow of control[J]. Physical Review E, Statistical, Nonlinear, and Soft Matter Physics, 80(3):036104.

Guggilla C, Pandey A G, Kummamuru K, et al. 2018. Mining entities and their values from semi-structured documents in business process outsourcing[C]//Ranu S, Ganguly N, Ramakrishnan R, et al. Proceedings of the ACM India Joint International Conference on Data Science and Management of Data. New York: Association for Computing Machinery: 282-288.

Guo K H, Jiang T P, Zhang H P. 2020. Knowledge graph enhanced event extraction in financial documents[R]. Atlanta: 2020 IEEE International Conference on Big Data (Big Data).

Guo Y B, Li Y F, Chen Q L, et al. 2022. Fusion of Focal Loss's cyber threat intelligence entity extraction[J]. Journal on Communications, 43(7): 85-92.

Hamilton W L, Ying R, Leskovec J. 2017. Inductive representation learning on large graphs[C]//von Luxburg U, Guyon I, Bengio S, et al. Proceedings of the 31st International Conference on Neural Information Processing Systems. New York: Curran Associates Inc: 1025-1035.

Han X, Zhu H, Yu P F, et al. 2018. FewRel: a large-scale supervised few-shot relation classification dataset with state-of-the-Art evaluation[C]//Riloff E, Chiang D, Hockenmaier J, et al. Proceedings of the 2018 Conference on Empirical Methods in Natural Language Processing. Brussels: Association for Computational Linguistics: 4803-4809.

Hart P E, Nilsson N J, Raphael B. 1968. A formal basis for the heuristic determination of minimum cost paths[J]. IEEE Transactions on Systems Science and Cybernetics, 4(2): 100-107.

He K, Huang Y C, Mao R, et al. 2023. Virtual prompt pre-training for prototype-based few-shot relation extraction[J]. Expert Systems with Applications, 213: 118927.

He Y, Li Z X, Yang Q, et al. 2020. End-to-end relation extraction based on bootstrapped multi-level distant supervision[J]. World Wide Web, 23(5): 2933-2956.

Heist N, Paulheim H. 2020. Entity extraction from Wikipedia list pages[C]//Harth A, Kirrane S, Ngonga Ngomo A-C, et al. The Semantic Web: 17th International Conference, ESWC 2020. Cham: Springer: 327-342.

Hershberger J, Maxel M, Suri S. 2007. Finding the k shortest simple paths: a new algorithm and its implementation[J]. ACM Transactions on Algorithms (TALG), 3(4): 45-es.

Hisano R, Sornette D, Mizuno T, et al. 2013. High quality topic extraction from business news explains abnormal financial market volatility[J]. PLoS One, 8(6): e64846.

Hoffart J, Suchanek F M, Berberich K, et al. 2013. YAGO2: a spatially and temporally enhanced knowledge base from Wikipedia[J]. Artificial intelligence, 194: 28-61.

Hosseini M J, Chambers N, Reddy S, et al. 2018. Learning typed entailment graphs with global soft constraints[J]. Transactions of the Association for Computational Linguistics, 6: 703-717.

Hu Z N, Liu W Q, Bian J, et al. 2018. Listening to chaotic whispers: a deep learning framework for news-oriented stock trend prediction[C]//Chang Y. Zhai C X, Liu Y, et al. WSDM'18: Proceedings of the Eleventh ACM International Conference on Web Search and Data Mining. New York: Association for Computing Machinery: 261-269.

Huang J, Ling C X. 2005. Using AUC and accuracy in evaluating learning algorithms[J]. IEEE Transactions on Knowledge and Data Engineering, 17(3): 299-310.

Ipeirotis P G, Gravano L, Sahami M. 2001. Probe, count, and classify: categorizing hidden web databases[C]//Sellis T, Mehrotra S. ACM SIGMOD Record. New York: Association for Computing Machinery: 67-78.

Jabbari A, Sauvage O, Zeine H, et al. 2020. A French corpus and annotation schema for named entity recognition and relation extraction of financial news[C]//Calzolari N, Béchet F, Blache P, et al. Proceedings of the Twelfth Language Resources and Evaluation Conference. Marseille:

European Language Resources Association: 2293-2299.

Jang S, Megawati, Choi J, et al. 2014. Semi-automatic quality assessment of linked data without requiring ontologyp[EB/OL]. https://ceur-ws.org/Vol-1581/paper5.pdf[2024-09-12].

Jiang M, Shang J B, Cassidy T, et al. 2017. Metapad: meta pattern discovery from massive text corpora[C]//Matwin S, Yu S P, Farooq F. KDD'17: Proceedings of the 23rd ACM SIGKDD International Conference on Knowledge Discovery and Data Mining. New York: Association for Computing Machinery: 877-886.

Jiao A. 2020.An intelligent chatbot system based on entity extraction using RASA NLU and neural network[J]. Journal of Physics: Conference Series. 1487(1): 012014.

Jiménez V M, Marzal A. 2003. A lazy version of Eppstein's K shortest paths algorithm[C]//Jansen K, Margraf M, Mastrolilli M, et al. WEA'03: Proceedings of the 2nd International Conference on Experimental and Efficient Algorithms. Berlin: Springer-Verlag: 179-191.

Jun S Y, Aliyeva D, Lee J M, et al. 2018. Utilizing probase in open directory project-based text classification[R]. Rio de Janeiro: 2018 IEEE International Conference on Fuzzy Systems (FUZZ-IEEE).

Kastrati Z, Imran A S, Yayilgan S Y. 2019. The impact of deep learning on document classification using semantically rich representations[J]. Information Processing & Management, 56(5): 1618-1632.

Khalife S, Read J, Vazirgiannis M. 2021. Structure and influence in a global capital-ownership network[J]. Applied Network Science, 6(1): 1-21.

Kipf T N, Welling M. 2016. Semi-supervised classification with graph convolutional networks[EB/OL]. https://arxiv.org/pdf/1609.02907[2017-02-22].

Kiritchenko S, Matwin S, Nock R, et al. 2006. Learning and evaluation in the presence of class hierarchies: application to text categorization[C]//Lamontagne L, Marchand M. AI'06: Proceedings of the 19th International Conference on Advances in Artificial Intelligence: Canadian Society for Computational Studies of Intelligence. Berlin: Springer-Verlag: 395-406.

Kogut B, Walker G. 2001. The small world of Germany and the durability of national networks[J]. American Sociological Review, 66(3): 317-335.

Kosmopoulos A, Partalas I, Gaussier E, et al. 2015. Evaluation measures for hierarchical classification: a unified view and novel approaches[J]. Data Mining and Knowledge Discovery, 29(3): 820-865.

Krause S, Li H, Uszkoreit H, et al. 2012. Large-scale learning of relation-extraction rules with distant supervision from the web[C]//Cudré-Mauroux P, Heflin J, Sirin E, et al. ISWC'12: Proceedings of the 11th International Conference on The Semantic Web-Volume Part I. Berlin: Springer-Verlag: 263-278.

Kurokawa M. 2021. Explainable knowledge reasoning framework using multiple knowledge graph embedding[C]//Corcho O, Supnithi T, Zhu X Y, et al. IJCKG'21: Proceedings of the 10th International Joint Conference on Knowledge Graphs. New York: Association for Computing Machinery: 172-176.

Kusumoto M, Maehara T, Kawarabayashi K. 2014. Scalable similarity search for SimRank[C]//

Dyreson C, Li F F, Özsu M T. SIGMOD'14: Proceedings of the 2014 ACM SIGMOD International Conference on Management of Data. New York: Association for Computing Machinery: 325-336.

Kuyumcu B, Aksakalli C, Delil S. 2019. An automated new approach in fast text classification (FastText): a case study for Turkish text classification without pre-processing[R]. Tokushima: NLPIR'2019: 2019 the 3rd International Conference on Natural Language Processing and Information Retrieval.

Levy M. 2009. Control in pyramidal structures[J]. Corporate Governance: An International Review, 17(1): 77-89.

Levy M. 2011. The Banzhaf index in complete and incomplete shareholding structures: a new algorithm[J]. European Journal of Operational Research, 215(2): 411-421.

Levy M, Szafarz A. 2017. Cross-ownership: a device for management entrenchment?[J]. Review of Finance, 21(4): 1675-1699.

Lewis D D, Yang Y M, Rose T G, et al. 2004. RCV1: a new benchmark collection for text categorization research[J]. The Journal of Machine Learning Research, 5: 361-397.

Li B, Liang C H, Wang L. 2019. Does the shareholding network affect bank's risk-taking behavior? An exploratory study on Chinese commercial banks[J]. Finance Research Letters, 31: 334-348.

Li Q, Jiang M, Zhang X K, et al. 2018. TruePIE: discovering reliable patterns in pattern-based information extraction[C]//Guo Y K, Farooq F. KDD'18: Proceedings of the 24th ACM SIGKDD International Conference on Knowledge Discovery & Data Mining. New York: Association for Computing Machinery: 1675-1684.

Li X Z, Sun Q R, Liu Y Y, et al. 2019. Learning to self-train for semi-supervised few-shot classification[C]// Wallach H M, Larochelle H, Larochelle A, et al. Proceedings of the 33rd International Conference on Neural Information Processing Systems. New York: Curran Associates Inc: 10276-10286.

Li Y R, Huang Z, Yan J C, et al. 2021. GFTE: graph-based financial table extraction[C]//del Bimbo A, Cucchiara R, Sclaroff S, et al. Pattern Recognition. ICPR International Workshops and Challenges. Berlin: Springer-Verlag: 644-658.

Li Z R, Ding N, Liu Z Y, et al. 2019. Chinese relation extraction with multi-grained information and external linguistic knowledge[C]//Korhonen A, Traum D, Màrquez L. Proceedings of the 57th Annual Meeting of the Association for Computational Linguistics. Florence: Association for Computational Linguistics: 4377-4386.

Liang J Q, Feng S, Xie C H, et al. 2021. Bootstrapping information extraction via conceptualization[R]. Chania: 2021 IEEE 37th International Conference on Data Engineering (ICDE).

Liang Z Q, Pan D, Deng Y. 2020. Research on the knowledge association reasoning of financial reports based on a graph network[J]. Sustainability, 12(7): 2795.

Liu P F, Qiu X P, Huang X J. 2016. Recurrent neural network for text classification with multi-task learning[J]//Brewka G. IJCAI'16: Proceedings of the Twenty-Fifth International Joint Conference on Artificial Intelligence. New York: AAAI Press: 2873-2879.

Lin T W, Sun R Y, Chang H L, et al. 2021. XRR: explainable risk ranking for financial reports[C]//Dong Y X, Kourtellis N, Hammer B, et al. Machine Learning and Knowledge Discovery in Databases. Applied Data Science Track. Cham: Springer: 253-268.

Liu Z H, Zhang Y, Wang H Z, et al. 2021. Entity-aware relation representation learning for open relation extraction[C]//Wang L, Feng Y S, Hong Y, et al. Natural Language Processing and Chinese Computing. Cham: Springer: 288-299.

Long J W, Chen Z P, He W B, et al. 2020. An integrated framework of deep learning and knowledge graph for prediction of stock price trend: an application in Chinese stock exchange market[J]. Applied Soft Computing, 91: 106205.

Loughran T, McDonald B. 2011. When is a liability not a liability? Textual analysis, dictionaries, and 10-Ks[J]. The Journal of Finance, 66(1): 35-65.

Luo Y M, Wang Y, Wei T Z, et al. 2021. Semi-automatic construction of financial knowledge graph based on web[R]. Xiamen: 2021 IEEE International Conference on Software Engineering and Artificial Intelligence (SEAI).

Luong T, Socher R, Manning C. 2013. Better word representations with recursive neural networks for morphology[C]//Hockenmaier J, Riedel S. Proceedings of the Seventeenth Conference on Computational Natural Language Learning. Sofia: Association for Computational Linguistics: 104-113.

Ma Y L, Liu X F, Zhao L J, et al. 2022. Hybrid embedding-based text representation for hierarchical multi-label text classification[J]. Expert Systems with Applications, 187: 115905.

Mackinlay A C. 1997. Event studies in economics and finance[J]. Journal of Economic Literature, 35(1): 13-39.

Martins E Q V, Pascoal M M B. 2003. A new implementation of Yen's ranking loopless paths algorithm[J]. Quarterly Journal of the Belgian, French and Italian Operations Research Societies, 1(2): 121-133.

Mendes P N, Mühleisen H, Bizer C. 2012. Sieve: linked data quality assessment and fusion[C]//Srivastava D, Ari I. EDBT-ICDT'12: Proceedings of the 2012 Joint EDBT/ICDT Workshops. New York: Association for Computing Machinery: 116-123.

Mercik J, Stach I. 2018. On Measurement of Control in Corporate Structures[M]//Nguyen N T, Kowalczyk R, Mercik J, et al. Transactions on Computational Collective Intelligence XXXI. Berlin: Springer: 64-79.

Miao R, Zhang X, Yan H F, et al. 2019. A dynamic financial knowledge graph based on reinforcement learning and transfer learning[R]. Los Angeles: 2019 IEEE International Conference on Big Data (Big Data).

Mikolov T, Chen K, Corrado G, et al. 2013. Efficient estimation of word representations in vector space[EB/OL]. https://arxiv.org/pdf/1301.3781[2013-09-07].

Mikolov T, Sutskever I, Chen K, et al. 2013. Distributed representations of words and phrases and their compositionality[C]//Burges C J C, Bottou L, Welling M. et al. NIPS'13: Proceedings of the 26th International Conference on Neural Information Processing Systems-Volume 2. New York: Curran Associates Inc: 26.

Mizuno T, Doi S, Kurizaki S. 2020. The power of corporate control in the global ownership network[J]. PLoS One, 15(8): e0237862.

Mumtaz R, Qadir M A. 2022. CustRE: a rule based system for family relations extraction from english text[J]. Knowledge and Information Systems, 64 (7): 1817-1844.

Nasar Z, Jaffry S W, Malik M K. 2021. Named entity recognition and relation extraction: state-of-the-art[J]. ACM Computing Surveys (CSUR), 54 (1): 1-39.

Natarajan S, Vairavasundaram S, Natarajan S, et al. 2020. Resolving data sparsity and cold start problem in collaborative filtering recommender system using linked open data[J]. Expert Systems with Applications, 149: 113248.

Nayak T, Ng H T. 2020. Effective modeling of encoder-decoder architecture for joint entity and relation extraction[J]. Proceedings of the AAAI Conference on Artificial Intelligence, 34(5): 8528-8535.

Oral B, Emekligil E, Arslan S, et al. 2020. Information extraction from text intensive and visually rich banking documents[J]. Information Processing & Management, 57(6): 102361.

Ouyang X F, Hong L, Zhang L J. 2018. Query associations over big financial knowledge graph[C]//Li J H, Meng X F, Zhang Y, et al. Big Scientific Data Management: First International Conference. Berlin: Springer-Verlag: 199-211.

Padmanaban H. 2024. Navigating the role of reference data in financial data analysis: addressing challenges and seizing opportunities[J]. Journal of Artificial Intelligence General Science (JAIGS), 2(1): 69-78.

Petrova G G, Tuzovsky A F, Aksenova N V. 2017. Application of the Financial Industry Business Ontology (FIBO) for development of a financial organization ontology[J]. Journal of Physics: Conference Series, 803(1): 012116.

Pennington J, Socher R, Manning C. 2014. GloVe: global vectors for word representation[C]// Moschitti A, Pang B, Daelemans W. Proceedings of the 2014 Conference on Empirical Methods in Natural Language Processing (EMNLP). Doha: Association for Computational Linguistics: 1532-1543.

Powers D M W. 2019. What the F-measure doesn't measure: features, flaws, fallacies and fixes[EB/OL]. https://arxiv.org/pdf/1503.06410[2015-03-22].

Pozzi R, Moiraghi F, Lodi F, et al. 2023. Evaluation of incremental entity extraction with background knowledge and entity linking[C]//Artale A, Calvanese D, Wang H F, et al. IJCKG'22: Proceedings of the 11th International Joint Conference on Knowledge Graphs. New York: Association for Computing Machinery: 30-38.

Qin P D, Xu W R, Wang W Y. 2018. DSGAN: generative adversarial training for distant supervision relation extraction[C]//Gurevych I, Miyao Y. Proceedings of the 56th Annual Meeting of the Association for Computational Linguistics (Volume 1: Long Papers). Melbourne: Association for Computational Linguistics: 496-505.

Rafiei M H, Adeli H. 2017. A new neural dynamic classification algorithm[J]. IEEE Transactions on Neural Networks and Learning Systems, 28(12): 3074-3083.

Ramos J. 2003. Using TF-IDF to determine word relevance in document queries[J]. Proceedings of the first Instructional Conference on Mac Hine Learning, 242(1): 29-48.

Rana T A, Cheah Y N. 2017. A two-fold rule-based model for aspect extraction[J]. Expert Systems with Applications, 89: 273-285.

Ratner A, Bach S H, Ehrenberg H, et al. 2017. Snorkel: rapid training data creation with weak supervision[J]. Proceedings of the VLDB Endowment, 11(3): 269-282.

Ren J T, Long J W, Xu Z K. 2019. Financial news recommendation based on graph embeddings[J]. Decision Support Systems, 125: 113115.

Ren R, Zhang L L, Cui L M, et al. 2015. Personalized financial news recommendation algorithm based on ontology[J]. Procedia Computer Science, 55: 843-851.

Ribeiro L F R, Saverese P H P, Figueiredo D R. 2017. struc2vec: Learning node representations from structural identity[C]//Matwin S, Yu S P, Farooq F. KDD'17: Proceedings of the 23rd ACM SIGKDD International Conference on Knowledge Discovery and Data Mining. New York: Association for Computing Machinery: 385-394.

Robertson S, Zaragoza H. 2009. The probabilistic relevance framework: BM25 and beyond[J]. Foundations and Trends in Information Retrieval, 3(4): 333-389.

Roman D, Alexiev V, Paniagua J, et al. 2021. The euBusinessGraph ontology: a lightweight ontology for harmonizing basic company information[J]. Semantic Web, 13(1): 41-68.

Rusu O, Halcu I, Grigoriu O, et al. 2013. Converting unstructured and semi-structured data into knowledge[R]. Sinaia: 2013 11th RoEduNet International Conference.

Sambasivan N, Kapania S, Highfill H, et al. 2021. "Everyone wants to do the model work, not the data work": data cascades in high-stakes AI[C]//Kitamura Y, Quigley A, Isbister K, et al. CHI'21: Proceedings of the 2021 CHI Conference on Human Factors in Computing Systems. New York: Association for Computing Machinery: 1-15.

Sellami S, Dkaki T, Zarour N E, et al. 2019. KGMap: leveraging enterprise knowledge graphs by bridging between relational, social and linked web data[R]. Istanbul: ICAAI'19: Proceedings of the 3rd International Conference on Advances in Artificial Intelligence.

Seng J L, Lai J T. 2010. An intelligent information segmentation approach to extract financial data for business valuation[J]. Expert Systems with Applications, 37(9): 6515-6530.

Shahid A, Afzal M T, Abdar M, et al. 2020. Insights into relevant knowledge extraction techniques: a comprehensive review[J]. The Journal of Supercomputing, 76: 1695-1733.

So M K P, Mak A S W, Chu A M Y. 2022. Assessing systemic risk in financial markets using dynamic topic networks[J]. Scientific Reports, 12(1): 2668.

Song M, Kim W C, Lee D, et al. 2015. PKDE4J: Entity and relation extraction for public knowledge discovery[J]. Journal of Biomedical Informatics, 57: 320-332.

Song R, Wang Y, Huang L, et al. 2017. An ontology-based approach for context modeling in collaborative services[R]. Beijing: The Fourth International Symposium on Management, Innovation & Development (MID2017).

Stewart A J, Mosleh M, Diakonova M, et al. 2019. Information gerrymandering and undemocratic decisions[J]. Nature, 573(7772): 117-121.

Studer R, Benjamins V R, Fensel D. 1998. Knowledge engineering: principles and methods[J]. Data

& Knowledge Engineering, 25(1/2): 161-197.

Suchanek F M, Kasneci G, Weikum G. 2007. Yago: a core of semantic knowledge[C]//Williamson C, Zurko M E, Patel-Schneider P, et al. WWW'07: Proceedings of the 16th International Conference on World Wide Web. New York: Association for Computing Machinery: 697-706.

Sun A X, Lim E P. 2001. Hierarchical text classification and evaluation[C]//Cercone N, Lin T Y, Wu X D. ICDM'01: Proceedings 2001 IEEE International Conference on Data Mining. Washington D C: IEEE Computer Society: 521-528.

Tang M W, Su C, Chen H H, et al. 2020. SALKG: a semantic annotation system for building a high-quality legal knowledge graph[R]. Atlanta: 2020 IEEE International Conference on Big Data (Big Data).

Tao D P, Cheng J, Yu Z T, et al. 2018. Domain-weighted majority voting for crowdsourcing[J]. IEEE Transactions on Neural Networks and Learning Systems, 30(1): 163-174.

Teng Y W, Day M Y, Chiu P T. 2022. Text mining with information extraction for Chinese financial knowledge graph[C]//Agarwal N, Ma Z M, Rokne J, et al. ASONAM'22: Proceedings of the 2022 IEEE/ACM International Conference on Advances in Social Networks Analysis and Mining. New York: IEEE Press: 421-426.

Theil C K, Broscheit S, Stuckenschmidt H. 2019. PRoFET: predicting the risk of firms from event transcripts[R]. Beijing: Twenty-Eighth International Joint Conference on Artificial Intelligence (IJCAI-19).

Tian L, Zhou X, Wu Y P, et al. 2022. Knowledge graph and knowledge reasoning: a systematic review[J]. Journal of Electronic Science and Technology, 20(2): 100159.

Tiwari S, Al-Aswadi F N, Gaurav D. 2021. Recent trends in knowledge graphs: theory and practice[J]. Soft Computing, 25(13): 8337-8355.

Tsai M F, Wang C J. 2014. Financial keyword expansion via continuous word vector representations[C]//Moschitti A, Pang B, Daelemans W. Proceedings of the 2014 Conference on Empirical Methods in Natural Language Processing(EMNLP). Doha: Association for Computational Linguistics: 1453-1458.

Tsai M F, Wang C J. 2017. On the risk prediction and analysis of soft information in finance reports[J]. European Journal of Operational Research, 257(1): 243-250.

Türegün N. 2019. Text mining in financial information[J]. Current Analysis on Economics & Finance, 1: 18-26.

Udrea O, Recupero D R, Subrahmanian V S. 2010. Annotated RDF[J]. ACM Transactions on Computational Logic (TOCL), 11(2): 1-41.

Valenzuela-Escárcega M A, Hahn-Powell G, Surdeanu M, et al. 2015. A domain-independent rule-based framework for event extraction[C]//Chen H H, Markert K. Proceedings of ACL-IJCNLP 2015 System Demonstrations. Beijing: Association for Computational Linguistics and The Asian Federation of Natural Language Processing: 127-132.

Vaswani A, Shazeer N, Parmar N, et al. 2017. Attention is all you need[C]//von Luxburg U, Guyon I, Bengio S, et al. NIPS'17: Proceedings of the 31st International Conference on Neural Information Processing Systems. New York: Curran Associates Inc: 6000-6010.

Vitali S, Glattfelder J B, Battiston S. 2011. The network of global corporate control[J]. PLoS One 6(10): e25995.

Wang C J, Tsai M F, Liu T, et al. 2013. Financial sentiment analysis for risk prediction[C]//Mitkov R, Park J C. Proceedings of the Sixth International Joint Conference on Natural Language Processing. Nagoya: Asian Federation of Natural Language Processing: 802-808.

Wang C Y, He X F, Zhou A Y. 2019. Improving hypernymy prediction via taxonomy enhanced adversarial learning[R]. Hawaii: AAAI'19/IAAI'19/EAAI'19: Proceedings of the Thirty-Third AAAI Conference on Artificial Intelligence and Thirty-First Innovative Applications of Artificial Intelligence Conference and Ninth AAAI Symposium on Educational Advances in Artificial Intelligence.

Wang H T, He Z Q, Ma J, et al. 2019. IPRE: a dataset for inter-personal relationship extraction[C]//Tang J, Kan M Y, Zhao D Y, et al. Natural Language Processing and Chinese Computing. Cham: Springer: 103-115.

Wang J, Lin C B, Li M D, et al. 2020. Boosting approximate dictionary-based entity extraction with synonyms[J]. Information Sciences, 530: 1-21.

Wang J S, Liu Q X. 2021. Distant supervised relation extraction with position feature attention and selective bag attention[J]. Neurocomputing, 461: 552-561.

Wang J Z, Huang P P, Zhao H, et al. 2018. Billion-scale commodity embedding for e-commerce recommendation in Alibaba[C]//Guo Y K, Farooq F. KDD'18: Proceedings of the 24th ACM SIGKDD International Conference on Knowledge Discovery & Data Mining. New York: Association for Computing Machinery: 839-848.

Wang X, Bo D Y, Shi C, et al. 2023. A survey on heterogeneous graph embedding: methods, techniques, applications and sources[J]. IEEE Transactions on Big Data, 9(2): 415-436.

Wang Y T, Lou R Z, Zhang K, et al. 2021. More: a metric learning based framework for open-domain relation extraction[R]. Toronto: ICASSP 2021-2021 IEEE International Conference on Acoustics, Speech and Signal Processing (ICASSP).

Wang Y Y, Zhao J, Li F, et al. 2020. Construction of knowledge graph for internal control of financial enterprises[R]. Macau: 2020 IEEE 20th International Conference on Software Quality, Reliability and Security Companion (QRS-C).

Wang Z Y, Wang H X. 2016. Understanding short texts[C]//Birch A, Zuidema W. Proceedings of the 54th Annual Meeting of the Association for Computational Linguistics: Tutorial Abstracts. Berlin: Association for Computational Linguistics: 1.

Wen H X, Zhu X H, Zhang L F, et al. 2020. A gated piecewise CNN with entity-aware enhancement for distantly supervised relation extraction[J]. Information Processing & Management, 57(6): 102373.

Wu C, Tygert M, LeCun Y. 2017. A hierarchical loss and its problems when classifying non-hierarchically[J]. PLoS One, 14(12): e0226222.

Wu L T, Lin J R, Leng S, et al. 2022. Rule-based information extraction for mechanical-electrical-plumbing-specific semantic web[J]. Automation in Construction, 135: 104108.

Wu R D, Yao Y, Han X, et al. 2019. Open relation extraction: relational knowledge transfer from supervised data to unsupervised data[R]. Hong Kong: The 2019 Conference on Empirical Methods in Natural Language Processing and the 9th International Joint Conference on Natural Language Processing.

Wu W T, Li H S, Wang H X. 2012. Probase: a probabilistic taxonomy for text understanding[C]//Candan K S, Chen Y, Snodgrass R, et al. SIGMOD'12: Proceedings of the 2012 ACM SIGMOD International Conference on Management of Data. New York: Association for Computing Machinery: 481-492.

Xiao K J, Qian Z P, Qin B. 2021. A graphical decomposition and similarity measurement approach for topic detection from online news[J]. Information Sciences, 570: 262-277.

Xu W T, Liu W Q, Xu C, et al. 2021. REST: relational event-driven stock trend forecasting[C]// Leskovec J, Grobelnik M, Najork M, et al. WWW'21: Proceedings of the Web Conference 2021. New York: Association for Computing Machinery: 1-10.

Xu X, Cai H B. 2021. Ontology and rule-based natural language processing approach for interpreting textual regulations on underground utility infrastructure[J]. Advanced Engineering Informatics, 48: 101288.

Xue Y R, Huang L. 2018. Research on Internet Financial Fraud Detection Based on Knowledge Graph[J]. Management & Engineering, 33: 32-38.

Yan C W, Fu X L, Wu W Q, et al. 2019. Neural network based relation extraction of enterprises in credit risk management[R]. Kyoto: 2019 IEEE International Conference on Big Data and Smart Computing (BigComp).

Yang B. 2020. Construction of logistics financial security risk ontology model based on risk association and machine learning[J]. Safety Science, 123: 104437.

Yang C L, Modell S. 2015. Shareholder orientation and the framing of management control practices: a field study in a Chinese state-owned enterprise[J]. Accounting, Organizations and Society, 45: 1-23.

Yang J R, Fan J, Wei Z W, et al. 2018. Cost-effective data annotation using game-based crowdsourcing[J]. Proceedings of the VLDB Endowment, 12(1): 57-70.

Yao Q, Evans T S, Christensen K. 2019. How the network properties of shareholders vary with investor type and country[J]. PLoS One, 14(8): e0220965.

Ye C, Wang H Z, Lu W B, et al. 2021. Deep truth discovery for pattern-based fact extraction[J]. Information Sciences, 580: 478-494.

Ye Y, Feng Y S, Luo B F, et al. 2020. Integrating relation constraints with neural relation extractors[J]. Proceedings of the AAAI Conference on Artificial Intelligence, 34(5): 9442-9449.

Yen J Y. 1971. Finding the K shortest loopless paths in a network[J]. Management Science, 17(11): 712-716.

Yu Y, Si X S, Hu C H, et al. 2019. A review of recurrent neural networks: LSTM cells and network architectures[J]. Neural computation, 31(7): 1235-1270.

Yun S, Jeong M, Kim R, et al. 2019. Graph transformer networks[C]//Wallach H M, Larochelle H, Beygelzimer A, et al. Proceedings of the 33rd International Conference on Neural Information Processing Systems. New York: Curran Associates Inc: 11983-11993.

Zangeneh P, McCabe B. 2020. Ontology-based knowledge representation for industrial megaprojects analytics using linked data and the semantic web[J]. Advanced Engineering Informatics, 46: 101164.

Zhai Y H, Liu B. 2006. Structured data extraction from the web based on partial tree alignment[J]. IEEE Transactions on Knowledge and Data Engineering, 18(12): 1614-1628.

Zhang J C, He Q, Zhang Y. 2021. Syntax grounded graph convolutional network for joint entity and event extraction[J]. Neurocomputing, 422: 118-128.

Zhang J Y, Hao K R, Tang X S, et al. 2020. A multi-feature fusion model for Chinese relation extraction with entity sense[J]. Knowledge-Based Systems, 206: 106348.

Zhang Y, Schweitzer F. 2019. The interdependence of corporate reputation and ownership: a network approach to quantify reputation[J]. Royal Society Open Science, 6(10): 190570.

Zhang Z X, Parulian N, Ji H, et al. 2021. Fine-grained information extraction from biomedical literature based on knowledge-enriched abstract meaning representation[C]//Zong C Q, Xia F, Li W J, et al. Proceedings of the 59th Annual Meeting of the Association for Computational Linguistics and the 11th International Joint Conference on Natural Language Processing (Volume 1: Long Papers). [S.1.]: Association for Computational Linguistics: 6261-6270.

Zhao S, Hu M H, Cai Z P, et al. 2021. Dynamic modeling cross-modal interactions in two-phase prediction for entity-relation extraction[J]. IEEE Transactions on Neural Networks and Learning Systems, 34(3): 1122-1131.

Zhou D Y, Huang J Y, Schölkopf B. 2007. Learning with hypergraphs: clustering, classification, and embedding[M]//Schölkopf B, Platt J, Hofmann T. Advances in Neural Information Processing Systems 19: Proceedings of the 2006 Conference. Cambridge: MIT Press: 1601-1608.

Zhou P, Shi W, Tian J, et al. 2016. Attention-based bidirectional long short-term memory networks for relation classification[C]//Erk K, Smith N A. Proceedings of the 54th Annual Meeting of the Association for Computational Linguistics (Volume 2: Short Papers). Berlin: Association for Computational Linguistics: 207-212.

Zhou W X, Lin H T, Lin B Y, et al. 2020. NERO: a neural rule grounding framework for label-efficient relation extraction[C]//Huang Y, King I, Liu T-Y, et al. WWW'20: Proceedings of the Web Conference 2020. New York: Association for Computing Machinery: 2166-2176.

Zhuang L, Fei H, Hu P. 2023. Knowledge-enhanced event relation extraction via event ontology prompt[J]. Information Fusion, 100: 101919.

Zou L, Özsu M T, Chen L, et al. 2014. gStore: a graph-based SPARQL query engine[J]. The VLDB Journal, 23 (4): 565-590.